D1867791

wk

CHRISTENTUM UND GESELLSCHAFT

Herausgegeben von

Henneke Gülzow und Hartmut Lehmann

Band 11

Martin Greschat

Das Zeitalter der Industriellen Revolution

Das Christentum vor der Moderne

Verlag W. Kohlhammer
Stuttgart Berlin Köln Mainz

CIP-Kurztitelaufnahme der Deutschen Bibliothek

Greschat, Martin:

Das Zeitalter der Industriellen Revolution : d. Christentum vor d. Moderne / Martin Greschat.
Stuttgart, Berlin, Köln, Mainz : Kohlhammer, 1980.
(Christentum und Gesellschaft ; Bd. 11)
ISBN 3-17-005814-2 kart.
ISBN 3-17-005927-0 Lw.

Umschlagbild: Die ›Great Eastern‹ auf Stapel,
etwa 1857 (Fotografie)

Alle Rechte vorbehalten
© 1980 Verlag W. Kohlhammer GmbH
Stuttgart Berlin Köln Mainz
Verlagsort: Stuttgart
Umschlag: hace
Gesamtherstellung: W. Kohlhammer GmbH
Grafischer Großbetrieb Stuttgart
Printed in Germany

Inhalt

III. Das industrialisierte Europa (1840–1870)

IV. Die Epoche der Hochindustrialisierung (1870–1914)

Für Christa,
Katja, Isabel und Sabine

Vorwort

Der Prozeß der Industrialisierung hat, ausgehend von Großbritannien, im 19. Jahrhundert weite Teile Europas erfaßt und tiefgreifend verändert. Diese Feststellung bezieht sich keineswegs allein auf den wirtschaftlichen Bereich, sondern gilt für nahezu sämtliche Lebenszusammenhänge.
Auch die Kirchen wurden in diesen Umbruch des Gewohnten und seit langem Selbstverständlichen hineingerissen. Der Schock, den diese Tatsache verursachte, läßt sich in sämtlichen Industrieländern und Kirchen beobachten; ebenso allerdings auch das Mühen um neue kirchliche Aktivitäten und bisweilen sogar um ein neues Verständnis des Christentums überhaupt. Im Vordergrund solcher Anstrengungen stand meist der Versuch, die Arbeiterschaft zurückzugewinnen. Denn hier trat die Loslösung von der christlichen Tradition am offenkundigsten zutage. Aber die Veränderungen blieben nicht auf diese Schicht beschränkt. Sie betrafen die religiösen Gewohnheiten überhaupt und gestalteten insofern das Ganze von Theologie, kirchlichem Leben und persönlicher Frömmigkeit um. Am Ende des Jahrhunderts bedeutete die Tradition nicht mehr, was sie bis dahin gewesen war.
Überraschend mutet angesichts dessen die Tatsache an, daß es keine Darstellung gibt, die diese Vorgänge über die nationalen und konfessionellen Grenzen hinaus anschaulich zu machen versuchte. Die Reaktionen der europäischen Kirchen auf den Industrialisierungsprozeß im 19. Jahrhundert werden immer nur im Rahmen einer konfessionellen und nationalen Geschichtsschreibung sichtbar, wobei der übergreifende Bezug in der Regel kaum oder überhaupt nicht ins Bewußtsein gehoben wird. Daraus ergibt sich der einigermaßen befremdliche Sachverhalt, daß im Zeitalter der Ökumene die Erinnerung – [illegible]

[illegible] beitung des Themas in den einzelnen Ländern dar. Erschwerend kommt dann die konfessionell und kirchlich gebundene Sicht der Ereignisse hinzu. Bei solchen Schwierigkeiten geht es jedoch nicht nur um wissenschaftliche Einzelfragen, sondern hieran werden grundsätzliche Probleme sichtbar: Fehlt schon eine allgemein anerkannte Theorie des gesellschaftlichen Wandels in der Neuzeit, so fehlt erst recht eine Theorie des Verhältnisses von Christentum und Moderne, die diese Problematik aufgreift. Von daher ist es dann auch nur zu verständlich, daß Gesamtdarstellungen zu unserem Thema bislang fehlen.

Die vorliegende Arbeit verfolgt nicht das Ziel, diese Theorie zu entwickeln. Der Anspruch ist begrenzter. Es geht darum, die sich wandelnden sozioökonomischen Bedingungen im Zusammenhang mit den Veränderungen des kirchlichen Lebens, der Frömmigkeitsstrukturen und nicht zuletzt der Theologie anschaulich zu entfalten. Daß dabei Bezüge oder Abhängigkeiten in der Regel nur andeutungsweise benannt sind, hat seinen

Grund in der komplexen Wirklichkeit dieses Jahrhunderts. Diese möglichst klar vor Augen zu führen, erschien mir im Zweifelsfall hilfreicher und weiterführender, als bestehende Theorieansätze zu bestätigen oder gar eine in sich stimmige Monokausalität zu entwickeln. Daß nichtsdestoweniger sehr klare Zusammenhänge deutlich werden, sobald der Leser nur bereit ist, sich auf die hier skizzierte Wirklichkeit mitdenkend einzulassen: davon bin ich überzeugt.
Die Darstellung konzentriert sich auf die Behandlung der Vorgänge in Großbritannien, Belgien, Frankreich und Deutschland. Damit gerät sicherlich nur ein Ausschnitt aus einer sehr viel umfassenderen Wirklichkeit in den Blick – ein Ausschnitt allerdings, an dem sich die wesentlichen Gemeinsamkeiten der Entwicklung ebenso veranschaulichen lassen wie die vielfältig begründeten typischen Unterschiede. Immerhin gehörten die genannten Länder im 19. Jahrhundert zu den industriellen, wirtschaftlichen, geistigen und kulturellen Zentren Europas. So darf der Entwurf eines Überblicks sich wohl mit guten Gründen auf sie beschränken. Daß daneben die Darstellung der Vorgänge etwa in den USA, der Schweiz oder in den Niederlanden fehlt, ist sicherlich bedauerlich. Aber um die Abfassung eines Handbuches, das notwendigerweise von der Vollständigkeit der Fakten lebt, ging es hierbei nie – und konnte es also auch in dieser Hinsicht nicht gehen.

Es bleibt die angenehme Pflicht, allen denen zu danken, die das Werden dieses Buches begleitet haben: mit Informationen, Kritik und nicht zuletzt dem Drängen, es endlich abzuschließen. Stellvertretend für viele Studenten, Freunde und Kollegen seien Prof. Dr. Emile Poulat und Dr. Jean Baubérot in Paris genannt sowie Prof. Dr. W. R. Ward in Durham. Die Widmung an meine Frau und meine Töchter steht als Dank für den von ihnen gestalteten Lebensraum der Familie. Ohne diesen Rückhalt hätte die vorliegende Arbeit kaum geschrieben werden können.

Münster, im Mai 1980 *Martin Greschat*

I. Die Anfänge der Industrialisierung in Großbritannien (1780–1830)

1. Faktoren und Fakten der Industriellen Revolution

Die andauernde Herausforderung

Kaum etwas hat die Welt, in der wir leben, ähnlich grundlegend verändert wie die Industrialisierung. Man muß bis auf die Erfindung des Ackerbaus, die Entdeckung der Metalle und die Siedlungen im Neolithicum zurückgehen, will man wirkliche Entsprechungen zu jenem ebenso tiefgreifenden wie umfassenden Umbruch benennen. Deshalb ist es auch berechtigt, von einer industriellen *Revolution* zu sprechen: im Sinne einer totalen Umwälzung nicht allein der ökonomischen Gegebenheiten, sondern ebenso der gesellschaftlichen Verhältnisse und der Mentalität überhaupt. Und dieser Prozeß, der vor rund 200 Jahren in Großbritannien begann, hat inzwischen nicht nur weltweite Dimensionen angenommen, sondern ist auch noch keineswegs beendet. Aus den elementaren, insgesamt jedoch recht übersichtlichen Schwierigkeiten der Anfangszeit haben sich überaus komplexe und komplizierte Folgeprobleme entwickelt, die einer globalen Öffentlichkeit zunehmend als Bedrohung bewußt zu werden beginnen. Insofern greift der Blick zu kurz, der ausschließlich auf das Elend und die Leiden der beklagenswerten Opfer der Frühzeit der Industrialisierung gerichtet ist. Denn dann liegt in der Regel die Schlußfolgerung nahe, mit der Beseitigung der schlimmsten Auswüchse der frühindustriellen Revolution seien auch schon alle Probleme bewältigt bzw. dies würde der Fall sein, sobald die Arbeiterschaft wirklich gleichberechtigt wäre oder alle Macht in Händen hielte. Wer den Umfang und die Tiefe der durch die Industrialisierung eingeleiteten Veränderungen jedoch ins Auge faßt, wer zur Kenntnis nimmt, welchem unaufhörlichen Wandel die gesamte Gesellschaft mit allen ihren Ordnungen und Normen seitdem ausgesetzt ist, begreift, daß das nicht stimmen kann. Hier sind erheblich größere Anstrengungen und sehr viel weiterreichende Überlegungen nötig. »Wenn die industrielle Revolution noch nicht beendet ist, sondern andauert und erst jetzt in ihr zweites Stadium tritt, so bedeutet das, daß sogar die fortgeschritteneren Industriegesellschaften sich mit Problemen sozialer Umschichtung und kultureller und politischer Erneuerung auseinandersetzen müssen, die nicht weniger einschneidend sind als diejenigen, die den sogenannten unterentwickelten Ländern zu schaffen machen.« (Cipolla, 18)

Welchen Sinn hat dann der historische Rückblick? Dadurch allein werden die anstehenden Probleme sicher nicht gelöst. Nichtsdestoweniger befähigt der Blick auf die Geschichte ihrer Entstehung, die eigentlichen, weil grundlegenden Fragen unserer Zeit inmitten einer Fülle aktualistischer Scheinprobleme festzuhalten und sich darauf zu konzentrieren. Die Industrielle Revolution »veränderte das Leben der Menschen so sehr, daß es nicht wiederzuerkennen war; oder, um genau zu sein, sie zerstörte in ihren Anfangsstadien ihre alte Lebensweise und überließ es dann ihnen, eine neue für sich zu entdecken oder zu schaffen, wenn sie es konnten und wußten, wie das zu machen war. Aber sie ließ nicht erkennen, wie sie das anfangen sollten«. (Hobsbawm, 80) Was da im Blick auf die Zerstörung gewachsener und von alters her eingeübter Sinn- und Lebenszusammenhänge formuliert ist, läßt sich zumindest insofern auf die Folgezeit ausdehnen, als eine tiefe Hilflosigkeit blieb und bleibt, wie auf und aus den Trümmern der alten Ordnung das »neue

Haus« errichtet werden könnte. Das bedeutet zugleich, daß seitdem die Sinnhaftigkeit von Christentum und Kirche praktisch und grundsätzlich eben durch den Lebensvollzug einer schnell wachsenden Mehrheit in Frage gestellt ist. Alle Versuche, den tief einschneidenden Bruch mit dem Überkommenden, den die Industrielle Revolution bedeutet, zu überbrücken oder zu verschleiern, erweisen sich bislang als eher kurzatmig denn zukunftsweisend.
Der zweite Grund, weshalb der historische Rückblick wichtig ist, betrifft die in diesem Kontext gemachten Erfahrungen. So tastend, unklar oder einfach hilflos weithin die Vorstellungen und Aktionen waren, wodurch die Verantwortlichen überall versuchten, jenen »entfesselten Prometheus« (Landes) in den Griff zu bekommen: gerade die Gründe für solche Unklarheit und Hilflosigkeit sind erhellend und bedenkenswert. Außerdem gab es nicht allein die Erfahrung des Scheiterns. Dieses Urteil gilt auch für die Kirchen. Sie haben keineswegs nur die Augen zugemacht vor den Umbrüchen, die um sie herum geschahen, und keineswegs einfach die Menschen auf ein besseres Jenseits vertröstet. Die Einsichten, die dabei gewonnen wurden, sind zu kostbar, um vergessen zu werden. So reich an Erfahrungen mit dem Phänomen der Industrialisierung ist die Christenheit nicht, daß wir es uns leisten könnten, die Antworten der Vergangenheit hierzu ungeprüft auf sich beruhen zu lassen.

Voraussetzungen der Industrialisierung

Es kann in diesem Zusammenhang nicht darum gehen, im einzelnen zu untersuchen, warum es ausgerechnet in England und dort gerade im letzten Viertel des 18. Jahrhunderts zu jener Industriellen Revolution gekommen ist. Natürlich haben viele Faktoren dahingehend zusammengewirkt: ausgesprochen langfristig angelegte, wie etwa in wirtschaftlicher Hinsicht die Konzentration des Landes auf den Überseehandel und damit auf die Flotte; ferner das weitgehende Fehlen einer Bauernschaft im kontinentaleuropäischen Sinn, denn in England war die Erwerbsmöglichkeit von Grund und Boden seit langem für jedermann gegeben. Das bedeutete auch, daß es hier keine festgefügte adelige Herrschaftsschicht gab, da mit dem Besitz von Land theoretisch jedermann zu einem begrenzten gesellschaftlichen, aber auch politischen Einfluß aufsteigen konnte. Diese relativ offene und mobile Sozialstruktur wurde weiterhin dadurch gefördert, daß nur die erstgeborenen Söhne des Adels Rang und Titel behielten, während die übrigen zur gentry zählten, der aus niederem Adel, bürgerlichen und geistlichen Grundbesitzern bestehenden Oberschicht der englischen Grafschaften. Die englische Gesellschaft war mithin sowohl nach oben als auch nach unten nicht streng abgeschlossen. Diese Tatsache förderte einerseits den sozialen Wettbewerb, sie prägte andererseits selbst dem hohen Adel und erst recht natürlich der gentry ausgesprochen bürgerliche Züge auf. Bissig charakterisierte François-René de Chateaubriand diese Oberschicht so: »Man verkauft sein Getreide, man macht landwirtschaftliche Experimente, man jagt Füchse oder Rebhühner; zu Weihnachten verzehrt man eine fette Gans; man besingt das Roastbeef of Old England; man klagt über die Gegenwart, man preist die Vergangenheit, die auch nicht besser war, und bei allem verflucht man Pitt und den Krieg, der den Preis des Portweins steigen läßt; man legt sich betrunken ins Bett und nimmt am folgenden Tag das gleiche Leben wieder auf.« (zit. Sieburg, 79) Chateaubriand war freilich, als er diese Sätze schrieb, nicht nur gerade aus Paris gekommen, sondern er lebte auch als einer, der nicht zählte, im Land, als hungernder Flüchtling vor der französischen Revolution. Wie treffsicher er nichtsdestoweniger wesentliche Züge dieser Gesellschaft umrissen hat, lehrt ein Blick auf den »Tom Jones« von Henry Fielding, diesen von behaglichem Leben und breiter Sinnlichkeit randvollen Erfolgsroman des 18. Jahrhunderts.

Aber auch die Entstehung einer eigenen, selbstbewußten Klasse des Bürgertums, vergleichbar der französischen Bourgeoisie, wurde durch diese Gesellschaftsordnung verhindert. Der klassische Ausdruck dafür sind Edmund Burkes (1729–1794) »Betrachtungen über die Französische Revolution« von 1790 (Reflections on the Revolution in France), mit denen der bürgerliche Liberale, voll und ganz im Einklang mit seiner sozialen Schicht, den europäischen Kampf für die bestehende Ordnung und gegen die Umwälzungen der französischen Revolution eröffnete. Und schließlich zählte zu den langfristigen Voraussetzungen der Industriellen Revolution in Großbritannien die von Fremden immer wieder beobachtete außerordentliche Schwäche des Staates als politischer Zentralgewalt. Dadurch fielen dem einzelnen und seiner Gruppe eine Vielzahl von Verantwortungen und Verpflichtungen zu, die anderswo von oben her geregelt zu werden pflegten.

Hinzu kamen dann Faktoren, die der Industriellen Revolution teilweise vorausliefen, teilweise auch neben ihr entstanden, sich dann mit ihr verbanden und dadurch den Prozeß der Industrialisierung beschleunigten. Da ist zuerst das Wachstum der Bevölkerung zu nennen, das seit der Mitte des 18. Jahrhunderts auch in Großbritannien zu beobachten war und das sich seit 1780 noch weiter gesteigert hatte: Nachdem die Bevölkerungszunahme bis 1780 ca. 7% pro Jahrzehnt betragen hatte, wuchs sie danach auf 10% und erreichte von 1811 bis 1822 sogar ca. 15%. Das bedeutet, daß sich die Bevölkerung von England und Wales mit rund 6,3 Millionen im Jahre 1780 bis zum Jahre 1851 mit rund 21 Millionen mehr als verdreifacht hatte! Gekoppelt mit dieser numerischen Zunahme war im gleichen Zeitraum eine erhebliche Bevölkerungsverschiebung von dem bis dahin dichter besiedelten Süden des Landes in die neuen Industriedistrikte nordwestlich der Linie, die die Städte Bristol und Hull bilden. Die Folge davon war eine rasch zunehmende Verstädterung. Hatte es zu Beginn des 18. Jahrhunderts außer der Metropole London nur zwei »Großstädte« gegeben, nämlich Bristol und Norwich mit jeweils etwas mehr als 20 000 Einwohnern, so zählte man am Ende des 18. Jahrhunderts – wieder ohne London, dessen Bevölkerung jetzt auf 864 000 angeschwollen war – acht Großstädte mit über 50 000 Einwohnern, die ausnahmslos jenseits der genannten Linie lagen: Manchester (84 000), Edinburgh (82 000), Glasgow (77 300), Liverpool (77 000), Birmingham (73 000), Bristol (68 000) und Leeds (53 000).
Ein anderer wesentlicher Faktor für die Durchsetzung der Industrialisierung waren die tiefgreifenden Veränderungen in der Landwirtschaft, die man bisweilen zu Recht auch als »Agrarrevolution« bezeichnet hat. Durch eine bessere Bodennutzung durch Fruchtwechsel, durch Urbarmachung großer Teile von Brach- und Ödland und insgesamt durch die Einhegungen (Enclosures) – wodurch der dörfliche Gemeinbesitz an Wiesen und Weiden aufgeteilt und, verbunden mit einer allgemeinen Flurbereinigung, in Ackerland verwandelt wurde –, wurde überhaupt erst einmal die Möglichkeit geschaffen, diese Bevölkerung zumindest nicht verhungern zu lassen. Der Krieg mit Frankreich (seit 1793), vor allem aber die Kontinentalsperre Napoleons (seit 1806) nötigten Großbritannien erst recht, die Enclosures und mit ihnen eine möglichst großräumige und leistungsfähige Landwirtschaft zu fördern, um die Ernährung des Landes sicherzustellen. Diese Jahrzehnte waren die goldene Zeit der Landwirtschaft. Ihr Erfolg war freilich erkauft durch ein namenloses Elend der Landarbeiter, die jetzt zu Lohnarbeitern und zu einem ausgesprochenen Landproletariat absanken. Wer sich bis dahin als Kleinbauer gehalten hatte, war nun in der Regel nicht länger konkurrenzfähig. Wer sich trotzdem, mühsam genug, durchzusetzen vermochte, wurde häufig doch noch von den schnell ansteigenden Umlagen für die Armensteuer erdrückt. Diese Steuer stellte den Versuch dar, der voranschreitenden Verarmung einer wachsenden ländlichen Bevölkerung entgegenzuwirken. Dabei mischten sich in dieser Sozialhilfe für die Armen des eigenen Dorfes patriarchalisches

Verantwortungsbewußtsein und sehr pragmatische wirtschaftliche Überlegungen. Denn diese Zahlungen, die den Landarmen das Existenzminimum garantieren sollten, gemessen am jeweiligen Kornpreis, ermöglichten es dem Großgrundbesitzer, ausgesprochen niedrige Löhne zu zahlen; sie stellten ihm zudem ein überreiches Reservoir stets verfügbarer Arbeitskräfte zur Verfügung, fesselten doch nicht nur Tradition und Lebensgewohnheiten diese Menschen an ihr Dorf, sondern mindestens ebensosehr die allein hier ihnen gewährten minimalen wirtschaftlichen Sicherheiten.
Ein weiterer Faktor, der wiederum sowohl zu den Voraussetzungen der Industrialisierung gehörte wie er diese mächtig vorantrieb, war die Bedeutung des Außenhandels für die britische Wirtschaft. Mit der Gewinnung des Monopols im Überseehandel gegenüber der holländischen und französischen Konkurrenz hatten sich auch weite überseeische Märkte geöffnet. Da die Interessen des Adels und ebenso die der gentry, die beide in hohem Maße die Regierungspolitik bestimmten, auf engste mit den Interessen der Warenproduzenten und insbesondere der Fabrikanten verquickt waren, bedeutete dieses Handelsmonopol zugleich die Ausschaltung der entsprechenden Produktionsunternehmungen in den beherrschten Gebieten und folglich deren Abhängigkeit von den Erzeugnissen der britischen Industrie. Dafür hatten sie dann Rohstoffe zu möglichst niedrigen Preisen zu liefern! Das klassische Beispiel hierfür ist der Import von Baumwolle aus Übersee und der Export von Kattun, vor allem nach Indien. Nicht zuletzt deshalb konnte sich die Industrialisierung in Großbritannien so schnell durchsetzen und ausbreiten, weil da ein Markt von zunächst wirklich grenzenloser Aufnahmefähigkeit bereitstand, der zu maximaler Produktionssteigerung geradezu herausforderte.

Die Anfänge der Industrialisierung

Der Prozeß der Industriellen Revolution begann mithin in der Textilindustrie. Er begann dort nicht zufällig beim schwächsten Glied der Produktionskette, nämlich der Baumwollspinnerei. Die Kapazität der Handweber ließ sich nämlich zunächst einmal im Rahmen der überkommenen Wirtschaftsstruktur, wo Familien in Heimarbeit für einen Verleger produzierten, erheblich steigern. So wuchs gerade auf dem Land die Zahl der Weber, weil viele Kleinbauern in ihrer Not in dieses Gewerbe drängten, um sich einen zusätzlichen Verdienst zu verschaffen. Nicht im gewünschten Maße steigern ließ sich dagegen mit den herkömmlichen Mitteln die Fertigung des erforderlichen Garnes. Auf diese Herausforderung antworteten nun in Manchester in einer Atmosphäre, die offen war für technologische Neuerungen und für kühne unternehmerische Wagnisse, die ersten Baumwollspinnereien, in denen die neuen Spinnmaschinen fabrikmäßig eingesetzt wurden. Der folgenschwere Schritt zur Industrialisierung war also mit dem Fabriksystem untrennbar verbunden, und das bedeutet bis auf diesen Tag: Massenproduktion durch Maschinenkraft, der eine mehr oder weniger große Anzahl von Menschen zu- bzw. untergeordnet ist. Daraus entstand innerhalb der Fabrik schnell ein neues Sozialsystem: mit dem Unternehmer an der Spitze und der breiten Masse der Arbeiterschaft, die allein in der Funktion für die Erfordernisse der Maschine belangreich war, am Fuß der Pyramide. In einer Übergangsphase gab es zahlreiche industrielle Niederlassungen auch in Dörfern und – vor allem bei den Webern – noch eine ausgedehnte Heimarbeit. 1806 waren ca. 184000 zu Hause tätig, rund 90000 arbeiteten in Fabriken. Aber die Möglichkeit, mehr Menschen zu beschäftigen, weiterhin die Notwendigkeit, die Produktion möglichst schnell und billig zu transportieren, führten dazu, daß die neuen Fabriken bald mehr und mehr in die Städte drängten. Das war erst recht der Fall, seitdem auch andere Zweige der Textilindustrie aufkamen, und vollends seit dem Aufstieg des Maschinenbaus sowie der Eisen- und Stahlproduktion. Die neue industrielle Fabrikation erwies sich bald als Motor der gesamten Wirtschaft; sie dehnte sich unaufhaltsam aus und revolutionierte dabei nicht nur alle traditionellen Produktionsweisen, sondern auch das gesamte hierauf beruhende und elementar damit verzahnte Sozialgefüge.

Wirtschaftliche und soziale Folgen

Das Zerbrechen der alten Gesellschaftsordnung wurde somit zuerst in den neuen Massenstädten sichtbar: In der zunehmenden Trennung der Vorstädte und Slums von den Wohnbezirken der Wohlhabenden und Reichen; in der Auflösung aller traditionellen kommunalen Bindungen und Verbindlichkeiten. »Wie in einer Springflut gehen die mittelalterlichen Verfassungen und Schranken der Industrie unter, und die Staatsmänner staunten ob der großartigen Erscheinung, welche sie weder fassen noch verstehen konnten« schrieb dazu ein deutscher Beobachter. Ein brutaler Individualismus und eine umfassende Traditionslosigkeit endlich kennzeichneten die neuen Typen des Unternehmers und des Proletariers gleichermaßen. Freilich erschütterte dieser Umbruch den Unternehmer sehr viel weniger als seinen Arbeiter! Denn obwohl der Unternehmer, beherrscht vom kapitalistischen Gewinnstreben, im harten Konkurrenzkampf stand und sich nicht selten von Verschuldung und Bankrott und damit einem unehrenhaften gesellschaftlichen Abstieg bedroht sah – was ihn hart gegen sich selbst werden ließ und nicht selten brutal gegen andere –, gab es für ihn eben doch die reale Chance des Erfolgs, des wirtschaftlichen und sozialen Aufstiegs und damit der Zugehörigkeit zu jenem begüterten und angesehenen Mittelstand, dem die Wohlhabenheit der eigenen Familie tatsächlich in jeder Hinsicht genügte.

Nicht im Grundsätzlichen, wohl aber in der nackten, handgreiflichen Wirklichkeit stellte sich der Prozeß der Industrialisierung für den Arbeiter radikal anders dar. Dabei ist allerdings sogleich daran zu erinnern, daß es eine auch nur annähernd geschlossene »Klasse« der Arbeiterschaft selbst in der Frühzeit der Industrie nicht gegeben hat. Da existierten vielmehr sehr verschiedene und durchweg klar voneinander abgegrenzte Gruppen, die vom handwerklich spezialisierten, oft an den Mittelstand heranreichenden Fachhandarbeiter weiter über sonstige Handwerker, Dienstboten, Fabrikarbeiter und Tagelöhner auf dem Lande bis zur untersten, sozial den Bettlern und Prostituierten benachbarten Schicht der irischen Einwanderer reichte. Als eine neue Gruppe kristallisierte sich nun die der Fabrikarbeiter heraus: Menschen, die vom Land in die schnell wachsenden Städte abgedrängt waren, wo sie sich dem unerbittlichen Rhythmus der Maschinen anpassen mußten, herausgerissen aus allen Bindungen, völlig abhängig vom Lohn für ihre Arbeit. Freiwillig war zunächst niemand in die neuen Fabriken gegangen. Trotz relativ günstiger Löhne in der Anfangszeit, verglichen mit den Hungerlöhnen, die auf dem Land gezahlt wurden, fanden die Unternehmer häufig nur wehrlose Kinder aus den Waisenhäusern, hilflose Frauen, verzweifelte Häusler und Kleinbauern sowie allerlei gestrandete Existenzen für diese Art des Broterwerbs. Denn die in den Fabriken geforderte Arbeitsweise unterschied sich radikal von allem bisher Gewohnten: Nicht mehr der Mensch, sondern die Maschine und die Uhr bestimmten den Tagesablauf. Zu unterdrücken war darum jede Neigung, jede spielerische oder auch wohlbedachte Abweichung; nach Kräften auszurotten war erst recht der Hang, nur vorübergehend zu arbeiten bzw. selbstgewählte Freiräume sich zu verschaffen – wie etwa den seit dem Mittelalter in Europa weitverbreiteten »blauen Montag«. Mit härtesten disziplinarischen, finanziellen und sogar juristischen Strafen versuchten die Unternehmer demgegenüber, ihre Arbeiterschaft in die Norm reibungslos funktionierender »Maschinenteile« zu pressen. Selbst da, wo sie sich in patriarchalischem Verantwortungsbewußtsein in besonderer Weise um sie kümmerten, schwang dieses Interesse ständig mit.

Zumindest ebenso niederdrückend wurde, wenn auch oft dumpf, die Herauslösung dieser Menschen aus der Lebens- und Erfahrungsgemeinschaft des Dorfes empfunden, das Zerbrechen der traditionellen Familiengemeinschaft und insbesondere der Zerfall der herausgehobenen Stellung des Familienvaters: dessen Frau und Kinder nun den gleichen oder vielleicht sogar einen höheren Lohn in der Fabrik verdienten. In dem Maße aber, in dem die altgewohnte Sozialstruktur verfiel und die alten Lebens- und Festtagsgewohnheiten abstarben, weil sie, von der Ernährung angefangen bis hin zu den Spielen und Feiern, von der Enge und Not der neuen Wirklichkeit erdrückt wurden, breiteten sich Öde und Stumpfsinn aus. Die alte Ordnung und mit ihr die bescheidene, aber nichtsdestoweniger sehr reale Würde des schlichten einzelnen war für den Proletarier unwiderbringlich dahin. Das neue kapitalistische Ideal, das gesellschaftliches Ansehen und menschliche Würde auf der Basis von Geld und Besitz verhieß, lag für ihn bei aller ersehnten Aktualität doch faktisch ferner als die Sterne! Was Wunder also, daß in der Fabrikarbeiterschaft, aber mehr und mehr auch unter dem Landproletariat, dumpfe Müdigkeit und Apathie über das Schicksal wuchsen, dem man sich ausgesetzt fand. »Sie sind«, schrieb ein Beobachter, »ein schmutziges, bedrücktes, elendes, ängstliches und sich abmühendes Volk geworden, ohne Gesundheit oder Fröhlichkeit oder Glück.« (zit. Thompson, 487)
Nicht nur psychisch, auch physisch bestimmten Not und Elend sehr real den Alltag dieser Menschen. Der Hunger war stets gegenwärtig. Hungerlöhne wurden für nicht selten schwere und schwerste Arbeiten von 12, 14 und mehr Stunden gezahlt. Schmutzige, lärmerfüllte Fabrikräume ohne Lüftung, ohne Schutzvorrichtungen an den Maschinen ruinierten die Gesundheit. Hunger und nicht selten Verhungern waren aber erst recht die Folge, wenn Krankheit, Unfall, Alter oder auch die Schließung der Fabrik zur Arbeitslosigkeit führten. Hinzu kamen die unvorstellbaren hygienischen Verhältnisse in den Städten und auf dem Land, grauenhafte Wohnbedingungen in den Slums, die sich naturgemäß zu Brutstätten von Seuchen, Lastern und Verbrechen entwickelten. Nimmt man die Massen der bei zunehmender Arbeitszeit praktisch verhungernden Iren, Handweber oder auch Näherinnen hinzu, hat man ein einigermaßen realistisches Bild der frühindustriellen proletarischen Alltagswirklichkeit. »Ich habe Menschen gekannt«, schrieb John Wesley anklagend, »die es sich nur leisten konnten, einen über den anderen Tag etwas minderwertige Nahrung zu essen. Ich habe eine Frau gekannt, die stinkende Sprotten aus einem Abfallhaufen heraussuchte und sie für sich und ihre Kinder nach Hause trug. Ich habe eine andere Frau gekannt, die die Knochen sammelte, die die Hunde in den Straßen liegen gelassen hatten, und die daraus eine Brühe für ihre Familie machte, um ein erbärmliches Leben zu verlängern . . . Warum sind so viele tausend Menschen in London, in Bristol, in Norwich, in jeder Grafschaft, von einem Ende Englands bis zum anderen, ganz und gar ohne Arbeit?« (zit. Wearmouth, 66).
Die Trostlosigkeit mußte vollends grenzenlos werden, wenn die Arbeiter die herrschende Gesellschaftslehre betrachteten. Der zuerst von dem Schotten Adam Smith (1723–1790) theoretisch entwickelte Wirtschaftsliberalismus verhieß soziale Harmonie und Gerechtigkeit aufgrund des uneingeschränkten Wettbewerbs, da auf einem freien, d. h. durch keine staatliche Wirtschafts- und Sozialpolitik eingeengten Markt, das Verhältnis von Angebot und Nachfrage sich zum Nutzen aller selbst regulieren würde. Tatsächlich jedoch führte diese Devise des »laissez faire, laissez aller« – wie man jeden Tag beobachten konnte –, nur zur schrankenlosen Herrschaft des Privatkapitals mit der Vernichtung der Zünfte und der bescheidenen Rechte, die sie dem Arbeiter bis dahin gewährt hatten, sowie zum strengen Verbot aller gewerkschaftlichen Zusammenschlüsse! War Smith, getragen vom Optimismus der Aufklärung, noch der Überzeugung gewesen, seine Lehre werde sich schließlich auch zum Vorteil des Arbeiters auswirken, so führte das rapide Anwachsen des Proletariats einen anderen Nationalökonomen und Theologen, nämlich

Thomas R. Malthus (1766–1834) zu der pessimistischen These, daß Not und Verelendung der Massen unabwendbar seien, weil ihre Vermehrung eine geometrische Reihe bilde, dagegen die des Wachstums der landwirtschaftlichen Erträge nur eine arithmetische. Hierauf wiederum basierte David Ricardo (1772–1823) mit dem Konzept des »ehernen Lohngesetzes«, wonach dem Arbeiter für alle Zeiten nur das Existenzminimum gewährt werden dürfe, weil allein auf diesem Wege seine unkontrollierte Vermehrung und damit die Überflutung und schließlich die Vernichtung der Gesamtgesellschaft verhindert werden könnte. Wohin der Proletarier also auch blickte: Er fand sich schutz- und hoffnungslos gefangen in einer Welt, die ihn in Theorie und Praxis unterdrückte, indem sie alle Rechte und alle Vorteile ausschließlich in die Hände der Herrschenden und Besitzenden legte.
Die Folge davon waren zahllose, immer neu im Lande aufbrechende Explosionen der Verzweiflung, geladen mit sinnloser Wut. Dabei handelte es sich nicht nur um lokale und regionale Hungerrevolten, sondern auch um Ausbrüche eines sozialen und politischen Radikalismus, der im Zeitalter der Französischen Revolution die Verhältnisse in England grundlegend neu gestalten wollte. Auch die Maschinenstürmereien und andere Ausschreitungen im Namen des phantastischen »Generals Ludd«, die zwischen 1811 und 1817 vor allem in den östlichen Midlands und in Yorkshire die Bevölkerung erregten, waren wohl mehr als anarchistische Unruhen. Hierin meldete sich auch, auf dem Hintergrund der durch die Kontinentalsperre bewirkten schweren Wirtschaftskrise, der verzweifelte Protest einer zerschlagenen und in den Untergrund gedrängten Arbeiterbewegung mit teilweise radikal-demokratischen, teils zünftigen und geheimbündlerischen Elementen. Zerrissen war auch die geistige Orientierung dieser Menschen. Die beiden Bücher, die den größten Einfluß auf sie auszuüben vermochten, waren die »Menschenrechte« (Rights of Man, 1791) des entschiedenen Demokraten Thomas Paine (1737–1809) sowie die »Pilgerreise« (The Pilgrim's Progress, 1678), das alte puritanische Erbauungsbuch des Kesselflickers und Laienpredigers John Bunyan (1628–1688).

Eine Zeitlang mochte es scheinen, als griffe die Revolution von Frankreich aus auch nach Großbritannien hinüber. Die Tories unter Pitt antworteten dieser Bedrohung mit einer offen reaktionären Politik: 1794 wurde die Habeas-Corpus-Akte aufgehoben, Volksversammlungen wurden verboten (1795) und schließlich (1800) belegte ein Gesetz jeden gewerkschaftlichen oder sonstigen Zusammenschluß von Arbeitern mit Gefängnis oder Zwangsarbeit. Aus dem Gefühl der Bedrohung durch die ideologischen und militärischen Erfolge Frankreichs auf dem Kontinent nahmen große Teile der Bevölkerung diese Politik hin. Nichtsdestoweniger war trotz Mißernten und Hunger, trotz wirtschaftlicher Stockungen und vielfältiger Unruhen bald klar, daß Großbritanniens politische Entwicklung anders verlaufen würde als diejenige Frankreichs. Der aufstrebende Mittelstand besaß in Großbritannien längst reale soziale und politische Aufstiegsmöglichkeiten. Bis in die Unterschichten hinein ließ sich sodann immer wieder ein starkes Nationalgefühl mit erheblichen antifranzösischen Ressentiments mobilisieren. Dadurch wurde dem Drängen auf Reformen zumindest für die Dauer des Krieges (1793–1815) der Boden entzogen. Um so lauter meldeten sich die Forderungen danach. Die knappen zwei Jahrzehnte bis zur Reformakte im Jahre 1832 waren allerdings angefüllt mit Erschütterungen, Unruhen und Krisen aller Art. Zunächst brachte das Kriegsende neue Schwierigkeiten: Die Eisenindustrie geriet in eine Rezession. Noch schwerer wurde die Textilindustrie durch die vordringende kontinentale Konkurrenz getroffen; Überproduktion und Absatzschwierigkeiten waren die Folge. Mit den größten Belastungen aber hatte die britische Landwirtschaft zu kämpfen, weil ihre hohen Erzeugerpreise mit den nun wieder möglichen billigen Getreideimporten nicht mehr konkurrieren konnten. Und in alle diese Probleme mischte sich, verschärfend und verbitternd, das so lange zurückgestaute Drängen auf innenpolitische Reformen. Daß sie jetzt unumgänglich waren, konnte eigentlich niemand mehr bezweifeln. Trotzdem dauerte es noch bis zum Ende der zwanziger Jahre, bevor auf dem Hintergrund der zweiten Phase der Industrialisierung in den Bereichen Kohle, Eisen, Stahl und Maschinenbau eine Ära liberaler Reformen begann. Ihr erster Höhepunkt war die Parlamentsreform von 1832, die das Wahlrecht an den Hausbesitz band – was einen erheblichen Erfolg der städtischen Mittelschichten bedeutete.

Bibliographische Hinweise zu I. 1.

Bei diesen und den folgenden Angaben handelt es sich nicht um eine ausführliche Bibliographie, sondern lediglich um eine knappe Auswahl der wichtigsten Titel. Berücksichtigt wurden Überblicksdarstellungen sowie neuere Arbeiten, in denen sowohl die ältere Literatur als auch weiterführende Untersuchungen verzeichnet sind. Entsprechend der eingangs skizzierten Forschungslage begegnen sowohl hier als auch in den folgenden Abschnitten Arbeiten, die weit über die jeweils behandelte Zeit hinausreichen. Die zahlreichen Querverweise unter den bibliographischen Hinweisen versuchen, diesem Tatbestand Rechnung zu tragen.

Abel, W.: Massenarmut und Hungerkrisen im vorindustriellen Europa. Versuch einer Synopsis. Hamburg–Berlin 1974.

Bergeron, L.-Furet, F.-Koselleck, R.: Das Zeitalter der europäischen Revolution, 1780–1848. Frankfurt 1969.

Borchardt, K.: Probleme der ersten Phase der Industriellen Revolution in England. Ein bibliographischer Bericht über wirtschaftsgeschichtliche Publikationen und den Stand der Forschung im englischen Sprachraum. In: VSWG 55 (1968), 1–62.

Ders. [Hg.]: Europäische Wirtschaftsgeschichte. Bd. 4, Stuttgart 1977.

Braun, R.-Fischer, W. u. a. [Hg.]: Gesellschaft in der Industriellen Revolution. Gütersloh 1973.

Cipolla, C. M.: Einleitung zu K. Borchardt [Hg.]: Die Industrielle Revolution in Deutschland. München 1972.

Crawley, C. W. [Hg.]: War and Peace in an Age of Upheaval, 1793–1830. Cambridge 1965.

Droz, J. [Hg.]: Geschichte des Sozialismus. Von den Anfängen bis 1875. Bd. 2, Frankfurt 1974.

Hobsbawm, E. J.: Industrie und Empire. Britische Wirtschaftsgeschichte seit 1750. Bd. 1, 4. Aufl. Frankfurt 1974.

Jantke, C.: Der vierte Stand. Hamburg 1955.

Landes, D. S.: The Unbound Prometheus. Technological Change and Industrial Development in Western Europe from 1750 to the Present. Cambridge 1969.

Perkin, H.: Social History in Britain. In: Journal of Social History 10 (1976), 129–143.

Schlenke, M.: Sozialgeschichtliche Aspekte der Industriellen Revolution in England. In: GWU 25 (1974), 645–659.

Sieburg, F.: Chateaubriand. Romantik und Politik. 2. Aufl. Stuttgart 1958.

Smelser, N. J.: Social Change in the Industrial Revolution. 2. Aufl. London 1960.

Weis, E.: Der Durchbruch des Bürgertums, 1776–1847. Frankfurt 1978.

2. *Die anglikanische Staatskirche*

Kirchenpolitische und soziale Voraussetzungen

Die Frage, wie das verfaßte Christentum und wie einzelne Christen auf diese grundstürzenden Veränderungen in Großbritannien reagiert haben, läßt sich nicht unabhängig von der Frage nach den geistigen, politischen und gesellschaftlichen Möglichkeiten dieses Christentums am Ausgang des 18. Jahrhunderts beantworten. Hierbei ist einerseits an die Eigenart der englischen Reformation im 16. Jahrhundert und die Konstituierung der anglikanischen Staatskirche zu erinnern, andererseits an den erbitterten Kampf der protestantischen Dissidenten (Dissenter) gegen den Absolutheitsanspruch der Staatskirche, der endlich nach der »Glorreichen Revolution« am Ende des 17. Jahrhunderts (1689) zur Tolerierung ihrer abweichenden religiösen Überzeugungen (Nonconformists) geführt hatte. In diese oft genug als schroffe Alternative erfahrene und begriffene Aufteilung des christlichen England drang dann seit der Mitte des 18. Jahrhunderts mit schnell wachsenden Erfolgsziffern die Erweckungspredigt des Methodismus – und im Anschluß daran eine in beiden kirchlichen Lagern wirksame, bald ganz Europa erfassende Erweckungsbewegung (revival). In diesem Spannungsfeld aus unterschiedlichen traditionellen kirchlichen und gesellschaftspolitischen Positionen, einem umfassenden religiösen Aufbruch und nicht zuletzt einer sehr unterschiedlichen Kenntnisnahme und Beurteilung der Industriellen Revolution im Ganzen und im Detail bewegten sich also die Antworten dieses Christentums.

Zweifellos verfügte die zahlenmäßig weit überlegene und auch sonst in jeder Hinsicht privilegierte anglikanische Staatskirche über die denkbar schlechtesten Voraussetzungen für diese Auseinandersetzung. Von welcher Seite man sich ihr in dieser Zeit auch näherte: Immer spürte man den Hauch der Jahrhunderte, genauer, die unverändert andauernde Welt des Mittelalters! Diese Kirche stand zu Beginn der Industriellen Revolution tatsächlich dem 15. Jahrhundert näher als dem 18., geschweige dem beginnenden 19. Jahrhundert. Der Klerus lebte – wie auch sonst in Europa – weithin von Pfründen, d. h. von den Einkünften eines unterschiedlich großen Landstücks. Die Häufung solcher Pfründen auf einen einzelnen war längst nicht mehr die Ausnahme. Vergeben wurden viele dieser Pfründen nicht von der Kirche, sondern von den Besitzern des Patronats. Das konnten einzelne Patronatsherren sein, aber auch Institutionen, Korporationen und bisweilen sogar viele einzelne, die ein solches Präsentationsrecht mit dem Boden gekauft oder geerbt hatten. Die Armseligkeit mancher Pfründen, fehlende Wohnmöglichkeiten am Ort, aber auch die grundsätzliche Abneigung mancher Pfarrer gegen die Enge und Dürftigkeit eines Lebens auf dem Dorf – oder schlicht allerlei andere Interessen, die sich besser und erfolgversprechender in der Stadt verwirklichen ließen, führten dazu, daß nicht wenige Pfarrer sich jahre- und sogar jahrzehntelang nicht in der Kirche ihrer Pfründe sehen ließen. 1812 betrug die Zahl dieser Nichtresidenten 4813 (Gilbert, 7). Die Verrichtung der kirchlichen Obliegenheiten fiel dann auf die Schultern von schlechtbezahlten, sozial wenig angesehenen und ohne Hoffnung auf eine eigene Pfarrstelle dahinlebende Kapläne, die solche Aufgaben dann auch häufig genug eher schlecht als recht und in der Regel an mehreren Orten nacheinander ableisteten: einen, seltener mehrere sonntägliche Gottesdienste, vielleicht noch eine wöchentliche Betstunde und eventuell hier und da einige bescheidene katechetische Bemühungen! Im gleichen Jahr 1812 zählte man 3694 solcher Kuraten (Gilbert, 7). Das bedeutet: mehr als 1000 Pfarrstellen der Staatskirche wurden zu Beginn des 19. Jahrhunderts nur am Rande oder überhaupt nicht kirchlich versorgt.

Aber auch da, wo ein Pfarrer seiner Residenzpflicht nachkam, beschränkte sich seine geistliche Aktivität in der Regel ganz selbstverständlich auf die Ableistung der kultischen Amtspflichten. Darin sprach sich das von der Bevölkerung weithin akzeptierte Selbstverständnis der Kirche als einer öffentlichen Institution aus, die für bestimmte religiöse Dienstleistungen zur Verfügung stand, ohne darüber hinaus in das Leben des einzelnen einzugreifen. »Vor fünfzig Jahren«, schrieb Bischof Blomfield 1863, »war eine anständige und regelmäßige Durchführung des Gottesdienstes an Sonntagen nahezu das einzige, was jedermann von einem Kleriker erwartete; wenn das stattfand, waren die meisten Leute zufrieden. Der Kleriker konnte ein Nichtresident sein, ein Sportler, ein Bauer, der sich nicht um seine Bücher kümmerte, ein leidenschaftlicher Politiker, ein Bonvivant oder ein Höfling: wenn er nur persönlich oder durch einen Vertreter verrichtete, was jetzt den Namen seiner Pflicht usurpierte, dann war das genug.« (zit. McClatchey, 90).

Die Umgebung, zu der dieser Pfarrer sich gesellschaftlich, politisch und geistig hinzurechnete und hinzugerechnet wurde, war die gentry. Es machte die Eigenart auch der Staatskirche aus – wie im übrigen die der anderen Kirchen im damaligen Europa – daß sie zutiefst mit den Strukturen der Agrargesellschaft verwachsen war: Die Pfründen, von denen Bischöfe, Stiftsherren und Pfarrer allesamt lebten – wenngleich mit einem ganz außerordentlichen Gefälle von Stelle zu Stelle – waren Einkünfte aus dem Landbesitz der Kirche. Der Zehnte, der von allen Bodenerträgen an den Pfarrer zu entrichten war, basierte ebenfalls auf dem Land. Aus dieser wirtschaftlichen Realität war die soziale, politische und mentale Verbundenheit des Klerus mit den übrigen Grundbesitzern gefolgt, freilich kaum mit der Schicht der Kleinbauern, sondern mit den Großgrundbesitzern, der gentry eben. Und dieser Trend wurde durch die Einhegungen aufs entschiedenste gefördert. Als Anwälte des kirchlichen Grundbesitzes gehörten die Pfarrer zu den Einhegungskommissionen. Dabei betrieben sie gleichzeitig die Umwandlung des Zehnten, der durch die Neuverteilung des Bodens ebenfalls neu festzulegen war, in Pfarrland. Mit einem Wort: Sie profitierten durchweg erheblich von den wirtschaftlichen und sozialen Veränderungen auf dem Land. Das Sozialprestige des Klerus und damit seine Integration in die Kreise der gentry wuchs sichtbar, was sich am deutlichsten an den nun überall errichteten freistehenden Landpfarrhäusern mit ihrem behäbigen Wohlstand ablesen läßt. Natürlich gab es auch die angesehenen und traditionsreichen Stadtgemeinden; aber wirtschaftlich ruhten sie auf der gleichen agrarischen Pfründenbasis. Leicht bildete sich dann in Stadt und Land eine Mentalität heraus, die voller Abneigung auf die häßlichen und unübersichtlichen Industriestädte blickte und dagegen die meist stark idealisierten Verhältnisse der versinkenden Agrargesellschaft als den Inbegriff aller menschlichen, religiösen und kirchlichen Werte feierte. Die Wurzel allen Übels schien nicht wenigen dieser Pfarrer in jenen materialistischen, hektischen und in der Tat gottlosen Städten zu liegen! Wie untrennbar der eigene materielle und soziale Aufstieg mit dem Niedergang und dem wachsenden Elend breiter Teile der Landbevölkerung zusammenhing, blieb in der Regel unbegriffen. So entstand schnell eine rasch sich verbreiternde Kluft zwischen der Masse der Armen einerseits und dieser Kirche andererseits, die in vielen Gegenden zunehmend als eine Angelegenheit der Wohlhabenden galt.

Das theologische und sozialpolitische Selbstverständnis

Diese Entwicklung war umso folgenschwerer, als die Staatskirche nicht nur nach ihrem Selbstverständnis, sondern auch faktisch aufgrund der von ihr wahrgenommenen Funktionen eine tragende Säule der Gesellschaft war. Sie diente nicht allein dem Ganzen, sie begründete und repräsentierte es auch. Diese allgemeine Überzeugung kam sehr klar in dem beliebten Trinkspruch »Für Kirche und König!« zum Ausdruck. War der König auch längst nicht mehr absolut und standen neben der Staatskirche unübersehbar die Dissenter, so waren diese doch noch immer von allen öffentlichen Ämtern ausgeschlossen; und nach wie vor schien es selbstverständlich, daß wirkliche Herrschaft und eine wahrhaft dauerhafte Gesellschaftsordnung allein auf der von der Kirche gebotenen Grundlage existieren könne. Diese in sämtlichen Konfessionen des damaligen Europa anzutreffende Voraussetzung war jedoch für die anglikanische Staatskirche insofern von besonderer Bedeutung, als sie ihre Einheit nicht primär in einer dogmatisch ausformulierten Lehre fand, sondern diese aufgrund der Nutzbarmachung biblischer und altkirchlicher Traditionen für die Interpretation und Bewältigung der jeweiligen Gegenwart zu gewinnen versuchte. Theologische und religiöse Unterschiede, ja sogar Gegensätze etwa zwischen Evangelikalen (Evangelicals, Low Church), Hochkirchlern (High Church) oder auch Liberalen (Broad Church), wie sie zu Beginn des 19. Jahrhunderts innerhalb der Staatskirche bestanden, zerstörten darum zumindest grundsätzlich deren Einheit nicht. Es gehörte vielmehr zum immer wieder beschworenen Wesen dieser Kirche im Unterschied zu den Freikirchen, daß sie gerade nicht definierte und mithin ausgrenzte, sondern die lebendige Fülle der Meinungen und Überzeugungen umfaßte: solange diese sich nur auf jene Tradition bezogen, als deren klassische Zusammenfassung die 39 Artikel und das »Allgemeine Gebetbuch« galten (Common Prayer Book); und solange die nationale englische societas christiana der andere Bezugspunkt blieb, woraufhin jene Tradition praktisch und pragmatisch fruchtbar gemacht wurde.

Erste Reaktionen auf die Industrialisierung

Man begreift auf diesem Hintergrund leicht, wie sehr die in der englischen Gesellschaft nun zunehmend deutlich zutage tretenden Spannungen auf dem Land und in den Städten an die Grundlagen dieser Kirche rühren mußten. Hierdurch wurde ihre Fähigkeit zur Integration und mithin zur Schaffung und Bewahrung einer sozialen Harmonie erheblich in Frage gestellt. Die Gleichgültigkeit vieler Menschen in Stadt und Land gegenüber der Kirche, die Feindseligkeit, die in vielen öffentlichen Äußerungen über sie in den politischen und sozialen Krisenjahren seit dem Frieden von 1815 zutage trat, verschärften die Beunruhigung. Die Folge davon war auch eine Zuspitzung der Unterschiede bzw. eine Verhärtung der Gegensätze innerhalb der Kirche selbst. Die Neigung wuchs, entweder die Erweckungspredigt oder umgekehrt das kirchliche Amt und die katholische dogmatische Tradition als abolute Normen zu verkündigen, wodurch aller Streit und alle Schwierigkeiten der Gegenwart sehr einfach überwunden werden könnten. Doch es entstand auch eine Vielfalt unterschiedlicher Pläne und Projekte, wie die Ausgewogenheit der Gesellschaft, die zusammen mit der Vorherrschaft des anglikanischen Christentums verloren zu gehen drohte, zurückgewonnen und neu stabilisiert werden könnte.
Die umfassende Einbindung des anglikanischen Klerus in die ihn umgebende politische und gesellschaftliche Wirklichkeit ließ die Verflüchtigung jener Unruhe zu reinen Absichtserklärungen jedenfalls kaum zu. Von den Bischöfen angefangen bis hinunter zum letzten Kaplan war dieser Klerus nämlich faktisch Repräsentant und Funktionär des herrschenden Gesellschaftssystems. Die Bischöfe und hohen Prälaten saßen, auf vielfältige Weise mit der Oberschicht des Landes verbunden, auf der geistlichen Bank des Oberhauses. Sie waren in der Regel eine wichtige politische Stütze der Konservativen, der Tories also, obwohl es natürlich auch Bischöfe gab, die zu den Whigs zählten. Politisch konservativ dachten und agierten zumeist auch die Pfarrer. Zu ihrem Amt gehörten seit langem kirchliche, soziale und obrigkeitliche Aufgaben und bildeten zusammen ein untrennbares Ganzes. Die Pfarrkirche war keineswegs nur der religiöse Mittelpunkt des Ortes. Taufen, Trauungen und Begräbnisse wurden allein hier vollzogen und registriert, so daß auch die Dissenter sie hier empfangen mußten. Viele Aufgaben der lokalen Selbstverwaltung wie die Instandhaltung der Straßen des Kirchspiels und der kirchlichen Gebäude, des Wasserwesens, des Friedhofs, die Versorgung der Waisenkinder und die Unterstützung der Dorfarmen wurden vom Pfarrer und von den in der Sakristei gewählten Gemeindekirchenräten durchgeführt. Wieder hatten dafür alle zu zahlen, auch die Nonconformisten – obwohl manche Pfarrer verdächtigt wurden, die vom Armengesetz festgelegten Beträge nur an die Notleidenden der Staatskirche auszuteilen. Als Mann der Kirche war der Pfarrer weiterhin für Schule und Unterricht zuständig, als Grundbesitzer nach den überkommenen Vorstellungen zu sozialer Fürsorge im patriarchalischen Geist verpflichtet und als Person von Bildung und Besitz wählte ihn die gentry als einen der ihren nicht selten zum Friedensrichter. So fehlte es diesem Klerus an der Konfrontation mit den politischen und sozialen Problemen der Zeit sicherlich nicht. Ebensowenig mangelte es an viel-

fältigen ehrlichen und engagierten Bemühungen einzelner, das Übermaß von Not und Elend nach Kräften zu lindern. Doch nichtsdestoweniger gilt, daß dieser Klerus die bestehende Gesellschaftsordnung bis in die Einzelheiten hinein zunächst nicht nur verteidigte, sondern sie geradezu als ein grundlegendes Element des christlichen Glaubens begriff und dementsprechend auch interpretierte: Gott wollte eine hierarchisch gestufte Ordnung der Gesellschaft; er wollte, daß Autorität auf Erden bestehe, der Gehorsam, Demut und Dankbarkeit von unten zu antworten hatten. Nur durch die Annahme dieser Ordnung und die Einordnung in sie könne das Leben des einzelnen und aller sinnhaft gestaltet werden, hieß es; könne das Chaos vermieden und die Gesellschaft als ein wahrhaft harmonisches Ganzes sich verwirklichen. Besonders eindringlich wurde diese Predigt im ersten Jahrzehnt der französischen Revolution wiederholt. Dahinter standen in der Regel Unverständnis und Unkenntnis dessen, was jenseits des Kanals vor sich ging; aber auch dessen, was in Großbritannien befremdlich laute Publizisten und anstößig aufgeregte Literaten in Klubs und Flugschriften von sich gaben. Hatte denn nicht Jesus selbst gesagt, daß es zu allen Zeiten Arme in der Gesellschaft geben werde? Waren nicht der Sündenfall und die fortdauernde Sünde in der Welt der Grund für die Unterschiede von arm und reich, so daß derjenige, der dagegen angehen wollte, zuerst einmal die Sünde hätte aufheben müssen? Es gab viele Prediger, denen solche Zusammenhänge ganz sonnenklar waren und die darum felsenfest der Überzeugung lebten, daß sie auch anderen einleuchten würden, wenn man sie ihnen nur klar und einfach und oft genug erläuterte. Der Geist vieler Gebete in der Kirche in diesen Jahren ließ sich jedenfalls dahingehend zusammenfassen: »Vor Freiheit, Gleichheit und den Menschenrechten bewahre uns, o Herr!« (zit. Soloway, 73).

Dies also war die von der großen Mehrheit in der Staatskirche getragene Reaktion auf die ersten Jahrzehnte der industriellen Revolution. Noch waren die neuen Industriegebiete nur erst ferne Inseln im Bewußtsein des Klerus; und bitteres Elend und Massenarmut erschienen, zumal auf dem Lande, nicht selten als vertrauter, aber leider nicht zu ändernder Ausdruck irdisch-menschlicher Wirklichkeit. Viel bedrohlicher als alles das erschienen die Ereignisse der französischen Revolution. In ihrem Gefolge stieg allerdings auch wieder das Ansehen der Staatskirche in den oberen Schichten, da sie keinen Moment gezögert hatte, Autorität und Ordnung, Gesetz und Gehorsam als das Gebot der Stunde zu verkündigen. Nicht wenige Pfarrer waren deshalb auch überzeugt, Erhebliches, wenn nicht sogar Entscheidendes für die Bewahrung der herrschenden Gesellschaftsordnung und die Abwehr der französischen Revolution geleistet zu haben.

Die Evangelikalen

In die Zukunft weisende Züge begegneten in diesen Jahren höchstens bei den Evangelikalen, also den von der Erweckungsbewegung geprägten Christen innerhalb der Staatskirche – wovon im Zusammenhang mit dem Methodismus noch ausführlicher die Rede sein wird. Da wurden sehr deutliche Worte der Kritik an den personellen und strukturellen Gegebenheiten der Kirche laut, Äußerungen der Selbstkritik auch, die schließlich von der Buße und Umkehr des einzelnen Entscheidendes erwarteten. Zunächst hatten nur einige einfache Pfarrer in unbedeutenden Gemeinden zu diesen Evangelikalen gehört. Aber ihr außerordentlicher persönlicher Einsatz in diesen Gemeinden, ihr enger Zusammenhalt und bald auch ihre ebenso geschickt wie hingebungsvoll betriebene Personalpolitik hatten sie bereits am Ende des 18. Jahrhunderts zu einer beachtlichen Partei innerhalb der Kirche anwachsen lassen, die über erhebliche finanzielle Mittel, politischen Einfluß und vielfältige intellektuelle Verbindungen verfügte. Das berühmte Zentrum der Erweckten bildete dann der Kreis um den Bankier Henry Thornton in Clapham. Dazu gehörte, neben mancherlei illustren Namen, insbesondere der Politiker William Wilberforce (1759–1833), Pitts Freund, sowie der Theologe Charles Simeon (1759–1836) in Cambridge. Spötter nannten sie »die Heiligen« oder auch die »Claphamsekte». Politisch unterstützten sie nach Kräften die konservative Linie Pitts, versuchten jedoch gleichzeitig, damit eine ethische und vor allem erweckliche Vertiefung zu verbinden. Das große Ziel der Evangelikalen war die Durchdringung der Kirche mit dem Geist, der Aktivität und den Personen der Erweckung. Dazu sollte nicht zuletzt eine Fülle von Erbauungsbüchern und Bibeln helfen, herausgebracht von der 1803 gegründeten »Britischen und Ausländischen Bibelgesellschaft« (British and Foreign Bible Society), sowie ein Netz von Missionsvereinen im Land mit der »Kirchlichen Missionsgesellschaft» (Church Missionary Society, 1799) als Mittelpunkt. Der Einfluß dieser Richtung war immerhin so groß, daß dadurch die Ostindische Kompagnie gezwungen werden konnte, Missionare in Indien zuzulassen. Die berühmteste Aktion der Clapham-Gruppe jedoch war ihr jahrelang mit einem außerordentlichen Aufwand an Geld, Kraft und Publizität geführter Kampf gegen die Sklaverei. Er führte schrittweise zum Erfolg: 1807 wurde der Sklavenhandel im britischen Empire verboten, 1808 die Kronkolonie Sierra Leone für befreite Sklaven geschaffen und 1833 endlich die Abschaffung der Sklaverei im britischen Hoheitsgebiet überhaupt verfügt. Obwohl mancherlei humanitäre und emotionale, politische, wirtschaftliche und sehr vielfältige religiöse Momente in diesem Kampf zusammengewirkt hatten, wurde der Erfolg nicht zu Unrecht in erster Linie den Evangelikalen zugeschrieben, die dadurch neues Ansehen in der Kirche und Zustimmung weit darüber hinaus gewannen.

Am Beispiel dieser evangelikalen Gruppe kann deutlich werden, was auch kritischere Geister in der herrschenden Schicht an dieser Kirche zu fesseln vermochte. Freiheit, Glück, Wohlwollen und eine vernünftige Nächstenliebe waren Ideale, die aus der Welt des 18. Jahrhunderts geläufig waren und die auch bei den Evangelikalen innerhalb der Klammer von Sünde und Erlösung wiederkehrten. Der wiedergeborene Mensch war zugleich der freie, glückliche und wohlwollende Mensch. Freiheit jedoch, daran ließen die biblischen Belegstellen ebensowenig zweifeln wie alle geistigen und politischen Traditionen des eigenen Landes, konnte nicht ausschließlich innerlich verstanden werden. Folglich war Sklaverei das größte aller Übel. Und die Freiheit, die man selbst genoß, bis in den Mittelstand hinein, erschien als ein außerordentlicher religiöser, politischer und moralischer Wert. Insofern blieb der empörte Aufschrei der Arbeiterschaft hier unverstanden, daß man alles, Neger, Inder, Indianer und sonstwer sein dürfe, nur kein englischer Armer, um Mitleid und Hilfe von englischen Christen zu erfahren. Waren diese Menschen doch frei und mithin in der Lage, das Beste aus ihrem Leben zu machen! Half man ihnen im übrigen nicht leiblich und seelisch auf diesem Wege, nämlich durch Suppenküchen und Traktate für ihr Seelenheil? Von der Bewältigung der sozialen Frage und der damit verbundenen Besserung auch der irdischen Verhältnisse waren diese Evangelikalen jedenfalls weit entfernt. Sie waren freilich auch nur am Rande daran interessiert, obwohl mancher Kämpfer gegen die Sklaverei anfing, auch die heimischen Verhältnisse nun mit anderen Augen zu betrachten.

Wachsende soziale Spannungen und kirchliche Reformbestrebungen

Die Jahre nach dem Frieden von Wien (1815) erlaubten allerdings der Kirche keinen Zweifel mehr daran, daß das Thema der sozialen Not und die Frage der sozialen Gerechtigkeit das schlechthin entscheidende Thema der Folgezeit sein würde. Das war erst recht der Fall nach dem Massaker von »Peterloo«. Der Name entstand und setzte sich schnell durch als bittere Anspielung auf den Sieg der britischen und preußischen Truppen bei

Waterloo gegen Napoleon. Jetzt dagegen hatte eine verängstigte Stadtverwaltung eine riesige, jedoch disziplinierte Arbeiterdemonstration auf dem St. Peterfeld in Manchester am 16. August 1819 durch Militäreinheiten blutig zusammengeschlagen. Dieses Faktum blieb als Grundlage eines tiefverwurzelten Mißtrauens gegenüber allen obrigkeitlichen und paternalistischen Regungen jahrzehntelang im Bewußtsein der Arbeiterschaft lebendig. Die Kirche aber war davon insofern mit betroffen, weil in dem Stadtrat, der die Armee anforderte, zwei Pfarrer saßen. Wut und Haß über diese Kirche erreichten jetzt einen bis dahin ungekannten Höhepunkt. Von ihrem Beruf, integrierend und ausgleichend in der Gesellschaft zu wirken, war diese Staatskirche mithin weiter als je entfernt. Trotzdem wuchs selbst in dieser Atmosphäre der Ungesichertheit nur sehr begrenzt die Bereitschaft, die allgemeine Kritik an der Kirche wirklich ernstzunehmen. Auftrieb erhielten die kirchlichen Reformkräfte jedoch, als die Tories unter Peel nicht nur den repressiven Kurs gegenüber der Arbeiterschaft lockerten, indem sie 1824 die Gewerkschaften anerkannten, sondern erst recht dadurch, daß 1828 mit der rechtlichen Gleichstellung der Nonconformisten (Aufhebung der Test- und der Corporationsakte) und im Jahre darauf sogar mit der gesetzlich verfügten Gleichberechtigung der Katholiken die alte Staatskirche in ihrem Selbstverständnis und Selbstbewußtsein bis ins Mark getroffen wurde. Daß ausgerechnet die Tories, ihre alten politischen Verbündeten, der Kirche diese Schläge versetzten, erbitterte sie zutiefst, führte ihren Repräsentanten jedoch gleichzeitig klar vor Augen, wie wenig sie fortan von ihnen und anderen erwarten durften; wie sehr man stattdessen auf die eigenen Kräfte und Fähigkeiten angewiesen war.
Trotzdem gingen die theoretischen und praktischen Überlegungen zur Kirchenreform nur sehr stockend voran. Vielfach herrschte noch immer die Meinung, alles würde gut, wenn nur die traditionellen Verpflichtungen etwas intensiver wahrgenommen werden könnten. Um für die sprunghaft wachsende Bevölkerung jedoch wenigstens etwas zu tun, waren vor 1780 auf dem Land und danach in den Industriestädten wie Leeds und Manchester Schulen für die Armen an arbeitsfreien Sonntagen von einzelnen Pfarrern, reichen Wohltätern oder auch Bürgergruppen eingerichtet worden. Es waren durchweg spontane, von keiner Kirche oder Freikirche initiierte Unternehmungen gewesen, um den Kindern neben religiösen und moralischen Grundsätzen Sauberkeit, Pünktlichkeit und wenigstens das Lesen beizubringen. Dieses Modell der Sonntagsschulen erwies sich schnell als überaus anziehend. Da die Erziehung zu den traditionellen Aufgaben der Kirche gehörte und sie darin gleichzeitig eine Chance für ihre eigene Zukunft sah, wurden nun erhebliche finanzielle Mittel auf diese Arbeit verwandt. Ihr Zentrum besaß sie in der 1811 gegründeten »Nationalen Gesellschaft für Armenerziehung nach den Grundsätzen der Staatskirche«. Ebenso aktiv und von mindestens ebenso großen Hoffnungen getragen war die 1818 errichtete »Kirchbaugesellschaft«. So Wichtiges beide Organisationen auch geleistet haben: Sie blieben doch in der rückwärtsgewandten Überzeugung gefangen, daß mehr Kirchen und mehr Schulen sowohl die Gemeinden aufblühen lassen würden als auch die Gesellschaft insgesamt in ihr harmonisches Gleichgewicht zurückversetzten. Religion galt als das entscheidende Heilmittel für alle sozialen Probleme! Denn was sonst befähigte diese Armen und ihre Kinder, mit dem harten und bitteren Schicksal, dem sie nun einmal ausgesetzt waren, zufrieden zu sein, wenn nicht der christliche Glaube? Darum genüge es auch, wenn sie die Bibel lesen könnten; alles weitere Wissen würde sie doch nur unzufrieden machen. »Der fest eingeprägte kirchliche Katechismus, die Gewöhnung an Frömmigkeit und Fleiß, Aufmerksamkeit im Gottesdienst mitsamt dem Gefühl einer Verpflichtung dazu sowie die Voraussetzungen, um daraus Belehrung und Nutzen zu schöpfen: Das, meine ich, kann zusammen mit Geschicklichkeit in den manuellen Verrichtungen, die auszuführen sie bestimmt sind, als die Summe der Erziehung bezeichnet werden, die für die Armen nötig ist«, predigte Bischof Randolph! (zit. McClat-

chey, 142). Daß die Arbeiterschaft diese neuen Kirchen meiden und über solche Schulen hinausdrängen würde: diese Erkenntnis blitzte gewiß immer wieder einmal auf. Aber zur Durchsetzung gelangte sie noch nicht. Zu beherrschend stand für die Theologen und den Klerus der Staatskirche im Mittelpunkt ihres Denkens noch immer das konservativ-christliche Ideal einer Kirche, die die gesamte Gesellschaft trug und zusammenhielt, indem sie bei aller Hilfe und Verbindlichkeit doch jedem seinen festen Platz zuwies. »Nimm den Prediger des Evangeliums hinweg«, faßte 1820 Bischof Sumner das gängige Selbstverständnis der anglikanischen Staatskirche zusammen, »und wer wird dann übrig bleiben, um zwischen dem Unternehmer und einem Arbeiter zu stehen, zwischen dem Richter und dem Gesetzesbrecher? Wer wird die Wohltaten der Güte des reichen Mannes austeilen? Und wer wird den Fleiß des armen Mannes in die nützlichsten Kanäle lenken?« (zit. Soloway, 238).

Bibliographische Hinweise zu I. 2.

Vgl. hierzu auch die Angaben unter II. 2.

Anstey, R.: The Atlantic Slave Trade and British Abolition, 1760–1810. London 1975.
Armstrong, A.: The Church of England, the Methodists and Society, 1700–1850. London 1973.
Clark, G. K.: Churchmen and the Condition of England, 1832–1885. London 1973.
Cuming, G. J.-Baker, D. [Hg.]: Popular Belief and Practice. Cambridge 1972.
Davies, H.: Worship and Theology in England. Princeton, N. J. 1965.
Gilbert, A. D.: Religion and Society in Industrial England. Church, Chapel and Social Change, 1740–1914. London–New York 1976.
Keller-Hüschemenger, M.: Die Lehre der Kirche im frühreformatorischen Anglikanismus. Gütersloh 1972.
Laqueur, Th. W.: Religion and Respectability. Sunday Schools and Working Class Culture, 1780–1850. New Haven-London 1976.
Mayor, St.: The Churches and the Labour Movement. London 1967.
McAdoo, H. R.: The Spirit of Anglicanism. London 1965.
McClatchey, D.: Oxfordshire Clergy, 1777–1869. Oxford 1960.
Norman, E. R.: Church and Society in England, 1770–1970. Oxford 1976.
Soloway, R. A.: Prelates and People. Ecclesiastical Social Thought in England, 1783–1852. London–Toronto 1969.
Ward, W. R.: Religion and Society in England, 1790–1850. London 1972.
Thompson, E. P.: The Making of the English Working Class. Harmondsworth 1975 (Nachdr. der 2. Aufl., 1968).

3. Die Nonkonformisten

Herkunft und Verbreitung

Die große Zeit der Dissenter – die sich jetzt oft lieber Nonkonformisten nannten, bevor sich in den letzten Jahrzehnten des 19. Jahrhunderts die Bezeichnung »Freikirchen« für sie durchsetzte (Chadwick I, 370) – waren die Jahrzehnte der Unterdrückung und dann der Revolution im 17. Jahrhundert gewesen. Von daher hatten diese Presbyterianer, Kongregationalisten und Baptisten ihre eigene Geschichte, einen eigenen engen Zusammenhalt und bildeten insgesamt geradezu eine Subkultur in der englischen Gesellschaft, bereichert durch die Unitarier und Quäker, die später hinzugetreten waren. Die Methodisten dagegen befanden sich zu Beginn des 19. Jahrhunderts erst auf dem Weg zu einer eigenen Denomination.

Numerisch stellte dieser Nonkonformismus eine ausgesprochene Minderheit dar. Um

1750 umfaßte er etwa 1100 Gemeinden mit insgesamt rund 50000 Mitgliedern (Gilbert, 36). Auch wenn man berücksichtigt, daß zu dieser Zahl noch die Freunde, Angehörige und Kinder hinzugezählt werden müssen, um auf einen mit der Staatskirche vergleichbaren Bestand zu kommen, bleibt ihr Anteil an der Gesamtbevölkerung gering. Eine Konkurrenz, die die Church irgendwie hätte beunruhigen können, bedeutete der Dissent also keineswegs.

Es handelte sich jedoch um eine konsolidierte Minorität, die in den Städten und dort, abgesehen von London, insbesondere in den neuen Industrien anzutreffen war, weil hier die Zwänge der alten Gesellschaftsordnung am wenigsten einengten. Ganze Industriezweige zeigten sich bald von Dissentern durchdrungen. So galt etwa in manchen Gegenden die Eisenindustrie als eine Domäne der Quäker. Aufgrund ihrer Erfahrungen und ihres benachteiligten Rechtsstatus bekämpften die Nonkonformisten erbittert und leidenschaftlich das herrschende System und vor allem die Staatskirche, die dieses System so sichtbar trug und so laut verteidigte. Trotzdem war das für manchen Nonkonformisten kein Hindernis, sobald er wohlhabend geworden war mit der öffentlichen Meinung und der führenden Gesellschaftsschicht konform zu gehen und in die Staatskirche überzutreten. Soziologisch gesehen gründete der Dissent voll und ganz in der Mittelschicht, ein Zusammenhang mit den unteren Bevölkerungsschichten bestand kaum. Am oberen Ende der Skala standen die Unitarier und Quäker, ganz unten die Baptisten. Theologisch hatte sie alle im 18. Jahrhundert die aufgeklärte Vernünftigkeit der Unitarier tief beeinflußt, vor allem die Presbyterianer stimmten seitdem lehrmäßig völlig mit ihnen überein. Angesichts solcher Voraussetzungen leuchtet ein, warum sich die Nonkonformisten für die amerikanische und dann auch für die französische Revolution begeisterten: Volle religiöse und politische Freiheit für jedermann, das Ende der Staatskirche sowie die Aufteilung der Kirchengüter – das waren ja die großen Ziele, die sie selbst erstrebten! Solange solche Begeisterung sich im Rahmen weltumfassender Schwärmereien oder auch vager menschheitsbeglückender Reformprojekte bewegte, waren die offiziellen Reaktionen gering. Im gleichen Augenblick jedoch, als ein Kreis von Unitariern um den Theologen und angesehenen Chemiker Joseph Priestley (1733–1804) daran ging, diese Gedanken in konkrete politische Reformforderungen auszumünzen, schlug der Staat zu. Ein gelenkter Mob machte mit dem Kampfruf »Für Kirche und König« auf die Unitarier Jagd, zündeten ihnen die Häuser an oder verjagte sie aus ihren Wohnungen. Dabei war sowohl die Selbstverständlichkeit, mit der der Pöbel öffentlich für die Church eintrat, kennzeichnend für das politische und geistige Klima des ausgehenden 18. Jahrhunderts als auch die Tatsache, daß es zu keiner politischen Verbindung der zahlreichen Unzufriedenen und Aufbegehrenden im Vereinigten Königreich mit den Unitariern kam. Eine Generation später verfügte die Staatskirche jedenfalls nicht mehr über einen derart selbstverständlichen Rückhalt im Volk! Die Unitarier schrumpften unter diesem Druck zu einer kümmerlichen Minderheit zusammen. Ähnlich erging es den Quäkern, während die übrigen Nonkonformisten sich in Loyalitätserklärungen und Ergebenheitsadressen gegenseitig zu übertrumpfen versuchten.

Der Einfluß der Erweckungsbewegung

In dieser Situation der Krise und des Niedergangs drang die Erweckungsbewegung auch in den Dissent ein und veränderte ihn grundlegend. Gegenüber dem alten Nonkonformismus, wozu die Unitarier, Quäker und die Reste des Presbyterianismus gehörten, entstand jetzt ein neuer, entschieden evangelikal geprägter Nonkonformismus. Am nachhaltigsten wurden die Presbyterianer umgewandelt. Sie tauchten mehrheitlich nach einigen Jahrzehnten als eine völlig veränderte Kirchengemeinschaft wieder auf (Presbyterian

Church of England). Mehr Wiederstand setzten anfangs die Kongregationalisten und Baptisten dem neuen religiösen Geist entgegen. Aber auch hier erwies sich die Erweckungsfrömmigkeit schließlich als übermächtig.

Diese Überlagerung, ja Veränderung der alten, stark calvinistisch geprägten Basis des Nonkonformismus durch die Erweckungsbewegung hatte allerdings weitreichende Konsequenzen: An die Stelle der sichtbar in der Welt aufzurichtenden Königsherrschaft Christi trat nun der Christus der Sündenvergebung. An die Stelle der wahren Gemeinde der Heiligen im Dienst der Herrschaft Christi rückte die Heiligungsgemeinde der Gerechtfertigten. Der Themenkreis von Buße und Bekehrung, Wiedergeburt und neuem Leben wurde zum alles beherrschenden Zentrum der Verkündigung, während der alte, sehr unmittelbare Bezug der nonkonformistischen Predigt auf die politische und soziale Wirklichkeit verloren ging. Alles das erschien nun als zweitrangig oder sogar gleichgültig gegenüber der Sorge um das Seelenheil und wurde nicht selten abgetan oder sogar verurteilt als Verfälschung und Politisierung des Evangeliums.

Die andere außerordentliche Bedeutung der Durchsetzung der Erweckungsbewegung im Dissent liegt darin, daß aus der neuen Frömmigkeit heraus eine bis dahin ungeahnte Nähe, ja Verbundenheit des Nonkonformismus mit dem Anglikanismus entstand, jedenfalls mit dessen evangelikalem Flügel. Eine wahrhaft ökumenische Atmosphäre herrschte hier nun. Verbindungen gingen hin und her, Laien und Theologen fanden sich zu gemeinsamen Veranstaltungen und Aktionen, deren berühmteste die schon erwähnte Kampagne gegen die Sklaverei war. Wenigstens eine Zeitlang mochte es den Anschein haben, als könne es auf der Welle der Erweckungen zu einer den gesamten englischen Protestantismus erfassenden und zusammenfassenden Bewegung kommen.

Allein, so mächtig blieb die Tradition im Dissent immerhin, daß er seine alte Forderung nach religiöser und politischer Freiheit nicht einfach preisgab. Dementsprechend standen große Teile der Nonkonformisten in den Reformkämpfen der zwanziger Jahre auf der Seite des Fortschritts, politisch meist im Lager der Whigs, manchmal auch bei den radikalen Demokraten, und traten in breiter Laienaktivität mit Massenpetitionen und gezielter Öffentlichkeitsarbeit für ihre Ziele ein. Bereits in diesen Jahren überdeckte allerdings selbst der gemeinsame Kampf gegen einen mächtigen Gegner kaum die tiefgreifenden inneren Unterschiede: Suchten die einen nur die volle politische und religiöse Gleichberechtigung, um ihrem Beruf und ihrem Glauben ohne Beeinträchtigungen nachgehen zu können, so strebten andere danach, die emanzipatorischen Grundgedanken des Nonkonformismus auch in den säkularen Auseinandersetzungen der Gegenwart zur Geltung zu bringen. Diese Minderheit, die mit religiösem Eifer und unbeirrbarer Gläubigkeit für umfassende politische und soziale Reformen focht, wollte eine Frömmigkeit, die gleichzeitig an den öffentlichen Problemen orientiert war. Deshalb konnte man sich hier sogar für die von fast allen Protestanten leidenschaftlich abgelehnte Katholikenemanzipation einsetzen. Im Gesamtbild des Dissent stellte diese Gruppe allerdings nur eine Randerscheinung dar, die zunehmend mit Skepsis und wachsender Distanz beobachtet wurde. Daß dadurch umgekehrt die Loslösung dieser sozialpolitisch engagierten Nonkonformisten von ihren Gemeinden und deren religiöser Welt nur gefördert wurde, leuchtet ein.

Der mittelständische Charakter

Aufs Ganze gesehen hatte der Dissent als eine religiöse und politische Mittelstandsbewegung mit der Reformakte von 1832 sein altes Ziel der vollen Gleichberechtigung erreicht. Wenn die Mehrheit dieser Nonkonformisten freilich auch jetzt noch ganz selbstverständlich der Überzeugung war, der Arbeiter könne nichts Besseres tun, als auf ihre Seite zu treten, also auf die Seite des wirtschaftlichen Liberalismus sowie des religiösen Dissent;

oder, besser noch, sich dessen Führung anzuvertrauen, so sah die Arbeiterschaft die Sachlage zunehmend anders. Gewiß, für einzelne aufsteigende Arbeiter bot der Nonkonformismus eine vorzügliche Brücke zum Mittelstand. In diesem Zusammenhang offerierte die Erweckungspredigt in der Tat eine klare Richtschnur für ein neues Leben mit der Verdammung von Faulheit, Gleichgültigkeit und Trunksucht und dem Lobpreis auf Fleiß, Gewissenhaftigkeit, Sparsamkeit und Nüchternheit. Jedoch das Selbstverständnis dieser Unternehmer als gestrenger und gerechter Väter, die sich natürlich in ihrer Fabrik als Herren im Haus verstanden – und dementsprechend verhielten –, war ganz und gar nicht dazu angetan, die Kluft zur Arbeiterschaft, die zunehmend selbstbewußt geworden war, zu schließen.

Vor allem diese Identität der sozialpolitischen Interessen des Dissent und der mittelständischen Fabrikanten- und Unternehmerkreise machte es dem Nonkonformismus unmöglich, den im Zuge der landwirtschaftlichen und industriellen Revolution von der Staatskirche und überhaupt vom alten kirchlichen und politischen System wegstrebenden Strom auf die eigenen Mühlen zu leiten. Mehr als einzelne Arbeiter waren unter solchen Voraussetzungen nicht zu gewinnen. Vielmehr in dem Maße, in dem die Arbeiterschaft erfuhr und begriff, daß ihre mächtigsten und gefährlichsten Gegner nicht allein und bald nicht einmal mehr in erster Linie die Vertreter der alten Ordnung waren, sondern diese Lords der Fabriken und Hochöfen, wurde der Nonkonformismus für sie zum Inbegriff der religiösen Verbrämung ihrer Ausbeutung und ihres Elends. Auch die Nonkonformisten boten also nicht die klare und eindeutig in die Zukunft weisende Antwort auf die großen Probleme der Zeit.

Wenigstens am Rande sei auf zwei konfessionelle Gliederungen und ihre Reaktionen auf den Prozeß der Industrialisierung in Großbritannien hingewiesen, weil sie einiges Aufsehen erregt haben.

Die Vorgänge in Schottland

An erster Stelle ist die schottische Staatskirche zu nennen. Obwohl sie sich theologisch durch ihren betonten Calvinismus nicht unerheblich von der anglikanischen Staatskirche unterschied, glich ihre Antwort auf die neuen Herausforderungen doch praktisch voll und ganz der englischen. Auch die vielgerühmten Aktivitäten von Thomas Chalmers (1780–1847) als Großstadtpfarrer in Glasgow unterschieden sich wohl in der Intensität, aber nicht im Ansatz von dem immer wieder zu beobachtenden christlichen Paternalismus, der durch Religion, Wohltätigkeit und Strenge die Armen zu bessern versuchte. Chalmers war, wie viele seiner Zeitgenossen, überwältigt von Malthus und dessen düsteren Visionen. Er setzte darum auf eine strenge moralische, religiös untermauerte Erziehung des einzelnen, weil seiner Überzeugung nach das Los des Arbeiters und der Gesellschaft insgesamt nur durch strenge Selbstzucht, späte Heirat und unerbittliches Sparen verbessert werden konnte. Die Aufsicht darüber sowie die Begleitung dabei boten die von ihm eingerichteten Straßengemeinschaften. In 25 solche Bezirke hatte Chalmers seine Parochie aufgeteilt, an der Spitze standen jeweils ein »Ältester« und ein »Diakon«. Der Intention nach sollten hier Wohlhabende und Notleidende zusammenstehen, um in einem Klima gegenseitigen Vertrauens die Armen fördern und zu wirksamer Selbsthilfe anleiten zu können. Erst dann jedenfalls, wenn der einzelne alles getan hatte, was in seiner Macht stand, sollten – in dieser Reihenfolge – Verwandtenhilfe, Nachbarschaftshilfe und zuletzt die Hilfe reicher Gönner in Anspruch genommen werden. Unbeschadet eines z. T. großartigen christlichen und menschlichen Einsatzes griff dieses Konzept doch in vielem zu kurz. Armut und Not blieben da nach wie vor individuelle Probleme. Der Gewerkschaftsbewegung stand Chalmers ausgesprochen unfreundlich gegenüber. Vor allem aber setzte er gegen die tiefgreifenden wirtschaftlichen und gesellschaftlichen Veränderungen in einer Industriegroßstadt schlicht die Lebens- und Gesellschaftsformen des Bauernhauses und des Dorfes als Allheilmittel. Im übrigen spielten alle diese Überlegungen in der 1843 errichteten schottischen Freikirche, in der Chalmers von Anfang an führend war, keine Rolle mehr.

Der englische Katholizismus

Die andere hier zu erwähnende Gruppe sind die englischen Katholiken. Zu Beginn des Jahrhunderts waren sie eine kümmerliche und gedrückte Minderheit, zudem tief gespalten in eine sehr kleine englische Oberschicht einerseits und die am Fuß der sozialen Pyramide stehenden irischen Einwanderer andererseits. Durch diese war der Katholizismus um 1850 mit rund 700 000 Gläubigen in England, Schottland und Wales zu einer gewissen Bedeutung angewachsen. Insofern stimmte auch der hier oft und gern wiederholte Satz, allein der Katholizismus sei eine arme Kirche. Daß er darum allerdings auch die einzige Kirche sei, in der der Arbeiter eine Heimat finde, war, abgesehen von den Iren, viel stärker Wunsch als Wirklichkeit. Auch die Übertritte im Zusammenhang mit der Oxfordbewegung und die daran geknüpften großen Hoffnungen waren längst vor der Jahrhundertmitte verblaßt. Für die englische Mittel- und Unterschicht war und blieb der Katholizismus noch auf lange Zeit der Inbegriff des Fremden und Feindlichen. Die Iren allerdings erlebten hier in der Tat zusammen mit der religiösen Geborgenheit auch ihre soziale und nationale Identität.

Bibliographische Hinweise zu I. 3.

Vgl. hierzu außer den unter I. 2 genannten Titeln noch besonders:

Cowherd, R. G.: The Politics of English Dissent. London 1959.
Mechie, St.: The Church and Scottish Social Development, 1780–1870. London 1960.

4. Der Methodismus

Ursprung und Ausbreitung

Alle Erweckungsbewegungen, die am Ausgang des 18. Jahrhunderts die Staatskirche und den Dissent erfaßten, waren bereits Fernwirkungen jener Massenerweckungen, die von den vierziger Jahren des 18. Jahrhunderts an die Eigenart und die schnelle Ausbreitung des Methodismus um John Wesley (1703–1791) ausgemacht hatten. Somit wuchs und verbreitete sich diese religiöse Erneuerungsbewegung parallel zur agrarischen und industriellen Revolution und hatte ihren ersten Höhepunkt bereits beim Ausbruch der französischen Revolution erreicht. Aber auch danach nahm der Methodismus bis um 1840 stetig und erheblich weiter zu. 1801 hatte er 91 825 Mitglieder, also mehr als der übrige Nonkonformismus zusammen, 1819 waren es 194 670, 1821 schon 215 466, 1831 bereits 288 182 und 1851 fast eine halbe Million. Noch eindrücklicher werden diese Zahlen, wenn man sie zum Bevölkerungswachstum in Beziehung setzt: 1801 waren 1,6% der englischen Bevölkerung Methodisten, 1821 schon 2,9%, 1831 waren es 3,4% und 1841 wurde mit 4,5% ein absoluter Höhepunkt erreicht (Gilbert, 31 f). Auch wenn diese Zahlenangaben manche Ungenauigkeiten enthalten mögen, so belegen sie doch eindeutig,

daß der Methodismus erheblich schneller zunahm als die Bevölkerung. Damit stellte er mehr und mehr eine Herausforderung für die Staatskirche dar.
Das war umso mehr der Fall, als der Methodismus ja als Reformbewegung innerhalb der anglikanischen Staatskirche begonnen hatte. Nach dem Willen Wesleys und seiner Freunde sollte er das auch bleiben. Darauf zielte auch der Name des Methodismus, der als Spottbezeichnung für ihr streng nach den altkirchlichen Normen geregeltes Leben aufgekommen war und den sie dann bewußt als Selbstbezeichnung gewählt hatten. Allerdings drangen in diesen Methodismus sehr bald auch andere Elemente ein: Aus dem Nonkonformismus die Erbauungsliteratur und die Einrichtung des von Ort zu Ort ziehenden Predigers sowie die kleinen Erbauungszirkel; aus Zinzendorfs Brüdergemeine die Konzentration der Predigt auf Rechtfertigung und Bekehrung, aber auch die gemeindlichen Lebensformen der Nachtwache, die Liebesfeste und vor allem die Begeisterung für den Gemeindegesang, wofür Johns Bruder und Mitarbeiter Charles Wesley (1707–1788) eine Fülle neuer Lieder schrieb. Mit alledem boten die Methodisten eine überaus anziehende Alternative zur Church, zudem innerhalb des Rahmens der Staatskirche, was den Übergang zu ihnen in der Frühzeit erheblich erleichterte. Überall da, wo die Church schwach war, wurde der Methodismus stark. Sehr deutlich kommt das in den Gewinnen zum Ausdruck, die die Methodisten überall da auf dem Land für sich buchen konnten, wo die Einhegungen die Klassengegensätze zwischen Großgrundbesitzern und Klerus einerseits und den zum Proletariat heruntergedrückten Landarbeitern andererseits besonders scharf aufgerissen hatten. Sicherlich fand der Methodismus Anhänger quer durch alle Schichten und Klassen hindurch. Aber die Verbindungen zur Oberschicht und zum Adel konnten bei dieser ganz auf die schlichte, ungebildete Bevölkerung abgestimmten Bekehrungspredigt naturgemäß nicht sehr stark sein. Auch diente Wesleys scharfe Kritik an dieser Schicht und seine oft geäußerte Aversion gegen das Ideal des Gentleman nicht gerade der Annäherung. Ebensowenig stellte das städtische Bürgertum das Hauptkontingent der Methodistengemeinden. Diese fanden sich vielmehr in jenen dörflichen und kleinstädtischen Schichten, die vom unteren Mittelstand bis hinunter zu den Scharen der Arbeiter und Armen reichten. Anders als alle übrigen Konfessionen war der Methodismus wirklich eine Bewegung des einfachen Volkes. Persönlich spürte Wesley zwar keine Zuneigung zum Land und zu den Bauern. Er zielte vielmehr auf die vor und nach der Industrialisierung in die Städte drängenden Massen der Arbeitslosen und Notleidenden aller Art. Nichtsdestoweniger blieb der Methodismus insofern eine ländlich geprägte Bewegung, als er in besonderer Weise die Gedrückten und Entwurzelten auf dem Land anzog, ihren Hoffnungen und Sorgen antwortete und sie in die Städte begleitete bzw. sie da wieder auffing. Somit war der Methodismus einem wesentlichen Phänomen der sich wandelnden Gesellschaft von Anfang an unmittelbar zugewandt: der äußeren und inneren Mobilität dieser Menschen nämlich, die ihre Tradition verloren hatten und deren überkommene Lebensordnung zerbrochen war. Das kommt auch in der sozialen Gliederung der Anhänger der Erweckungsbewegung zum Ausdruck – wobei also außer den Methodisten noch die Baptisten und Kongregationalisten mit erfaßt sind: 1837 waren fast zwei Drittel (59,4%) der Evangelikalen Handwerker, eingerechnet diejenigen, die in Fabriken tätig waren sowie die zu Hause arbeitenden Handweber. Innerhalb der englischen Gesellschaft lag der Anteil dieser Berufsgruppe jedoch lediglich bei 23%. Ebenfalls überrepräsentiert waren die Bergleute mit 6,6% gegenüber 2,5% im nationalen Durchschnitt und die Händler mit 7,1% gegenüber 6,2%. Die Arbeiterschaft dagegen, zu der 17% der berufstätigen Bevölkerung in England gezählt wurden, war unter den Anhängern der Erweckungsbewegung mit 10,8% vertreten, die übrigen Beschäftigten schließlich, die im Landesdurchschnitt 33,2% ausmachten, lediglich mit 8,6% (Gilbert, 67). Eindeutig wurden also vor allem *die* Menschen von der evangelikalen Predigt und dann vor allem

vom Methodismus angezogen, deren Leben den radikalen wirtschaftlichen, sozialen und seelischen Umbrüchen in besonderem Maße unterworfen war.

Die Gemeindestruktur

Der Methodismus entsprach dieser Wirklichkeit bereits rein äußerlich: Seine Reiseprediger zogen allein oder, häufiger noch, mit einem Gefolge von Ort zu Ort. Auch sie blieben nur da, wo sie Anklang fanden, und zogen weiter, wenn ihre Predigt abgelehnt wurde. Sie predigten auf offenem Feld, teils weil der anglikanische Klerus ihnen die Kanzeln verwehrte, teils weil die Kirchen die herbeiströmenden Massen ohnehin nicht fassen konnten. Ihre Predigt war spontan, direkt, formlos und weit entfernt von allen liturgischen Rahmungen. Sie errichteten schließlich ihre Kapellen (Chapels) und organisierten ihre Gemeinden überall da, wo sich die entsprechenden Menschen fanden. Benötigte die Staatskirche – vorausgesetzt, der Bischof bejahte die Notwendigkeit – eine Parlamentsentscheidung, um eine Parochie zu teilen, so genügte den Methodisten in der Anfangszeit ein altes Bauernhaus, ein Lagerschuppen oder auch eine leerstehende Fabrik, um dort ihr Chapel einzurichten. Dazu gehörte dann nicht nur ein gottesdienstlicher Versammlungsraum, sondern eine Vielzahl von Räumen für die Gemeindearbeit und nicht zuletzt für die unverzichtbare Sonntagsschule.
Damit ist das andere moderne Element in diesem Methodismus angedeutet. Die neue Mobilität und die Entwurzelung dieser Menschen umschloß eine Fülle individueller Halt- und Richtungslosigkeiten und insgesamt eine allgemeine Desorientierung. Die Neuartigkeit der Situation zerbrach alle anerzogenen und eingeübten Modelle der Lebensbewältigung und setzte nichts an deren Stelle. Genau da griff der Methodismus praktisch ein. Der Organisator und Kontrolleur John Wesley war nicht kleiner als der Massenprediger, und seine dauerhaften Erfolge erzielte der Methodismus jedenfalls durch diese Arbeit. Wesley kam es entscheidend darauf an, die Bekehrten zu aktiven Kämpfern für die Ausbreitung des Reiches Gottes zu erziehen. Dem diente die Organisation. Wer von der Erweckungspredigt betroffen war und sich fortan zum methodistischen Chapel halten wollte, bekam zunächst eine Verpflichtungskarte, mit der er sich an Ordnungen und Vorschriften band, die tief in seinen Alltag eingriffen. Diese Zugehörigkeit zur Gemeinde wurde vierteljährlich überprüft und je nach Lebensführung aufgekündigt oder erneuert. Gleichzeitig trat der Erweckte in einen Gemeindeverband, der auf der Grundlage sogenannter »Klassen» basierte, d. h. auf Gruppen von ca. 12 Personen, die von einem zunächst von Wesley selbst eingesetzten »Ältesten» geleitet wurden. Hier war Raum sowohl für den geistlichen Austausch als auch für gegenseitige Kontrollen. Aus solchen »Klassen« setzte sich dann die Gesamtgemeinde zusammen. Zu ihrem Führungspersonal gehörten außer den Ältesten die für die Sozialarbeit zuständigen Diakone (stewards), die Treuhänder (trustees), auf deren Namen und Kredit die Chapels erworben und unterhalten wurden, sowie die Prediger, die ebenfalls einfache Laien waren. Über dieser Basis erhob sich die vierteljährliche Konferenz der hauptamtlichen Mitarbeiter eines Kreises, also der Reiseprediger, und darüber wieder stand die jährliche Konferenz, die nach Wesleys Tod zumindest nominell die oberste Autorität im Methodismus darstellte. Faktisch wurde diese freilich mehr und mehr von Jabez Bunting wahrgenommen, der 1814 zum Sekretär der Konferenz und 1820 zu deren Präsident gewählt wurde: und der in diesen und anderen Ämtern bis zu seinem Tod (1855) den entscheidenden Einfluß auf die Jahreskonferenz sowie auf den Hauptstrom der Bewegung, die »Wesleyan Methodists«, ausübte.

Die Trennung von der Staatskirche

Es war eine geschlossene, bis in die Einzelheiten hineingreifende Organisation, die sich da mit den Methodisten innerhalb der Staatskirche ausbreitete und dieser im wahrsten Sinne des Wortes das Wasser abgrub. So war es nur zu verständlich, daß die Kirche sich gegen diese Konkurrenz zur Wehr zu setzen versuchte. Doch die Art und Weise, wie sie das tat, war überaus charakteristisch für ihre innere Schwäche und äußere Hilflosigkeit in dieser Zeit. Von den entschiedenen Anhängern Wesleys bis zu den erbitterten Gegnern seiner Bewegung fanden sich praktisch alle Nuancen innerhalb der Church. Fertig werden mit dieser Herausforderung jedoch mußte jeder einzelne Pfarrer, Vikar oder Kaplan für sich allein. Anfangs kam es durchaus zu Gewalttätigkeiten von Dörflern und Kleinstädtern gegen die Methodisten, bei denen der anglikanische Klerus nicht selten die treibende Kraft war, oft im Bunde mit der gentry. Ein dunkles Gefühl der Bedrohung verband sie. Hinzu kam bei der herrschenden Schicht noch die Angst, in diesen methodistischen Massenversammlungen die Vorboten der sozialen Revolution vor Augen zu haben. Die straffe Organisation und die strenge Disziplinierung der Methodisten taten ein Übriges, eine an derlei nicht gewöhnte Gesellschaft erschrecken zu lassen. Das Selbstverständnis des Pfarrers als des patriarchalischen Herrn in seiner Parochie wurde zusätzlich von diesen Predigern verunsichert, die mit einem Mal die Massen an sich zogen und deren Predigt alle kirchlichen und gesellschaftlichen Ordnungen und Bindungen aufzuheben schien mit der Botschaft von der Rechtfertigung, die alle, ohne Ansehen der Person und des Standes, als rettungslos verlorene Sünder zu bezeichnen wagte.
Beide Seiten drängten zunehmend auf die Trennung: die Staatskirche, um sich dieses Fremdkörpers in Geist und Erscheinung zu erwehren, und die methodistischen Prediger, um die Austeilung der Sakramente, vor allem des Abendmahls, nicht länger dem oft genug befehdeten anglikanischen Klerus überlassen zu müssen. Trotzdem kam es zu keiner schnellen Lösung, sondern zu einem behutsamen und langsamen Auseinandergehen. Denn einmal widerstrebte es vielen Methodisten zutiefst, in das Lager der als ungläubig, aufrührerisch und gottlos verurteilten Nonkonformisten überzugehen; zum andern war auch den Tories wenig daran gelegen, die durchweg konservativen Methodisten in jene Richtung abzudrängen. So förderte der Konservatismus der Methodisten den Aufbau ihrer Kirche und damit zugleich ihre Ausbreitung. Freilich war diese Einstellung alles andere als Taktik, sie entsprach vielmehr der tiefsten Überzeugung von John Wesley und seinen Freunden, die alle glühende Tory-Anhänger waren und die ebensowenig zweifelten, daß die bestehende Gesellschaftsordnung die einzig richtige und von Gott gewollte sei. Wirklich bewegten diese Fragen allerdings den frühen Methodismus nicht. Ihm ging es vordringlich um die Rettung von Seelen vor der ewigen Verdammnis. Im übrigen hielt man sich an die bewußt als Abweisung gemeinte Devise einer Jahreskonferenz: »Laßt nicht die weltliche Politik zu viel von eurer Zeit und Aufmerksamkeit verschlingen!« (zit. Armstrong, 192).

Methodismus und Industrialisierung

Die Bedeutung wie auch die Grenze der methodistischen Antwort auf eine ringsum schnell und grundlegend sich verändernde Welt ist damit umrissen. Die Begleitung der neuen Mobilität durch diesen Methodismus, die Vermittlung einer die ganze Person bestimmenden Daseins- und Sinnorientierung, vor allem aber deren strenge Einübung durch eine Gruppe ebenso Betroffener, bedeuteten fraglos viel für Menschen, die bis dahin ungeahnte Probleme bewältigen mußten. Der dagegen immer wieder erhobene Vorwurf des Individualismus und der Vertröstung angesichts der wahrhaft trostlosen Zustände übersieht leicht, daß durch diese Predigt und dieses Gemeindeleben des Metho-

dismus jene Menschen überhaupt erst einmal lernten, sich als Menschen zu begreifen, nämlich als einzigartige und unauswechselbare Wesen.
Allerdings blieb alles das eingepaßt in eine Mentalität, die sich durchaus als geschlossene religiöse Subkultur mit entschieden totalitären Zügen bezeichnen läßt. Die methodistische Gemeinde war alles, Familie und Verwandtschaft, Schule und Erholung – und sie war alles das im direkten und bedingungslosen Gegensatz zu den Gegebenheiten der »Welt«, die man zu verlassen hatte. Die Bekehrungspredigt wurde nicht müde, gerade diesen totalen Bruch hervorzuheben. Der Missionierungsdrang einfacher, ungebildeter Laien zehrte davon, dieses Faktum als selbsterfahrene Wirklichkeit zu bezeugen. Eine lebenslange Gewöhnung und die dadurch bewirkte Immunisierung läßt uns vermutlich kaum mehr ahnen, welche aufsprengende und tatsächlich befreiende Wirkung von diesen Predigten über die voraussetzungslose Liebe Gottes zu diesen entwurzelten und hoffnungslosen Menschen ausgehen konnte. Daß der einzelne zählte, gerade in seiner Fragwürdigkeit, das faszinierte diese Menschen, denn es verlieh ihrem Leben und Sterben – und zahllos waren die Bekehrungen auf dem Totenbett, im Gefängnis und unter dem Galgen – einen bis dahin ungekannten Sinn.
Mit der Bekehrung wurde man ein Glied der Gemeinde. Das bedeutete einerseits: Diese Menschen, über die sonst nur verfügt wurde, die überall sonst lediglich zu leiden und zu gehorchen hatten, waren hier als aktive und verantwortliche Mitarbeiter gefordert. Das bedeutete aber auch: Sie wurden in eine strenge Disziplin genommen, hatten über jede Stunde und Minute ihres Lebens Rechenschaft abzulegen, nicht nur vor Gott, sondern auch vor den übrigen Gemeindegliedern. Alles in ihrem Alltag, jeder Schritt und Tritt, war fortan geregelt, reglementiert und kontrolliert, von der Nahrung und Kleidung angefangen bis hin zur Unterhaltung und Entspannung. Alkohol, Tabak und Zerstreuung aller Art waren verpönt, Pünktlichkeit dagegen, Sauberkeit, Regelmäßigkeit und Fleiß im Beruf, aber auch in der Gemeinde, gefordert. Wieder ist es wichtig, die außerordentliche Erziehungsleistung zu würdigen, die der Methodismus vollbracht hat. Der Bekehrte wurde sogleich in einen großen Lernprozeß hineingenommen: Er mußte lernen zu argumentieren, Erfahrungen zu artikulieren, sein Inneres zu entfalten. Bereits der Klassführer hatte zu unterrichten, Entscheidungen zu fällen, auch zu predigen. Daneben galt es, Initiativen zu entwickeln, Aktionen zu planen und durchzuführen, Gelder aufzutreiben und zu verwalten und vieles andere mehr, was diesen Menschen bis dahin niemand zugetraut hätte und wozu sie niemals ausgebildet worden waren. Die methodistische Gemeindeorganisation forderte diese Männer und Frauen und prägte sie dadurch. Aber auf der anderen Seite war Arbeit, waren Anstrengung und Leistung auch der einzig legitime Kontakt und die allein erlaubte Weise des Umgangs des Bekehrten mit der »Welt«. Mag es auch übertrieben sein, das Wesen des Methodismus als »eine gnadenlose Ideologie der Arbeit« zu bezeichnen (Thompson, 416), so viel ist daran sicher richtig, daß der Methodismus auch Erhebliches für die Anpassung der unteren Bevölkerungsschichten an die Erfordernisse der Industrie, speziell der Fabrikarbeit, getan hat. So lag es nahe, daß viele Unternehmer Methodisten als Arbeiter bevorzugten: und umgekehrt, daß diese Arbeiter häufig in relativ kurzer Zeit beruflich aufstiegen. Wesley selbst hatte betont, man solle so viel Geld wie möglich verdienen – um es dann verantwortlich zu nutzen. Auch gehörte es zur stereotypen Werbung der Methodisten für ihre Kirche, der Anschluß an sie führe unweigerlich zum Erfolg. Die Problematik dieser Vorstellung hatte ebenfalls bereits Wesley erkannt: »Frömmigkeit bringt notwendig sowohl Fleiß als auch Sparsamkeit hervor und diese wiederum Wohlstand. Aber in dem Maße, in dem der Wohlstand wächst, tun es auch Stolz, Zorn und Liebe zur Welt . . . Wie ist es dann möglich, daß der Methodismus, d. h. eine Religion des Herzens, in diesem Zustand bleiben kann, obwohl er jetzt noch wächst und gedeiht wie ein grüner Lorbeerbaum? Denn die Methodisten wachsen eifrig

und fleißig an jedem Ort; folglich wächst auch ihr Besitz; und dementsprechend wachsen sie im Verhältnis dazu an Stolz, an Zorn, an Begierden des Fleisches, Begierden der Augen und dem Stolz am Leben. So schwindet der Geist schnell dahin, obwohl die Form der Frömmigkeit bleibt.» (zit. Thompson, 391)

Der Methodismus brachte beide hervor: die Beruhigten, an die Gegebenheiten der sie umgebenden Welt Angepaßten – und diejenigen, die sie verändern und aktiv neu gestalten wollten. Ob dabei die Menschen, die zunächst alle physischen und psychischen Kräfte ihrem Chapel widmeten, nicht eines Tages über diesen Rahmen und seine Einengungen hinausgehen würden, war eine offene Frage. Ihre Beantwortung hing sicher damit zusammen, inwieweit dieser Methodismus in der Lage war, seine religiöse Spannkraft und seinen Missionseifer festzuhalten und gleichwohl in der sich verändernden Welt einen dauerhaften Platz zu finden. Das Ringen darum begleitete den Methodismus von Anfang an. Durchweg fanden sich in ihm Gruppen und Strömungen, die über die Beschränkung auf Bekehrung und Heiligung hinausdrängten. Es bedurfte erst eines langen und mühseligen Weges, der durch erhebliche Verluste an Gliedern und Gemeinden gezeichnet war, bis in den dreißiger Jahren des 19. Jahrhunderts die Konturen des »verkirchlichten« Methodismus als einer eigenen Konfession mit betont kleinbürgerlichen und konservativen Zügen sichtbar wurden. Die Abstoßung aller politischen, d. h. demokratischen, sozialen und auch anarchistischen Tendenzen und Kräfte ging dabei Hand in Hand mit der Ausschließung der oft ekstatischen, mit allerlei bizarren Zügen ausgestatteten Erweckungen und Gebetsversammlungen, wo Menschen in Verzückung gerieten, Teufel ausgetrieben wurden und Massenhysterien entstanden. Da beide Elemente ihren besonderen Rückhalt in den unteren Schichten besaßen, kam der Prozeß der Konsolidierung des Methodismus weithin der Durchsetzung der ordnungsliebenden Bessergestellten gleich. Als die Organisation des Methodismus durch die wirtschaftlichen Schwierigkeiten nach 1815 in erhebliche finanzielle Schwierigkeiten geraten war und die Kirche nur durch das Geld der wohlhabenden Gemeinden von Liverpool, Manchester, Leeds und Halifax aus ihrer Notlage befreit werden konnte, war der Sieg dieser Richtung endgültig fixiert.

Die Primitive Methodists

Aber es gab nicht nur diese Entwicklung. In der gleichen Zeit, in der der Hauptstrom des Methodismus sich bereits weitgehend den Normen und Idealen der mittelständischen Gesellschaftsordnung angepaßt hatte, gingen die »Primitiven Methodisten« (Primitive Methodists) einen anderen Weg. Schon ihr Name brachte zum Ausdruck, daß sie sich als diejenigen verstanden, die dem Ursprung der Bewegung am nächsten geblieben waren. Tatsächlich lebte bei ihnen viel von dem ungebrochenen, direkten, mit leidenschaftlichen Gefühlsausbrüchen verbundenen Gebaren der frühen Prediger fort (Ranterism), allerdings nun verbunden mit der aus Nordamerika importierten Form ganztägiger Massenveranstaltungen unter freiem Himmel (Camp meetings), wo vom Morgen bis tief in die Nacht Predigten und Gruppengespräche miteinander wechselten, auf Bekehrungszeugnisse Hymnengesang folgte, unterbrochen von lauten Bußkämpfen, vom Stöhnen und Schreien und gemeinsamem Gebet. Der schnell legendär gewordene Durchbruch dieser Erweckungsform – die dann immer wieder nachgeahmt wurde – ereignete sich am 31. Mai 1807 in Mow Cop. Aber es gab natürlich auch andere Modelle, wie etwa die erregten Gebetsgemeinschaften in irgendeiner Scheune oder Küche oder die Bekehrungsgespräche mit einzelnen und in Gruppen. 1811 sahen sich diese »Primitiven« unter der Führung von Hugh Bourne und William Clowes von der Hauptgruppe des Methodismus abgedrängt. Sie konzentrierten sich nun voll und ganz auf die unteren Schichten, wobei sie auch recht erfolgreich waren: 1821 betrug ihre Mitgliederzahl 16 394, 1831 schon 37 216 und 1851 mit 106 074 rund ein Viertel des gesamten Methodismus (Gilbert, 32). Zwar erreichten auch sie kaum das städtische Proletariat, doch waren sie überall da stark vertreten, wo auch der frühe Methodismus seinen Rückhalt gehabt hatte, nämlich in den Dörfern und Kleinstädten und unter den von hier in die Industriestädte drängenden Menschen. Sie lebten nicht nur unter dem Proletariat, sondern waren selbst eine durch und durch proletarische Bewegung. Mithin begegnet hier die faszinierende Wirklichkeit einer gewiß oft in irritierenden Formen und Eigentümlichkeiten sich ausdrückenden, aber nichtdestoweniger ganz ursprünglichen, völlig aus der eigenen Lebenswelt herausgewachsenen christlichen Gemeinde von Arbeitern. Auch diese Ranter wollten nur predigen und bekehren. Aber aus solchen Bekehrungen und dem Leben in diesen methodistischen Gemeinden erwuchsen Gesellschaftskerne, in denen religiöse und sozialpolitische Aktivitäten gleichermaßen ihren Platz hatten. Das Chapel war auch hier Lebensraum, Treffpunkt von Gleichgesinnten und Gleichgestellten, wo gleichzeitig die eigene Verantwortung, Kreativität und Spontaneität sich verwirklichen ließen. Der ekstatische Predigt- und Erwekkungsstil formte eine an Emotionen, Farbe und Lebendigkeit so reiche Gemeinschaft, wie sie keine Kneipe und keine Wohltätigkeitsorganisation auch nur entfernt verwirklichen konnte. In dieser Atmosphäre einer demokratischen Offenheit und brüderlichen Verbundenheit war die Einbeziehung von sozialen und sozialpolitischen Fragen nur selbstverständlich. Die Verbindungen dieser Methodisten zur Arbeiterbewegung waren dementsprechend – wie noch zu zeigen sein wird – in der Regel eng und freundlich. Völlig fehlte jedenfalls das Bewußtsein, es bei solchen Themen mit einem Bereich zu tun zu haben, der den Glauben eigentlich nichts anging. Wie unmittelbar hier beides ineinander überging, läßt sich besonders klar an der Gewerkschaftsbewegung ablesen. Vor allem die noch stark ländlich geprägten methodistischen Bergarbeiter standen oft zusammen mit ihren Ältesten und Predigern voller Selbstverständlichkeit in der Gewerkschaftsarbeit; und begannen umgekehrt deren Versammlungen mit Gebet und Lied. Dieser religiös gestimmte Geist der Freiheit und Unabhängigkeit auch den Mächtigen gegenüber, erfüllt von der gläubigen Gewißheit, auf der Seite Gottes im Kampf gegen Armut und Unterdrückung zu stehen, floß von da aus nicht nur in viele Gewerkschaften ein, sondern bestimmte in einem beachtlichen Ausmaß auch noch die späteren, nun freilich sehr viel nüchterner und pragmatischer gewordenen Führer der britischen Arbeiterbewegung.

Dieses im Proletariat angesiedelte und dort von Proletariern mit eigener Wirklichkeit gefüllte christliche Gemeindeleben stellte ohne Frage die unmittelbarste und zugleich wirkungsvollste Reaktion der englischen Kirchen auf die industrielle Revolution dar. Eine dauerhafte Lösung der neuen Problematik brachte allerdings auch dieser »Primitive Methodismus« nicht. Die Ekstasen verflogen, die Bewegung konsoldierte sich schließlich auch hier und verhärtete und verschloß sich im gleichen Maße ebenfalls gegenüber neuen Herausforderungen der schnell sich wandelnden Welt. Aber die eindeutige und umfassende Lösung für die in nahezu jeder Hinsicht überwältigenden Probleme der industriellen Revolution wußte mindestens in dieser Anfangsphase ohnehin niemand.

Um 1830 begann ein neuer Abschnitt in der Geschichte Großbritanniens. Die zweite Phase der Industrialisierung setzte ein, bestimmt durch die Schwerindustrie, durch Kohle, Eisen und Stahl. Die Arbeiterbewegung hatte sich konsolidiert. Im Parlament waren alle Parteien zu der Überzeugung gekommen, daß eine Politik der inneren Reformen unumgänglich geworden sei. Auch die Kirchen waren in Bewegung geraten. Innerhalb der Staatskirche, die sich am hilflosesten gegenüber den neuen Verhältnissen gezeigt hatte, drängten die Kräfte der Veränderung nach vorn. Am lebendigsten erwiesen sich jedoch in allen Konfessionen die Anstöße der Erweckungsbewegung. Aus diesem Reservoir waren praktisch alle ernsthaften Versuche gespeist, der neuen Wirklichkeit aus dem christlichen Glauben heraus standzuhalten.

Bibliographische Hinweise zu I. 4.

Über die unter I. 2 genannte Literatur hinaus sind wichtig:

Marquardt, M.: Praxis und Prinzipien der Sozialethik John Wesleys. Göttingen 1977.
Schmidt, M.: John Wesley. 2 Bde. Zürich–Frankfurt 1953–1966.
Wearmouth, R. F.: Methodism and the Common People of the Eighteenth Century. London 1945.
Ders.: Methodism and the Working Class Movements of England 1800–1850. London 1937.

II. Die Phase der Vorbereitung auf dem Kontinent (1815–1840)

1. Die agrarische Grundverfassung

Auf dem Festland wurden die Vorgänge in England mit großer Aufmerksamkeit verfolgt. Besonders in Belgien, Frankreich und den größeren deutschen Staaten, wo sich nach dem Frieden von Wien (1815) zunehmend Ansätze der Industrialisierung zeigten, begleitete ein waches Interesse die britische Entwicklung. Eine Fülle von Büchern, Broschüren und Artikeln informierte über diese ferne, fremde Welt: die dann doch immer wieder durch Ereignisse im eigenen Land beängstigend nahe rückte. Es war eine Mischung aus Abscheu, Faszination und Sorge, die sich in diesem Schrifttum ausdrückte – wovon die Darstellung über »Die Lage der arbeitenden Klasse in England, nach eigener Anschauung und authentischen Quellen» von Friedrich Engels (1845) aus mancherlei Gründen die bekannteste geblieben ist. Überall versuchte man jedenfalls, Lehren aus dem Prozeß der Industrialisierung in Großbritannien abzuleiten und sie auf die eigene politische, wirtschaftliche und soziale Wirklichkeit zu übertragen.

Die Vorherrschaft des Landes

Die Voraussetzungen waren allerdings in Belgien, Frankreich und im Gebiet des späteren Deutschen Reiches – wovon im folgenden die Rede sein soll – außerordentlich verschieden, gerade im Blick auf die wirtschaftlichen Gegebenheiten. Gemeinsam war ihnen allen – ebenso wie den übrigen Staaten Europas – die andauernde absolute Vorherrschaft des Landes und der Landwirtschaft. Lediglich 3 % der europäischen Bevölkerung lebte um 1800 in Großstädten, wovon man 22 zählte. Um die Mitte des Jahrhunderts hatte sich die Zahl dieser Städte zwar verdoppelt (47), doch lebten dort auch jetzt lediglich 5 % aller Europäer. Berücksichtigt man, daß ein Großteil dieser städtischen Ballungszentren in Großbritannien lag, so wird der agrarische Charakter Kontinentaleuropas noch deutlicher. Diese Feststellung gilt mindestens bis zur Jahrhundertmitte auch für die werdenden Industrienationen. Selbst die zunehmende »Verstädterung« bestimmter Regionen in Belgien, Frankreich und Deutschland hielt sich insgesamt in recht bescheidenen Grenzen: Noch 1851 lebten in Deutschland und Frankreich nur rund 24 % der Bevölkerung in Städten mit mehr als 20 000 Einwohnern.
Kennzeichnend blieb also für diese Zeit auf dem Kontinent der Lebensraum des Dorfes und der Kleinstadt, in der stets spürbar der Duft der Landwirtschaft hing. Trotz mancher wichtiger Unterschiede juristischer, sozialer und wirtschaftlicher Art und nicht zuletzt des Selbstbewußtseins dieser kleinen bürgerlichen Kommunen mit ihren eng und streng voneinander abgehobenen Zünften und Sippen gegenüber den Dorfgemeinschaften des flachen Landes blieben Gemeinsamkeiten genug: Überall bestimmte der Rhythmus der Jahreszeiten das Leben. Die Folge von Saat und Ernte, Frühling und Herbst, Sommer und Winter prägte entscheidend den Alltag der allermeisten Menschen. Danach regelten sich weithin Arbeit und Schlaf, Zeiten der Ruhe und Perioden mit außerordentlichen körperlichen Anstrengungen. Zugleich erfuhr die überwältigende Mehrheit der Bevölkerung in dieser Fixierung auf den Boden und seine Erträge nicht nur ihre Abhängigkeit, sondern auch ein sehr reales Ausgeliefertsein an unverfügbare Gewalten, die Mißwuchs oder reiche Ernteerträge bescheren konnten. Dabei handelte es sich dann keineswegs nur

um finanzielle Gewinne oder Verluste, sondern, weit über die unmittelbar betroffenen bäuerlichen Kreise hinaus, um Wochen und Monate des Hungers und der bittersten Not – oder der Sättigung, Zufriedenheit und vielleicht sogar eines behäbigen Wohlergehens. In diese Wirklichkeit paßten sich die kirchlichen Erntedankfeste genau ein und verliehen ihr gleichzeitig Ausdruck. Der Bericht aus Mannheim (1817) über ein gutes Jahr nach vorangegangenen Mißernten läßt sich in ähnlicher Weise überall in dieser Zeit in Europa finden: »Kein jubelndes Geschrei ertönte, wohl aber fielen Tränen wehmütiger Erinnerung an die vergangene schwere Zeit bei dem Anblick der den Wagen begleitenden Jugend der städtischen Armen, wie sie ein jeder ein Brot unterm Arm singend vor dem Wagen herzogen und des Allmächtigen Güte priesen, der sie in den Zeiten der Not erhalten und ihrer reichen Mitbürger Gemüt zur Mildtätigkeit gestimmt hatte.« (zit. Abel, 418)

Die Enge des Raums

Der Horizont dieser Welt war in der Regel nicht sehr weit, oft genug blieb er eingegrenzt auf die unmittelbare Umgebung einer Kleinstadt. Aber auch da, wo der Blick darüber hinausging, umfaßte er häufig nur einzelne Regionen. Noch immer existierten in allen europäischen Staaten jene abgeschlossenen Gebiete, die sogar rechtlich, vor allem aber wirtschaftlich – und natürlich auch geistig – sich selbst genügten, unbekümmert um das, was außerhalb geschah. Stadt und Land lebten selbstzufrieden vom Austausch ihrer Produkte; Veränderungen oder Krisenzeiten berührten dieses Gleichmaß im Grunde nicht, ganz gleich, ob sie sich »fern in der Türkei« oder in einer Distanz von einigen hundert Kilometern abspielten. So kommt der Feststellung des schlesischen Oberlandesgerichtsrats Wentzel aus den dreißiger Jahren des 19. Jahrhunderts eine durchaus grundsätzliche Bedeutung zu: »Denn es ist ja der selten genug beachtete Unterschied der älteren und der neueren Zeit, daß in jener die Menschen ohne vielen Verkehr, ohne große Beweglichkeit, innerhalb enger geographischer Grenzen sich bewegten, sich also bei ihren Lokalrechten wohl befanden« (zit. Koselleck, Preußen, 49) Die Kehrseite davon waren allerdings unterschiedliche Rechte, Münzen, Maße und Gewichte von einer Gegend zur anderen; waren Lohn- und Preisunterschiede bis zu hundert Prozent und mehr. Schlimmer noch: eine lähmende Hilflosigkeit gegenüber Notsituationen in anderen Regionen gehörte ebenfalls zu jener Autarkie. War die Ernte in einem Landstrich durch Unwetter oder Mißwuchs vernichtet, traf die große Mehrheit der Bevölkerung unweigerlich Hunger und nicht selten viele der Hungertod. Nicht nur die traditionelle Abgeschlossenheit der einzelnen Regionen verhinderte eine rechtzeitige Hilfe von außen, sondern die in Europa insgesamt erst recht bescheiden entwickelte Infrastruktur stand dem im Weg. Das Netz der Straßen und Kanäle in den einzelnen Staaten war ebenso weitmaschig wie die Verkehrsgeschwindigkeit gering. Im fortgeschrittenen England dauerte eine Reise von London nach Edinburgh im Jahre 1763 14 Tage; 1835 benötigte man immerhin noch 48 Stunden für diese Entfernung und erst 1850 dauerte sie lediglich 12 Stunden. Für den Weg von Köln nach Berlin mußte der Reisende noch 1815 14 Tage einplanen. So leuchtet ein, daß es beispielsweise im Winter 1816/17 aufgrund einer weitgehenden Vernichtung der Getreideernte in großen Teilen Europas zu einer regelrechten Katastrophe kam. Zusammenrottungen, Plünderungen und Hungerkrawalle wurden aus Flandern und dem Rheinland gemeldet, aus Ostpreußen, Schlesien und weiten Teilen Frankreichs – während in anderen Gebieten durchaus Überschüsse zur Verfügung standen. Besonders furchtbar zeigte sich der Winter 1846/47 für große Teile der europäischen Bevölkerung. Kümmerliche Ernten schon in den vorangegangenen Jahren, vollends jedoch die Kartoffelfäule im verregneten Herbst 1846 führten dazu, daß in dem besonders schwer getroffenen Irland rund eine Million Menschen verhungerten. Aber auch anderswo, etwa in Oberschlesien oder Ostpreußen, entvölkerten Hunger und Krankheiten ganze Dörfer. Viel von der durch solche Leiden geschürten Erregung und Verzweiflung mündete dann überall in Europa in die Revolution des Jahres 1848. Zu Recht ist diese, zumindest was das Land betrifft, als »die letzte an mittelalterliche Empörungen anknüpfende spontane Erhebung einer primär vom Ernteergebnis abhängigen Gesellschaft« bezeichnet worden (Engelsing, 354).

Der Ausbau der Landwirtschaft

Dabei konnte die Landwirtschaft nicht nur in Großbritannien, sondern auch in weiten Gebieten auf dem Kontinent in dieser Zeit eine erhebliche Intensivierung der Bodennutzung und dadurch eine beachtliche Ertragssteigerung verzeichnen. Die Agrarkrise in den zwanziger Jahren war sogar in einem erheblichen Ausmaß durch Überproduktion in bestimmten Regionen verursacht, wobei hohe Schutzzölle – wie etwa in Großbritannien – und die mangelhafte Infrastruktur auf dem Kontinent den Absatz zusätzlich erschwerten. Vielfach wurden, nicht zuletzt unter dem Druck der Bevölkerungsexplosion, neue Flächen kultiviert und unter den Pflug genommen. Die Mehrfelderwirtschaft sowie der langfristige Fruchtwechsel hatten sich durchgesetzt. Häufig wurde auch nicht mehr ausschließlich Getreide angebaut, sondern man erntete Futterkräuter, Zuckerrüben und vor allem Kartoffeln, die einen hohen Ertrag abwarfen und darum in vielen Ländern bald das Grundnahrungsmittel vor allem der ärmeren Bevölkerung bildeten. Fleisch und Geflügel dagegen produzierte die Landwirtschaft in wachsendem Maße für die Oberschicht bzw. die gehobene Mittelschicht. Eine erhebliche Ertragssteigerung gelang dann seit den vierziger Jahren durch die Verwendung des Kunstdüngers. Bisweilen wurden auch schon landwirtschaftliche Maschinen eingesetzt. So gelang es der Landwirtschaft auch auf dem Kontinent, im wesentlichen mit ihren Erträgen Schritt zu halten mit dem schnellen Wachstum der Bevölkerung in den meisten europäischen Ländern.

Die Grundherrschaft in Europa

Bei diesen Veränderungen wandelte sich allerdings in der agrarischen Strukturierung der Gesellschaft zunächst noch nichts. Herrschaft war und blieb auf dem Kontinent in der Regel an den Besitz von Grund und Boden gebunden. Das meinte zunächst einmal die Herrschaft über den eigenen Besitz. Das galt jedoch darüber hinaus für jede weiterreichende öffentliche und erst recht für die politische Wirksamkeit. Denn primär oder sogar ausschließlich aus den Bodenerträgen gewann die Oberschicht ihre finanziellen Mittel. Darin vor allem gründete also die Vorherrschaft des Adels auf dem Kontinent, daß er Land besaß. Waren die Zeiten auch vorüber, in denen er allein darüber verfügte und war mithin seine ungebrochene Dominanz unübersehbar ins Wanken geraten, weil einerseits wohlhabende Bürgerliche zu Grundbesitzern aufgestiegen waren und andererseits liberal gesinnte bürgerliche Beamte in Legislative und Exekutive sowie vor allem in der Administration längst eine beachtliche Rolle spielten: Nichtsdestoweniger hatte der europäische Adel seine politische und gesellschaftliche Vorrangstellung zunächst im wesentlichen noch einmal zu behaupten vermocht.
Dazu waren allerdings Stürme und Erschütterungen von erheblichen Ausmaßen zu bestehen gewesen! Nicht zufällig hatte sich die Verbesserung der Lage der Bauern alsbald als eines der wesentlichen Themen der großen französischen Revolution erwiesen. Wer die Sozialstruktur verändern wollte, mußte die Besitzverhältnisse auf dem Land ändern. Dementsprechend kam es in Frankreich zur Überführung des adeligen und schließlich auch des kirchlichen Grundbesitzes in die Hände breiterer Kreise. In dem Maße, in dem

die französische Revolution sich dann ausbreitete, kam es zu Bewegungen an der agrarischen Basis auch in anderen Ländern. Im linksrheinischen Deutschland, aber auch in Belgien erreichten die Bauern wie in Frankreich die ersatzlose Aufhebung aller ständischen und gutsherrlichen Lasten. In den Territorien, die vom revolutionären Zentrum weiter entfernt lagen – und wozu etwa die Reichslande, aber auch Preußen gehörten – bildeten die französischen Ereignisse den Anstoß, die Sozialstruktur des Landes durch Reformen zu verändern. Für den Bauern bedeutete das, daß er unterschiedlich gestufte Beträge für die Ablösung der herrschaftlichen Rechte zu zahlen hatte – wodurch sich für ihn oft konkret überhaupt nichts änderte. Im wesentlichen unberührt von den »gallischen Exzessen« blieb endlich ein dritter konzentrischer Kreis europäischer Staaten, wozu u. a. Österreich und Rußland zu zählen sind. Hier war allerdings auch die Industrialisierung in der Folgezeit noch kein Thema.

In *Frankreich* stabilisierte sich durch die Revolution der bäuerliche Kleinbetrieb. Die Nutznießer der Veräußerung des adeligen und kirchlichen Grundbesitzes waren nämlich kaum die einfachen Bauern, sondern zuerst der neue bonapartistische Adel, seit der Restaurationszeit wieder die alte Nobilität und in beiden Epochen zahlreiche wohlhabende Bürgerliche, die auf diese Weise zu gesellschaftlichem und politischem Einfluß aufstiegen. Um die Mitte der zwanziger Jahre des 19. Jahrhunderts waren 75 % aller französischen Bauern Klein- und Kleinstbesitzer. Sie besaßen höchstens 10 Hektar Land, oft erheblich weniger; dabei befanden sich in ihren Händen lediglich 17 % des Bodens. An der Spitze dieser Pyramide standen 1 % der französischen Landwirte, die über 28 % des Landes verfügten. Wenngleich die Gegebenheiten von Region zu Region wechselten, so war doch der Kleinbesitz für die französische Agrar- und Sozialstruktur kennzeichnend. Die Folge davon war eine bewußte Familienplanung. Um den Besitz nicht völlig aufzusplittern, hielt man die Zahl der Kinder klein. Natürlich existierte unter diesen Voraussetzungen für viele Bauern die wirtschaftliche Zwangslage, durch Pacht, Zusatzarbeiten beim Großgrundbesitzer oder vor allem durch Heimarbeit am Webstuhl hinzuzuverdienen. Jedoch der relativ geringe Bevölkerungszuwachs sowie das zähe Festhalten dieser Menschen am eigenen Stückchen Land verhinderten in Frankreich aufs Ganze gesehen das Entstehen einer Masse besitzloser Landarbeiter.

Das direkte Gegenbild dazu läßt sich etwa an der Entwicklung im *Deutschen Reich* und insbesondere in *Preußen* beobachten. Schroffer und bitterer traten die sozialen Gegensätze, die Not und das Elend der Übervölkerung auf dem Land und dann auch in den Städten sicher in den dicht besiedelten südlichen und südwestlichen Gebieten des Reiches auf. Die preußische Entwicklung aber belastete die Zukunft. Hier war mit dem berühmten Oktoberedikt von 1807 die Bauernbefreiung in den östlichen Provinzen des Staates eingeleitet worden, um durch den Wegfall der Feudalordnung auch auf dem Land einen freien Geld-, Güter- und Arbeitsmarkt zu schaffen. Das langfristige Ziel dieser Reformen war sicherlich der Anschluß Preußens an die fortgeschrittene französische Entwicklung. Zunächst allerdings handelte es sich vor allem darum, die Voraussetzungen für die Aufbringung der gewaltigen Kriegskontributionen zu schaffen, die Napoleon dem geschlagenen Preußen im Frieden von Tilsit (1807) auferlegt hatte. Das Edikt und die ihm folgenden Gesetze beendeten die alte genossenschaftliche Landverfassung. Der Boden wurde privatisiert, gleichzeitig jedoch der traditionelle politische Vorrang des Adels stabilisiert: er behielt die Patronatsrechte, die Patrimonialgerichtsbarkeit und die Polizeiverwaltung, die Majorität in den Kreisverwaltungen, die alleinige Berechtigung für das Landratsamt sowie endlich eine Sperrminorität auf den Provinziallandtagen! Damit hatte sich der Adel alle Voraussetzungen geschaffen, um auch in Zukunft die beherrschende Rolle im preußischen Staat spielen zu können.

Diese Regelungen wogen um so schwerer, weil der preußische Adel gewöhnlich, anders als seine westeuropäischen Standesgenossen, auf seinen Gütern zu leben pflegte. Durch die Reformgesetze war seine Position hier unter veränderten Voraussetzungen noch einmal entschieden befestigt worden. Und sie wurde erst recht dadurch abgesichert, daß diese Gesetze für die Ablösung der alten herrschaftlichen Rechte entweder Geldzahlungen oder Landabtretungen vorschrieben. Die großen Verlierer waren mithin die Bauern, die in der Regel einen erheblichen Verlust an Grund und Boden für den Gewinn ihrer persönlichen Freiheit hinnehmen mußten. Immerhin vermochten sie sich, anders als in England, auch in den preußischen Ostprovinzen als Stand zu behaupten. Sehr viel schwerer wurden die kleinen Kätner und Häusler getroffen: Abgeschnitten von der bis dahin geltenden patriarchalischen Fürsorgepflicht des Gutsherrn, der Möglichkeit beraubt, den dörflichen Gemeinbesitz weiterhin zu ihrem Lebensunterhalt zu nutzen, sanken diese Menschen schnell zu armseligen Lohnarbeitern ab. Da sie seit dem Gewinn ihrer persönlichen Freiheit auch ohne Einschränkungen heiraten durften, gründeten viele schnell große Familien – und beschleunigten damit noch das Anwachsen eines Landproletariats, für das Hunger und Elend nur allzu kennzeichnend waren.

Wie stabil diese agrarische Gesellschaftsstruktur jedoch zunächst noch war, belegt am deutlichsten die Tatsache, daß der Adel überall auf dem Kontinent seine Vorrangstellung im wesentlichen zu behaupten vermochte: nicht nur in Preußen, sondern faktisch auch in Frankreich! Da zudem durchweg in Europa das Wahlrecht mehr oder weniger ausschließlich an den Grundbesitz gebunden war, hielt diese Schicht, wenn auch durchsetzt mit wohlhabenden Bürgern, die Fäden der Macht fest in den Händen. Die übrige Bevölkerung, konservativ und gerade auf dem Land fest im Überkommenen verwurzelt, folgte meist ganz selbstverständlich dieser Führungsschicht oder verharrte einfach im Gewohnten. Alte Strukturen und alte Autoritäten bestimmten mithin zu Beginn des 19. Jahrhunderts überall auf dem Kontinent das Bild.

Das Wachstum der Bevölkerung

Es waren keine neuen Gedanken oder revolutionäre Bewegungen, die dann die Beständigkeit dieser Agrargesellschaft erschütterten, sondern die Tatsache, daß unterhalb der von ihr geschaffenen und jetzt neu stabilisierten Sozialstrukturen sich tiefgreifende Veränderungen vollzogen. Es war die Bevölkerungsexplosion auf dem Land, die diese Gesellschaft zunehmend in Frage stellte.

In der ersten Hälfte des 19. Jahrhunderts wuchs die europäische Bevölkerung um rund 40 %, nämlich von 188 Millionen im Jahre 1800 auf 267 Millionen (1850). Dabei wies die Zuwachsrate in den einzelnen Staaten erhebliche Unterschiede auf: in England betrug sie rund 90 % (11 Millionen gegenüber 21), in Frankreich 26 % (27,7 Millionen gegenüber 35,7) und im Gebiet des Deutschen Reiches 60 % (22,5 Millionen gegenüber 36; Ponteil, 658). Wenn auch auf dem Kontinent ein Teil dieser Menschen zunächst durch den überall betriebenen Landausbau und die Intensivierung der Landwirtschaft gebunden werden konnte, reichten diese Arbeitsmöglichkeiten bald bei weitem nicht mehr aus. Ebensowenig bot die nun überall gesteigerte Heimarbeit, vor allem im Textilgewerbe, eine Lösung. Die hungernden Häusler und Kätner unterboten sich gegenseitig und erzielten für ihre handgewebten Tuche trotz äußerster Anstrengung doch nur unablässig sinkende Hungerlöhne. Mithin drängten diese Menschen in die Städte, um dort Arbeit oder wenigstens Almosen zu finden. An beidem mangelte es bei diesem Massenandrang. Nicht durch die Industrie, sondern aufgrund der fehlenden Industrie wurde die Not auf dem Festland also so groß. Die vertrauten Lebensbeziehungen zwischen Stadt und Land mit ihrer Arbeitsteilung und dem Austausch der beiderseitigen Produkte versanken unter dem Druck dieser Massenarmut. Viele Zeitgenossen begriffen durchaus das Neue an dieser Armut, die nicht länger eine individuelle, sondern eine soziale Not darstellte. Sie prägten dafür den Begriff »Pauperismus« – wozu der Brockhaus notierte (1846): »Der Pauperismus ist da vorhanden, wo eine zahlreiche Volksklasse sich durch die angestrengteste Arbeit höchstens das notdürftigste Auskommen verdienen kann, auch dessen nicht sicher ist, in der Regel schon von der Geburt an und auf Lebenszeit solcher Lage geopfert ist, keine Aussichten der Änderung hat, darüber immer tiefer in Stumpfsinn und Roheit versinkt, den Seuchen, der Branntweinpest und viehischen Lastern aller Art, den Armen-, Arbeits- und Zuchthäusern fortwährend eine immer steigende Zahl von Rekruten liefert und dabei immer noch sich in reißender Schnelligkeit ergänzt und vermehrt.« (zit. Abel, 305) Daraus wuchs dann, zumal in den höheren Schichten der Gesellschaft, ein ausgesprochenes Krisenbewußtsein. Die so selbstverständlich akzeptierten Prinzipien der sozialen Ordnung schienen nun manch' einem nicht mehr stabil genug. Rufe nach gesellschaftlichen Veränderungen wurden überall laut. Daß mit alledem allerdings nicht nur die Unterschichten in Bewegung geraten waren, sondern die alte Agrargesellschaft überhaupt, ahnten damals nur die wenigsten.

Die Kirchen innerhalb der agrarischen Gesellschaft

In dieser so von der Landwirtschaft geprägten Welt also existierten die Kirchen. Auch ihre Lebensgrundlage bildete der Boden. Die Erträge aus Kirchengütern und Pfarräkkern, Stiftungen oder Zehnten boten ihnen allen die finanzielle Basis. Dadurch waren sie alle auch sehr konkret abhängig von guten oder schlechten Ernten. Das Land und die Landarbeit nahmen folgerichtig, ganz wie bei den Menschen um sie herum, im alltäglichen Denken und Leben des größten Teils dieser Pfarrer, Vikare und Kapläne einen wichtigen Platz ein. Ob arm oder reich, sozial mehr oder weniger angesehen, immer waren viele von ihnen auch ein Stück weit Bauern – und nicht wenige verbauerten dann tatsächlich ganz. Dazu konnte es um so eher kommen, als ein großer Teil dieses Klerus in allen Ländern und Konfessionen immer wieder selbst aus den unteren Bevölkerungsschichten kam, vom Bauernhof, aus Handwerkerfamilien oder ähnlichen kleinbürgerlichen Verhältnissen: wozu in dieser Zeit oft genug auch das protestantische Pfarrhaus gehörte.

Aus dieser tiefgreifenden sozialen, geistigen und ökonomischen Verwurzelung der Kirchen in der agrarisch strukturierten europäischen Gesellschaft zu Beginn des 19. Jahrhunderts folgte allerdings noch nicht automatisch eine besondere religiöse Kraft oder Lebendigkeit. Vielmehr läßt sich in der Epoche der Aufklärung eine erhebliche Loslösung vom Geist und Leben des kirchlichen Christentums vor allem in den oberen Gesellschaftsschichten beobachten. Wie weit die Entkirchlichung darüber hinausreichte, ist eine offene Frage. Immerhin steht fest, daß im Verlauf des 18. Jahrhunderts im katholischen Frankreich ebenso wie im protestantischen Deutschland nicht nur einzelne, sondern ganze Gruppen und Gebiete sich mehr und mehr vom kirchlichen Leben trennten. Inwieweit Gedanken und Tendenzen der Aufklärung hierfür die Ursache waren oder nur die Folge, mag in diesem Zusammenhang auf sich beruhen. Festzuhalten bleibt, daß die Abkehr von der Kirche und vom Christentum in Europa keineswegs erst im 19. Jahrhundert im Zuge der Industrialisierung begann. Festzuhalten bleibt weiterhin, daß die tiefe Verwurzelung der Kirchen in der sie tragenden und umgebenden Gesellschaft allein sie noch nicht zu einer besonderen geistigen oder geistlichen Wirkung befähigte. Im ausgehenden 18. Jahrhundert zumindest war eher das Gegenteil der Fall.
Denn die agrarische Struktur, in der diese Kirchen lebten und die sie zugleich repräsentierten, war – fern von jeder Idylle – immer auch eine Herrschaftsstruktur mit einer klaren Scheidung von oben und unten, den Besitzern bzw. Nutznießern des Bodens einerseits

und den vielen anderen, die ihn zu bearbeiten hatten. In dieser ständischen Sozialordnung mit dem Adel an der Spitze hatten die Kirchen also ihren festen Platz. Jedoch genau diese wirtschaftliche und gesellschaftliche Struktur wurde nun, in England und in Frankreich, durch den Aufstieg eines Bürgertums in Frage gestellt, das seine Macht nicht in erster Linie dem Besitz an Grund und Boden verdankte, sondern dem baren Geld, dem Kapital also. In seinem Kampf um gesellschaftlichen und politischen Einfluß nutzte dieses Bürgertum das Gedankengut der Aufklärung in einem antiabsolutistischen und zugleich antikirchlichen Sinn. Kirchen- und Religionskritik wurden so zum Mittel der Veränderung der bestehenden Gesellschaftsordnung im Interesse der eigenen sozialen Belange. Vielen Zeitgenossen schienen dann alle Voraussetzungen für eine neue, bessere Gesellschaft geschaffen, wenn nur erst die Kirchen entmachtet und ihres öffentlichen Einflusses beraubt wären.
Umgekehrt identifizierten sich viele Vertreter der Kirchen sehr selbstverständlich mit der herrschenden Sozialordnung. Sie waren in der Tat die sichtbare und stabile Stütze der agrarisch verankerten Ständegesellschaft mit der unbedingten Vorherrschaft des Adels. Allerdings profitierten die Kirchen davon keineswegs nur. Die absolutistischen Staaten hatten sich überall mehr oder weniger daran gewöhnt, den Klerus als ihre willfährigen und billigen Vollzugsorgane zu gebrauchen. Wenigstens für die Masse der schlichten Prediger und Kapläne galt darum zu Recht Herders Klage: »Der Prediger selbst ist nur noch als Sittenprediger, als Landrat, als Listenmacher, als geheimer Polizeidiener unter staatlicher Autorität und fürstlicher Vollmacht zu existieren berechtigt.« (zit. F. Fischer, 51) Dementsprechend gering war sein Ansehen in der Öffentlichkeit: freilich eben in einer weithin vom aufgeklärten Bürgertum und seinen Idealen geprägten Öffentlichkeit!

In dem Maße, in dem dieses Bürgertum dann daran ging, seine eigenen Werte und Normen zu formulieren, wuchs die Fremdheit gegenüber den Kirchen. Die Welt der Wunder versank, das Gottesbild des Versöhners und Erlösers von Sünde und Schuld verblaßte. Unendlich viel im Leben und in der Verkündigung der Kirchen, was in der agrarisch geprägten Welt seinen tiefen Sinn gehabt hatte, verlor ihn in der kalten Welt dieses nüchtern rechnenden selbstbewußten Bürgertums. »Die wohlgeführten Geschäftsbücher, die Bilanzen bei Jahresschluß haben mindestens ebensoviel dazu beigetragen, die alte Wunderwelt zu zerstören, als die Lehrbücher der Physik und die Systeme der Philosophen.« (Groethuysen II, 101) Die vernunftgemäße Moral, die daraus resultierte, galt bald als die letzte und entscheidende Instanz, sowohl dem Staat als auch der Kirche gegenüber. »Die bürgerliche Moral wird zu einer öffentlichen Gewalt, die zwar nur geistig wirkt, aber in ihrer Auswirkung politisch ist, indem sie den Bürger zwingt, seine Handlungen nicht nur den Gesetzen des Staates, sondern zugleich und vor allem dem Gesetz der öffentlichen Meinung anzupassen.« (Koselleck, Kritik, 47) Jedoch auch der Staat und die Kirchen wurden auf diese Weise zur Anpassung gedrängt. Als der absolutistische Staat und das Ancien régime in der großen französischen Revolution zusammenbrachen, hatten die Kirchen die eindeutige Antwort auf diese Herausforderung jedenfalls noch nicht gefunden. Das scheinbar unerschütterte Fortbestehen der agrarischen Sozialstruktur in Europa trug sicherlich erheblich dazu bei, daß die kirchlichen Repräsentanten dieses Problem vielfach nicht einmal zur Kenntnis nahmen. Für die Bewältigung der dann mit der Industrialisierung gesteigert aufbrechenden Nöte und Schwierigkeiten brachten somit auch die Kirchen auf dem Kontinent nicht eben günstige Voraussetzungen mit.

Bibliographische Hinweise zu II. 1.

Vgl. hierzu auch die unter I. 1 aufgeführte Literatur!

Bruford, W. H.: Die gesellschaftlichen Grundlagen der Goethezeit. 2. Aufl. Frankfurt 1975.
Bury, J. P. T. [Hg.]: The Zenith of European Power, 1830–1870. Cambridge 1960.
Engelsing, R.: Zur politischen Bildung der deutschen Unterschichten, 1789–1863. In: HZ 206 (1968), 337–369.
Fischer, F.: Der deutsche Protestantismus und die Politik im 19. Jahrhundert. In: H. Böhme [Hg.], Probleme der Reichsgründungszeit, 1848–1879. Köln–Berlin 1968, 49–71.
Gerth, H.: Bürgerliche Intelligenz um 1800. Zur Soziologie des deutschen Frühliberalismus. Göttingen 1976.
Groethuysen, B.: Die Entstehung der bürgerlichen Welt- und Lebensanschauung in Frankreich. 2 Bde. Halle/Saale 1927–1930.
Koselleck, R.: Kritik und Krise. Eine Studie zur Pathogenese der bürgerlichen Welt. 2. Aufl. Frankfurt 1974.
Ders.: Preußen zwischen Reform und Revolution. Stuttgart 1967.
Palmade, G. [Hg.]: Das bürgerliche Zeitalter. Frankfurt 1974.
Ponteil, F.: L'éveil des Nationalités et le Mouvement Libéral (1815–1848). Paris 1960.
Schieder, Th. [Hg.]: Handbuch der europäischen Geschichte, Bd. 6. Stuttgart 1968.
Ziebura, G. [Hg.]: Wirtschaft und Gesellschaft in Frankreich seit 1789. Köln 1975.

2. Die industrielle Entwicklung Belgiens

Die Industrialisierung des Landes

Auf dem Kontinent begann die Industrialisierung in Belgien. Um die Eigenart dieses erst 1830 selbständig gewordenen Staates zu verstehen, muß man einen Blick auf seine politische Geschichte werfen. Auf diesem Hintergrund nämlich werden ein Land und eine Gesellschaft anschaulich, die zwischen 1500 und 1945 von praktisch allen kriegerischen Auseinandersetzungen in Europa getroffen wurden. Immer ging es dabei sowohl um die geographische Lage des Landes als auch um die wirtschaftliche Leistung seiner Bevölkerung. 1794 hatten die Truppen der französischen Revolution die Österreicher aus den bis dahin habsburgischen Erblanden vertrieben, 1795 wurde das Territorium offiziell von Frankreich annektiert. Mit der Niederlage Napoleons I. und endgültig durch den Beschluß des Wiener Kongresses fiel das Land an Holland. Jedoch die rücksichtslose absolutistische Innen- und Kirchenpolitik des niederländischen Königs Wilhelm I.einte zunehmend die unterschiedlichen politischen, sozialen und geistigen Gruppierungen des Landes im Haß gegen den fremden Monarchen. 1830 gelang es den Belgiern dann mit Hilfe insbesondere der Franzosen, ihre Unabhängigkeit zu gewinnen.
Der belgische Raum war schon jahrhundertelang eines der wichtigsten Wirtschaftsgebiete Europas gewesen. Neben mancherlei Eisenwaren hatte man dort vor allem Tuche und Stoffe produziert, speziell Leinen, und zwar in West- und Ostflandern. Die Industrialisierung knüpfte an diese Traditionen jedoch nur mittelbar an. Während bei der Herstellung von Leinen nämlich, wie überall sonst in Europa, das alte System der Zusammenarbeit eines Aufkäufers mit relativ selbständigen Heimwebern zunächst bestehen blieb, gingen die ebenfalls vornehmlich für den Export arbeitenden Wollmanufakturen im Gebiet von Verviers vorsichtig zur mechanischen und dann zur industriellen Fertigungsweise über. So entstand im Raum um Gent eine neue Baumwollindustrie, nicht zuletzt durch eingeschmuggelte englische Maschinen und technische Kenntnisse. Die erste dieser Fabriken, 1801 gegründet, beschäftigte ein Jahr später bereits 227 Arbeiter. Aber auch danach hielt der schnelle Aufstieg an. 1806 wurde der erste mechanische Webstuhl

aufgestellt, 1808 waren es bereits annähernd 500 und vier Jahre später zählte man rund 3600 Stühle im Gebiet um Gent. Viele standen auch weiterhin auf dem Land, gehörte die Heimarbeit doch zur Tradition dieser Region. Aber auch hier war die Industrialisierung bald nicht mehr aufzuhalten. Niedrige Löhne, technische Fertigkeiten und eine erhebliche Anpassungsfähigkeit der Hersteller an die jeweiligen Käuferwünsche verhalfen der belgischen Textilindustrie insgesamt zu einer guten Position unter den europäischen Konkurrenten. 1846 gab es bereits 314 842 Textilarbeiter im Land (Ponteil, 690).
Die schnell zunehmende Kohleförderung, speziell für den französischen Bedarf, die steil ansteigende Produktion von Eisen im Gebiet um Charleroi, dann um Lüttich, und schließlich der Aufbau einer überaus leistungsfähigen Maschinenbau- und Waffenindustrie seit den dreißiger Jahren belegen den schnellen Fortschritt der Industrialisierung Belgiens. Führend in der Metallindustrie waren die Firmen Cockerill und Orban. John Cockerills Unternehmen in Seraing zählte 1839 mit rund 2200 Arbeitern zu den größten Fabriken in Europa überhaupt. Schnell nahm auch die Zahl der Dampfmaschinen zu. Die ersten wurden 1816 in Betrieb genommen, 1830 waren es bereits 354. Insgesamt war Belgien zu dieser Zeit eindeutig auf dem Wege, sich vom englischen Maschinenbau unabhängig zu machen. Die im Jahre 1838 im Land vorhandenen 712 Dampfmaschinen – worunter immerhin bereits 122 Lokomotiven waren – stammten im wesentlichen aus der eigenen Produktion.
Handwerkliche und wirtschaftliche Traditionen des Landes, französisches Kapital, englische Vorbilder, auch die industrielle Rückständigkeit des übrigen Kontinents und nicht zuletzt die eigene belgische Innovationskraft haben zu dieser rasanten Entwicklung beigetragen. Sogar die politische Entwicklung wirkte sich aufs Ganze gesehen positiv für den Industrialisierungsprozeß aus, trotz einer Reihe kleinerer und größerer Krisen. Die Angliederung an Frankreich im Gefolge der Französischen Revolution raubte Belgien zwar seine überseeischen Märkte, öffnete dem Land jedoch die französischen. Zudem schützte die Kontinentalsperre den Aufbau der eigenen Industrie vor der starken britischen Konkurrenz. Die Angliederung an die Niederlande brachte Belgien dann wichtige königliche Unterstützungen und Staatsaufträge, vor allem aber die für die Textilindustrie überaus gewinnbringende Öffnung des holländisch-ostindischen Marktes. Schwieriger gestaltete sich die Entwicklung, nachdem die Unabhängigkeit errungen war. Die Abschnürung vom größeren Markt führte zu einer umfassenden Wirtschaftskrise. Sie konnte jedoch durch den vom Staat geplanten und organisierten Eisenbahnbau, den die Rothschilds finanzierten, bald überwunden werden. Belgien trat so etwa zur gleichen Zeit wie Großbritannien in die zweite Phase der Industrialisierung ein, die auch hier durch die Vorherrschaft der Schwerindustrie gekennzeichnet war. Nun wurde die Veränderung des Landes durch Schienen und Straßen, durch Fördertürme, Hochöfen und Fabrikstädte augenfällig. Das neue belgische Industriezentrum im Süden des Landes entstand, in den wallonischen Provinzen, auf der Linie von Mons nach Lüttich. Im Blick auf diesen tiefgreifenden Veränderungsprozeß, der mit den dreißiger Jahren anhob, pflegt man bisweilen diese Zeit als den eigentlichen Beginn der industriellen Revolution Belgiens zu bezeichnen.

Die Bedeutung des Katholizismus

Die Sozialstruktur des Landes spiegelte die europäischen Gegebenheiten. Auch in Belgien war der Adel Großgrundbesitzer und politisch einflußreich. Ähnlich wie in England engagierte er sich stark in verschiedenen industriellen Unternehmungen. Dadurch ließen sich manche Spannungen gegenüber einem selbstbewußten Bürgertum relativieren, das auf alle »feudalistischen Anmaßungen« überaus empfindlich zu reagieren pflegte. Zu einem wirklichen Zusammengehen von Bürgertum und Adel kam es jedoch erst unter dem

Druck der holländischen Politik. Beide Klassen, die zusammen rund 1 % der Bevölkerung ausmachten, bestimmten dann praktisch während des gesamten 19. Jahrhunderts die Geschicke des Landes.
Von außerordentlicher Bedeutung war dabei die Integrationskraft des belgischen Katholizismus. Das Land war ebenso geschlossen wie streng katholisch, die Kirche Volkskirche in dem Sinn, daß alle sozialen Schichten sich mit großer Selbstverständlichkeit zu ihr zählten. Denn diese Kirche und der katholische Glaube hatten sich in der wechselvollen Geschichte des Territoriums immer wieder als das einigende geistige Band für die überwiegende Mehrheit der Belgier erwiesen, unabhängig von sozialen und politischen Unterschieden. Der betont ultramontane Charakter dieses Katholizismus unterstrich jene Tendenz: Rom allein und keiner der verschiedenen Herrscher über das Land sollte in Kirchenfragen zu bestimmen haben! Der Widerstand des Klerus gegen die Kirchenreformen im Geist der Aufklärung unter Kaiser Joseph II. war bereits in der österreichischen Zeit ein deutlicher Hinweis auf das Selbstbewußtsein dieses ultramontan gesinnten und konservativ gestimmten Katholizismus gewesen. Die Opposition wuchs, als nach den Jahren der Bedrängnis durch die Französische Revolution König Wilhelm I. daran ging, eine niederländische Staatskirche aufzubauen. Die Erregung im Land erreichte einen ersten Höhepunkt mit der Anordnung des Königs im Juni 1825, wodurch die unteren kirchlichen Ausbildungsstätten, die sog. »kleinen Seminare«, geschlossen wurden und der Besuch einer staatlichen Philosopieschule für angehende Theologen fortan verbindlich war. Von hier an datierten die Überlegungen, ob sich ultramontane Katholiken und katholische Liberale nicht gegen den holländischen Absolutismus verbinden könnten. Da viele belgische Liberale wohl bisweilen antiklerikal, aber keineswegs grundsätzlich antikirchlich eingestellt waren, kam es 1828 zu der epochemachenden Aktionsgemeinschaft, dem »Unionismus«, zwischen den beiden Größen Katholizismus und Liberalismus, die sich im übrigen Europa erbittert bekämpften. Für die Zusage der vollen Unterrichtsfreiheit war die Kirche bereit, die liberalen Verfassungsvorstellungen zu unterstützen.

Chancen und Grenzen des »Unionismus«

Natürlich spielten in diesem Bündnis von Anfang an auf beiden Seiten auch taktische Erwägungen eine wichtige Rolle. An der grundsätzlichen Zielsetzung beider Parteien änderte sich nichts. Jedoch von kaum zu überschätzender Bedeutung war die Tatsache, daß diese Kirche sich dem neuen Geist gegenüber nicht verschloß, sondern sich mit ihm verbündete. Gewiß, um ihn zu überwinden! Aber das, so sah man deutlich, war nur möglich, wenn man davon lernte. So wandelte sich die ausgesprochen reaktionäre Kirche des Jahres 1815, die damals die Erhebung des Katholizismus zur Staatsreligion gefordert hatte, die damals doktrinär jedes Entgegenkommen gegenüber Andersgläubigen verurteilt und den Eid auf die Verfassung verdammt hatte, zu einer ausgesprochen liberalen Kirche, die nun für die freie Religionsausübung aller Konfessionen eintrat, für Toleranz und Pressefreiheit. Was auch immer an taktischen Erwägungen dahinterstand: faktisch bewies dieser belgische Katholizismus angesichts der tiefgreifenden Veränderungen um ihn herum noch einmal eine außerordentliche soziale Integrationskraft. Jahrelang sah es so aus, als würde in Belgien eine ebenso selbstverständlich liberale wie christliche Gesellschaftsordnung Wirklichkeit.
Andererseits wurde im Laufe der Jahre immer deutlicher, daß beide Koalitionspartner ihr Gegenüber zunehmend mißtrauisch beobachteten. Da jeder sich durchsetzen wollte, verlor der »Unionismus« mehr und mehr an Substanz. Die Gruppe im belgischen Katholizismus, die unter Liberalismus lediglich Formen der politischen Auseinandersetzung begriff, die von den eigenen theologischen und politischen Überzeugungen losgelöst wer-

den konnten, gewann bald die Oberhand. Zwar gab es im jüngeren Klerus nicht selten eine tiefergehende Auffassung im Gefolge von Félicité Robert de Lamennais (1782–1854), dem großen katholischen Apologeten und Schriftsteller, der seit 1829 die Erneuerung der Völker Europas unter der Führung der Kirche und speziell des Papstes auf der Grundlage einer Verbindung von christlichem Glauben und liberal-demokratischen Freiheitsideen verkündete. Jedoch diese Kreise vermochten sich nie durchzusetzen. Sie verschwanden vollends aus der Öffentlichkeit, als Rom die Gedanken dieses liberalen Katholizismus verwarf (Mirari vos, 1832) und Lamennais daraufhin mit seiner Kirche brach (Paroles d' un croyant, 1834). Die breite Mehrheit des belgischen Katholizismus war ohnehin entschieden konservativ und nur zögernd den Weg des Unionismus mitgegangen. Entscheidend war für sie die Haltung des hohen Klerus gewesen. Diese Männer um den Erzbischof von Mecheln (»Schule von Mecheln») hatten die entscheidenden Weichen gestellt. Sie hatten begriffen, daß die Zeit des Ancien Régime endgültig der Vergangenheit angehörte und daß die Wiederherstellung der katholischen Macht und des kirchlichen Einflusses in der Öffentlichkeit nur auf dem Wege über die neuen geistigen und politischen Gegebenheiten möglich war. Die belgische Verfassung von 1831 entsprach dann auch vollauf diesen kirchlichen Interessen. Die proklamierte Religionsfreiheit bedeutete im geschlossen katholischen Belgien den Verzicht auf die staatlichen Aufsichtsrechte über die Kirche. Die gewährte Unterrichtsfreiheit begründete die Vorherrschaft der Kirche in der Schule. Der Staat übernahm außerdem als Entschädigung für die säkularisierten Kirchengüter die Zahlung der Pfarrgehälter. Man begreift auf diesem Hintergrund die Feststellung von Papst Leo XIII., die belgische Verfassung kombiniere im Verhältnis von Staat und Kirche »die Vorzüge der Verbindung mit den Wohltaten der Unabhängigkeit« (Jedin VI/1,6).
Zunächst jedoch mußte dieses Ergebnis innerhalb des Katholizismus nach allen Seiten verteidigt werden. Nicht wenige Gläubige sahen auch in Belgien, allen bischöflichen Weisungen zum Trotz, in einem solchen Paktieren mit dem Liberalismus nur Gefahren. In Rom witterte man schlicht Unheil. Nur mühsam gelang es in dieser Situation Erzbischof Sterckx mit viel Geduld und Verhandlungsgeschick, die Gemüter zu beruhigen: so daß wenigstens die päpstliche Verwerfung der belgischen Verfassung unterblieb. Zu diesem Erfolg trug allerdings die Tatsache erheblich bei, daß der Einfluß des Katholizismus in Belgien zunehmend wuchs. Der Besitz der Kirche nahm zu und ebenso ihre Möglichkeit, in der Öffentlichkeit zu wirken. 1842 wurde gesetzlich festgelegt, daß auch der obligatorische Religionsunterricht an den staatlichen Schulen von Geistlichen wahrzunehmen sei. Faktisch wurden dadurch mindestens die Elementarschulen der kirchlichen Kontrolle unterstellt. König Leopold I. nahm darüber hinaus jede Gelegenheit wahr, den Katholizismus zu fördern. Obwohl selbst evangelisch, sah er doch im Bündnis mit dem Ultramontanismus das sicherste Bollwerk gegen die Revolution. Die katholische Kirche setzte umgekehrt alles daran, ihre Herrschaftsposition in der belgischen Gesellschaft weiter auszubauen. Zäh focht sie vor allem um die Rückgabe auch der letzten in der Französischen Revolution verlorenen Kirchengüter, zur Empörung und bald zur Erbitterung des Bürgertums. Immer mehr Liberale fingen an sich zu fragen, welche Vorteile ihnen denn die liberalste Verfassung Europas gebracht hätte!
Der Geist der Union verflog in den späten vierziger Jahren. Ein militanter Antiklerikalismus kam auf und begann sich durchzusetzen. Damit war das Modell einer progressiven Volkskirchlichkeit gescheitert. Auch der belgische Katholizismus vermochte nicht, die umfassende Antwort auf die neuen geistigen und sozialen Fragen der Zeit zu bieten. Er wurde dadurch faktisch zur Denomination, denn neben ihm und dann schnell auch gegen ihn wuchs der Liberalismus als eine Weltanschauung heran, die der Kirche mit einem eigenen Sinnangebot Konkurrenz zu machen versuchte. Entschlossen wurde seitdem von

der liberalen städtischen Intelligenz die Säkularisierung der Gesellschaft als das Ziel der Partei proklamiert. Pragmatische Erwägungen zur Erringung der Macht im Staat angesichts der realen Verquickung von Kirche, Adel und Bauern auf dem Land mischten sich darin mit jenen Idealen der Aufklärung, die die Vernichtung der Kirche als Voraussetzung für eine neue, bessere Gesellschaft gefeiert hatten.
Von der Kirche integriert, aber im einzelnen kaum registriert, lebte die Masse der Bevölkerung auf dem Land und in den Industriestädten. Weder der konservative katholische Adel noch das liberale Bürgertum nahmen sich ihrer Not an. Auch die Kirche sah dazu keinen Anlaß. Eingebunden in die agrarische Welt mit ihrer konservativen Prägung nahm sie Hunger und Elend als gleichsam naturgegebene Fakten hin, wie Sonnenschein und Regen, unabänderlich jedenfalls, allenfalls zu lindern durch christliche Almosen. Vom Liberalismus kamen keine anderen Einsichten. Hier überwog eher der moralische Vorwurf, weil Armut eigentlich Schuld sei und jeder, wenn er nur wirklich wolle, dasselbe erreichen könnte, was dieses Bürgertum tatsächlich erreicht hatte. Einig waren viele in Stadt und Land, im Bürgertum und im Adel jedoch darin, daß der Katholizismus zu fördern sei: weil dem Volk wenigstens der Trost des Glaubens erhalten werden müsse!

Soziale Katholiken

Neue Töne hörte man in Belgien erst seit Beginn der vierziger Jahre: auf dem Hintergrund der Entstehung des neuen belgischen Industriegebietes also und angesichts der deutlich antiklerikalen Entwicklung des belgischen Liberalismus. Bezeichnenderweise kam keine der hier zu erwähnenden Gestalten aus dem offiziellen Katholizismus. Alle waren außerdem Laien: Edouard Ducpétiaux, ein führender Verwaltungsmann (1804–1868), François Huet, Philosophieprofessor (1814–1869), und Adolphe Bartels, ein Journalist (1802–1862). Alle diese Männer waren als fromme Katholiken zugleich vom Liberalismus geprägt. Bestimmend für ihr Denken waren ferner die Schriften der frühen französischen Sozialisten, die sie allerdings einigermaßen eklektisch benutzten. Insgesamt stellten diese ersten Aktivitäten eines sozialen Katholizismus in Belgien den Versuch dar, gleichsam vom kirchlichen Rand her die allgemeine Not in den unteren Bevölkerungsschichten anzugreifen.
Als Generalinspekteur der belgischen Gefängnisse und Wohlfahrtseinrichtungen (seit 1830) kannte Ducpétiaux die Lage wohl am genauesten. Er war im wesentlichen mit den gleichen Bildern grauenhaften Elends konfrontiert, die sich uns bereits in Großbritannien gezeigt hatten. Dabei mag offen bleiben, ob die Situation auf dem Land oder in den Städten schlimmer war. Auf dem Land hatte die traditionelle Armut die Bevölkerung seit langem gezwungen, als Heimweber hinzuzuverdienen. Nun jedoch zerbrach der kontinuierliche Niedergang der Leinenproduktion alle noch so verzweifelten Anstrengungen dieser erbarmenswerten Menschen. Erschreckend war aber auch die Situation in den neuen Industriestädten, wo zu den kümmerlichen Löhnen, überlangen Arbeitszeiten, trostlosen Wohnverhältnissen und dem Fehlen aller Sicherheiten noch die Zerstörung des dörflichen Lebensrhythmus mit den darin gegebenen Orientierungsmöglichkeiten hinzutrat. Es liegt auf der Hand, wie wenig selbst eine eifrig betriebene kirchliche Caritas, die in Belgien durchaus zu finden war, gegen derartige Zustände auszurichten vermochte. Verachtet und rechtlich benachteiligt war diese Unterschicht im übrigen überall. Recht hatte immer der Herr oder Meister. Auch vor Gericht durfte man seinem Wort trauen, wohingegen der Arbeiter seine Aussage erst beweisen mußte! Koalitionen einzugehen war zwar den Unternehmern ebenso wie den Arbeitern gesetzlich verboten. Doch betrug die Strafe für einen Arbeitgeber für ein solches Vergehen – falls es überhaupt aufgedeckt wurde! – Gefängnis bis zu vier Wochen, für einen Arbeiter dagegen 1 bis 3 Monate allein

für die Teilnahme und zwischen zwei und fünf Jahren, wenn er als Organisator ausgemacht werden konnte. Das Ergebnis alles dessen waren unwissende, abgestumpfte Menschenmassen, unfähig sich zu wehren selbst da, wo es ihnen die Gesetze vielleicht erlaubt hätten.

Ducpétiaux hat in seinen Schriften diese Fakten immer wieder sehr konkret und mit einer außerordentlichen Nüchternheit vorgetragen. Wirkliches Interesse erregte er jedoch nicht. Noch weniger Zustimmung fand seine Kapitalismuskritik, der er als positives Äquivalent die Errichtung von Berufsverbänden aus Arbeitern und Unternehmern zugeordnet wissen wollte. Sie sollten zusammen den Arbeitsbereich gestalten, während der Staat durch gesetzlichen Arbeitsschutz sowie vor allem durch die Festsetzung von Löhnen und Preisen das den Menschen versklavende Profit- und Konkurrenzdenken auszuschalten hätte.

Sehr viel grundsätzlicher argumentierte Huet. Hatte Ducpétiaux in seinem Plan der Kirche als der Erzieherin zum neuen Menschen einen zentralen Platz eingeräumt, so konzentrierte sich Huet auf ihre Botschaft und erklärte, allein das Evangelium trage alle Voraussetzungen für eine wirkliche Reform der Gesellschaft in sich, weil nur die christliche Botschaft den geistlichen, materiellen und politischen Bedürfnissen der Menschen entspreche. Die Parolen der Französischen Revolution verstand Huet als Konkretionen des Evangeliums. Auch ein betont soziales Verständnis von Eigentum, wonach aller Besitz beim Tode des Besitzers an die Allgemeinheit zurückfallen sollte, fand er darin begründet. Die Idee des Wohlfahrtsstaates sowie einer wirklich demokratischen Kirche rundeten sein Gesellschaftskonzept ab. Es fehlte Huet auch nicht an Zustimmung. Ein kleiner intellektueller Kreis scharte sich in Gand um den Meister. Er selbst trennte sich allerdings angesichts der zunehmend schroffen Abgrenzung des Katholizismus von allem liberalen Gedankengut von der Kirche.

Auch dem beweglichen, stets engagierten Journalisten Bartels war es um die Verwirklichung einer menschlicheren Gesellschaft zu tun. Auch er erhoffte dafür viel von der sittlich-religiösen Erziehung der Kirche. Den Hauptakzent jedoch legte Bartels auf die Emanzipation. Durch die schrittweise Erweiterung der politischen Rechte des Volkes würden, wie er meinte, die Voraussetzungen für eine dann ebenfalls schrittweise durchzusetzende Sozialisierung von Industrie und Handel geschaffen, die er durch den Aufbau eines umfassenden Versicherungswesens zu ergänzen dachte. Schließlich kam der Einführung hoher Progressivsteuern noch eine wichtige Rolle zu. Sie sollten die finanzielle Basis für die Einrichtungen des Wohlfahrtsstaates liefern – und gleichzeitig die Unternehmer willig machen, ihre Betriebe in den Besitz der Allgemeinheit zu überführen!

Es war gewiß viel Utopisches in den Entwürfen dieser sozial engagierten belgischen Katholiken zur Veränderung der Gesellschaft, viel von den Idealen der Aufklärung gespeistes Vertrauen in die Macht der Erziehung und die Kraft von Menschen, die guten Willens sind, auch wenn manches pragmatischer gesehen wurde als von den frühen Sozialisten Frankreichs. Hier war schließlich eine ganz außerordentliche, alle realen Einsichten überspringende Erwartung an die Kirche artikuliert. Darin liegt wohl zuletzt die Bedeutung dieser Männer und ihrer Gedanken, die zu ihrer Zeit in der belgischen Gesellschaft und im offiziellen Katholizismus kaum Gehör gefunden haben.

Bibliographische Hinweise zu II. 2.

Hier sind auch die zu II. 1 genannten Titel heranzuziehen. Vgl. für die kirchengeschichtlichen Zusammenhänge im internationalen Rahmen:

Chadwick, O.: The Secularisation of the European Mind in the Nineteenth Century. Cambridge 1975.
Fliche, A.-Martin, V. [Hg.]: Histoire de l'Eglise depuis les origines jusqu' à nos jours. Bde. 20–21, Paris 1951–1952.
Fogarty, M. P.: Christliche Demokratie in Westeuropa, 1820–1953. Basel–Freiburg 1959.
Hermelink, H.: Das Christentum in der Menschheitsgeschichte von der Französischen Revolution bis zur Gegenwart. Bd. 1, Stuttgart–Tübingen 1951.
Heussi, K.: Kompendium der Kirchengeschichte. 13. Aufl. Tübingen 1971.
Jedin, H. [Hg.]: Handbuch der Kirchengeschichte. Bde 6, 1–6, 2. Freiburg i. Br. 1971–1973.
Moody, J. N. [Hg.]: Church and Society. Catholic Social and Political Thought and Movements, 1789–1950. New York 1953.
Scholl, S. H. [Hg.]: Katholische Arbeiterbewegung in Westeuropa. Bonn 1966.
Vidler, A. R.: A Century of Social Catholicism, 1820–1920. 2. Aufl. London 1969.

Zu den Vorgängen in Belgien im besonderen:

Aubert, R.: Kirche und Staat in Belgien im 19. Jahrhundert. In W. Conze [Hg.], Beiträge zur deutschen und belgischen Verfassungsgeschichte im 19. Jahrhundert. Stuttgart 1967, 5–25.
Bartier, J.: Politische Parteien und soziale Klassen in Belgien. In: ebd., 93–146.
Cameron, R. E.: France and the Economic Development of Europe 1800–1914. Princeton 1961.
Haag, H.: Les origines du Catholicisme libéral en Belgique (1789–1839). Löwen 1950.
Henderson, W. O.: Britain and Industrial Europe, 1750–1870. Studies in British Influence on the Industrial Revolution in Western Europe. Liverpool 1954.
Jürgensen, K.: Lamennais und die Gestaltung des belgischen Staates. Wiesbaden 1963.
Kittell, A. H.: The Revolutionary Period of the Industrial Revolution. Industrial Innovation and Population Displacement in Belgium, 1830–1880. In: Journal of Social History 1 (1967/68), 119–148.
Mokyr, J.: Industrialization in the Low Countries, 1795–1850. New Haven–London 1976.
Reszohazy, R.: Origines et formation du Catholicisme social en Belgique, 1842–1909. Löwen 1958.
Volder, N. de: Sociale Geschiedenis van Belgie. 2 Bde. Mecheln o. J. [1969].

3. Frankreichs Weg in die Industrialisierung

Voraussetzungen und industrielle Anfänge

Frankreich war auch in den ersten Jahrzehnten des 19. Jahrhunderts noch die reichste Nation der damals bekannten Welt. Diese Feststellung gilt nicht nur im Blick auf den Kapitalreichtum des Landes und das Pro-Kopf-Einkommen seiner Bewohner, sondern ebenso hinsichtlich seiner Ressourcen: Die französische Landwirtschaft galt als die leistungsfähigste, an Einwohnern wurde Frankreich nur von Rußland, in der Industrieproduktion allein von Großbritannien übertroffen. Dabei war Frankreich führend auf dem Gebiet der Technologie, besaß eine vorzügliche handwerkliche Tradition und sowohl Techniker als auch Unternehmer, die den neuen Möglichkeiten, wie die Industrialisierung sie bot, außerordentlich aufgeschlossen gegenüberstanden. Zudem hatte die französische Revolution mit der Beseitigung der unterschiedlichen Maße, Gewichte und Zollschranken das Land in einen ansehnlichen Binnenmarkt verwandelt und durch die Abschaffung der Zünfte sowie die Freigabe der Berufsausbildung lange geforderte Voraussetzungen für eine dynamischere Wirtschaftsentwicklung verwirklicht. Eine effiziente Verwaltung, verbunden mit einer noch stärker gestrafften Zentralisierung aller Entscheidungsbefugnisse in Paris, sollte weiteren Auftrieb geben.
Auch in Frankreich vollzogen sich die Anfänge der Industrialisierung unter einem erheb-

lichen Einfluß Großbritanniens: Englische Maschinen, Techniken und Facharbeiter begegneten immer wieder in den Textilzentren, in der Normandie und anderwo. Die durch die Revolution bedingten innenpolitischen Unruhen und Unsicherheiten während des letzten Jahrzehnts des 18. Jahrhunderts sowie die Revolutionskriege wirkten sich jedoch entschieden hemmend auf die Wirtschaft aus. Nur zögernd wurden technische Neuerungen eingesetzt. Das uralte Wasserrad behauptete sich zunächst eindeutig gegenüber der Dampfmaschine. Um 1810 gab es im ganzen Land nur etwa 200 dieser neuen Apparate. Auch in anderen Bereichen dominierten weiterhin die traditionellen Fertigungsmethoden. Die Kontinentalsperre, die Napoleon 1806 in seinem mittelbaren und unmittelbaren Herrschaftsbereich für den Wirtschaftsboykott Englands errichtet hatte, unterstützte natürlich alte Autarkiebestrebungen einzelner Regionen und letztlich die des ganzen Landes. Abkapselung nach außen und zugleich die Gewöhnung an staatliche Schutzmaßnahmen gegenüber der mächtigen ausländischen Konkurrenz bestimmten dann recht selbstverständlich die Mentalität vieler französischen Wirtschaftsführer.
Frankreichs Weg in die Industrialisierung begann somit im Grunde erst in der Restaurationszeit, also in der Zeit nach der europäischen Neuordnung auf dem Wiener Kongreß (1815). Seit 1820 mehrten sich auf den verschiedensten Gebieten die Anzeichen einer zunehmend mechanisierten fabrikmäßigen Herstellungsweise. Zuerst wurde die Textilproduktion mechanisiert, angeführt von den elsässischen Unternehmen in Mühlhausen mit den Familien Koechlin, Schlumberger und Dolfus. Die weltberühmte Seidenfabrikation in Lyon, Frankreichs zweitgrößter Industriestadt nach Paris, ging dagegen weiterhin traditionell vor sich. Die Eisen- und Maschinenfabrik von Le Creusot gehörte bereits in den zwanziger Jahren zu den größten Europas; allerdings war sie nicht typisch für den Stand der Industrialisierung im Land. Die Zahl der Dampfmaschinen wuchs schnell: 1850 besaß Frankreich mit 6800 mehr als der übrige Kontinent zusammen (Belgien 2282, Deutschland ca. 2000, Österreich ca. 1200). Die Verhüttung von Eisenerzen schritt voran, ebenso der Maschinenbau. 1837 wurde die erste Eisenbahnlinie von St. Germain nach Paris eröffnet; es war eine Strecke von 15 km. Jedoch 1842, als das Eisenbahnfieber bereits ganz Europa erfaßt hatte, verfügte Frankreich lediglich über ein Streckennetz von 885 km. In Großbritannien waren zu diesem Zeitpunkt 3600 km verlegt und in Deutschland immerhin bereits 2800 km. Wohl war Paris in den vierziger Jahren mit annähernd 400 000 Arbeitern die größte Werkstatt der Welt. Aber diesen Rang verdankte die Metropole keineswegs in erster Linie ihren Industriebetrieben, sondern den vielen kleinen, hoch spezialisierten Handwerksunternehmen, die vielfach Luxusartikel für den Export produzierten. Einen erheblichen Prozentsatz jener Arbeiter stellten denn auch die Näherinnen und Putzmacherinnen, die für die begehrten Artikel der Pariser Mode unter erbärmlichen Bedingungen für Hungerlöhne schufteten.

Die Besonderheit der französischen Entwicklung

Das Bild, das die französische Industrie dem Betrachter bietet, unterscheidet sich also von Anfang an erheblich von dem der englischen und belgischen Entwicklung. Sehr viel zögernder lief dieser Prozeß in Frankreich ab. Von der Dynamik der anderen Länder, in denen die Industrialisierung einen Wirtschaftszweig nach dem anderen erfaßte und grundlegend umgestaltete, war hier relativ wenig zu sehen. Zwar brachten die Jahre nach der Juli-Revolution von 1830 mit dem Sieg des Großbürgertums über den restaurativen Adelsstaat auch der Wirtschaft neue Impulse, und insbesondere seit den vierziger Jahren des 19. Jahrhunderts wurde deutlich, daß Frankreich »durchaus in die Bewegung der industriellen Revolution verwickelt« war (Droz II, 153). Doch kennzeichnend blieb im ganzen, daß dieser Prozeß hier sehr viel behutsamer vor sich ging als in anderen Ländern.

Viele Ursachen haben bei dieser eigentümlichen Entwicklung Frankreichs zusammengewirkt. Zunächst und vor allem ist der Mangel an Kohle, aber auch an Eisenerz, zu nennen, was den Aufbau einer französischen Schwerindustrie behinderte. 1828 wurden 1,7 Millionen Tonnen Kohle gefördert, 1847 waren es 5,1 Millionen Tonnen: aber der Verbrauch lag über 7,5 Millionen Tonnen! Da man also Rohstoffe ohnehin importieren mußte, lag es für viele Unternehmer nahe, lieber weiterhin der bewährten Tradition zu folgen und hochwertige Luxusartikel anzufertigen, statt Güter der Schwerindustrie oder des Massenkonsums. Daraus wiederum resultierte das Beharren der französischen Wirtschaft bei kleinen Manufakturbetrieben sowie die Selbstgenügsamkeit vieler Patrons, die sich in der Regel mit bescheidenen Anpassungen an neue Methoden der Fertigung begnügten. Der übersichtliche Familienbetrieb bis zu etwa 10 Arbeitern war die Regel. Daß auch die Kontinentalsperre und ein seit langem durch hohe Schutzzölle gefördertes Autarkiedenken diese Einstellung gefördert haben, wurde bereits erwähnt. Ein kaum unter wirtschaftlichen Gesichtspunkten ausgebautes Verkehrsnetz sowie eine gerade aufgrund der straffen Zentralisation in Wirtschaftsfragen schwerfällige Verwaltung taten ein übriges, um die Entwicklung zu hemmen. Mindestens ebenso entscheidend aber war, daß es im Grunde keine Notwendigkeit gab, sich der Industrialisierung des Landes entschlossen zuzuwenden. Frankreich kannte – wie erwähnt – keine den übrigen europäischen Staaten vergleichbare Bevölkerungsexplosion. Von der Massenarbeitslosigkeit und dem Massenelend auf dem Land blieb man dementsprechend weitgehend verschont: ein Urteil, das natürlich relativ gesehen werden muß, im Vergleich zu Großbritannien etwa, Belgien oder Deutschland. Faktisch stieg auch in Frankreich das Angebot an Arbeitskräften auf dem Land erheblich an. Aber einerseits waren diese Menschen, wie früher erläutert, kein landloses Proletariat, und zum anderen herrschte in den Industriestädten häufig ein derartiger Mangel an Arbeitskräften, daß immer wieder Ausländer angeworben werden mußten. Dokumentierte sich hierin die Mentalität eines mit dem Boden verwurzelten Kleinbauerntums, so korrespondierte dem in den Städten ein kleines Bürgertum, das nichts von Neuerungen hielt und darum auch seine beachtlichen Ersparnisse nicht in Industrieaktien, sondern in sicheren Staatspapieren anzulegen pflegte, selbst um den Preis eines geringeren Gewinns. Kurz: es ging den Franzosen – ähnlich wie in der gleichen Zeit den Holländern – insgesamt viel zu gut, als daß sie jenen Drang nach Aktion und aggressiver Expansion verspürt hätten, der zum Vorantreiben der Industrialisierung offensichtlich nötig war.

Die sozialen Verhältnisse

Nichts wäre jedoch verfehlter, als aus dieser Eigenart des französischen Industrialisierungsprozesses zu folgern, er wäre darum in sozialer Hinsicht einigermaßen harmonisch verlaufen. Nahezu das Gegenteil war der Fall. Vom Beginn der Industrialisierung an begegneten Streiks, Unruhen, Maschinenzerstörungen und regelrechte Aufstände, die sich von den späten zwanziger Jahren an häuften und die dann zunehmend politisiert wurden. Die zahlreichen kleineren und größeren Wirtschaftskrisen boten zu solchen Erregungen Anlässe genug. Ein auslösendes Moment waren die Überbesetzung des Landes und der zunehmende Druck auf die Heimarbeiter im Textilgewerbe. Daneben standen die Empörung und Erbitterung der Fabrikarbeiter über ihre elende Situation. Von erheblicher Bedeutung erwies sich schließlich der Haß der Handwerker auf die Maschinen, die ihnen Schritt um Schritt ihre Arbeitsplätze raubten. Vor allem diese berufliche Disqualifikation des spezialisierten Handwerkers durch die ebenso monotone wie öde Fabrikarbeit speiste die Unzufriedenheit und bald auch die Wut dieser Menschen über die trostlosen Zustände, denen sie sich zunehmend ausweglos ausgesetzt sahen.

Die französischen Unternehmer waren keineswegs übermäßig brutal. Sie mußten, angesichts des relativ begrenzten Arbeitsmarktes, zumeist auch höhere Löhne zahlen, als sie in anderen Industrieländern üblich waren. Außerdem hielt sich bis weit in die dreißiger Jahre bei den Arbeitgebern ein ausgesprochener Paternalismus, wodurch sich der Unternehmer als Patron für das Wohlergehen seiner Arbeiter mehr oder weniger vage verpflichtet wußte. Dementsprechend existierten auch, in stärkerem Umfang als in Großbritannien oder Belgien, bescheidene Ansätze einer sozialen Sicherung in Form von freiwilligen Unterstützungskassen in einzelnen Betrieben oder andere karitative Unternehmungen für die Betriebsangehörigen. Das Ergebnis war ein System des Paternalismus mit vielen Chancen und mindestens ebenso vielen Bedrückungen. Denn rechtlich war der Arbeitnehmer – wobei es sich in der Mehrzahl also um Lehrlinge und Gesellen im Handwerk handelte – seit der Französischen Revolution (1791) bewußt nachteilig gestellt gegenüber den Meistern, Unternehmern und dem Besitzbürgertum überhaupt. Hier bot sich im wesentlichen das gleiche Bild wie in Belgien: ein strenges Koalitionsverbot isolierte den Arbeiter, die Einschränkung seiner juristischen Glaubwürdigkeit und vor allem das obligatorische Arbeitsbuch, dessen Vorlage die Voraussetzung jeder Einstellung war und in das der Patron alle Versäumnisse, Schulden oder auch Widerspenstigkeiten des Arbeiters eintragen konnte, lieferten ihn voll und ganz dem Wohlwollen des Unternehmers aus. Nimmt man die Übersichtlichkeit der meisten dieser Betriebe hinzu, dann fällt es nicht schwer, sich die Atmosphäre der Enge, Wärme und Unterdrückung vorzustellen, die da in der Regel herrschte und die durch die gute Absicht mancher Meister, die gewiß nur das Beste für ihre Leute wollten, doch keineswegs verbessert wurde. Balzac hat diese Welt in der Novelle »Das Haus zum ballspielenden Kater« nicht ohne Sympathie, aber gleichzeitig unerbittlich exakt portraitiert. Ein traditionsreicher Paternalismus, zu dem in der Regel die strikt religiöse, nämlich katholische Ausrichtung gehörte, bestimmte somit weitgehend das Leben des französischen Arbeiters. »Religion ist für jederman gut, aber besonders für jene, die leiden«, konnte er 1847 in einem »Handbuch für Arbeiter« lesen (zit. Stearns, 328). Dabei waren seine Lebensbedingungen sicherlich in mancher Hinsicht nicht so grauenhaft wie in anderen Industrieländern. Allerdings implizierte diese Besonderheit der französischen Entwicklung auch ein soziales Problem, das sich in seiner vollen Tragweite freilich erst in der Zukunft herausschälen sollte: Nicht nur die Unternehmer, sondern breite Teile der Bevölkerung überhaupt gewöhnten sich daran, das paternalistische System als das im Grunde einzig angemessene Modell für die Lösung aller Schwierigkeiten zwischen Arbeitgebern und Arbeitnehmern vorauszusetzen. Nicht nur in kirchlichen Kreisen wurde deshalb in immer neuen Anläufen um dessen Verwirklichung und möglichst auch Verbesserung gerungen. Der mit der traditionellen Berufsordnung verbundene Gedanke der Fürsorge des Meisters für seine Leute entwikkelte sich somit zu einem massiven Hemmschuh für die zunehmenden Emanzipationsbestrebungen der Arbeiterschaft. Die ebenso bitteren wie erbitterten Feindseligkeiten der französischen Arbeiterbewegung gegen die herrschenden Mächte in der zweiten Hälfte des Jahrhunderts und insbesondere in seinem letzten Viertel werden verständlicher, sobald man sie auch auf diesem Hintergrund sieht.

Wenn die französischen Handwerker und Arbeiter trotz solcher relativ günstigen Bedingungen sich doch keineswegs angepaßt zeigten, sondern eher widerspenstig und zunehmend erregt, dann lag der Grund dafür eindeutig in der großen Französischen Revolution. Die Jahre von 1789 bis 1794 hatten eine Tradition gestiftet, die weder durch die Herrschaft Napoleons noch durch die Restaurationszeit einfach auszulöschen war. Lebendig blieb nicht zuletzt der keineswegs allein von Gracchus Babeuf (1760–1797)) vertretene Gedanke der grundsätzlichen und umfassenden Gleichheit aller Menschen. Mußte dementsprechend nicht die gesamte Gesellschaft verändert werden, zumal auf dem Hintergrund der nun erlebten bitteren Erfahrungen im Prozeß der voranschreitenden Industrialisierung des Landes?

Die französischen Sozialisten

Die Revolution hatte Hoffnungen geweckt und Verheißungen mit Leben erfüllt, ohne sie zu realisieren. Noch weniger waren die folgenden Restaurationen dazu in der Lage. Auf diesem Hintergrund entfaltete sich die außerordentliche Wirkung jener frühen Sozialisten, die u. a. Karl Marx als »utopische Sozialisten« bezeichnet hat, weil ihre Entwürfe wohl bis in alle Einzelheiten hinein Bilder einer neuen und besseren Gesellschaftsordnung zeichneten, jedoch nur relativ wenig Mühe auf die Überlegung verwandten, wie diese Visionen verwirklicht werden könnten. Das Vertrauen in die Macht der vernünftigen Einsicht bzw. auf die Kräfte der richtigen Erziehung waren riesengroß. Und diese Projekte faszinierten erhebliche Teile der Bevölkerung. So trugen die Schriften dieser frühen Sozialisten erheblich dazu bei, ein öffentliches Bewußtsein zu schaffen, für das sowohl intellektuell als auch emotional der Drang, eine bessere Gesellschaftsordnung durchzusetzen, immer wichtiger und bestimmender wurde. Diese Überzeugung wuchs erst recht, seit die Pariser Arbeiter die Julirevolution (27. bis 29. 7. 1830) durch ihr Eingreifen entschieden hatten. Sie erhielt noch einmal neuen Auftrieb durch die in den vierziger Jahren schneller voranschreitende Industrialisierung des Landes. »Die Gesellschaftsreform war an der Tagesordnung. Überall wurde sie diskutiert, in den Versammlungsräumen der Arbeiter ebenso wie in den Salons der Akademiker.« (Droz II, 198)

Es waren gewiß vielfach Stimmungen und allgemeine Tendenzen, die durch die Werke der utopischen Sozialisten vermittelt wurden. Aber die konkreten inhaltlichen Vorstellungen fehlten darum keineswegs. Am wirksamsten waren ohne Frage die Gedanken von *Claude-Henri de Saint-Simon* (1760–1825). Er war kein Revolutionär. Ihn faszinierten die Möglichkeiten der Industrie, die er beredt feierte, während er den Grundbesitz als Basis der Vergangenheit attackierte. Die physische und vor allem die psychische Verelendung der Arbeiterschaft begriff er als eines der größten Hemmnisse der angestrebten menschlichen Brüderlichkeit, weshalb er auch alles daran setzte, diesen Menschen Mut, Selbstbewußtsein, ja Stolz zu vermitteln. Auf diesem Wege kam St.-Simon am Ende seines Lebens mehr und mehr zu der Überzeugung, daß die Gesellschaft der Zukunft nichts nötiger hätte als Religion. Dabei erhoffte er freilich nichts von den etablierten Kirchentümern seiner Zeit, alles dagegen von einem »neuen Christentum«, wie sein letztes Buch hieß (Le nouveau Christianisme, 1825). Mit großem Nachdruck wurde darin eine Religiosität des Diesseits gefordert. »Das wahre Christentum muß die Menschen glücklich machen, nicht nur im Himmel, sondern auf der Erde!« (Werke 23, 148) Und weiter proklamierte St.-Simon: »Gott hat gesagt: Alle Menschen seien Brüder. Alles, was heilig ist in der christlichen Religion, wird von diesem erhabenen Prinzip umfaßt.« (zit. Droz II, 123)
Nach dem Tode von Saint-Simon haben seine Schüler und Freunde, vor allem Bazard und Enfantin, aus diesen Gedanken ein System entwickelt und aus entsprechenden Andeutungen des Meisters eine regelrechte eigene »Kirche« mit einer Fülle von Absonderlichkeiten gebaut. Jedoch man verstellt sich den Blick auf die Bedeutung dieser »neuen Religion« für die Zeitgenossen, wenn man allein auf ihre Merkwürdigkeiten abhebt. Kein geringerer als Heinrich Heine war zutiefst davon angetan und hat dieses Lebensgefühl dann auch in unvergeßlichen Versen ausgesprochen:

»Ein neues Lied, ein besseres Lied,
O Freunde, will ich euch dichten!
Wir wollen hier auf Erden schon
das Himmelreich errichten . . .

Es wächst hieniden Brot genug
Für alle Menschenkinder,
Auch Rosen und Myrten, Schönheit und Lust,
Und Zuckererbsen nicht minder . . .«

(Ein Wintermärchen, I)

Nicht durch Religion, sondern durch eine neue Lebensgemeinschaft, die die Menschen möglichst auf dem Lande zur Verwirklichung ihrer Möglichkeiten führen sollte, wollte *Charles Fourier* (1772–1837) die Gesellschaft erneuern. Das Modell, das er dazu offerierte, war eine Gemeinde gleichberechtigter Teilhaber (Commune sociétaire), organisiert als Phalansterium (Phalanstère), d. h. als eine bis in alle Einzelheiten durchkonstruierte Wohngemeinschaft von 1620 Personen bzw. 405 Familien. Männer und Frauen sollten darin die gleichen Rechte und Freiheiten genießen, alle Zwänge der traditionellen Moral ebenso wie der überkommenen Arbeitsordnung würden aufgehoben sein. Fourier wollte keineswegs die Erde in ein riesiges Phalansterium verwandeln. Er war vielmehr der Überzeugung, daß die exemplarische Verwirklichung der von ihm verkündeten Lebensform schon außerordentlich anziehend und letztlich auch überzeugend wirken müßte in einer Welt und Gesellschaft, die voller Unterdrückung, Ungerechtigkeit und Entfremdung des Menschen war.
Die Breitenwirkung von Fourier war nicht so stark wie diejenige Saint-Simons. Dazu hatte Fourier selbst durch seine Gleichgültigkeit gegenüber der Religion und insbesondere durch seine Kritik an der herrschenden Moral beigetragen. Doch hoben beide Gestalten sich aus einer Vielzahl damals gelesener und diskutierter Programme und Konzepte heraus. Von Lamennais und Buchez wird in einem späteren Zusammenhang ausführlicher die Rede sein. Erwähnt werden müssen jedoch wenigstens Louis Blanc, Pierre-Joseph Proudhon und Etienne Cabet. Die Bedeutung *Blancs* (1811–1882) beruhte vor allem auf seiner Fähigkeit, die Theorien anderer massenwirksam zusammenzufassen. Die Organisation der Arbeit erschien ihm als der entscheidende Schritt in eine bessere Zukunft. So verband sich mit seinem Namen vor allem der Plan, Sozialwerkstätten (ateliers sociaux) zu schaffen, die auf nationaler Ebene und mit staatlicher Hilfe arbeiten würden und dadurch einerseits das zerstörerische Profit- und Konkurrenzdenken des Kapitalismus ausschalteten, andererseits der Arbeiterschaft mittels der betrieblichen Selbstorganisation die Voraussetzungen für eine umfassende Besserung ihrer Lage an die Hand gäben. *Proudhon* (1809–1865) war demgegenüber in erster Linie am Schutz des einzelnen gegenüber der Gesellschaft und insbesondere dem Staat interessiert. Sein provokanter Satz, daß Eigentum Diebstahl sei (la propriété c'est le vol), womit er nicht nur damals die Gemüter erregte, war orientiert am Leitbild einer herrschaftsfreien anarchischen Gesellschaft. Proudhon betätigte sich, vor allem vor der Februarrevolution, als ein steiler Moralist und unerbittlicher Kritiker der bestehenden Verhältnisse. Dadurch sowie durch seine wortreichen Beschwörungen einer Gerechtigkeit, die allen galt, erzielte er ein erhebliches Echo. *Cabet* (1788–1856) endlich entwarf in seinem utopischen Roman »Reise nach Ikarien« (Voyage en Icarie, 1839) die Vision einer glücklichen kommunistischen Gesellschaft. Kennzeichnend für ihn und überhaupt für den Geist der Zeit jedoch war, daß Cabets rund 10 Jahre später erschienenes Hauptwerk »Das wahre Christentum im Sinne Jesu Christi« (Le vrai Christianisme suivant Jésus-Christ, 1846) thematisierte. Religiöse Sehnsucht und soziales Engagement verbanden sich auch hier. Beides erschien vielen Zeitgenossen da untrennbar, wo es wirklich um das Heil und Wohl des Menschen in einer neuen, besseren Gesellschaft ging.

Es liegt auf der Hand, daß derartige Tendenzen mindestens mittelbar auch dem französischen Katholizismus zugute kamen. Bewegten sich die von den frühen Sozialisten geäußerten Gedanken und Hoffnungen sicher nicht im Rahmen der offiziellen Kirchenlehre, so wirkten sie doch in deren Umfeld und boten dadurch Theologen und Laien vielfältige Möglichkeiten der Anknüpfung und Verbindung. Die Tatsache spricht für sich, daß die von Arnold Ruge und Karl Marx 1844 herausgegebenen »Deutsch-Französischen Jahrbücher« nicht zuletzt darum so schnell scheiterten, weil die französischen Sozialisten das Axiom der deutschen entschieden bestritten, allein unter der Voraussetzung des Atheismus ließen sich persönliche Freiheit und soziale Gleichheit verwirklichen. Von nicht zu unterschätzender Bedeutung für die Erfolge der kirchlichen Arbeit selbst in den unteren Bevölkerungsschichten erwies sich schließlich der erwähnte Paternalismus in vielen französischen Betrieben. Die engagierte Teilnahme einzelner kirchlicher Vertreter an den Diskussionen um die Gesellschaftsreform endlich sowie vor allem eine Gruppe sozial engagierter Katholiken, die der politischen Linken offen gegenüberstand, verschafften dem französischen Katholizismus in den dreißiger und insbesondere in den vierziger Jahren ein erhebliches Ansehen in der Öffentlichkeit. Auch in der Arbeiterschaft setzten nicht wenige die Hoffnung auf eine Verbesserung ihrer Lage auf die Kirche. Das war die Besonderheit der französischen Situation.

Diese Entwicklung war umso erstaunlicher, als die große Mehrheit der französischen Katholiken während der Schreckensjahre der französischen Revolution, aber durchaus auch in den letzten Regierungsjahren Napoleons, aufgrund der zunehmenden Beengung und Bedrückung der Kirche zu der Überzeugung gekommen war, ihre einzige Hoffnung liege in der Wiedererrichtung der alten Dynastie der Bourbonen. Allein, war das auch die vorherrschende Antwort des französischen Katholizismus auf die Ereignisse der großen Revolution, die nicht nur ganz Europa erschüttert hatte, sondern in einem erheblichen Ausmaß auch die christlichen Kirchen, so war diese ablehnende Antwort dennoch nie die einzige gewesen. Gerade in Frankreich rangen fortan zwei kirchliche Konzepte im Katholizismus erbittert miteinander: das der Annäherung an die Ideale der Revolution und das ihrer schroffen Verwerfung. So galt auch für die Kirche, was die französische Gesellschaft während des gesamten 19. Jahrhunderts bestimmte: »man hielt für die Revolution bald den Exorzismus, bald die Taufe bereit« (Maier, 39). »Denomination« war der französische Katholizismus insofern nicht nur gegenüber den Gläubigen der französischen Revolution, sondern mehr oder weniger auch in dem andauernden Widereinander von »rechtem« und »linkem« Katholizismus, bei dem beide Seiten sich im Besitz der Wahrheit wußten und gleichzeitig doch die andere Gruppe als faktisch gleichberechtigte Konkurrenz begreifen mußten. 1789, beim Ausbruch der Revolution, hatten große Teile des niederen Klerus von der Abschaffung aller Adelsprivilegien erhebliche Vorteile auch für die Kirche erhofft. Denn die Abneigung der Pfarrer und Kapläne gegenüber einem Episkopat, der sich in seinen Interessen und Lebensformen voll und ganz mit dem Adel identifiziert hatte, dem er selbst auch durchweg entstammte, waren beträchtlich. Der aktivere Teil des Pfarrklerus erwartete somit von der Revolution sowohl die eigene wirtschaftliche Besserstellung als auch eine tiefere und echtere Verwurzelung der Kirche Frankreichs im Volk aufgrund ihrer Lösung aus den Fesseln des Ancien Régime. Enthusiastische Identifizierungen von Revolution und Demokratie mit dem Evangelium fehlten nicht, aber sie traten insgesamt doch hinter der Idee einer gereinigten Kirche zurück, die auf ihre Privilegien zugunsten des Volkes verzichtete.

Zum Bruch mit der Revolution kam es am 21. 4. 1790 durch die Zivilkonstitution. Diese unterstellte den Klerus zunächst einmal einer umfassenden, auch finanziellen Staatskontrolle. Sie versuchte weiterhin, eine Kirchenreform im Geist der alten gallikanischen Freiheiten durchzusetzen, also eine weitgehend von Rom unabhängige Nationalkirche zu errichten. Und die Zivilkonstitution führte schließlich tief in das Selbstverständnis des Katholizismus eingreifende demokratische Neuerungen ein: Fortan sollten alle Kleriker gewählt werden, nicht nur die Pfarrer, sondern auch die Bischöfe. Diesen wurde außerdem ein Ausschuß aus Priestern und Laien als Beratungsgremium zugeordnet. Die Volkssprache hatte in der Liturgie neben das Lateinische zu treten, und schließlich wurde der Abbau der Hierarchie und die Verwirklichung einer wahrhaften Gemeinschaft aller Gläubigen proklamiert.

Die Kirche, die nach diesem Programm als die »konstitutionelle Kirche« unter der Führung des bedeutenden Bischofs Henri Grégoire (1750–1831) entstand, mühte sich in ihren besten Vertretern nach Kräften, etwas von dieser Zielsetzung zu verwirklichen. Sie kämpfte für die Rechristianisierung Frankreichs mit Einschluß der demokratischen Freiheiten, für die Gleichheit nicht nur der unteren Bevölkerungsschichten, sondern sogar der Schwarzen, und für eine neue umfassende Brüderlichkeit. Aber diese Kirche, zu der zuerst noch viele Opportunisten gehörten, geriet schnell zwischen die Mühlsteine der großen Politik. Zum einen verweigerte etwa die Hälfte des französischen Klerus sofort den Eid auf die Zivilkonstitution. Damit war die Kirche gespalten. Daß Papst Pius VI. am 10. 3. 1791 nicht nur den konstitutionellen Klerus, sondern alle Ziele und Ideale der Revolution im Namen der Offenbarung in Bausch und Bogen verurteilte, verschärfte den Gegensatz. Er wurde in den folgenden Jahren vor allem auf der Gemeindeebene mit außerordentlicher Erbitterung ausgefochten. Die neuen Machthaber Frankreichs sahen umgekehrt in erster Linie die politische Übereinstimmung Roms mit der emigrierten französischen Aristokratie, die ohnehin in allen Hauptstädten Europas Revolution und Kirche als bedingungslose Alternative verkündete. Verfolgungen von Priestern und Ordensleuten, die den Eid nicht geleistet hatten, waren die bittere Konsequenz, vor allem seit Frankreich sich im Krieg mit den europäischen Nachbarstaaten befand (1792). Dieser antikirchliche und bald auch antichristliche Kurs wurde erst recht durch die Überhöhung der französischen Demokratie zur »Kirche« mit neuen Glaubensinhalten und Kultformen unterstützt. Eine schnell sich steigernde Welle der Dechristianisierung mit der zunehmenden Verfolgung aller Christen ging dem parallel (1793/94). Natürlich überzeugten diese Vorgänge – die eine gewisse Fortsetzung in der Zeit des Direktoriums (1797–99) fanden – große Teile des Katholizismus vollends von der Unvereinbarkeit des christlichen Glaubens mit einem Glauben an die Ideale der Revolution. Die Möglichkeit, das Gegenteil zu beweisen, schnitt Napoleon der konstitutionellen Kirche durch sein Konkordat mit der Kurie ab (1801).

Napoleon konnte auf Religion und Kirche nicht verzichten. Wichtig waren sie ihm allerdings nur in dem Sinn, daß sie den ideellen Zusammenhalt seines Reiches förderten. Deshalb hatte er dem Konkordat auch eigenmächtig 77 »Organische Artikel« angefügt, die die Staatsoberhoheit sichern sollten. Darum vor allem kam es seit 1808 zu erneuten erheblichen Bedrückungen der Kirche, weil der Papst – und in seinem Gefolge ein großer Teil des ultramontan gewordenen Klerus in Frankreich, – sich weigerten, bedingungslos dem Kurs des Kaisers zu folgen. Der Ultramontanismus, also die zunehmende Ausrichtung des Katholizismus nach Rom, war die Folge der Zerstörung der konstitutionellen Kirche und dann des Konkordats gewesen: Geistigen Rückhalt fand die Kirche immer ausschließlicher bei der Kurie. Aber diese Entwicklung hatte umgekehrt auch die Kirche verändert: Die Macht der Bischöfe war gewachsen, die Generalvikare regierten rücksichtslos über den Klerus. Der neue Klerus wiederum zeigte sich angepaßt. Er lebte und dachte zumeist in einer Welt, die fernab vom Geist und den Problemen der Zeit war. Wohl fehlten die Ausnahmen nicht. Aber wichtiger war doch, daß die Jahre der Verfolgungen und

Einengungen in der unteren Mittelschicht ebenso wie in der Oberschicht viel praktisches und theoretisches Engagement von Laien freigesetzt hatten. Pfarrmissionen und Laienkongregationen entstanden im Land. Und ein Werk wie Chateaubriands »Genius des Christentums« (1802) erregte ein außerordentliches Aufsehen. Da es knapp eine Woche vor dem feierlichen Festgottesdienst für den erfolgreichen Abschluß des Konkordats erschienen war, las es sich erst recht wie die Proklamation einer neuen Epoche. Nur das Bürgertum blieb in seiner Mehrheit abwartend oder indifferent.
Auf diesem Hintergrund begann 1815 die Restaurationszeit mit der umfassenden Förderung und Bevorzugung der Kirche. Nach den vorangegangenen Erfahrungen mutete sie die Mehrzahl der Katholiken an wie der Anbruch des goldenen Zeitalters. Jedoch es ging von Anfang an um mehr als nur um die Pflege der erneuerten Religiosität oder auch die Wiederherstellung der alten »Ehe von Thron und Altar«. Geplant war nicht weniger als die Auslöschung der Vergangenheit. Das bedeutete für die Kirche: Alle die Züge mußten ausgetilgt werden, die sie innerhalb der Gesellschaft und innerhalb des Katholizismus zu einer weltanschaulichen Gruppe unter anderen, zu einer Denomination also, gemacht hatten. Die Kirche sollte wieder zu der Größe werden, die selbstverständlich das ganze Volk umfaßte und durchdrang. So wurde der Katholizismus bereits 1814 erneut Staatsreligion. Eine massive Klerikalisierung der Öffentlichkeit und der Politik setzte ein. Schnell geriet das Schulwesen unter kirchlichen Einfluß. 1824 stellten Kleriker bereits mehr als ein Viertel (26 %) des Lehrpersonals an den Universitäten (Ponteil, 559). Royalistisch-katholische Geheimgesellschaften, die sich im Kampf mit einer angeblichen Weltverschwörung der Freimaurer gegen alle christlichen und konservativen Werte sahen, verleumdeten, denunzierten und verfolgten alles, was diesem Geist widersprach. Die offizielle Politik unterschied sich davon nur graduell. Ihre Gesetzgebung zielte darauf, wie ein Zeitgenosse bemerkte, »das, was sie nicht als schuldig verfolgen können, als gefährlich zu treffen (zit. Sieburg, 247). Das waren die konkreten Niederungen des romantischen Traditionalismus und christlichen Konservatismus, wie er in den Gesellschaftstheorien eines de Maistre oder de Bonald verkündet wurde.
Die Julirevolution von 1830, die Louis Philippe als Repräsentanten des liberalen Bürgertums an die Macht brachte, dokumentierte im Gegenschlag dem verstörten Katholizismus einen in diesem Ausmaß nicht mehr für möglich gehaltenen Haß im Volk auf das Christentum, vor allem jedoch auf die Kirche. Wenn Louis Philippe und seine Regierung sich auch alsbald der kirchlichen Unterstützung zu versichern suchten, so war die Illusion einer Kirche, die selbstverständlich von der ganzen Nation getragen war und die deshalb zusammen mit dem König die Gesellschaft leitete, dahin. Vorsichtige Anzeichen einer Neubesinnung wurden dann erkennbar. Sie trafen sich mit einer aus sehr unterschiedlichen Motiven wachsenden Opposition von unten und aus der alten Führungsschicht gegen das Bürgerkönigtum, »diesen Suppentopf von einer Haushaltsmonarchie« (Chateaubriand). Der konservative Katholizismus blieb beunruhigt und empört angesichts der Tatsache, daß nun Juden, Protestanten und Antiklerikale die Szene beherrschten. Einzelne seiner Vertreter begannen ernsthaft, sich den unteren Bevölkerungsschichten und ihren Problemen zuzuwenden, statt dort ausschließlich Unterstützung für die eigenen politischen Ziele zu suchen. Sicherlich erhoben sich viele dieser katholischen Antworten kaum über die Tagespolitik. Auch dominierte die romantische Verklärung der mittelalterlichen Sozialstruktur, ausgehend von dem Axiom, daß die Kirche sowohl praktisch wie auch theoretisch stets über die Mittel verfügt habe, um alle Gebrechen und Verirrungen der Gesellschaft zu heilen. Nichtsdestoweniger nahmen die sozialen Aktivitäten im konservativen Katholizismus langsam zu.
Dabei galt es zunächst, allerlei Trümmer der Vergangenheit zu beseitigen. Die Julirevolution hatte einen großen Teil der Kongregationen und Bruderschaften vernichtet, die in

der Restaurationsperiode aufgeblüht waren. Nicht nur die restaurative Ausrichtung dieser Werke hatte den Zorn der neuen Machthaber erregt oder ihre geistige und finanzielle Abhängigkeit von fürstlichen und königlichen Mäzenen, sondern vor allem die Tatsache, daß viele dieser Kongregationen mindestens in dem Verdacht standen, führend an dem verhaßten klerikalen Spionieren und Denunzieren der letzten Jahre beteiligt gewesen zu sein. Demgegenüber mußte nun der schlichte Dienst frommer Männer und Frauen an armen, schwachen und kranken einzelnen sowie an verachteten Randgruppen der Gesellschaft in den Vordergrund gerückt werden. Neue Kongregationen entstanden, Erhebliches wurde aus dem Geist einfacher christlicher Nächstenliebe geleistet. Freilich blieb dieses Modell der hingebungsvollen patriarchalischen Begleitung Hinfälliger und Gestrauchelter im wesentlichen unberührt von den neuen Gegebenheiten des heraufziehenden Industriezeitalters. Wie eh und je betreute etwa die 1822 in Paris gegründete »Gesellschaft des Hl. Joseph« (Société de St. Joseph) Waisenkinder und Lehrlinge; kümmerte sich das »Werk des Hl. Nikolaus« (Oeuvre de St. Nicolas) um junge Menschen, die als Arbeitskräfte in die Hauptstadt gekommen waren. Ähnliche Einrichtungen existierten auch in anderen großen Städten.

Soziale Aktivitäten

Jedoch die Wirklichkeit dieses sozial und politisch konservativ gestimmten Katholizismus erschöpfte sich keineswegs in individueller Caritas einerseits und der Überzeugung der Legitimisten andererseits, alles würde gut, wenn nur erst wieder die wahrhaft katholischen Bourbonen regierten. Daß es darauf ankam, das Volk moralisch und religiös zu erneuern, darin waren sich alle einig. Daß dieses Ziel jedoch mit Sicherheit unerreichbar blieb ohne eine Reihe wichtiger sozialer und vielleicht sogar sozialpolitischer Veränderungen, war die Einsicht einer schmalen, aber nichtsdestoweniger wesentlichen Minderheit in diesem Katholizismus.
Als ein gewichtiger Repräsentant dieser Richtung kann Alban de Villeneuve-Bargemont (1784–1850) gelten. Auch er kannte als führender Verwaltungsmann – er war Präfekt – sehr genau die Verhältnisse in den unteren Schichten der Bevölkerung. Eifrig setzte er sich für konkrete soziale Verbesserungen ein, so etwa im Wohnungswesen. Mit Nachdruck forderte er dabei den Staat auf, seine Verantwortung für alle Gruppen der Bevölkerung wahrzunehmen. Aber das Entscheidende, davon blieb er überzeugt, könnten nur der katholische Glaube und die christliche Liebe leisten. Nur unter dieser Voraussetzung sah er eine reale Chance, den grauenhaften englischen Verhältnissen bessere, nämlich die französischen und katholischen, entgegenzusetzen. Das war sein Gesellschaftsideal, wie er es 1834 in seinem Hauptwerk, der »Abhandlung einer christlichen Nationalökonomie« (Traité d' économie politique chrétienne) umrissen hat. Die konkrete Folgerung daraus lautete: Die Menschen sollten zurückkehren zu einem Leben auf dem Land. Erstrebenswert war für Villeneuve-Bargemont die Familie, die auf dem Lande lebte und genug verdiente, um zwei Kinder aufzuziehen, die Eltern zu unterstützen und vielleicht sogar noch etwas zu sparen.
In den gleichen konservativen katholischen Zusammenhang gehörte ferner an führender Stelle Armand de Melun (1807–1877). Er galt sowohl aufgrund seiner praktischen sozialen Betätigung wie auch als Theoretiker bis zum Ende des Jahrhunderts als eine der wichtigsten und einflußreichsten Gestalten dieses sozialen Katholizismus. Melun war ein frommer Aristokrat, in vielem Shaftesbury in England vergleichbar: Primär ein Mann der Tat, geleitet von seinem Gewissen und darum unbeirrbar in der Verfolgung dessen, was er einmal als richtig erkannt hatte. In sehr schlichten Gruppen in Paris wurde Melun von der Macht der einfachen christlichen Nächstenliebe überwältigt. Er baute darauf sein Sy-

stem der Patronage auf, d. h. einer Sozialarbeit, die die Armen, Arbeiter, Waisen, Lehrlinge, Dienstmädchen und viele andere Berufsgruppen jeweils für sich sammelte, sich um ihre spezifischen Nöte kümmerte und diese dann nach Möglichkeit sowohl religiös als auch finanziell und sozial zu ändern versuchte. Obwohl diese Arbeit beim einzelnen einsetzte, strebte sie über einen engen Individualismus hinaus. Melun proklamierte auch nicht nur wie viele französische Konservative eine verstärkte staatliche Sozialpolitik, sondern er machte sich selbst in den letzten Jahren der Julimonarchie zum Anwalt der Arbeiterinteressen im Parlament und focht unerbittlich für einen umfassenden, nach allen Seiten hin zu erweiternden Arbeiterschutz. Gleichzeitig mühte sich Melun um die Koordination der weitgestreuten Werke der kirchlichen Liebestätigkeit. 1845 wurde ein »Jahrbuch für Caritas« (Annales de la Charité) gegründet. 1846 konstituierte sich die »Gesellschaft für caritative Ökonomie« (Société d' Economie charitable). Die Absicht bei alledem war, über innerkirchliche Aktivitäten und Appelle an die Wohlhabenden hinaus die gesamte Gesellschaft mit der Intention zu durchdringen, die Villeneuve-Bargemont in den Annales als das Gesamtanliegen dieses Katholizismus nahezu klassisch formuliert hat: »Allein die christliche Liebe, die Gestalt gewinnt in der Politik, den Gesetzen, den Institutionen und den Sitten, kann die Gesellschaftsordnung vor den schrecklichen Gefahren bewahren, die sie bedrohen.« (zit. Duroselle, 220) Diese Bemühungen fanden nicht nur im Klerus, sondern gerade auch unter den Laien ein erhebliches Echo. Balzacs Roman »Der Landpfarrer« (Le Curé de Village, 1839) veranschaulicht vorzüglich den Geist und die Wirkungen dieses christlichen Paternalismus. Die Bischöfe dagegen verharrten in tiefer Verständnislosigkeit gegenüber dem, was um sie herum geschah.

Als innerkatholische Alternative zu diesem konservativen Sozialkatholizismus entwikkelte sich eine politisch nach links tendierende Richtung, die für eine positive Würdigung liberaler und demokratischer Gedanken eintrat. Der Ausgangspunkt dieses Katholizismus war die Julirevolution, ihre Signalfigur Lamennais. Seine begeisternde These vom wahrhaft katholischen Charakter der Demokratie riß eine Schar von Menschen mit, die voller Hingabe für die Zusammengehörigkeit von Christentum und Demokratie eintreten wollte. Lacordaire und Montalembert gehörten dazu und viele andere Intellektuelle, Kleriker wie Laien. Den Mittelpunkt dieses Kreises bildete die Zeitschrift »Die Zukunft« (l'Avenir). Sie wagte es als erstes katholisches Blatt in Frankreich, der Realität ins Auge zu sehen und nüchtern zu konstatieren, daß es die einhellig christliche Gesellschaft nicht mehr gab. Sollte sie je wiederherzustellen sein, dann bedurfte es dazu der Allianz des katholischen Glaubens mit den liberalen und demokratischen Zielsetzungen und Idealen. »Gott und die Freiheit!« lautete dementsprechend das Motto des Blattes. Im einzelnen trat die Zeitschrift für die Formierung einer »heiligen Allianz der Völker« anstelle der Allianz der Könige ein, für die entschlossene Wahrnehmung der geistigen Führerrolle in Europa durch einen ultramontanen Katholizismus, der die liberalen und demokratischen Forderungen der Zeit in sich aufgenommen hatte, schließlich für die Trennung von Staat und Kirche, um ein Christentum wachsen zu lassen, das wirklich frei wäre von den Bindungen an die alten Mächte. Die wachsenden sozialen Probleme wurden demgegenüber nicht eigens thematisiert. Sie würden, meinte man, selbstverständlich ebenfalls gelöst sein, wenn nur erst jene religiösen und politischen Ideale verwirklicht wären.

Metternich, Europas rückwärtsgewandte Führergestalt, wurde ebenso in zunehmendem Maße mißtrauisch gegenüber derart revolutionär anmutenden Tönen wie der dezidiert antiliberale Papst Gregor XVI. Auch dem französischen Episkopat sowie der großen Mehrheit der Gläubigen schwante Unheil. Unter dem Druck der Bischöfe mußte »Die Zukunft« am 15. 11. 1831 ihr Erscheinen einstellen. Die Aufregungen, Spannungen und Gegensätze im französischen Katholizismus und insbesondere im Klerus wurden dadurch allerdings nicht zum Schweigen gebracht. Sie konzentrierten sich nun vor allem auf die Person von Lamennais, »das Idol der jungen Priester, aber das Ärgernis aller alten Geistlichen und frommen Gläubigen«, wie ein Zeitgenosse urteilte (zit. Jedin VI/1,337). Lamennais' Bruch mit Rom belastete natürlich die weitere Entwicklung des liberalen Katholizismus, beendete sie jedoch nicht. Seine Anhänger wurden vorsichtiger und pragmatischer. Viele konzentrierten sich nun ausschließlich auf die Arbeit in den Pfarrgemeinden.

Neben, vor allem jedoch nach dem Ausscheiden von Lamennais wurden Philippe Buchez (1796–1865) und seine Freunde zum Kristallisationskern eines neuen linksorientierten Katholizismus, der nun auch stärker sozial ausgerichtet war. Buchez hatte bereits eine bewegte geistige und politische Entwicklung hinter sich, als er 1829 unter dem Einfluß von Saint-Simon zuerst auf das Christentum, danach auf die katholische Kirche zuzugehen begann. Sein Ziel war jetzt die Gründung von Arbeiterkorporationen, die mit staatlicher Unterstützung zu Produktionsgenossenschaften ausgebaut werden sollten. Diese Vorstellung war an sich keineswegs originell. In den vierziger Jahren war das Assoziationsmodell der Lieblingsgedanke aller sozial engagierter Kreise und dementsprechend auch aller Richtungen im sozialen Katholizismus. Die Besonderheit des Projekts von Buchez bestand in der geistigen Ausrichtung, die er diesen Genossenschaften vermitteln wollte. Die Menschen sollten begreifen, daß Christentum und Fortschritt sich nicht nur nicht widersprachen, sondern eine untrennbare Einheit bildeten. Alle wahrhaft fortschrittlichen Tendenzen stammten aus dem Katholizismus, erklärte Buchez; vor allem aber sei dieser allein in der Lage, sie zu verwirklichen. Die Ideale der Französischen Revolution konnten mithin nicht mehr trennend wirken – resultierten doch auch sie aus dem Christentum! Folglich waren auch die Christen Revolutionäre, selbst wenn sie es nicht wußten oder wahrhaben wollten. Die Probleme der Gegenwart wären also gelöst, wenn die Christen das zu sein wagten, was sie sind: »diese große soziale Krise wird erst an dem Tag beendet sein, an dem die Revolutionäre Katholiken und die Katholiken Revolutionäre sein werden« (zit. Duroselle, 97). Deshalb setzte sich Buchez mit unermüdlichem Eifer publizistisch und organisatorisch dafür ein, daß das Christentum in den Christen Wirklichkeit würde und dadurch die entscheidende Macht zur Bewältigung der wachsenden sozialen Probleme.

Buchez und seine Anhänger blieben weit davon entfernt, die Mehrheit oder auch nur eine mächtige Gruppe im französischen Katholizismus zu bilden. Das gelang nicht einmal dem rechten und linken Sozialkatholizismus zusammen. Aber von Buchez gingen Anregungen und Anstöße nach den verschiedensten Seiten aus. Zu den profiliertesten Erscheinungen in diesem Zusammenhang gehörte die 1840 gegründete Zeitschrift »Die Werkstatt« (L'Atelier). Sie wurde im wesentlichen von Arbeitern gemacht, ohne darum im strengen Sinn eine Arbeiterzeitung zu sein. Nach ihrem Selbstverständnis war sie entschieden christlich und katholisch, aber keineswegs kirchlich gebunden. Bezeichnenderweise begriff man in diesem Kreis die Kirche als eine spezielle Denomination, zu der man nicht gehören mußte, um Christ und selbst Katholik zu sein (Isambert, 185). Entsprechend verändert waren die Inhalte dieses Christentums: Der Kult und auch das Dogma zählten kaum. Ausdrücklich verworfen wurde die Lehre von der Erbsünde; Christus dagegen war wichtig als das große Beispiel echter Menschlichkeit. Im Mittelpunkt aller Beschreibungen und Beschwörungen aber stand die Brüderlichkeit. Sie erschien als der Inbegriff des Christentums. Denn mit ihr würde die soziale Gerechtigkeit wachsen und daraus endlich das Reich Gottes hier auf dieser Erde. Es leuchtet ein, daß diese Menschen die karitativen Werke der Kirche ebenso schroff ablehnten wie ihre paternalistische Haltung gegenüber der Arbeiterschaft. Nicht um Almosen gehe es, sondern um Gerechtigkeit, um eine umfassende soziale und politische Gerechtigkeit, lautete die in zahllosen Artikeln unermüdlich wiederholte Forderung. Mit alledem waren we-

sentliche Voraussetzungen einer eigenständigen christlichen Arbeiterbewegung gegeben. Nur die Kirche fehlte – bzw. die starke Gruppe in ihr – die sich mit dieser Zeitschrift und den Menschen, die sie trugen, solidarisiert hätte. Das Gegenteil war der Fall. Die lehrmäßigen Abweichungen, mehr noch die verbale Radikalität in vielen Artikeln der »Werkstatt« beunruhigten die große Mehrheit des Katholizismus außerordentlich. Hier galt die schroffe Ablehnung dieses Kurses denn auch als selbstverständlich.
Das Nebeneinander dieser beiden Flügel im französischen Katholizismus, eines zahlenmäßig sehr starken konservativen, bisweilen sogar reaktionären, und eines numerisch recht schwachen liberalen, führte natürlich zu zahlreichen Spannungen, Gegensätzen und Feindseligkeiten. Trotzdem fehlte es nie an Übergängen in beide Richtungen. Eine der eindrücklichsten Persönlichkeiten in dieser Hinsicht war Frédéric Ozanam (1813–1853). Die von ihm mit Freunden im Jahre 1833 gegründete »Gesellschaft des Hl. Vinzent von Paul« (Société de Saint-Vincent-de Paul) wollte bewußt keine neuen Theorien verbreiten, sondern Ernst machen mit der Überzeugung, daß es angesichts der umfassenden moralischen, rechtlichen und menschlichen Erniedrigung der Unterschichten und speziell des Arbeiters darauf ankomme, dagegen ein wenn auch noch so bescheidenes Zeichen der andersartigen christlichen Wirklichkeit aufzurichten. Diese Einstellung war durchaus mit dem Eintreten für soziale Gerechtigkeit statt nur für Caritas verbunden. Ozanam und seine Freunde zielten auf Staatskontrollen im Wirtschaftsbereich ebenso wie auf das Recht der Arbeiterschaft, sich selbst zu organisieren. Anpassung war also keineswegs die Devise, vielmehr die Verwirklichung einer weitgestreckten »Assoziation zur gegenseitigen Ermutigung«, wie Ozanam es einmal formuliert hat (1834, zit Duroselle, 174). Faktisch wurde aus alledem sicher oft die kirchlich angebundene paternalistische Hilfsorganisation für eine zurückgesetzte Schicht, getragen von politisch und sozial konservativen Kräften. Aber zumindest Ozanams Konzept wies darüber hinaus.

In den vierziger Jahren begegnete in beiden Flügeln des Katholizismus eine gesteigerte Beschäftigung mit sozialen Problemen, exakt parallel zu der nun eindeutig voranschreitenden Industrialisierung des Landes. Neben die geschilderten Aktivitäten des Linkskatholizismus traten erhöhte Anstrengungen der Konservativen, die Lage der Arbeiterschaft zu verbessern. Seit 1840 gab es in Paris und dann auch in anderen Großstädten wie Lyon und Marseille die »Gesellschaft des Hl. Franz Xavier« (Société de St.-François-Xavier). Sie wollte anfangs nur Menschen sammeln, um sie religiös und moralisch aufzurichten, wobei berufliche und familiäre Beratungen und Hilfen eine wichtige Rolle spielten. Die Zusammenkünfte der Gesellschaft schwollen bald zu kirchlichen Massenversammlungen an: Einerseits, weil die Polizei keine anderen Versammlungen und erst recht keine andere Möglichkeit der Kritik zuließ; andererseits, weil die Gesellschaft in der Gestalt von Ledreuille einen Volksredner von hohen Gaben besaß, der die Massen mit seinen Anklagen über die bestehenden Verhältnisse zu mobilisieren verstand. Ohne daß der in Paris viel bejubelte »Vater der Arbeiter« eine theoretische Alternative anzubieten gehabt hätte, bewirkte er doch Erhebliches bei den Arbeitern, aber auch bei vielen Intellektuellen: einfach dadurch, daß er ihnen eine Kirche zeigte, die die Probleme der Zeit sah und sich ihrer anzunehmen versuchte. Sicherlich entsprach die Realität des breiten französischen Katholizismus nicht den sozialen und politischen Visionen der Predigten Ledrouilles. Aber hoffnungsvoll stimmte schon, daß die Kirche sich zu öffnen schien. Zudem stand hinter den Aktionen Ledrouilles unverkennbar die Gestalt des Erzbischofs Affre von Paris. Er hatte den Volksprediger zum Priester geweiht, um ihn dem Zugriff der Polizei zu entziehen; er wies jetzt seinen Klerus an, sich stärker dem Studium sozialer Fragen zuzuwenden. Im Sommer 1847 traf er sich zu Gesprächen mit Buchez. Die Möglichkeit einer klaren kirchlichen Parteinahme gegen die reale Not und gegen die Herrschenden, die davon profitierten, schien sich anzubahnen. Am Ende des Jahres 1847 bestand somit Anlaß zu den schönsten Hoffnungen.

Bibliographische Hinweise zu II. 3.

Über die in den vorangegangenen Abschnitten aufgeführte Literatur hinaus ist wichtig:

Cameron, R. E.: Economic Growth and Stagnation in France, 1815–1914. In: The Journal of Modern History 30 (1958), 1–13.

Droz, J. [Hg.]: Geschichte des Sozialismus. Bd. 2, Frankfurt 1974.

Duroselle, J.-B.: Les débuts du Catholicisme social en France, 1822–1870. Paris 1951.

Henderson, W. O.: The Industrial Revolution on the Continent. Germany, France, Russia, 1800–1914. London 1961.

Maier, H.: Revolution und Kirche. Studien zur Frühgeschichte der christlichen Demokratie, 1789–1850. Freiburg 1959.

Mayeur, J.-M.: L'Histoire Religieuse de la France. 19e–20e siècle. Problèmes et Méthodes. Paris 1975.

Mandrou, R. u. a.: Histoire des Protestants en France. Toulouse 1977.

Perrot, M.: The Strengths and Weaknesses of French Social History. In: Journal of Social History 10 (1976), 166–177.

Pierrard, P.: L'église de France face aux crises révolutionnaires (1789–1871). Paris 1974.

Stearns, P. N.: Die Herausbildung einer sozialen Gesinnung im Frühindustrialismus. In: P. Ch. Ludz [Hg.], Soziologie und Sozialgeschichte. Opladen 1972, 320–342.

Sternberger, D.: Heinrich Heine und die Abschaffung der Sünde. 2. Aufl. Frankfurt 1976.

4. Die Vorbereitung der Industrialisierung in Deutschland

Historischer Überblick

Das genaue Gegenbild der nationalen und politischen Geschlossenheit Frankreichs stellte am Ausgang des 18. Jahrhunderts das »heilige römische Reich deutscher Nation« dar. Wie dieser ebenso bunte wie verwirrende Flickenteppich aus mehr als 300 selbständigen Territorien und noch mehr reichsunmittelbaren Ritterschaften eigentlich zusammenhing, wußten im Grunde selbst die Gelehrten kaum mehr zu sagen. Die Reichsidee war weithin verblaßt. Sie hatte im Grunde lediglich da überlebt, wo Städtchen und winzige Kleinstaaten in hoffnungsloser Abkehr von der rauhen Wirklichkeit von der Vergangenheit träumten.

Es waren die direkten Auswirkungen der französischen Revolution, die diese mittelalterlichen Herrschaftsverhältnisse zerbrachen. Als Frankreich im Frieden von Lunéville (1801) das gesamte linke Rheinufer annektierte, setzte sich im Reich die Überzeugung durch, daß die geschädigten Territorialherren Kompensationen erhalten müßten. Die Kirchen sowie jene reichsunmittelbaren Städte und Ritter, die alle keine politische oder öffentliche Macht mehr darstellten, sollten dafür aufkommen. In einer eigenartigen Mischung aus absolutistischem und sonst so sehr verabscheutem revolutionären Gedankengut erfolgte die Abschaffung und Enteignung der zumeist katholischen geistlichen Herrschaften (Säkularisation, 1803) und im Anschluß daran die der Reichsstädte und Reichsritterschaften (Mediatisierung). Wenigstens mit einem Schein des Rechts wurde die erste Maßnahme insofern versehen, als die nutznießenden deutschen Staaten – sie lagen vor allem in Süddeutschland – sich zu finanziellen Staatsleistungen für die eingezogenen Kirchengüter verpflichteten.

Auch die weitere Veränderung der politischen Landkarte Deutschlands wurde von Frankreich diktiert. Napoleon organisierte und stabilisierte die deutschen Mittelstaaten.

Bayern und Württemberg erhob er (1805) zu Königreichen, die westdeutschen Territorien band er ebenfalls durch den Rheinbund (1806) an sich. Dabei war er gleichzeitig bestrebt, die beiden deutschen Großmächte Österreich und Preußen auf das Maß von Mittelstaaten zu reduzieren. Diese Zielsetzung scheiterte zwar an den militärischen Erfolgen der europäischen Koalition aus Engländern, Russen, Österreichern und Preußen gegen Napoleon (1813/14) und endgültig mit der Neuordnung Europas auf dem Wiener Kongreß (1814/15). Aber in dem nun konstituierten Deutschen Bund (seit 1814) lebten insofern die in der napoleonischen Zeit geschaffenen Fakten fort, als den beiden deutschen Großmächten Österreich und Preußen die Mittelstaaten im Norden und insbesondere im Süden als gewichtige politische Faktoren gegenübergestellt blieben.
Die von Teilen des Bürgertums, der Intelligenz und vor allem von der studentischen Jugend erhoffte Errichtung eines nationalen Einheitsstaates nach dem Sieg über den Korsen ging somit nicht in Erfüllung. Die politische Realität war und blieb der Territorialstaat, »deutsch« zu sein, die Hoffnung der Gebildeten. Dieses aus dem Kampf gegen Napoleon und das revolutionäre Frankreich mit allerlei deutschtümelnden Übertreibungen erwachsene deutsche Nationalgefühl galt bald nach 1815 als staatsgefährdend und revolutionär. Die Restauration des Ancien Régime war das große politische Ziel, die Rückkehr zu den Verhältnissen des 18. Jahrhunderts – als hätte es die Französische Revolution nie gegeben. Als die Verkörperung dieser Politik erschien die Gestalt des österreichischen Staatskanzlers Metternich. Diesem Absolutismus war nahezu jedes Mittel recht, um die Völker ruhig zu halten und jegliche Opposition auszuschalten. Auch die im September 1815 von den Herrschern Rußlands, Österreichs und Preußens gestiftete »Hl. Allianz«, mit der diese Fürsten sich außenpolitisch zu solidarischem Handeln verpflichteten und innenpolitisch zu einem christlich-patriarchalischem Regiment nach dem Maßstab der Bibel, diente Metternich als Instrument der Überwachung und Bedrückung. Als besonderer Stein des Anstoßes galten dann die Studenten, die laut und ungebärdig für die deutsche Einheit demonstrierten. Ihr Treffen auf der Wartburg (18. 10. 1817) zur Erinnerung an die Völkerschlacht bei Leipzig sowie die Reformation beunruhigte die Regierungen. Die schlimmsten Befürchtungen aber fand man bestätigt, als der Theologiestudent Karl Ludwig Sand am 23. 3. 1819 den Lustspieldichter August von Kotzebue ermordete, der als russischer Informant bekannt war. Die Antwort darauf waren die von Metternich initiierten Karlsbader Beschlüsse des Deutschen Bundes (20. 9. 1819), die eine umfassende Verfolgung aller wirklichen und angeblichen Sympathisanten der Tat einleiteten. »Demagogen« hießen jetzt die national gesinnten Studenten und Professoren. Eine Welle übler Verdächtigungen, Denunziationen und illiberaler Maßnahmen – wie die Amtsenthebung von Ernst Moritz Arndt oder die offizielle Bespitzelung der Predigten Schleiermachers – ging über das Land.
Trotzdem gelang es nicht einfach, die neuen Gedanken und den Unmut wenigstens von Teilen der Bevölkerung über die bestehenden Verhältnisse zurückzustauen. Die französische Julirevolution (1830) lief wie ein Erdbeben durch weite Teile Europas. Bedeuteten die in dieser Situation in Hannover, Sachsen und Kurhessen erlassenen Verfassungen inhaltlich für die Bevölkerung auch nicht eben viel, so waren sie immerhin ein Signal. Mindestens ebenso wichtig war, daß in dieser Zeit mit dem Tode der Mehrzahl jener Persönlichkeiten, die den deutschen Idealismus und die deutsche Klassik repräsentiert hatten, eine neue Epoche zunehmender Nüchternheit und eines wachsenden Pragmatismus in immer mehr Bereichen des Lebens heraufkam.
Die Jahre nach 1830 stellten sowohl bewußtseinsmäßig für wichtige Kreise der intellektuellen Führungsschicht Deutschlands eine Wende dar als auch in wirtschaftlicher Hinsicht. Was hier angelegt war, spitzte sich in den vierziger Jahren umfassend zu. Daß Friedrich Wilhelm IV. von Preußen bei seiner Thronbesteigung (1840) eine Vielzahl von

Hoffnungen im Blick auf eine umfassende Liberalisierung der Verhältnisse geweckt hatte, die er dann alle gründlich enttäuschte, charakterisierte nur in besonders extremer Weise die allgemeine Situation. Allenthalben war man jetzt der Überzeugung, daß ein grundlegender Wandel geschaffen werden müsse. Diese Grundstimmung hatte, allen ständischen, sozialen und geistigen Unterschieden zum Trotz, das gesamte Bürgertum bis hinunter zu den Unterschichten erfaßt. Wie und woraufhin die ersehnte Umgestaltung freilich zu geschehen habe, blieb unklar oder doch unscharf.

Zögernder Aufbruch zur Industrialisierung

Sicherlich hing alles das nicht unwesentlich mit dem Prozeß der Industrialisierung zusammen. Der deutsche Anmarschweg hierzu war überaus langwierig und mühsam. Zwar hatte man, insbesondere in Preußen, die englische Entwicklung intensiv studiert und kopiert, bis hin zu einer umfassenden, staatlich geförderten Industriespionage. Überhaupt konnte man in allen deutschen Staaten auf eine mehr oder weniger direkte staatliche Entwicklungshilfe zählen. Jedoch die gesamte Infrastruktur war in der Regel miserabel. Die nationale Zersplitterung Deutschlands hatte eine Vielzahl kleiner, oft sogar kleinster Gewerbezentren entstehen lassen, meist in den jetzt von den Mittelstaaten okkupierten Städten, die zunächst einmal in deren Wirtschaft integriert werden mußten. Die Produktionsmasse dieser Manufakturen freilich blieb gering. Wo sie über den Bedarf des Umlandes hinausging, handelte es sich durchweg um hochspezialisierte Luxusgüter für den Export.

Gewerbezentren von übergreifender Bedeutung stellten innerhalb Preußens das Rheinland, das Saargebiet und Oberschlesien dar, daneben vor allem das Königreich Sachsen, ferner bestimmte Regionen in Hannover, Hessen-Nassau, Baden, Württemberg und Bayern. Unter den Städten ist in diesem Zusammenhang insbesondere Berlin zu nennen, das sich neben den traditionell wirtschaftlich expansiv eingestellten Messe- und Hafenstädten bald zur größten deutschen Industriestadt entwickelte. Daß Preußen insgesamt innerhalb Deutschlands die industrielle Führung übernahm, hatte mehrere Gründe. Zunächst einmal verfügte es über Bodenschätze, insbesondere Kohle in Oberschlesien, im Ruhrgebiet und an der Saar. Weiterhin begünstigten die politischen und rechtlichen Nachwirkungen der französischen Zeit in den nun preußischen Westprovinzen eine Mentalität regen bürgerlichen Unternehmertums. Und schließlich kam dem ökonomischen Aufstieg Preußens zustatten, daß man dort prinzipiell am wirtschaftlichen Liberalismus festhielt. Dem vom politischen Entscheidungsprozeß ausgeschlossenen Bürgertum wurde der Bereich der Wirtschaft als Freiraum zugestanden. Treffend notierte dazu ein Besucher aus Süddeutschland: »Was die neuere Zeit politische Freiheit nennt, ist den Untertanen dieses Staates nicht gar reichlich zugemessen; dagegen genießen sie der bürgerlichen Selbständigkeit in höchstem Grade« (zit. Köllmann, Anfänge, 40). Zugespitzt ausgedrückt: Während die politisch liberalen Staaten Deutschland in ökonomischer Hinsicht konservativ blieben, entwickelten sich die Verhältnisse in Preußen genau umgekehrt.

Napoleons Kontinentalsperre hatte vielen deutschen Gewerben einen ansehnlichen Aufschwung gebracht, insbesondere im Textilbereich. Umso deprimierender war dann der Niedergang dieses Sektors, als seit 1813 die überlegene britische Konkurrenz sich wieder auf dem Kontinent und damit eben auch in Deutschland auszuwirken begann. Während zahlreiche Zweige der Textilbranche hofften, entweder durch eine klare Kostensenkung in der Produktion oder aber durch eine entschiedene Spezialisierung diese und die folgenden Krisen überstehen zu können, begriffen weiter blickende Persönlichkeiten, in welchem Ausmaß diese Schwierigkeiten auch mit der territorialen Zersplitterung

Deutschlands, also dem Fehlen eines geschlossenen Wirtschaftsraumes zusammenhingen. Das war der Hintergrund für den im Jahre 1834 unter der Führung Preußens gegründeten Zollverein. Obwohl antipreußische Wirtschaftszusammenschlüsse im Süden und Norden Deutschlands nicht fehlten, wirkte dieser Verein doch für viele deutsche Staaten zunehmend anziehend, weil Preußen nicht nur im eigenen Herrschaftsgebiet alle Binnenzölle sowie differierende Maße und Gewichte abgeschafft hatte, sondern auch durch den Bau von Straßen und Kanälen die Zusammenbindung der verschiedenen Staaten des Zollvereins voranzutreiben trachtete.
Ein neues, praktisch mindestens ebenso wirksames Mittel nicht nur für die Verbesserung der Infrastruktur, sondern für den Zusammenschluß der deutschen Staaten überhaupt entstand in der gleichen Zeit durch den Bau der Eisenbahnen. 1835 wurde die erste deutsche Strecke zwischen Nürnberg und Fürth eröffnet. Die Lokomotive war, in Einzelteile zerlegt, aus England rheinaufwärts herbeitransportiert worden, und der Lokomotivführer, ebenfalls Engländer, erhielt ein höheres Gehalt als der Eisenbahndirektor! Doch bereits 1839 wurde die erste in Deutschland gebaute Lokomotive in Betrieb genommen und um die Jahrhundertmitte gab es hier ca. 5800 Eisenbahnkilometer. Zunächst wurden die Strecken nicht nach übergreifenden wirtschaftlichen Gesichtspunkten verlegt, sondern entsprechend den Partikularinteressen der verschiedenen deutschen Staaten. Dennoch trug das neue Verkehrsmittel entscheidend dazu bei, daß die Territorien und ihre Bewohner einander näher rückten. Vor allem aber: Mit dem Eisenbahnbau begann im Grunde die Industrialisierung Deutschlands. Was im Textilbereich trotz der Schaffung bleibend wichtiger Wirtschaftszentren gegenüber der starken britischen Konkurrenz nicht gelungen war, glückte nun auf dem Sektor der Schwerindustrie. Eine Zeit der industriellen Aufwärtsentwicklung begann. Hatten 1837 in Preußen 419 Dampfmaschinen gestanden, so waren es 1849 bereits 1444. In Sachsen zählte man 1846 immerhin 197 solcher Apparate. Hochöfen und Fördertürme wuchsen vor allem seit den vierziger Jahren in Oberschlesien, an der Saar und im Ruhrgebiet in den Himmel. Um die Jahrhundertmitte gab es in Preußen rund 700 000 Fabrikarbeiter aller Art, was etwa 4 % der Bevölkerung entsprach. Dieser industrielle Aufstieg vollzog sich allerdings zunächst nur ausgesprochen zögernd. Noch um die Mitte des 19. Jahrhunderts war das Ruhrgebiet eine weithin ländliche Gegend. Von den 5,7 Millionen Tonnen Kohle, die 1853 in Preußen gefördert wurden – einer Leistung, die knapp hinter der Frankreichs lag, klar hinter der belgischen Produktion und sehr eindeutig hinter der britischen – stellte das Ruhrgebiet nicht einmal 2 Millionen Tonnen. Eine Stadt wie Gelsenkirchen hatte noch 1855 lediglich 5000 Einwohner. In Schalke wohnten damals 280 Menschen; knapp 50 Jahre später waren es hundertmal so viele! Das Eisengewerbe und der Maschinenbau zeigten das gleiche Bild: Das Unternehmen Friedrich Harkorts in Wetter an der Ruhr beschäftigte 1832 zwar 147 Arbeiter, doch handelte es sich hierbei um einen kleinen Konzern, in dem ein Bergwerk, eine Gießerei, eine Eisenhütte, ein Walzwerk und eine Maschinenfabrik zusammengefaßt waren. 1837 begründete Borsig in Berlin seine Maschinenfabrik, die in den vierziger Jahren langsam ihren Aufstieg begann. Ähnlich stand es mit der Firma Krupp in Essen: 1827 war sie gegründet worden, 1831 hatte sie 9 Arbeiter, aber im Jahre 1846 waren es auch erst 142. Diese Beispiele ließen sich beliebig vermehren. Sie belegen eindeutig, daß Deutschlands Weg zum Industriestaat sich vor der Mitte des 19. Jahrhunderts nur erst abzuzeichnen begann.

Die Sozialstruktur

Sicherlich spielte bei dieser schleppenden Entwicklung auch die aus der deutschen Kleinstaaterei erwachsene gesellschaftliche Enge und Immobilität eine wichtige Rolle. Anders als in den bisher betrachteten Ländern war innerhalb Deutschlands der Ständestaat noch intakt, der Absolutismus nach wie vor die politische Wirklichkeit. Dementsprechend gab es in den deutschen Staaten nicht nur Adel, Bürger und Bauern wie anderswo auch, sondern eine auf den Fürsten bezogene, streng hierarchische soziale Gliederung, die die für Westeuropa so charakteristische Konkurrenz von Adel und Bürgertum wenn nicht ausschloß, so doch erheblich minderte. In einer Mischung aus patriarchalischer Fürsorge und bürokratischem Besserwissen bestimmte der Herrscher allein, was zu Nutz und Frommen seiner Untertanen zu geschehen habe, oder, wie es der aufgeklärte Großherzog Karl Friedrich von Baden einmal formulierte: er wolle seine Leute, »ob sie nun wollen oder nicht, frei, opulent und gesittet machen« (Bruford, 26). Von dem gleichen Geist waren die preußischen Reformen getragen. Sie stellten im wesentlichen eine liberale Verwaltungsreform innerhalb des nach wie vor bestehenden absolutistischen Systems dar. Die neuen Gesetze zur Bauernbefreiung, für die städtische Selbstverwaltung oder die Gewerbefreiheit mußten dementsprechend gegen den politischen Widerstand der Stände durchgesetzt werden, des Adels vor allem, aber auch des städtischen Kleinbürgertums in den Zünften. Infolgedessen geriet die liberale preußische Administration dann in zunehmendem Maße zwischen zwei Fronten, die sie schließlich zerrieben: Drängte Berlin im Zuge der Restauration auf die Drosselung aller liberalen Tendenzen seitens der Verwaltung, so forderten die Bürger zum wirtschaftlichen Liberalismus zunehmend auch den politischen. Das Ergebnis war Enttäuschung, ja Erbitterung auf allen Seiten.

Der absolutistische Staat setzte überall die traditionelle Gesellschaftsordnung voraus und stabilisierte sie, auch da, wo es ihm, wie im Preußen der Reformära, um eine wirkliche Neugestaltung ging. Analog dazu blieben jedoch auch alle bürgerlichen Emanzipationsbestrebungen im Sinne einer Loslösung von diesem absolutistischen Staat in Deutschland in sich zwiespältig. Da, wo man Gewerbefreiheit und den Abbau aller wirtschaftlichen Einengungen in Anspruch nahm, dachte man doch keineswegs daran, etwas von den gesellschaftlichen und politischen Vorrechten des eigenen adeligen oder auch bürgerlichen Standes preiszugeben. Insofern war das Ziel – vor allem des Bürgers – in der Regel nicht die möglichst weitreichende politische Freiheit, sondern die individuelle Freiheit im Rahmen einer festen und sicheren Gesellschaftsordnung. Diese aber schien ein aufgeklärter Absolutismus, besser noch: ein durch Verfassungen reformierter, am besten zu verbürgen. Die dann in der Revolution des Jahres 1848 zum Ausdruck kommende tiefe Abneigung gerade des liberalen Bürgertums gegenüber allem, was über die Anpassung des politischen Rahmens an die wirtschaftlichen Erfordernisse hinausging, war der klare Ausdruck dieser Grundhaltung.

Es war auch in Deutschland der Pauperismus mit seiner zunehmenden Bedrohung der unteren Schichten des Bürgertums, was diesen Gesellschaftsaufbau erzittern ließ. Hinzu kam hier ebenfalls die durch die Industrialisierung verstärkte Forderung des mittleren und oberen Bürgertums nach mehr Liberalität. Wiederum war es jedoch kennzeichnend für die deutsche Situation, daß die ständische Gliederung einerseits zu starr war, um die bürgerliche Oberschicht wie in England relativ leicht in den Landadel, die gentry, aufsteigen zu lassen; und daß andererseits die Identifizierung mit dem absolutistischen Staat – wobei wiederum die territoriale Zersplitterung eine wichtige Rolle spielte – zu stark war, als daß sich – wie in Belgien oder Frankreich – ein selbstbewußtes Bürgertum hätte herausbilden können. Das Ergebnis war eine Bevölkerungsschicht, die in ihrer Widersprüchlichkeit und Zerrissenheit noch einmal die gesamte Misere der sozialen deutschen Wirklichkeit spiegelte.

Gewiß, das Bürgertum galt und verstand sich selbst als liberal. Aber weithin losgelöst von dem ökonomischen Liberalismus der Großgrundbesitzer, Kaufleute und frühen Unternehmer – wovon die Rede war – stand sehr viel häufiger und darum einflußreich genug ein intellektueller Liberalismus, der sich von der Politik, oft auch von der Gegenwart überhaupt abgewandt hatte, um in der Welt des Geistigen und der Bildung seine Erfüllung zu finden. Kennzeichnend dafür war der tiefgreifende Zug zum Unpolitischen. Die Bürger der kleinen wie der größeren Staaten, denen die Obrigkeiten nichts als Unterordnung und Gehorsam abverlangten; die Akademiker, Gelehrten und Studenten in den kleinen Residenz- und Universitätsstädten, deren Enge sich nach keiner Seite öffnen ließ: sie alle flüchteten gern in das Reich der Gedanken als in das Eigentliche, in die Welt der Ideen und Ideale und zu den ewigen moralischen Gesetzen. Freiheit meinte hier nahezu ausschließlich die Möglichkeit zu individueller Selbstentfaltung und Selbstverwirklichung. »Sei ein Mensch! bedeutete in seiner psychologischen Konsequenz die stete Aufforderung, sich zu distanzieren von ständischen Begrenzungen, sich loszulösen von der seelischen Verbindung mit der städtischen Nachbarschaft.« (Gerth, 47) Humanität war dann immer auch die Gemeinschaft derart Gleichgesinnter, meinte ein Weltbürgertum über die allzu engen realen Grenzen hinaus. Daraus konnte ein spezielles deutsches Sendungsbewußtsein erwachsen, das sich unschwer mit einem aus antifranzösischen Ressentiments gespeisten Nationalgefühl verbinden ließ: War Deutschland auch politisch, wirtschaftlich und militärisch schwach, so war es doch führend im Bereich des Geistes und der Kultur und mithin in der Lage, wenn nicht sogar berufen, allen anderen Nationen den Weg zur Wahrheit zu weisen.

Die Folge davon war einerseits ein weitreichender Verlust an politischer und gesellschaftlicher Wirklichkeit in den Kreisen des Bildungsbürgertums und andererseits eine schroffe Abgrenzung gegenüber dem Kleinbürgertum und erst recht den Unterschichten. Gerade weil man als Intellektueller gesellschaftlich und wirtschaftlich in der Regel nicht besser stand als diese Menschen, hob man umso unerbittlicher auf die Bildung als diejenige Wirklichkeit ab, die den Menschen erst wahrhaft zum Menschen mache. Nur sehr langsam wuchsen seit den dreißiger Jahren – und charakteristischerweise zumeist nicht in Deutschland, sondern in der Emigration! – einzelne Persönlichkeiten heran, Journalisten vor allem, die ihre fehlende Einbürgerung in diese autoritäre ständische Gesellschaftsordnung nicht länger durch klassische oder romantische Bildungsträume zu kompensieren versuchten.

Von diesem Bürgertum war mithin für die Bewältigung der anschwellenden Not des Pauperismus nicht allzu viel zu erwarten. Gewiß gab es in beiden Konfessionen ein echtes christliches Verantwortungsgefühl – wovon noch zu reden sein wird. Sicherlich hatte auch die Aufklärung eine Sensibilisierung gegenüber dem Massenelend bewirkt, so daß man es weithin nicht mehr als selbstverständlich hinzunehmen gewillt war. Jedoch zwischen dieser Einsicht und der praktischen Tat klaffte zumeist eine tiefe Kluft. Bezeichnend für die Passivität des Bürgertums waren etwa die deprimierend negativen Erfahrungen, die der Aachener Kaufmann David Hansemann in den zwanziger Jahren mit seiner gemeinnützigen Vereinsgründung zur Förderung der Arbeiterschaft machen mußte. Für eine spontane Aktivität fehlten der überwältigenden Mehrheit des deutschen Bürgertums im absolutistischen und bürokratischen Obrigkeitsstaat alle Voraussetzungen. Man appellierte an die Herrschenden – so schwoll die Literatur zum Thema Pauperismus in diesen Jahren mächtig an – und wartete dabei auf die Weisung oder sogar die entscheidende Hilfe von oben.

Wirtschaftliche und soziale Nöte

Von den Ursachen des Pauperismus war bereits allgemein die Rede. Zentren des Elends waren weniger die agrarischen Gebiete des deutschen Ostens als vielmehr jene dicht besiedelten Regionen, deren Bevölkerung bei bescheidenen und zersplitterten Böden seit

langem auf zusätzliche Einkünfte angewiesen war, die in der Regel die Heimarbeit im Textilgewerbe bot. Diese Armen traf nun auch in Deutschland die überlegene britische Konkurrenz mit vernichtender Wucht. Um zu überleben, mußten sie besser und schneller arbeiten als die Maschinen; und noch immer mehr, um gegenüber der Preisdiktatur des Unternehmers oder Verlegers bestehen zu können! Der bekannte Aufstand der schlesischen Weber (1844) war nur *ein* Ausdruck dieser Verzweiflung. Das war alles andere als eine bewußte proletarische Aktion, wie Karl Marx meinte, sondern schlicht das letzte Aufbäumen der gequälten Kreatur.
Überall drängten die erwerbs- und nahrungslosen Menschen in die Städte, um dort Unterhalt oder doch wenigstens Almosen zu finden. In manchen Städten wuchs die Masse der hungernden Unterschichten bis auf 50% und mehr der Bevölkerung an! Dadurch brachen nicht nur die städtischen Armenversorgungen zusammen, sondern die ohnehin schwierige Wirtschaftslage der Kommunen mit ihrem viel zu dicht besetzten Handwerk vervielfachte sich noch. Überall in Deutschland waren im 18. Jahrhundert die Zünfte verfallen und dementsprechend auch die Niederlassungsbeschränkungen. Wo eine Stadt gleichwohl darauf achtete, wichen die Handwerker anderswohin aus oder auf das umgebende Land. Die Abschaffung des Zunftzwangs in Preußen und bald auch in anderen deutschen Staaten beschleunigte diese Entwicklung. An vielen Orten machten sich nun Gesellen selbständig, und sogar Unzünftige drängten in das Handwerk. Die Folge davon war eine Vielzahl wirtschaftlicher Kümmerexistenzen, die am oder bereits unter dem Existenzminimum lebten.
Die Einführung der Gewerbefreiheit hatte diese Situation freilich nicht geschaffen, sondern nur enthüllt. Denn seit längerem schon war unübersehbar, daß die Zünfte ihre ursprüngliche Aufgabe, die Konkurrenz untereinander zu verhindern und einen ausreichenden Nachwuchs heranzubilden, nicht mehr wahrzunehmen vermochten. Seit längerem gab es reiche und bettelarme Meister, die sich praktisch nicht mehr von den Gesellen unterschieden. Die Gesellen allerdings traf die Entwicklung am härtesten. Meister zu werden bzw. sich selbständig zu machen, war ihnen in der Regel aus finanziellen Gründen unmöglich; aber in die Fabrik zu gehen, bedeutete den Bruch mit allen Traditionen, Werten und Normen des kleinen Bürgertums, dem sie sich doch zugehörig fühlten. Diese Ausweglosigkeit ihrer Lage hat gerade in den vierziger Jahren auch in Deutschland erheblich zur Erbitterung der Handwerkergesellen und damit zur Verschärfung der politischen Lage beigetragen.
Auch in Deutschland bildeten also landlose Unterschichten, ausgebeutete Kätner und Häusler, die als Heimweber zu überleben suchten, sowie wirtschaftlich und sozial deklassierte Handwerkergesellen das eigentliche Problem des Pauperismus. Das weitgehende Fehlen der Industrie und damit der Arbeitsplätze für eine rapide angewachsene Bevölkerung war der Grund des deutschen Elends. Ohne die empörenden Mißstände und vielfältigen Formen der Ausbeutung in den Fabriken, speziell im Textilbereich, zu bestreiten, muß doch festgehalten werden, daß das Los der Fabrikarbeiter in dieser Zeit nicht schlechter, sondern oft sogar erheblich besser war als das anderer sozialer Schichten. Natürlich gründete darauf der Optimismus, daß es mit Gewerbefreiheit, Freihandel und einer zunehmenden Industrialisierung nur immer besser werden könnte. In Preußen, wo diese Maxime die offizielle Wirtschaftspolitik bestimmte, verharrten die politisch Verantwortlichen nicht zuletzt deshalb tatenlos gegenüber den Opfern der Entwicklung. Hilflos blieb man zumeist ebenso in den anderen deutschen Staaten. Die Probleme waren offensichtlich zu kompliziert, als daß eine absolutistische Bürokratie sie hätte in den Griff bekommen können.

Lösungsversuche

Wie in den übrigen Industriestaaten setzten auch in Deutschland viele Zeitgenossen auf das Modell der Assoziation, des Vereins, der Genossenschaft oder Korporation. Was den liberal gestimmten Kreisen als die beste Möglichkeit zur Lösung der eigenen Schwierigkeiten erschien, nämlich der Verein als ein Zusammenschluß Gleichgesinnter zur Verfolgung gemeinsamer Ziele, sollte auch für die Unterschichten der beste Weg sein. Dabei wurde, entsprechend der rückständigen wirtschaftlichen Situation Deutschlands, in der Regel nicht zwischen Fabrikarbeitern und anderen Gruppen der unteren Bevölkerungsschichten unterschieden. »Hilfe durch Selbsthilfe« lautete das immer wieder für alle beschworene Konzept. Am Beispiel Friedrich Harkorts, der im Vormärz zu den bekanntesten Unternehmern in den preußischen Westprovinzen gehörte, läßt sich diese Einstellung gut verdeutlichen. Die Aufgabe umriß er 1845 so: »Die Leute sollen befähigt werden, sich selbst zu ernähren; das Gegentheil ist eine Schande für die Gesellschaft.« (zit. Köllmann, Harkort, 93) Darum drängte Harkort einerseits auf den Erwerb eines kleinen Stückchen Lands durch die Arbeiter und forderte von ihnen andererseits die Errichtung von Kranken-, Spar- und Versorgungskassen, damit ihre Existenz auch in Notzeiten gesichert wäre. Die Unternehmer sollten sich aus alledem jedoch so weit als möglich heraushalten. Nur dadurch, urteilte Harkort, wäre es möglich, die Unterschicht zur eigenen Verantwortung und im Gefolge davon zur Selbsthilfe anzuleiten. Deutlich stand dahinter das Leitbild der Integration dieser Menschen in den bestehenden Ständestaat nach dem Vorbild des Bürgertums.

Die Gedanken, mit denen die deutschen Handwerksgesellen während ihrer Wanderjahre im Ausland konfrontiert wurden, zielten oft in die gleiche Richtung. Man muß sich ja vor Augen halten, daß diese Gesellen – sieht man einmal vom Adel ab – die einzige Gruppe in Deutschland war, die direkt und intensiv mit den neuen sozialen und sozialistischen Vorstellungen in Berührung kam. Dabei verstanden sich die emigrierten deutschen Studenten, Dozenten und Journalisten, die vor allem in der Schweiz, aber auch in Paris und London auf die deutschen Gesellen einzuwirken versuchten, trotz zahlreicher programmatischer Unterschiede und Gegensätze in der Regel alle als Angehörige einer im wesentlichen bürgerlichen Opposition, die manchmal eher liberale, meist jedoch stärker demokratische Züge trug. Allerdings bewegten die Geheimbündeleien, die radikalen Klubs und Splittergruppen – wozu in den Jahren vor 1848 auch der Londoner Bund der Kommunisten mit Karl Marx und Friedrich Engels gehörte – die Mehrzahl der deutschen Handwerker nur am Rande. Engagierten sie sich in solchen Kreisen, geschah es in der Regel nicht bei Marx und Engels, nicht für Moses Heß oder Karl Grün, sondern für den Schneidergesellen Wilhelm Weitling (1808–1871). In seiner Vorstellung lebten der Sozialismus und vor allem der Kommunismus als eine neue Religiosität, in die bestimmte Elemente des Christentums verschmolzen waren. Mit dieser Verkündigung aber schlug Weitling Töne an, die seine Schicksalsgenossen nicht nur verstanden, sondern die sie wirklich bewegten. Bereits seine erste Veröffentlichung, »Die Menschheit, wie sie ist und wie sie sein sollte« (1838), in der er diese Verbindung von Kommunismus und Christentum proklamierte, wurde ein großer Erfolg. Jesus erschien da als der erste revolutionäre Kämpfer für die neue, sozialistische Gesellschaft, für die auch Weitling focht und die er durch die Beseitigung des Privateigentums zu verwirklichen hoffte. »Die Gütergemeinschaft ist das Erlösungsmittel der Menschheit; sie schafft die Erde gleichsam zu einem Paradiese um, indem sie die Pflichten in Rechte verwandelt, und eine Menge Verbrechen aus der Wurzel vertilgt.« (Menschheit, 174)

Der Einfluß des Christentums

Man begreift die Welt des frühen 19. Jahrhunderts nicht, wenn man sie nicht durchdrungen sieht von der Wirklichkeit des Christentums. Dabei waren auch in Deutschland im Grunde zwei gegensätzliche Erwartungen lebendig: Einmal die Vorstellung, daß die christliche Tradition in die Lebens- und Arbeitswelt des einfachen Menschen, des Arbeiters und Gesellen vor allem, hineingestellt und von daher auch umgestaltet werden müsse; andererseits die Überzeugung, daß die christliche Wahrheit fest und unwandelbar sei und darum der einzelne ebenso wie alle Klassen der Gesellschaft sich um die Anpassung daran zu bemühen hätten. Zu denen, die wichtige Impulse aus der sozialen Ausmünzung der christlichen Botschaft gewannen, gehörten vornehmlich die sozial oder sozialistisch eingestellten Gesellenvereinigungen. Weitling war wohl ihr bekanntester, aber keineswegs einziger Wortführer. Hier wuchs und wucherte eine Religiosität, die voll war von enthusiastischen und radikal-demokratischen Zügen, entsprechend den Sehnsüchten der Unterschichten. Allein die Tatsache der zahlreichen republikanischen und demokratischen »Dekaloge« und »Katechismen«, die im Vormärz und in der Revolution die Massen in einer ihnen verständlichen Sprache und Denkweise zu mobilisieren versuchten, belegt sowohl die noch weithin allgemeine Christlichkeit dieser Schichten als auch ihre relative Offenheit für neue, unkonventionelle Auslegungen der christlichen Tradition.
In genau den gleichen Handwerkerkreisen konnte freilich auch umgekehrt die traditionelle kirchliche und konfessionelle Auslegung des Evangeliums bewußt als geistige und soziale Orientierung festgehalten werden. Das Ethos des Handwerkerstandes ruhte seit dem Mittelalter auf den zwei Säulen der Kirche und der Zunft. Fielen die Zünfte, war es doch möglich, den kirchlichen Bereich festzuhalten, um die alten handwerklichen Tugenden – Ordnung, Frömmigkeit und Tüchtigkeit – zu bewahren. Sie konnten u. U. sogar noch wichtiger werden, wenn es um die Selbstbehauptung des Kleinbürgers gegen den drohenden Abstieg in das Proletariat ging. Wie lebendig diese Grundeinstellung blieb, läßt sich an der Erinnerung Bebels ablesen: daß ihn der Meister deshalb als Drechslerlehrling angenommen habe, weil der Junge ein gutes Konfirmationsexamen abgelegt hatte. Allerdings wird hier auch etwas von dem Abbruch dieser Tradition deutlich, wenn Bebel das Ganze lediglich als eine skurrile Begebenheit berichtet.

Mehr noch als in den unteren Schichten der Bevölkerung herrschte in den mittleren und oberen die Überzeugung, daß nicht nur die Religion, sondern auch die Kirche selbstverständlich unentbehrlich seien, und daß ohne sie die Gesellschaft nicht bestehen könnte. Daraus folgten durchaus auch Taten, getragen vor allem – wie noch zu zeigen ist – von einem konservativen christlichen Verantwortungsgefühl. So ging das im Grunde einzige Arbeiterschutzgesetz, das in Preußen im Vormärz zustande kam und worin die Kinderarbeit unter 9 Jahren verboten sowie die Arbeitszeit für Jugendliche unter 16 Jahren auf täglich höchstens 10 Stunden beschränkt wurde, wesentlich auf die Initiative des frommen Barmer Fabrikanten Johann Schuchard zurück. Aus tiefem Mitgefühl mit den Armen trat er im Sommer 1837 auf dem Rheinischen Provinziallandtag für dieses Schutzgesetz ein: »Von allen Seiten erheben sich Stimmen, um das Interesse der Fabrikherren zu verteidigen unter dem subtilen Vorwande, die Industrie sei bedroht; selten aber erhebt sich eine Stimme für die Arbeiter, um ihr Los zu verbessern. Beobachte man doch das ganze Leben eines Menschen, der schon als Kind harte Sklavendienste verrichten mußte, so wie seine Kindheit trübe und freudeleer war, so ist sein ganzes Leben entbehrend, hat er mit Mühseligkeiten aller Art zu kämpfen, ja in schweren Zeiten, wie die jetzigen, ist er sogar mit den Seinigen der Pein des Hungers preisgegeben, und wie froh ist er endlich am Rande des Grabes, nun seines elenden Lebens quitt und ledig zu sein.« (zit. Köllmann, Anfänge, 39) Aber auch in den massenhaften Veröffentlichungen zum Problem des Pauperismus kam immer wieder die Auffassung zum Ausdruck, daß Christentum und Kirche ganz entscheidende Faktoren bei der Anpassung der ausufernden Wirklichkeit an die traditionellen Normen bildeten. In schöner Einhelligkeit formulierten nach Herkunft und Geistesart völlig unterschiedliche Persönlichkeiten dieselbe Überzeugung. Nur »in einer tieferen Begründung des religiösen Lebens als der Basis der ganzen menschlichen Existenz« könne, schrieb 1847 beispielsweise ein Anonymus, noch eine Hoffnung auf »Fortdauer der gesetzlichen Ordnung ruhen« (zit. Jantke-Hilger, 266). Zu diesem Zeitpunkt erregten allerdings bereits die Werke der hegelschen Linken und des »Jungen Deutschland« die Öffentlichkeit. Antikirchliche und antichristliche Gedanken und Schriften fanden ihr Publikum, im Bürgertum ebenso wie unter den Handwerkern und Arbeitern. Auch das war ein Ergebnis der von der Restauration verordneten Christlichkeit.

Ebenso wie im übrigen Europa hatte in Deutschland der Versuch der Wiedererrichtung und Verfestigung der absolutistischen Herrschaftsform nach 1815 zu einer auch politisch erhöhten Bedeutung der Religion und damit der Kirchen geführt. Weil das Gottesgnadentum der Fürsten nicht mehr so selbstverständlich war wie weithin noch unter dem Ancien Régime, suchten die Regierungen die Bestätigung und Unterstützung der Kirche. Die Folge davon war die Errichtung von Staatskirchen auch in den Territorien des Deutschen Bundes. Nur mit der Hilfe von Christentum und Kirche meinten die Mächtigen, ihre auf dem Wiener Kongreß geschaffenen bzw. legitimierten Territorien zu geschlossenen und einheitlich funktionierenden Verwaltungsräumen ausgestalten zu können. Die Kirchen ihrerseits waren bestrebt, die seit der großen Französischen Revolution und vollends in der Restaurationszeit aufgebrochenen neuen religiösen und bald auch christlich-kirchlichen Gedanken, Empfindungen und Tendenzen in ihrem Sinn zu kanalisieren. Dabei blieb zunächst offen, ob die durch Kriege, Romantik und Restauration unterstützte Hinwendung insbesondere der Intellektuellen zum Christentum mehr bedeutete als eine vorübergehende Faszination.

Die Situation des deutschen Katholizismus

Vor allem die katholische Kirche war in Deutschland durch die Revolution und Säkularisation zu einer verhältnismäßig armen Kirche geworden. Vorüber waren die Zeiten der stolzen aristokratischen Bischöfe, die zugleich als Landesherren regiert hatten. Jedoch seit die Kirche den nachgeborenen Söhnen des Adels keine standesgemäße Versorgung mehr zu bieten vermochte, kam ein neuer Episkopat herauf. Hierbei handelte es sich um Männer, die oft aus sehr einfachen Verhältnissen stammten. Aber gerade weil sie durch keinerlei politische oder gesellschaftliche Verpflichtungen gebunden waren, kannten sie auch keine andere Aufgabe als die des bedingungslosen Dienstes für ihre Kirche. Im gleichen Geist wurde der niedere Klerus herangebildet. Dabei war der erneuerte Katholizismus entschieden ultramontan gesinnt. Diese Ausrichtung mußte zwar gegen mancherorts noch recht lebendige nationalkirchliche Vorstellungen, vor allem aus dem 18. Jahrhundert, erkämpft werden, die in der Gestalt des Konstanzer Generalvikars Heinrich Ignatz v. Wessenberg ihren eindrücklichsten Vertreter fanden. Aber die Zukunft gehörte in Deutschland wie in anderen Ländern der kompromißlosen geistigen und theologischen Ausrichtung der Kirche auf den Papst. Die eifrigen staatskirchlichen Aktivitäten des wiedererstehenden Absolutismus trugen dazu ebenso bei wie die Tatsache, daß ein Großteil der Katholiken im Norden, Westen und Südwesten Deutschlands jetzt protestantischen Herrschern unterstand.

Der Klerus konnte relativ leicht an die noch ungebrochene Frömmigkeit im Volk anknüpfen. Schwieriger erwies sich dagegen oft die Rückgewinnung des kleinen und mittleren Bürgertums. Gern ließen sich jetzt jedoch Gelehrte und Gebildete anziehen und inspirieren. Nicht selten suchten sie ihrerseits den Kontakt mit der Kirche und befruchteten sie mit ihren Ideen wie mit ihrer Tatkraft. Zentren einer solchen Erneuerung waren u. a. Münster, Wien, München, Landshut und Mainz. Gerade in ihrer Unterschiedlichkeit repräsentierten diese Zirkel viel von der Breite und Buntheit des kirchlichen Lebens im Katholizismus. Dazu blühten die alten Orden auf, neue Kongregationen entstanden und Literatur und Philosophie, Rechtswissenschaft und Geschichte gerieten auf mannigfache Weise in den Bann einer katholisierenden Romantik, die nicht wenige Intellektuelle bis zur Konversion faszinierte. Mit alledem war diese Kirche, der aufgeklärte Kreise eine Generation zuvor das endgültige Ende prophezeit hatten, wieder zu einer echten geistigen und geistlichen Macht geworden.

Mehr ahnend als analysierend kam es da dann auch zu ersten Äußerungen eines sozial verantwortungsbewußten Katholizismus. Bezeichnenderweise führte die romantische Lehre von der »organischen Gesellschaft« Männer wie Adam Müller (1779–1829) und insbesondere Franz Baader (1765–1841) zur Kritik am Wissenschaftsliberalismus und zur Forderung einer gerechten Gesellschaftsordnung aus christlicher Verantwortung. Vor allem Baader ging es um eine Neuformulierung der mittelalterlichen Soziallehre angesichts der sich wandelnden gesellschaftlichen Verhältnisse, um ein umfassendes kirchliches Engagement, das man als »ein System der Advokatie für die Proletarier« durch die Priester bezeichnet hat (Bredendiek, 53). War die Wirkung dieser Gedanken auf die Zeitgenossen auch minimal, so war darin nichtsdestoweniger der Weg vorgezeichnet, den der deutsche Katholizismus bis über die Mitte des 19. Jahrhunderts hinaus zu gehen versuchte. Sein Leitbild war eine organologisch konzipierte, ständisch gegliederte und von kirchlichem Geist erfüllte Sozialordnung.

Geistige und politische Konsolidierung

Als die grundlegende Voraussetzung für die Errichtung einer solchen Gesellschaft begriff der ultramontane Reformkatholizismus die Durchsetzung eines klaren, einheitlichen kirchlichen Geistes im Innern und nach außen die Beseitigung aller staatlichen Gängelungen und Einengungen der Kirche. Der ersten Zielsetzung diente die Zurückdrängung und Auslöschung aller theologischen Richtungen und Tendenzen, die sich der von Rom geförderten Neuscholastik nicht eingliedern ließen. Dazu gehörten insbesondere Georg Hermes und Anton Günther mit ihren Schülern und Anhängern, die in kritischer Aufnahme der Philosophie Kants, aber auch anderer Vertreter des deutschen Idealismus, die katholische Theologie weiterzuentwickeln versucht hatten. Gehemmt fand sich ebenso die katholische »Tübinger Schule«, die dem Thema Theologie und Geschichte nachging und zu deren berühmten Vertretern Johann Adam Möhler zählte. Der deutsche Katholizismus wurde seit den dreißiger Jahren in seiner geistigen Ausprägung zunehmend eng, einlinig und konfessionalistisch.

Allerdings stärkte diese Entwicklung unverkennbar seine Durchsetzungskraft gegenüber dem absolutistischen Staat. Dessen Anspruch, die Kirchen als Funktionäre seiner Herrschaft zu gebrauchen, begegnete katholischerseits bald ein selbstbewußter Widerspruch. Da es seit dem Ende des »Heiligen Römischen Reichs deutscher Nation« kein für den gesamten Bereich des Deutschen Bundes gültiges Staatskirchenrecht mehr gab, mußten die Kurie und die einzelnen Staaten ihre beiderseitigen Interessen auf dem Wege von Verträgen und Konkordaten zu regeln versuchen. Das Ergebnis waren durchweg mühsam errungene Kompromisse zwischen zwei Größen, die einander brauchten und zutiefst mißtrauten. Verständlicherweise gingen Rom und protestantische Fürsten dabei noch sehr viel härter und mißtrauischer miteinander um. Diese Feststellung gilt in erster Linie für

Preußen. Obwohl nach 1815 jeder dritte Untertan dieses Staates Katholik war, begriff die politische und geistige Führungsschicht Preußen noch immer als einen wesenhaft protestantischen Staat, ja als die protestantische Führungsmacht Deutschlands. Hier in Preußen kam es dann auch in der schroffsten Form zum offenen Konflikt mit dem ultramontanen Katholizismus. Der Stein des Anstoßes war die Mischehe, genauer: die Konfession der Kinder aus solchen Ehen. Hierzu gab es in Preußen unterschiedliche gesetzliche Regelungen, die jedoch im wesentlichen darauf hinausliefen, daß die Konfession des Vaters ausschlaggebend war, während das kanonische Recht die kirchliche Trauung vom Versprechen der katholischen Kindererziehung abhängig machte. Das schwelende Mißtrauen auf beiden Seiten wurde durch das wachsende katholische Selbstbewußtsein einerseits und die starre Haltung der preußischen Regierung andererseits geschürt. 1837 kam es durch Clemens August von Droste-Vischering, Kölns neuen Erzbischof, zum offenen Streit. Clemens August suchte bewußt die Auseinandersetzung mit dem Staat, sowohl in der Mischehenfrage als auch in seinem Kampf gegen die Anhänger von Hermes an der Bonner Katholischen Fakultät. Das Ziel des Erzbischofs war die dezidierte und kompromißlose Sammlung eines einheitlich ausgerichteten Katholizismus, der sich unter der Führung des Episkopats im Kampf gegen den Staat formierte. Zögernd nur folgte Rom zunächst dem Konfrontationskurs Vischerings, der das geltende Staatskirchenrecht beiseite schob und nach seiner Suspendierung durch die Regierung mit großem Erfolg die katholische Öffentlichkeit zu mobilisieren begann. Die brutale Reaktion des Staates, der den Erzbischof am 20. November 1837 auf die Festung Minden überführen ließ, schweißte die katholische Bevölkerung im Rheinland, in Westfalen und darüber hinaus erst recht zusammen. Görres schrieb seinen »Athanasius«, in dem er Clemens August als Märtyrer der Kirchenfreiheit feierte. Mit zunehmender Schärfe wurden bald auch die Protestanten attackiert, weil sie nicht auf die Seite des Katholizismus traten, sondern den preußischen Staat zu verteidigen versuchten. So entstand tatsächlich eine katholische Massenbewegung. Im Osten, nämlich im Erzbistum Posen-Gnesen, wo zu den konfessionellen Gegensätzen noch die nationalen hinzutraten, erfuhr die katholische Sammlung eine weitere erregte Zuspitzung. 1839 wurde Erzbischof Martin v. Dunin abgesetzt. Mühsam nur gelang es nach 1840 dem neuen Herrscher Friedrich Wilhelm IV., die Gemüter zu beruhigen.

Das Jahr 1837 war ein Schicksalsjahr für den Katholizismus in Preußen, insbesondere in seinen Westprovinzen. Die Kirche ging im öffentlichen Ansehen und in ihrem Selbstbewußtsein erheblich gestärkt aus diesem Streit hervor. Durchgesetzt hatte sich nun endgültig die ultramontane Ausrichtung der Kirche sowie die strenge hierarchische Gliederung vom Episkopat über den niederen Klerus bis hinunter zu den Laien. Züge einer erneuerten Volkskirchlichkeit zeigten sich, wenn insbesondere im Westen eine Rückbesinnung auf die katholische Herkunft und den katholischen Glauben einsetzte, die bis in das liberale Bürgertum hineinreichte und wodurch sogar die sozialen Gegensätze relativiert werden konnten. Im gleichen Augenblick also, in dem die Industrialisierung Deutschlands und insbesondere Preußens spürbar wurde, schlossen sich die Katholiken in der Frontstellung gegen den absolutistischen und protestantistischen Staat zusammen. Ein echtes Zusammengehörigkeitsgefühl entstand und wurde vom Klerus fortwährend durch den Hinweis auf den gemeinsamen Gegner reproduziert. Daraus konnten sich unschwer Züge einer Sektenmentalität entwickeln, wobei die Integration der Bevölkerung in die katholisch-klerikale Binnenwelt dann als das zentrale kirchliche Anliegen erschien. Die Folge davon war in Deutschland ein »Höhepunkt der Ghettogesinnung in der katholischen Kirchengeschichte« (Jedin VI/1, 137). Aber die Tatsache, daß dieser Katholizismus sich als Minderheit gegenüber einem dem Selbstverständnis nach protestantischen Staat behaupten mußte, ließ die völlige Abgrenzung niemals zu. Daraus konnten sogar denominationale Tendenzen im Katholizismus entstehen, wobei man sich mit konservativen und orthodoxen evangelischen Christen auf dem gleichen Boden wußte.

Die Bemühungen um die Wiederherstellung einer katholischen Volkskirchlichkeit scheiterten allerdings auch in Preußen. Die Ausstellung des sog. »Hl. Rocks« in Trier durch Bischof Arnoldi mobilisierte zwar eindeutig die Massen: Etwa eine halbe Million Menschen wallfahrtete in dieser größten Volksbewegung des Vormärz von August bis Oktober 1844 nach Trier. Aber die Teilnehmer stammten weitgehend aus der sozialen Unterschicht. Erfolgreich war diese Demonstration der Macht und Organisationskraft des Katholizismus insofern, als er den deutschen Staaten und insbesondere dem preußischen die Kirche als eine politische Bastion des Konservatismus und der Gegenrevolution vor Augen führte. Nicht Widersetzlichkeiten und Gesetzlosigkeit hatte der Staat von einem freien Katholizismus zu erwarten, betonten die Predigten und kirchlichen Verlautbarungen zu diesem Ereignis immer wieder, sondern im Gegenteil die Stützung des Throns und der bestehenden Gesellschaftsordnung.

Der Deutschkatholizismis

Ein Mißerfolg war dieses Unternehmen dagegen insofern, als es auf die Sammlung der gesamten katholischen Bevölkerung zielte. Denn was bei dieser Schaustellung den verarmten und verunsicherten kleinen Leuten Geborgenheit, Imagination und eine bunte Welt des Erlebens vermittelte, war großen Teilen des Bürgertums schlicht ein Ärgernis. Diese kleinen und mittleren Bürger hielten sich nicht nur demonstrativ von der Wallfahrt fern, sondern jubelten auch dem ehemaligen Priester Johannes Ronge (1813–1887) zu, der sich am 15. 10. 1844 in einem offenen Brief an Bischof Arnoldi scharf gegen die Trierer Veranstaltung erklärte. In diese Begeisterung für Ronge, die ebenfalls schnell zu einer Massenbewegung anschwoll und aus der dann der Deutschkatholizismus entstand, floß sicherlich viel vage politische Opposition mit ein. Dennoch blieb der Protest gegen die Entwicklung der Amtskirche unüberhörbar. Die Forderungen der Deutschkatholiken nach Freiheit und Selbstbestimmung für das religiöse Subjekt, nach einer Überwindung des konfessionellen Sonderbewußtseins sowie der Abkehr von den dogmatischen Lehrsätzen zugunsten einer allgemeinverständlichen praktischen Ethik waren ebensoviele Angriffe auf einen Katholizismus, der in der Lehre eng und restaurativ war, in der Kirchenverfassung streng hierarchisch gegliedert und der mit alledem den Laien keinerlei Mitspracherecht bot. Theologisch fußte der Deutschkatholizismus auf den Vorstellungen des protestantischen Rationalismus, zu dessen Vertretern er ebenso Beziehungen unterhielt wie zu der protestantischen Protestbewegung der »Lichtfreunde« oder den süddeutschen Liberalen. Die religiöse Gedankenwelt des Rationalismus entsprach exakt der Lebens- und Arbeitswelt des Bürgers. Hier galt die persönliche Freiheit und im Gefolge davon die politische als grundlegend. Der Verein war die allseits anerkannte neue Organisationsform, da er die demokratische Mitbestimmung jedes einzelnen in allen Fragen sicherstellte. Ein Pluralismus der Meinungen war wenigstens grundsätzlich akzeptiert, Bildung und Erziehung wurden hoch geschätzt. Denn davon erwartete man die Hinführung des Menschen zum Einfachen und Praktischen, zu einer religiös getönten reinen Menschlichkeit und einer am Vorbild Jesu orientierten Liebesgesinnung. Es liegt auf der Hand, daß in diesem Kontext Konfessionsunterschiede keine Bedeutung mehr hatten. Dementsprechend fanden sich sowohl unter den Mitgliedern des Deutschkatholizismus als unter seinen Führergestalten eine ganze Reihe von Protestanten.

Die Bewegung war mit dem Anspruch angetreten, eine neue Reformation der Christenheit einzuleiten. Nach anfänglichen Erfolgen, vor allem in Schlesien und Sachsen und insgesamt in Städten, in denen Katholiken mit einem starken Bevölkerungsanteil von Protestanten zusammenlebten, schrumpfte die Anhängerschaft bald zusammen. Das lag nicht so sehr an der bedingungslosen Feindschaft der Kirche oder den finanziellen Lasten, die der einzelne in den selbständig gewordenen Gemeinden übernehmen mußte, sondern an der zunehmenden Verfolgung durch den Staat. Der »christliche Staat« der Restaurationszeit konnte keine Organisation tolerieren, weder in Preußen noch anderswo, die seine konservativ-christlichen Grundlagen so massenwirksam in Frage stellte. Zu den Verlierern gehörte jedoch auch der offizielle Katholizismus. In sein Konzept der Kirche ließen sich beachtliche Teile des katholischen Bürgertums offenkundig nicht mehr integrieren.

Kolpings Gesellenvereine

Erfolgreicher zeigte sich der Katholizismus bei dem Bemühen, die Auswanderung der Handwerksgesellen aus der Kirche aufzuhalten. Das war in erster Linie das Verdienst der Gesellenvereine Adolf Kolpings (1813–1865). Ihre Entstehung fiel in eine Zeit verstärkter sozialer Anstrengungen im Katholizismus. 1837 war die erste sozialpolitische Rede des Freiburger Professors Franz Josef Buß im badischen Landtag noch einigermaßen wirkungslos verhallt. Aber seit 1845 entstanden überall Vereine und Kongregationen, die sich um Kranke und Schwache, Kinder und Alte sorgten. Auch das Vorbild der französischen Vinzenzvereine wurde nachgeahmt. Bei alledem handelte es sich in der Regel um Laienaktivitäten, die der Klerus lediglich begleitete. Die Anfänge des katholischen Gesellenvereins in Elberfeld, wo Kolping als Kaplan tätig war, folgten zunächst ebenfalls dem allgemeinen kirchlichen Modell der religiösen und moralischen Betreuung. Kolping jedoch, der selbst Geselle gewesen war, veränderte diese Arbeit bald grundlegend. Der Verein sah seine Aufgabe jetzt darin, Gesellen auf der Wanderschaft ein Haus zu bieten, in dem sie neben Unterkunft und Unterhaltung vor allem einen Ersatz für die christliche Familie fanden. In ihr nämlich sah Kolping die Wurzel der gesellschaftlichen Erneuerung, der auch seine »Kolpingfamilien« letztlich dienen wollten. Durch eine geschickte Anknüpfung an die Tradition handwerklicher Zusammenschlüsse, in denen stets wirtschaftliche, ständische und religiöse Belange eine Rolle gespielt hatten, entstanden somit Vereine, die nicht mehr nach dem Modell von Kongregationen organisiert waren, sondern als Standesvereine mit wirtschaftlichen und sozialen Zielsetzungen. Da Kolping eine rein religiös-kirchliche Betätigung der Vereine auch in der Folgezeit abwehren konnte, gehörte dieses Unternehmen auf dem Sektor der Sozialarbeit für Handwerker um die Jahrhundertmitte fraglos zu den modernsten und anziehendsten.

Theologische und politische Bedingungen des deutschen Protestantismus

Es war ein trüberes Bild, das der deutsche Protestantismus in der gleichen Zeit bot. Auch hier hatte allerdings eine religiös-christliche Erneuerung stattgefunden, die insbesondere in der Gestalt von Erweckungsbewegungen größere Gebiete des evangelischen Deutschland ergriff. Diese Frömmigkeit verengte und verhärtete sich hier ebenfalls seit den dreißiger Jahren. Sie gewann noch einmal ein anderes Gesicht in den vierzigern, insbesondere in Preußen, wo Friedrich Wilhelm IV. von seiner Thronbesteigung an (1840) daran ging, im Geist und vielfach auch mit den Kräften dieser Erweckungsbewegung den »christlichen Staat« zu errichten. »Indem die Erweckungsbewegung mit diesem Regiment sich verband, geriet sie in alle politischen Schwierigkeiten hinein, die Friedrich Wilhelm IV. erwuchsen; sie wurde zur hochkirchlichen und reaktionären Partei, und die Entfremdung des Volkes vom Christentum wurde dadurch nochmals verstärkt.« (Schnabel 8, 329) Was in Preußen besonders kraß hervortrat, ließ sich in ähnlicher Weise allerdings auch andernorts beobachten: Die Erweckungsbewegungen verkirchlichten. Sie restaurierten die Orthodoxie oder entwickelten neue im Bunde mit dem Konfessionalismus des Neuluthertums. Die Regierungen förderten diese Entwicklung in der Regel. Ließ sich sehr viel an konservativem und restaurativem Geist, an antirevolutionären und entschieden antiliberalen Stimmungen auch im Katholizismus dieser Zeit beobachten: Darin bestand doch der grundlegende Unterschied, daß der deutsche Protestantismus weithin der Überzeugung war und blieb, er könne seine religiösen, christlichen und auch kirchlichen Zielsetzungen am wirksamsten in der möglichst unmittelbaren Verbindung mit dem Staat verwirklichen. Die für die Restaurationszeit so kennzeichnende »Ehe von Thron und Altar» war eine Konsequenz daraus.

Man begreift diese Einstellung nur, wenn man sich vor Augen hält, daß der deutsche Protestantismus in diesen Jahrzehnten praktisch und theoretisch sein Werden als Kirche erfahren hat. Die Aufklärung kannte rechtlich nur gesellschaftlich integrierte religiöse Vereine. Aus der Erbmasse des »Hl. Römischen Reiches« hatten die neuen Staaten 1815 außerdem vielfältige territoriale kirchliche Traditionen übernommen. Sowohl die Errichtung eigener Kirchentümer innerhalb der neuen Grenzen als auch deren Ausgestaltung zu Volkskirchen war dann nur möglich aufgrund der engen Zusammenarbeit von Staat und Kirche. Von dieser Wirklichkeit konnte schließlich auch die theologische Reflexion der Kirche über ihr eigenes Selbstverständnis kaum mehr absehen.

Die konkreten Bedürfnisse dieser staatlichen Volkskirchen erwiesen sich jedoch als tief und umfassend prägend. An der Entwicklung der Erweckungsbewegung läßt sich ablesen, wie dadurch bestimmte Tendenzen schärfer und einseitiger ausgebildet wurden, während andere zurücktraten. Die Erweckungsbewegung des frühen 19. Jahrhunderts bis etwa um 1820 war am persönlichen Glauben und an der subjektiven Heilserfahrung interessiert, aber nicht an der Kirche, nicht an der Konfession und kaum am Dogma. Sicherlich wirkten in die religiösen Aufbrüche in und um Erlangen, in Berlin und anderen Städten, in Vor- und Hinterpommern, im Wuppertal, am Niederrhein und nicht zuletzt in Württemberg von Anfang an sehr verschiedene soziale, politische und selbstverständlich theologische und kirchliche Positionen hinein. Sowohl was die Glaubensinhalte als auch was die Frömmigkeitsformen anbelangt, war diese Erweckungsbewegung demnach schon von ihrem Ursprung her eine vielgestaltige Erscheinung. Die Tendenz zur Lehrhaftigkeit und zur Orthodoxie, zur scharfen Absage nicht allein an den Rationalismus, sondern an alle Rationalität in Glaubensfragen, war der Bewegung dabei von Anfang an inhärent. Sie wurde nur überlagert von einer Erfahrung, die über alle Unterschiede und Gegensätze hinweg zu verbinden vermochte. Richard Rothe hat diese Stimmung rückblickend treffend charakterisiert: »Es steht mir noch in lebhafter Erinnerung, wie uns zu Muthe war, als in jenen Tagen der Zauber des fast unbestritten herrschenden Rationalismus vor unserm überraschten Blicke sich löste . . . Und wie wir so die Bibel, wie sie vorliegt, unbesehen frischweg für das nahmen, was sie unserer älteren Theologie ebenso unbesehen gewesen war, so griffen wir in der gleichen Arglosigkeit auch wieder nach der alten kirchlichen Dogmatik, die uns ohnehin durch die bewundernswürdige Ausführung ihres, allerdings mehr künstlichen als kunstvollen, Baues bestach, eines Baues, der sich neben der sehr bürgerlichen Bauart der damals gewöhnlichen dogmatischen Lehrbücher gar imposant ausnahm. Trunken, wie wir in jenen herrlichen Tagen der ersten Jugendliebe zu dem wiederentdeckten Evangelium waren, von der Freude darüber, die Küste einer übernatürlichen Welt nach der unsere Sehnsucht so lange ausgeschaut hatte, endlich in Sicht bekommen zu haben, konnte uns des Übernatürlichen, des Geheimnis- und Rätselvollen gar nicht genug geboten werden.« (Nippold, 4)

Der Rationalismus, die Spätform der theologischen Aufklärung, war somit der große religiöse und theologische Gegner der Erweckungsbewegung. Ihn suchte sie durch den Rückgriff auf die Theologie vor der Aufklärung zu vernichten. Diese Restauration lag jedoch zugleich voll und ganz auf der Linie des politisch restaurativen Staates. Die Ausscheidung der Kritik, die Bereitstellung ehrwürdiger, durch die Tradition geheiligter Normen und Autoritäten sowie die Proklamierung einer objektiv gültigen göttlichen Wahrheit: diese Elemente der Erweckungstheologie entsprachen genau der staatlichen Intention. Denn der theologische Rationalismus war gleichzeitig politischer Gegner. Sicherlich hatte der Durchschnittsvertreter dieser Aufklärung nichts Revolutionäres oder Radikales an sich. Sein Denken korrespondierte vielmehr exakt der skizzierten Geisteslage des kleinen Bürgertums: Er war staatsfromm und vernünftig, kritisch und sogar ablehnend dem Adel gegenüber, aber immer wieder voll des Lobes auf den Fürsten, durch den man es so herrlich weit gebracht hatte! Die Prediger des Rationalismus proklamierten nicht die soziale Gerechtigkeit, sondern die Nützlichkeit der christlichen Lehre im Rahmen des alltäglichen Lebens und insbesondere als Trost für den inneren Menschen. »Nicht Jedermann kan glücklich, aber Jedermann kan glückselig sein«, predigte Zollikofer. (zit. Schlingensiepen-Pogge, 143) Aber die Brisanz des aufgeklärten Gedankenguts bestand doch nach wie vor. Wie an den Bewegungen der Deutschkatholiken und Lichtfreunde dann deutlich wurde, konnte die Betonung der religiösen Selbstbestimmung des Subjekts sehr schnell eminent politische Folgen haben. Empörend genug erschien den Repräsentanten von Staat und Kirche, daß diese Pfarrer und Theologen es wagten, ihre individuelle Einsicht zum Maßstab der Anerkennung der Kirchenlehre, der Bekenntnisschriften und auch der Kirchenordnung zu machen. Nimmt man hinzu, daß zunächst der Staat der Restauration noch relativ ungefestigt war und die Anhänger der neuen Frömmigkeit lediglich eine Minderheit in der Kirche bildeten, begreift man deren militante Rücksichtslosigkeit gegenüber dem Rationalismus. Dabei waren die Vertreter der Erweckungsbewegung überzeugt, daß die breite Mehrheit des Volkes ohnehin auf ihrer Seite stehe, man also letztlich auch in seinem Sinn verfahre bei der Zurückdrängung und Ausschaltung eines zerstörenden Geistes und einer falschen Theologie.

Jedoch nicht nur der Rationalismus, auch der umfassende theologische Neuansatz Friedrich Schleiermachers (1768–1834) wurde nach Kräften einzuengen versucht. Wiederum verbanden sich dabei kirchlich-theologische und politische Motive. Schleiermachers Anliegen war es zunächst gewesen, an der Seite der preußischen Reformer Volk und Staat, Christentum und Kultur in neuer Weise einander durchdringen zu lassen, damit ein neues Geschlecht aus freien, ethisch verantwortlichen, frommen und patriotischen Bürgern heranwachse. In diesem Konzept schien die ideale Möglichkeit gegeben, die Kirche aus der Isolation herauszuführen, in die sie faktisch seit der Aufklärung geraten war, und ihr mitsamt der christlichen Botschaft einen unmittelbaren Gegenwartsbezug und darin eine neue Möglichkeit der gesamtgesellschaftlichen Integration zuzuweisen. Mutig und beredt entfaltete Schleiermacher dieses Programm sein Leben lang. Dazu gehörte vor allem die Freiheit der Kirche gegenüber dem Staat. 1799 hatte er in seinen Reden »Über die Religion« geschrieben: »Hinweg also mit jeder solchen Verbindung zwischen Kirche und Staat! – das bleibt mein Catonischer Ratsspruch bis ans Ende, oder bis ich es erlebe, sie wirklich zertrümmert zu sehen.« (Ed. Otto, 138) Dazu sollte weiterhin die Selbstverwaltung der Kirche durch freigewählte Presbyterien und Synoden gehören, in denen den Laien ein wirkliches Mitspracherecht eingeräumt war. Vor allem aber drängte Schleiermacher auf eine Theologie, die bei aller Zuwendung zur Kirche doch im offenen Gespräch mit den führenden Geistern der Zeit stand. Nicht zufällig lautete der Untertitel seiner Glaubenslehre (1821/22): »nach den Grundsätzen der evangelischen Kirche im Zusammenhange dargestellt«. Damit war nicht nur Schleiermachers Bindung an die Kirche ausgesprochen, sondern ganz konkret die Bindung an die Kirche der Union aus Reformierten und Lutheranern. Allerdings handelte es sich dabei nie um eine Unterordnung unter ihre Organisation oder Lehre. Frei wie er den Mächtigen seiner Zeit entgegentrat, verfügte Schleiermacher auch über die christliche Dogmatik. Was er diesbezüglich lehrte, handelte wesenhaft von der Erfahrung des religiösen Subjekts und seines christlich-frommen Selbstbewußtseins. Diesen Ansatz hat Schleiermacher der gesamten wissenschaftlichen Theologie des deutschen Protestantismus im 19. Jahrhundert eingestiftet. Die akademische Universitätstheologie wurde dadurch zu einem dauerhaften Moment der Unruhe und der Herausforderung für die protestantischen Staatskirchentümer. Gleichwohl bestimmte sie nie deren Wirklichkeit.

Schleiermacher hatte gehofft, daß sein Konzept des Christentums als einer gesellschaftlich vermittelten Wirklichkeit wahrhaften Menschseins dazu beitragen würde, die Gesellschaft wirklich menschlicher zu machen. Die 4. Rede schloß darum mit der Vision einer Zeit, in der der Mensch nicht länger entfremdet war, sondern als mit sich selbst identischer Mensch in wahrer Gemeinschaft mit seinesgleichen lebte. »Dann erst wird jeder Mensch ein Freigeborner sein, dann ist jedes Leben praktisch und beschaulich zugleich, über keinem hebt sich der Stecken des Treibers, und jeder hat Ruhe und Muße, in sich die Welt zu betrachten.« (Ed. Otto, 143) Aber darauf zielten weder der Staat noch die Kirche seiner Zeit.

Zum Aufbau der neuen Staatskirchentümer gehörten neue Lehrverpflichtungen, neue Kirchenordnungen und -verfassungen. Wieder war die Entwicklung in Preußen kein Sonderfall, obwohl sich hier die treibenden Kräfte besonders deutlich ablesen lassen. Die Union zwischen Lutheranern und Reformierten durch die Deklaration Friedrich Wilhelms III. vom 27. 9. 1817 fand eine breite Zustimmung in den Gemeinden, vor allem in den Westprovinzen. Nicht ganz so einhellig wurden die neue Agende sowie die klar auf den König zugeschnittene Kirchenverfassung akzeptiert. Auch in anderen deutschen Staaten wie Hessen, Pfalz und Baden führte die Errichtung der Union zu Beunruhigungen. Aber die Situation in Preußen entwickelte sich insofern besonders problematisch, als Friedrich Wilhelm III. die offiziell zugestandene Freiwilligkeit des konfessionellen Zusammenschlusses mit dem Druckmittel seiner neuen Einheitsagende (1822) verband. Beflissene Theologen konstruierten dem König zwar sogleich ein recht umstrittenes liturgisches Recht des landesherrlichen Kirchenregiments; der König selbst war überzeugt, daß er die Kirche in allem Äußeren genauso kommandieren könne wie das Heer. Den trotzdem verbreiteten Widerspruch sollte die neue Kirchenverfassung kanalisieren. Sie war streng von oben nach unten konzipiert. Die Synoden wurden bedeutungslos, die nach langen Bemühungen endlich (1835) bewilligte Rheinisch-Westfälische Kirchenordnung reduzierte die presbyterial-synodale Selbstbestimmung erheblich. Die entscheidende Gestalt in der Kirche war fortan der König. Durch die von ihm abhängigen Generalsuperintendenten auf der Provinzebene und darunter auf der Ebene der Kreise durch die Superintendenten vermochte er einen beherrschenden Einfluß auszuüben. Ließen sich die religiösen Kräfte auf diese Weise auch nicht völlig in den Griff bekommen – wie etwa die Separation der pommerschen und dann insbesondere der schlesischen Lutheraner bewies – so war nichtsdestoweniger zunächst einmal ein Staatskirchenwesen durchgesetzt, das alsbald auch in diesem Sinne reglementierend und integrierend zu wirken begann.

Denn natürlich entwickelte sich im Rahmen dieser Kirche nicht nur die Neigung, eine restaurative, an patriarchalisch-feudalen Verhältnissen orientierte Staatsgesinnung zu produzieren, sondern ebenso eine dieser Wirklichkeit entsprechende Theologie. So kennzeichnend wie folgerichtig war dann der Versuch Ludwig von Gerlachs in der Evangelischen Kirchenzeitung (EKZ), dem von Ernst Wilhelm Hengstenberg (1802–1869) herausgegebenen Organ der herrschenden Kirchenpartei, durch seine Attacken auf die rationalistischen Theologieprofessoren Gesenius und Wegschneider in Halle (1830) deren Absetzung zu erreichen. Politische und religiöse Überzeugungen griffen dabei ineinander. »Es ist dieselbe Gesinnung«, schrieb die Kirchenzeitung (EKZ 1830, 704), »die aus der Finsterniß der eigenen Vernunft die höchste Wahrheit, aus dem eigenen, durch die Sünde vergifteten Willen Besserung hervorzubringen hofft, statt jene in Gottes Wort zu suchen, und diese von ihm zu erflehen, – und die aus dem Kothe der menschlichen Leidenschaften, aus Ehrsucht und Habsucht, das Gebäude der Freiheit aufbauen will, statt das Recht zu lernen und zu ehren, welches in Gottes heiligem und geoffenbartem Willen schon längst vorhanden und in den wohlbegründeten Rechten und Verfassungen eines jeden Landes erschienen ist, und nach der Gerechtigkeit zu trachten, durch welche uns alles Andere, auch die wahre Freiheit, zufallen soll, – es ist dieselbe Gesinnung, die in Paris die Vernunft in der Person einer Hure vergöttert, und in Leipzig und Dresden den plündernden Pöbel als politischen Reformator begrüßt.« Wenn es zur Absetzung der Professoren und damit zur Domestizierung der Universitäten auch nicht kam, so setzte sich der Geist unbedingter royalistischer Ergebenheit und strenger Orthodoxie doch mehr und mehr in der größten evangelischen Kirche Deutschlands durch. Erledigt waren zunächst einmal alle Bemühungen, die Bindungen der Kirche an den Staat zu lockern. Die »Ehe von Thron und Altar« wurde in jenen Jahren in Preußen nicht nur stabilisiert, sondern internalisiert!

Die sozialen Leistungen der Erweckungsbewegung

Innerhalb dieses Rahmens mußten alle sozialen Anstrengungen und Bemühungen zunehmend den Eindruck von paternalistischer Fürsorge und autoritärer Bevormundung erwecken. Geleistet wurde auf dem sozialen Gebiet allerdings Erhebliches. Die meist evangelischen Unternehmer begriffen sich zwar mit großer Selbstverständlichkeit als unumschränkte Herrscher in ihren Betrieben. Aber diese Einstellung war in der Regel mit einem sozialen Verantwortungsbewußtsein den Arbeitern gegenüber verbunden. Praktisch übertrugen die Unternehmer damit das Modell der Gutsherrschaft auf die Fabrik. Hier wie da sorgte man für seine Untergebenen, keineswegs ausschließlich aus christlicher Gesinnung heraus, sondern ebenso aus philanthropischen oder allgemein vernünftigen Motiven. Gleichwohl war der Anteil des christlichen sozialen Engagements groß. Vor allem bei den Unternehmern in den Westprovinzen und insbesondere im Wuppertal verbanden sich erweckte Frömmigkeit und ein lebendiger Geschäftssinn nahezu selbstverständlich. »Alles ist hier Kirche und Handel, Mission und Eisenbahn, Bibel und Dampfmaschine«, schrieb der Theologe Karl Immanuel Nitzsch aus Bonn (zit. Hausrath II, 36). Sehr viel schärfer hat zur gleichen Zeit Friedrich Engels diese Welt in seinen »Briefen aus dem Wuppertal« (1839) gegeißelt. Unbestreitbar freilich war, daß hier Menschen aus christlichem Glauben sozial verantwortlich zu leben und zu handeln suchten.
Erheblich begrenzter war die Bereitschaft, sich über den eigenen, überschaubaren Bereich hinaus zu engagieren. Daran krankte dementsprechend von Anfang an der im Oktober 1844 mit der Förderung von Friedrich Wilhelm IV. gegründete »Centralverein für das Wohl der arbeitenden Klassen«. Weder die Besitzenden noch die Arbeiterschaft in Preußen, die hier ohnehin nur als Betreuungsobjekt in den Blick kam, nahmen von diesem Projekt in einem größeren Ausmaß Notiz. Sehr viel weiter dagegen erstreckte sich die Diakonie der Erweckungsbewegung. Sie war meist auch da der Motor, wo einzelne Persönlichkeiten über sie hinausdrängten. Stärker nach Frankreich als nach Deutschland hatte das Wirken von Johann Friedrich Oberlin (1740–1826) im Steintal in den Vogesen ausgestrahlt. Oberlin, der in seinem Denken Tendenzen der Aufklärung und des Pietismus vereinte, baute Straßen in seine abgelegenen Dörfer, richtete Manufakturen ein, gründete Sparkassen und Schulen und versuchte unermüdlich, die Landwirtschaft in diesem Gebiet voranzubringen. Bescheidener waren die Aktivitäten von Johannes Falk (1768–1826). Doch erregte sein 1813 in Weimar gegründetes Institut für Kriegswaisen

und verlassene Kinder erhebliches Aufsehen, weil eine derartige Zuwendung zu herumstreunenden Kindern und verkommenen Jugendlichen höchst ungewöhnlich war. Andere Unternehmungen liebevoller christlicher Fürsorge für allerlei Schwache, Arme oder Benachteiligte folgten. So errichtete Adalbert Graf v. d. Recke-Volmarstein (1791–1878) in Düsseltal ebenfalls ein Heim für verwahrloste Kinder. Er bezeichnete es als »Rettungshaus«, um dadurch die Zusammengehörigkeit von geistlicher und sozialer Hilfe zum Ausdruck zu bringen. In Hamburg kümmerte sich Amalie Sieveking (1794–1859) um Waisenmädchen, Kranke und Entwurzelte. Berühmt wurde sie durch ihre unerschrokkene Krankenpflege während der großen Choleraepidemie (1831/32) in der Stadt. Auch um die Schule, um bessere Lehrer und Unterrichtsstoffe, sorgten sich die Erweckten. Christian Heinrich Zeller (1779–1860) arbeitete bahnbrechend in Ostpreußen und Württemberg. Schließlich gründete er in Beuggen ein Lehrerseminar, das sich gezielt der Ausbildung erweckter Lehrer und Missionare widmete. Noch weiter griff Theodor Fliedner in Norddeutschland aus. Seine 1827 gegründete Rheinisch-Westfälische Gefängnisgesellschaft war der erste Verein dieser Art in Deutschland. Aus der Fürsorge für entlassene weibliche Strafgefangene erwuchs dann 1833 in Kaiserswerth ein »evangelisches Asyl« und aus diesem wiederum entstanden 1836 die Kaiserswerther Anstalten mit ihren bald weithin berühmten Diakonissen. Hier war ein neuer Frauenberuf geschaffen, der bald vielen unverheiratet gebliebenen Mädchen aus der mittleren und oberen Gesellschaftsschicht einen Lebensinhalt und auch Ansehen verlieh. Etwas wie das männliche Gegenstück dazu, nämlich der Diakon, ging aus der Arbeit Johann Hinrich Wicherns (1808–1881) hervor. Angeregt durch Johann Wilhelm Rautenberg (1791–1865) begann Wichern seine Arbeit an verwahrlosten Hamburger Kindern. Das 1833 von ihm gegründete »Rauhe Haus« sollte Zufluchtsort und Familienersatz sein, wo die Jungen im christlichen Geist zusammen lebten und lernten, um später, nach einer abgeschlossenen Berufsausbildung, als Laien ein Christentum der Tat zu praktizieren. Teilweise wurde dann daraus ein Einsatz als Diakon in der Sozialarbeit in Heimen, Krankenhäusern und Stadtmissionen. Arbeit, Frömmigkeit und Gemeinschaft, letztere orientiert am Bild der Familie, erschienen Wichern als die Grundlagen der Gesellschaft. Dabei sah er sehr klar, daß die Kirche in ihrer gegenwärtigen Gestalt immer weniger die Bevölkerung erreichte. Sollte sie wirklich Volkskirche sein statt lediglich eine dem Volk verordnete Kirche, mußte sie aktiv in die Gesellschaft hineinwirken, was wiederum nur möglich war durch die Mitarbeit der Laien. Luthers Priestertum aller Gläubigen, die Assoziation erweckter Christen für den sozialen Dienst am Nächsten sowie das mit romantischen Zügen ausgestattete Ideal der Volkskirche waren Kernpunkte in Wicherns Konzept der kirchlichen und gesellschaftlichen Erneuerung. Seit 1844 warb er auch publizistisch dafür in den von ihm herausgegebenen »Fliegenden Blättern«.

Faktisch schlugen alle diese diakonischen Werke Brücken zu Menschen in den verschiedensten Schichten der Gesellschaft. Besonders deutlich wurde das an der Tätigkeit des Freiherrn Hans Ernst von Kottwitz (1757–1843). Seit 1807 mühte er sich nicht nur um den Lebensunterhalt und um Arbeitsmöglichkeiten für Erwerbslose in Berlin, sondern beeinflußte auch so einflußreiche Persönlichkeiten wie Hengstenberg, Tholuck, Ludwig von Gerlach oder den späteren König Friedrich Wilhelm IV. Nicht weniger stark war die Ausstrahlung dieser Werke der christlichen Nächstenliebe in anderen Teilen Deutschlands. Zahlenmäßig führend war mit Abstand Württemberg, das 1845 die stolze Zahl von 22 »Rettungshäusern« vorweisen konnte. Auch hier wurden alle diese Unternehmungen organisatorisch und finanziell von Freiwilligen getragen. Aber ebenso galt hier wie überall das Hauptinteresse der geistlichen Erneuerung des Menschen aus dem Glauben. Deshalb gehörten die Traktatvereine und Bibelgesellschaften untrennbar zu den sozialen Taten der Erweckten hinzu, war die massenhafte Verbreitung von Erbauungsliteratur in

Gestalt von Kalendern, Biographien und Zeitschriften durch Kolporteure und Reisesekretäre genau so wichtig wie die diakonische Tat. Die weitreichende Übereinstimmung dieser Bemühungen mit den gleichzeitigen Unternehmungen des deutschen und außerdeutschen Katholizismus sowie mit den Aktivitäten der Kirchen in England und Frankreich liegt auf der Hand. Die Besonderheit des deutschen Protestantismus jedoch lag darin, daß das gesellschaftliche Leitbild dieser sozial so eifrigen Erweckungsbewegung nicht wie dort in erster Linie ein vorindustrieller Konservatismus war, sondern daß alles Denken und Handeln eingepaßt war in die restaurative Staatsideologie des deutschen Absolutismus. Wieder läßt sich dieser allgemeine Zug am treffendsten an der preußischen Entwicklung ablesen: Das soziale Anliegen der Erweckungsbewegung verschmolz hier im Vormärz eindeutig mit dem Konservatismus der preußischen Aristokratie zu einer untrennbaren Einheit. Die Verwurzelung im Volk dagegen bezog sich auf eine begrenzte Schicht: nicht zuletzt deshalb, weil jetzt mehr und mehr alle liberalen Tendenzen ausgegrenzt und abgeurteilt wurden.

Das Konzept des christlichen Staates und seine Gegner

Die Ekklesiologie, die daraus resultierte, gipfelte in der Polarisierung der Herrlichkeit des Reiches Gottes und der bleibenden Misere aller menschlich-irdischen Reiche. In der Abgrenzung gegenüber allen wirklichen oder nur vermuteten revolutionären Tendenzen wuchs die Überzeugung, daß allein in der christlichen Gemeinde realisiert werde – zeichenhaft zwar, dafür jedoch echt und wahr –, was die Menschen ringsum mit den Begriffen Freiheit, Gleichheit und Brüderlichkeit ersehnten und dann doch nur in schaurigen Verzerrungen darzustellen vermochten. Die bekannte Hochschätzung der Ekklesiologie in der protestantischen Theologie des 19. Jahrhunderts zielte in der Verbindung mit dem Konzept des »christlichen Staates« in der Tat auf nicht weniger als eine »Realantizipation des eschatologischen Reiches« (Strunk, 316). Die Kirche stieg damit in ihrem Selbstverständnis zur entscheidenden Größe auf. Sie leitete demnach, wenigstens in der Theorie, den Staat und gestaltete mit ihm die Gesellschaft in einem wesenhaft antisäkularen und antiliberalen Geist. »Es gibt nur einen Einwand gegen den christlichen Staat«, schrieb Friedrich Julius Stahl, der große Theoretiker dieses Konzepts, im Jahre 1847: »das ist die Läugnung des Christenthums selbst... Von diesem Motiv aus kann man denn auch nicht dabei stehen bleiben, den christlichen Staat aufzuheben, man muß fortschreiten, auch die christliche Kirche aufzuheben.« (EKZ 1847, 683 f.)
In dem Maße also, in dem in Deutschland nicht nur die Not und das Elend zunahmen, sondern die Gesellschaft sich unübersehbar veränderte, formulierten die herrschenden kirchlichen Kreise des Protestantismus ein schroffes Nein gegen jede Verbindung der christlichen Hoffnung mit den auf das Diesseits gerichteten politischen und sozialen Hoffnungen der Zeit. Dementsprechend wuchs in liberalen und demokratischen Kreisen die Überzeugung, daß man wählen müsse: Entweder Hoffen auf Gott – oder die Hoffnung auf die eigene Aktivität; entweder Bauen auf das Jenseits – oder die Konstruktion des Diesseits; entweder göttliches Heil – oder die heilsame Veränderung der Gegenwart und damit auch der Zukunft. Das war die Situation, aus der heraus die »Religion des Atheismus« in Deutschland entstand. Ihr zunächst noch recht zurückhaltender Ausgangspunkt war der erste Band des »Leben Jesu« von David Friedrich Strauß (1808–1874), der 1835 erschien. Hatte das Jahr 1837 mit den Kölner Kirchenwirren einen Wendepunkt in der Geschichte des deutschen Katholizismus bedeutet, so geschah dasselbe 1835 für den deutschen Protestantismus. Bezeichnenderweise war es hier ein Buch, das diese Bewegung auslöste. Die außerordentliche Erregung, die dieses Werk hervorrief, gründete nicht nur darin, daß es in Deutschland nun einmal theologische Themen waren,

die die Öffentlichkeit beherrschten – statt der nationalökonomischen in Großbritannien oder der sozialistischen in Frankreich. Vielmehr erregte bzw. faszinierte dieses Buch die Zeitgenossen, weil es die von der Kirche und ihrer Theologie proklamierte Alternative annahm und mit umgekehrter Wertung konsequent zu Ende führte. Indem Strauß mit Akribie und Scharfsinn, dazu in einem glänzenden Stil, die These auszog, daß das Neue Testament nur mythisch von Jesus rede, mithin in einer dem philosophischen Denken unterlegenen und von diesem erst zu entschlüsselnden und auf den philosophischen Begriff zu bringenden Weise, bestritt er dem Christentum vom Ansatz her die Möglichkeit, unter wissenschaftlichen Voraussetzungen weiterhin als Erlösungsreligion aufzutreten. Was von ihm blieb, war eine Humanitätsreligion, eine Religion der reinen Menschlichkeit. Das aber bedeutete, ob nun Strauß diese Konsequenz zog oder nicht: dieser Wert war nur im Bruch mit dem traditionellen Christentum und im Gegensatz insbesondere zu den evangelischen Staatskirchen zu verwirklichen. Das bedeutete weiterhin, daß mit dieser faktischen Erhebung des Menschen zum Inbegriff des Absoluten sowie dem daraus resultierenden Freiheitsbegriff, der die Loslösung des Individuums aus allen metaphysischen Bindungen und Verpflichtungen proklamierte, nicht nur Einzelheiten des mit der Kirche und dem Christentum verschwisterten Staates in Frage gestellt waren, sondern wahrhaftig dieser selbst. Daß ausgerechnet ein Theologe diesen grundsätzlichen Schritt in Richtung auf die »Religion des Atheismus« tat, erregte seine Zeitgenossen besonders. Die offizielle kirchliche Alternative jedenfalls war durch Strauß fortan in das Gegenteil verkehrt. Sie lautete nun: Entweder engagierte man sich für eine autoritäre, illiberale Kirche, gefesselt an den sog. »christlichen Staat« – oder für Humanität und Demokratie, für Menschenrechte – und den Atheismus! Bruno Bauer, Ludwig Feuerbach, Karl Marx und Friedrich Engels sowie viele andere Angehörige der hegelschen Linken haben diese Alternative dann programmatisch weiterentwickelt.

Mit dem Werk von David Friedrich Strauß zerriß endgültig die Illusion des restaurativen Staates und der mit ihm verbundenen evangelischen Kirche, es ließe sich im protestantischen Deutschland noch einmal eine umfassende und allgemein als selbstverständlich geltende Volkskirchlichkeit durchsetzen. Gewiß, Staat und Kirche zusammen vermochten Strauß und seine Anhänger beiseite zu drängen und weithin mundtot zu machen. Aber Vertrauen, Glauben gar, war auf diese Weise nicht zu gewinnen. Treffend charakterisierte der junge Engels diese Situation, als er 1839 an seine frommen Freunde in Barmen schrieb: »Wenn Ihr den Strauß widerlegen könnt – eh bien, dann werde ich wieder Pietist.« (zit. Mayer I, 32)

Theoretische und praktische Alternativen

Strauß und sein »Leben Jesu« blieben natürlich nicht unwidersprochen. Aus der Flut der Gegenschriften ragt in einsamer Höhe das Lebenswerk von Ferdinand Christian Baur (1792–1860) heraus, dem Haupt der »Tübinger Schule«. In ebenso umfassenden wie gründlichen Analysen und Interpretationen der biblischen und kirchengeschichtlichen Quellen wies er die These von Strauß zurück. Baur bejahte die Kritik, denn dadurch allein bot sich nach seiner Überzeugung die Möglichkeit, die Überlieferung der Kirche auf einen festen Grund zu stellen. Er verwarf von daher die Behauptung, erst der Bruch mit der christlichen Tradition befähige zur Durchsetzung von Humanität und der Selbstverwirklichung des Menschen. Für Baur war stattdessen der Protestantismus eindeutig der Träger des sittlichen Fortschritts und insofern auch der Neuzeit. Das aber bedeutete: Theologie war nur als Geschichte faßbar, ja legitim. Diese Wahrheit richtete sich freilich sogleich gegen die faktische Wirklichkeit der evangelischen Staatskirchentümer. Baur ließ keinen Zweifel daran, daß er deren repristinierte Orthodoxie nicht nur für unangemessen

hielt, sondern für gefährlich. »Dass das religiöse Bewußtsein der Gebildeten – wenn es nur offen genug ist, es sich zuzugestehen –, mit dem alten orthodoxen Glauben sich immer weniger verträgt, ist eine Thatsache, die nicht verläugnet werden kann, und dadurch nicht erklärt ist, dass man in ihr nur den Unglauben der Zeit beklagt; es gibt auch einen berechtigten Unglauben und die unbefangene geschichtliche Forschung zeigt immer mehr, dass so Manches, woran die moderne Bildung Anstoss nimmt, auch nicht als ein ächter Bestandtheil des ursprünglichen Christenthums angesehen werden kann.« (zit. Greschat, Theologen I, 71)
Die breite Mehrheit der kirchlichen Repräsentanten allerdings verwarf diese Mahnung – keineswegs allein in Württemberg, wo aufgrund der Auseinandersetzungen um Strauß die Wogen der Empörung über alle theologische Kritik besonders hoch gingen. Natürlich sahen die Vertreter der Kirche das bedrohliche Anwachsen der religiösen Krise im Vormärz. Aber gefesselt an den Staat und gleichzeitig gefesselt an eine restaurative Theologie und insbesondere Ekklesiologie nahmen sie keine Alternative zu ihrem Kurs wahr. Die Folge war eine zunehmende Reduktion des Bezugs zur Wirklichkeit. Anders als im gleichzeitigen Katholizismus, in dem die Konfession über die sozialen Schichtungen hinweg ein Einigungsband zu bilden vermochte, wirkte sich die protestantische Bindung an den restaurativen Staat zunehmend als Bindung an eine schrumpfende soziale Schicht aus. Auch diese Entwicklung läßt sich sehr klar an Preußen ablesen. War es den Reformern um den Freiherrn vom Stein noch gelungen, auf administrativem Wege und insofern unparteiisch die Neugestaltung des Staates durchzusetzen, so war diese Epoche mit der Durchsetzung der Restauration abgeschlossen. Fortan erwies sich der Staat nicht nur als parteilich, sondern er wurde selbst Partei insofern, als er immer weniger bereit und bald auch in der Lage war, die unterschiedlichen gesellschaftlichen Anforderungen und Bedürfnisse zu integrieren. Stattdessen reduzierte er sich selbst auf die schmale Schicht der traditionell Privilegierten und vermochte dann nur noch Widerstand zu leisten: gegen alle liberalen und sozialen, nationalen und demokratischen Vorstellungen – kurz, gegen die gesamten Ideale und Zielsetzungen des aufsteigenden Bürgertums. Die Kluft, die zwischen dieser Kirche und der heraufziehenden industriellen Wirklichkeit Deutschlands lag, war tief.
Verurteilungen und Ausgrenzungen anderer theologischer Meinungen und Richtungen waren die Folge. Besonders deutlich läßt sich dieser Prozeß an der bereits erwähnten Bewegung der sog. »Lichtfreunde« ablesen, die in den vierziger Jahren vor allem in Mitteldeutschland beträchtliches Aufsehen erregten. Anders als der gleichzeitige Deutschkatholizismus entfachten die »Protestantischen« Freunde«, wie sie sich selbst nannten, allerdings keine wirkliche Massenbewegung. Der Zusammenschluß einer Reihe von Pfarrern in Gnadau am 29. 6. 1841 zielte vor allem darauf, das Daseinsrecht des theologischen Rationalismus in der evangelischen Kirche gegen die Restauration zu verteidigen. In der Forderung nach Gewissensfreiheit und religiöser Selbstbestimmung wußten sie sich mit einem Großteil ihrer bürgerlichen Gemeinden einig, ebenso in der Hervorhebung einer vernünftigen und allgemein verständlichen Moral der Mitmenschlichkeit als dem Wesen des Christentums. Diese Position jedoch erschien den herrschenden kirchlichen Kreisen unerträglich. So drängte man die Pfarrer und ihren Anhang aus der Kirche heraus. Als diese dann versuchten, sich als freie Gemeinden zu organisieren, wurden sie im Sommer 1845 vom preußischen Staat als politische Opposition verboten. Klarer ließ sich die Realität der »Ehe von Thron und Altar« mit ihren verheerenden Folgen kaum noch demonstrieren. Die Konsequenz daraus formulierte Rudolf Benfey für sich und viele seiner Mitbürger zu Beginn des Jahres 1848: »Unsere ganze Zeit ist vorzüglich damit beschäftigt, es zur Klarheit zu bringen, daß seit Jahrhunderten an die Stelle der *Kirche* die *Gesellschaft* getreten ist, daß diese allein jetzt ihre Ansprüche erhebt.« (Reform 3, 32)

Nicht allen evangelischen Zeitgenossen blieben die bedrohlichen Züge dieser Entwicklung verborgen. Die Bemühungen einer theologisch und kirchenpolitisch breit gefächerten Mittelpartei lassen sich beispielhaft an Carl Bernhard Hundeshagen (1810–1872) ablesen. Sein erstmals 1847 erschienenes außerordentlich erfolgreiches Buch »Der deutsche Protestantismus, seine Vergangenheit und seine heutigen Lebensfragen im Zusammenhang der gesamten Nationalentwicklung beleuchtet«, stellte den Versuch dar, einen dritten Weg zu finden zwischen der rigiden Enge der herrschenden politischen und religiösen Kräfte einerseits und den aufziehenden radikalen und atheistischen Tendenzen andererseits. Dazu aber bedurfte es des Bündnisses mit dem Liberalismus. Hundeshagens Buch war insofern ein einziges Werben um den deutschen Liberalismus. Dieser sollte begreifen, daß reaktionär und kirchlich ebensowenig identisch waren wie liberal mit national und progressiv. Scharf verwies Hundeshagen den Liberalen ihre gängige Kirchenfeindschaft und rückte die nationalen und fortschrittlichen Tendenzen des reformatorischen Christentums in den Vordergrund. »Wir können daher von dem Satz nicht lassen, daß der Protestantismus als solcher der Vollziehung des deutschen Staatslebens in der Form der Nationalität keineswegs Eintrag thut oder gethan hat, derselbe vielmehr für diese, wie jede andere Richtung, in welcher sich Deutschland einer hoffnungsreichen Zukunft zubilden mag, vollgültige Bürgschaften in sich trägt.« (538 f.) Hundeshagen erkannte deutlich, daß allein die Verbindung mit dem Liberalismus noch die Chance bot, »der Misere des Protestantismus durch eine allgemeine politisch-soziale Reform zu begegnen« (Nipperdey, 369), auch im Interesse einer positiven Integration der Unterschichten, die hier lediglich als dunkle Bedrohung im Hintergrund in Erscheinung traten. Die große Frage war nur, wo diese zahlenmäßig sicher nicht einmal schwache protestantische Mittelposition die Macht und den Einfluß hernehmen sollte, um dem Liberalismus die Bedeutung des Protestantismus als Träger des geistigen und politischen Fortschritts nahezubringen – und umgekehrt der evangelischen Christenheit die Vorzüge des politischen Liberalismus. Sehr verheißungsvoll sah es am Vorabend der Revolution von 1848 für diese Losung jedenfalls nicht mehr aus.

Bibliographische Hinweise zu II. 4.

Aubin, H.-Zorn, W. [Hg.]: Handbuch der deutschen Wirtschafts- und Sozialgeschichte. 2 Bde. Stuttgart 1971–1976.

Bigler, R. M.: The Politics of German Protestantism. Berkeley 1972.

Böhme, H.: Prolegomena zu einer Sozial- und Wirtschaftsgeschichte Deutschlands im 19. und 20. Jahrhundert. Frankfurt 1968.

Brakelmann, G.: Die soziale Frage des 19. Jahrhunderts. 4. Aufl. Witten 1971.

Conze, W. [Hg.]: Staat und Gesellschaft im deutschen Vormärz, 1815–1848. Stuttgart 1962.

Dorneich, J.: Franz Josef Buß und die katholische Bewegung in Baden. Freiburg 1979.

Fischer, W.: Wirtschaft und Gesellschaft im Zeitalter der Industrialisierung. Göttingen 1972.

Gerhardt, M.: Ein Jahrhundert Innere Mission. Die Geschichte des Central-Ausschusses für die Innere Mission der Deutschen Evangelischen Kirche. 2 Bde. Gütersloh 1948.

Gladen, A.: Geschichte der Sozialpolitik in Deutschland. Wiesbaden 1974.

Graf, F. W.: Die Politisierung des religiösen Bewußtseins. Die bürgerlichen Religionsparteien im deutschen Vormärz: Das Beispiel des Deutsch-Katholizismus. Stuttgart 1978.

Greschat, M. [Hg.]: Theologen des Protestantismus im 19. und 20. Jahrhundert. 2 Bde. Stuttgart 1978.

Hamerow, Th. S.: Restauration, Revolution, Reaction. Economics and Politics in Germany, 1815–1871. Princeton 1958.

Heyer, F.: Die katholische Kirche vom Westfälischen Frieden bis zum Ersten Vatikanischen Konzil. In: K. D. Schmidt-E. Wolf [Hg.], Die Kirche in ihrer Geschichte. Bd. 4, Lfg. N, 1. Göttingen 1963.

Holborn, H.: Deutsche Geschichte in der Neuzeit. 3 Bde. München-Wien 1970–1971.

Huber, E. R.: Deutsche Verfassungsgeschichte seit 1789. Bd. 1–4, Stuttgart 1967–1969.

Jantke, C.-Hilger, D. [Hg.]: Die Eigentumslosen. Der deutsche Pauperismus und die Emanzipationskrise in Darstellungen und Deutungen der zeitgenössischen Literatur. Freiburg–München 1965.

Ipsen, G.: Die preußische Bauernbefreiung als Landesausbau. In: Zs. für Agrargeschichte und Agrarsoziologie 1 (1954), 29–54.

Junkin, E. D.: Religion versus Revolution. The Interpretation of the French Revolution by German Protestant Churchmen, 1789–1799. 2 Bde. Austin 1974.

Köllmann, W.: Die Anfänge der staatlichen Sozialpolitik in Preußen bis 1869. In: VSWG 53 (1966), 28–52.

Ders.: Bevölkerung in der industriellen Revolution. Göttingen 1974.

Ders.: Gesellschaftsanschauungen und sozialpolitisches Wollen Friedrich Harkorts. In: Rhein. Vjblätter 25 (1960) 81–99.

Ders.: Sozialgeschichte der Stadt Barmen im 19. Jahrhundert. Tübingen 1960.

Kuhn, A.: Die Kirche im Ringen mit dem Sozialismus. München 1965.

Kupisch, K.: Die deutschen Landeskirchen im 19. und 20. Jahrhundert. In: K. D. Schmidt-E. Wolf [Hg.], Die Kirche in ihrer Geschichte. Bd. 4, Lfg. R, 2.2 Aufl. Göttingen 1975.

Lehmann, H.: Pietismus und weltliche Ordnung in Württemberg vom 17. bis zum 20. Jahrhundert. Stuttgart 1969.

Mahling, F.: Kirchliche Stimmen zur Arbeiterbewegung von 1839–1862. In: NKZ 33 (1922), 115–167.

Mayer, G.: Friedrich Engels. Eine Biographie. 2 Bde., 2. Aufl. Köln, o. J.

Nipperdey, Th.: Carl Bernhard Hundeshagen. Ein Beitrag zum Verhältnis von Geschichtsschreibung, Theologie und Politik im Vormärz. In: Festschrift H. Heimpel, Bd. 1, Göttingen 1971, 368–409.

Ders.: Verein als soziale Struktur in Deutschland im späten 18. und frühen 19. Jahrhundert. In: Geschichtswissenschaft und Vereinswesen im 19. Jahrhundert. Göttingen 1972, 1–44.

Rosenberg, H.: Politische Denkströmungen im deutschen Vormärz. Göttingen 1972.

Schieder, Th.: Kirche und Revolution. Sozialgeschichtliche Aspekte der Trierer Wallfahrt von 1844. In: Archiv für Sozialgeschichte 14 (1974), 419–454.

Ders.: Staat und Gesellschaft im Wandel unserer Zeit. 3. Aufl. München 1974.

Schlingensiepen-Pogge, A.: Das Sozialethos der lutherischen Aufklärungstheologie am Vorabend der Industriellen Revolution. Göttingen 1967.

Schnabel, F.: Deutsche Geschichte im 19. Jahrhundert. 8 Bde., 2. Aufl. Freiburg 1964–1965.

Schoeps, H.-J.: Das andere Preußen. 3. Aufl. Berlin 1964.

Schraepler, E.: Handwerkerbünde und Arbeitervereine, 1830–1853 Berlin 1972.

Shanahan, W. O.: Der deutsche Protestantismus vor der sozialen Frage, 1815–1871. München 1962.

Stadelmann, R.-Fischer, W.: Die Bildungswelt des deutschen Handwerkers um 1800. Berlin 1955.

Strunk, R.: Politische Ekklesiologie im Zeitalter der Revolution. München-Mainz 1971.

Thier, E.: Die Kirche und die soziale Frage. Gütersloh 1950.

Uhlhorn, G.: Die christliche Liebestätigkeit. 2. Aufl. Darmstadt 1959.

Wehler, H.-U.: Bibliographie zur modernen deutschen Sozialgeschichte. Göttingen 1976.

Ders.: Bibiliographie zur modernen deutschen Wirtschaftsgeschichte. Göttingen 1976.

Ders. [Hg.]: Moderne deutsche Sozialgeschichte. 2. Aufl. Köln 1968.

Weitling, W.: Das Evangelium des armen Sünders. Die Menschheit, wie sie ist und wie sie sein sollte. Reinbeck 1971.

III. Das industrialisierte Europa (1840–1870)

1. Das Heraufkommen der industriellen Welt

Die Entstehung eines europäischen Wirtschaftssystems

Jahrtausende lang war das Leben der europäischen Bevölkerung unmittelbar und elementar von der Landwirtschaft geprägt worden. Seit der Mitte des 19. Jahrhunderts jedoch wurde diese natürliche Ordnung in den westeuropäischen Industriestaaten zunehmend von einer neuen Wirklichkeit überlagert: Nicht mehr allein von Saat und Ernte, von guten oder kümmerlichen Erträgen der Landwirtschaft hing fortan das Wohlergehen der Bevölkerung ab, sondern von ökonomischen Daten, vom Expandieren oder Stagnieren einzelner Wirtschaftszweige und schließlich der Gesamtwirtschaft eines Landes. Die überwältigende Mehrheit der Zeitgenossen nahm diese Veränderung freilich zunächst kaum wahr. Gehörten Frost und Hitze, Hagel oder Dürre, die der menschlichen Erfahrung doch ganz unmittelbar einleuchteten, schon zu den Dingen, die die Mehrzahl der Menschen hinnahm, ohne sie zu begreifen, so war das bei den neuen ökonomischen Realitäten mit ihrem scheinbar unmotivierten Auf und Ab der konjunkturellen Schwankungen erst recht der Fall. Auch setzte sich das Neue zunächst nur schrittweise und anfangs keineswegs augenfällig durch. Bis zum Ende des hier behandelten Zeitraums spürte das industrialisierte Europa noch immer seine Abhängigkeit von den Ernteerträgen. Und selbstverständlich existierten auch weiterhin die Gebiete, in denen die Bevölkerung, abgeschlossen nach außen wie eh und je, nur für den eigenen Bedarf produzierte. Aber diese Räume bildeten in den Industriestaaten bald nur noch Inseln, schrumpfende Inseln zudem aufgrund der voranschreitenden Industrialisierung. Vor allem die Eisenbahnen trugen Schritt um Schritt die neue Wirklichkeit in immer neue Gegenden.

Durchsetzungskraft und schnelle Ausdehnung innerhalb Europas – und weit darüber hinaus – gehörten überhaupt wesentlich zur Industrialisierung hinzu. In unserem Zeitraum wurden zunächst die erst nur sehr locker aufeinander bezogenen verschiedenen industriellen Wirtschaftszweige der einzelnen Länder stärker miteinander verknüpft. Zugleich begann ein schnell voranschreitender Prozeß der Verflechtung der europäischen Industrien untereinander. Eine internationale Wirtschaft mit weltweiten Auswirkungen bildete sich von Europa her aus. Dahinein wurden zunehmend andere Territorien und Staaten gezogen, entweder in der Form der industriellen Kooperation – die vor allem mit den USA, aber auch Australien oder Kanada zu beobachten war; oder in Gestalt einer mehr oder weniger ausgeprägten imperialistischen Nutzung der Rohstoffe und Warenbedürfnisse, wovon im wesentlichen der Rest der Erde betroffen wurde, insbesondere Afrika, Vorder- und Hinterasien sowie Südamerika.

In dem Maße, in dem Europa seit der Jahrhundertmitte wirtschaftlich zusammenzuwachsen begann, vollzog sich die Weiterentwicklung der Industrialisierung überall »mit bemerkenswerter Gleichförmigkeit« (Rosenberg, Krisis, 87). Das bedeutete: das Auf und Ab der Konjunktur, die ökonomischen Stockungen und ebenso die Phasen wirtschaftlichen Wachstums blieben nicht mehr auf ein Land oder einen Wirtschaftszweig begrenzt, sondern erfaßten fortan diese ganze, zunehmend von den Gesetzmäßigkeiten der Industrialisierung durchdrungene Welt. Und so begann diese in unserem Zeitraum, allen geographischen, nationalen, sozialen, mentalen und sonstigen Unterschieden zum Trotz, tatsächlich zu *einer* Welt zusammenzuwachsen.

Der Wendepunkt also lag in den späten vierziger Jahren des 19. Jahrhunderts. Bis dahin hatten die konjunkturellen Schwankungen der weit überlegenen britischen Wirtschaft zwar unverkennbar auf den Kontinent hinübergewirkt: aber dank der insgesamt bescheidenen industriellen Entwicklung in diesen Staaten waren davon höchstens einzelne Wirtschaftszweige getroffen worden, niemals jedoch die Wirtschaft eines ganzen Landes. Das zeigte sich an den Auswirkungen der 1825 von England exportierten Handelskrise ebenso wie bei der wirtschaftlichen Depression in Großbritannien in den Jahren 1836–1839. Selbst die ungleich schwerere englische Krise von 1841/42 wirkte sich auf dem Festland nur sehr begrenzt aus. Härter traf den Kontinent dann die Krise des Jahres 1847. In gewisser Weise läßt sich diese Depression sogar als die erste gesamteuropäische Wirtschaftskrise seit der Industrialisierung bezeichnen. Bei dieser Feststellung ist freilich sofort hinzuzufügen, daß ihre Auswirkungen vielfach gerade deshalb so schrecklich waren, weil sie unmittelbar auf eine der schwersten Agrarkrisen des Jahrhunderts folgte. Nachdem schon die vorangegangenen Getreideernten nur dürftige Erträge gebracht hatten, kam es im Herbst 1846 zu einer ausgesprochenen Mißernte. Dann verfaulten auch noch die Kartoffeln, das Hauptnahrungsmittel der Armen, in der Erde. Der Winter und erst recht das folgende Frühjahr waren fürchterlich. »Es ist bekannt, daß knapp eine Million Iren starben, während die gleiche Zahl nach Amerika emigrieren mußte; ebenso bekannt ist, daß in Oberschlesien und in Ostpreußen sich ganze Dörfer fast entvölkerten, weil auf die Hungersnot der Typhus folgte, der die unterernährten Menschen hinwegraffte.« (Bergeron, 235) Es war die letzte reine Agrarkrise, die Europa heimgesucht hat. Wenigstens die Wiederkehr derartiger Katastrophen blieb dem alten Kontinent danach erspart: in erster Linie aufgrund der durch die Industrialisierung geschaffenen besseren Transportverbindungen mit Ländern und Gebieten, die über landwirtschaftliche Überschüsse verfügten.

Die Revolution von 1848/49

Diese schweren agrarischen und ökonomischen Einbrüche mitsamt den dadurch bewirkten geistigen und seelischen Erschütterungen gehörten zu den Voraussetzungen der Revolutionen von 1848/49. Ohne jenen Hintergrund wäre es jedenfalls nur schwer verständlich, weshalb die unter spezifisch französischen Bedingungen im Februar 1848 in Paris ausgebrochene Revolution so überraschend schnell fast ganz Europa erfassen konnte. Andererseits darf man diesen Gesichtspunkt aber auch nicht verabsolutieren. Weder Irland noch die übrigen von Hunger, Krankheit und Tod besonders betroffenen Gebiete spielten bei den Ereignissen des Jahres 1848 eine herausragende Rolle; und die durch die Industrialisierung mit wirtschaftlichen Schwierigkeiten und sozialen Spannungen in erster Linie konfrontierten Länder, nämlich England und Belgien, blieben von der Revolution im wesentlichen verschont. Diese war – auch wenn die Erhebung nirgendwo auf diese Schicht beschränkt blieb – überall in hohem Maße eine Aktion des Bürgertums zur Eroberung der politischen Macht – oder wenigstens eines Anteils daran. Dementsprechend standen in der Regel die liberalen Forderungen im Vordergrund. Gefordert wurden verfassungsmäßig garantierte Freiheiten des Individuums sowie der Presse, gewählte Volksvertretungen und liberale Ministerien, Reformen im Justizwesen – z. B. die Einführung von Geschworenengerichten – und schließlich Bürgerwehren anstelle der stehenden Heere. Außerhalb Frankreichs trat das nationale Element hinzu, entweder in der Form des Anspruchs auf nationale Selbstbestimmung – wie in Ungarn, Böhmen, Polen, aber auch in Schleswig-Holstein; oder als Verlangen nach nationaler Einheit wie in Italien und Deutschland. Unübersehbar, aber gleichwohl im Hintergrund blieben weithin die sozialen Probleme. Insofern war die Aktionsgemeinschaft von Bürgern und Arbeitern in Paris

im Februar 1848 durchaus untypisch und keineswegs die Regel, sowohl was Frankreich selbst anbelangt und erst recht im Blick auf das übrige Europa. Denn einmal war die Zahl der Fabrikarbeiter, entsprechend dem bescheidenen Stand der Industrialisierung, noch viel zu gering, als daß sie eine entscheidende Rolle hätten übernehmen können; zum andern hielten oft gerade diese Arbeiter sich aus den Auseinandersetzungen heraus. Wo gegen die reale soziale Not erbittert und auch gewaltsam angegangen wurde, handelte es sich in der Regel um Bauern und Landarbeiter, sehr häufig um Gesellen und kleine Meister, schließlich um einzelne Intellektuelle und Studenten.
Die Unsicherheit und Unentschlossenheit der Herrschenden sowie ihre Feigheit brachten der Revolution den Sieg, nicht die politische Überlegenheit der revolutionären Führergestalten oder die Geschlossenheit der Massen. In Paris fiel der Opposition die Macht wie von selbst in den Schoß; und was für Deutschland galt, konnte im wesentlichen ebenso von anderen Ländern und Territorien gesagt werden: »Dieser Frühling von 1848 war ein Naturerlebnis... Die verführerische Sonne ließ auch in den Menschen etwas Ungeahntes aufblühen: sie sammelten sich und sprachen, sie forderten und erreichten alles, sie bekränzten sich, sie tranken sich zu und feierten. Feinde umarmten sich, Verbannte und Verketzerte stiegen auf zu frohlockender Führerschaft, Schuld- und Fluchbeladene verschwanden stille, niemand tat ihnen weh – und alle waren gerührt.« (Valentin I, 338)

Spätestens im Sommer 1848 jedoch war klar, daß keineswegs alle, die der Revolution zugestimmt hatten, dasselbe wollten. Zurückgedrängt, teilweise auch schon isoliert fanden sich nun durchweg die Gruppen, die für eine radikale Demokratisierung eintraten – östlich des Rheins z. B. für die Republik – sowie für wirklich greifende soziale Reformen. Der Vorstoß von Hecker und Struve in Baden scheiterte nicht allein militärisch, sondern an der breiten Ablehnung gerade durch die liberal gesinnte Mehrheit. »Du hast keinen Begriff«, schrieb damals Andreas Gottschalk, einer der wenigen Kommunisten in Deutschland, an Moses Hess, »von der Furcht unserer Bourgeois vor dem Namen der Republik; er ist ihnen identisch mit Raub, Mord, Einfall der Russen.« (Augenzeugen, 121) Noch folgenreicher war die Auflösung der Nationalwerkstätten in Paris mitsamt der brutalen Zerschlagung der dagegen rebellierenden Handwerker und Arbeiter. Der Aufstand dieser Menschen im Juni 1848 drängte überall in Europa Bauern, Kleinbürger und Intellektuelle nach rechts. Der Überschwung war verflogen, Angst vor der Anarchie und ein tiefes Verlangen nach Ruhe und Ordnung beherrschten jetzt die Szene; die Gewaltsamkeiten von Rechts nahm man hin. Auf linksgerichtete Ausschreitungen in Frankfurt und einen erneuten Putschversuch Struves in Baden antwortete in Deutschland ein erneuter Rechtsruck. Die Stimmung wachsender Kreise artikulierte der Schlußvers eines schnell bekannt gewordenen Gedichts: »Gegen Demokraten helfen nur Soldaten!« (Palmade, 56) Die militante Gegenrevolution konnte beginnen.
Sie war gerüstet. Im Oktober wurde Wien von Windischgrätz erobert. Erschießungen schlossen sich an. Wrangel besetzte im November Berlin und löste die preußische Nationalversammlung auf. In Frankreich wählte am 12. Dezember eine überwältigende Mehrheit Louis Napoleon zum Präsidenten und übergab damit das Geschick der Republik einem entschiedenen Antirepublikaner. Im März 1849 war endlich das Werk der Frankfurter Nationalversammlung, die neue deutsche Verfassung, abgeschlossen. Aber Friedrich Wilhelm IV. von Preußen lehnte die ihm angetragene Kaiserkrone am 28. April endgültig ab. Das sei keine Krone, schrieb er voller Verachtung nach Hannover, »wohl aber ein Hundehalsband, mit dem man mich an die Revolution von 48 ketten wolle« (Augenzeugen, 311). Preußische Truppen schlugen dann die in manchen Gegenden Deutschlands noch einmal aufflackernden demokratischen Erhebungen nieder. Zuletzt, am 23. Juli 1849, fiel die Festung Rastatt. Massenerschießungen zeichneten den Weg der siegreichen

Gegenrevolution. Einen Monat später, im August, wurden auch die nationalen Freiheitsbewegungen in Italien und Ungarn – hier vor allem durch russische Truppen – blutig zerschlagen. Die Revolution war vorüber.

Die Folgen der Revolution

Doch trotz ihrer Machtfülle konnte die Reaktion nicht einfach zu den Verhältnissen vor 1848 zurücklenken. Unauslöschlich blieb, insbesondere in Italien und Deutschland, die Erinnerung an die Tage der nationalen Einheit. Mit dieser Sehnsucht mußte sich hier fortan jede politische Führung auseinandersetzen. Aber auch die liberalen Forderungen des Wahlrechts und der Ausweitung des individuellen Freiheitsraums ließen sich nicht mehr völlig vergessen machen. Sicher waren Verfassungen für die Mächtigen meist nur ein Stück Papier, über das sie nach Belieben hinweggehen konnten. Dennoch erhielt Preußen jetzt eine Verfassung (endgültig 1850) und darin ein Wahlrecht, das jedem Mann über 25 Jahren das Stimmrecht entsprechend der Höhe seines Steueraufkommens verlieh (Dreiklassenwahlrecht). Am klarsten zeichnete sich diese Nutzbarmachung liberaler Ideale für ein absolutistisches Herrschaftssystem in Frankreich ab, wo Louis Napoleon das allgemeine und gleiche Wahlrecht allen Männern für das Plebiszit verlieh, das die von ihm gefällten Entscheidungen bestätigen sollte. Einen wirklichen Erfolg erzielte die Revolution dagegen auf dem sozialen Sektor: Alle Gesetze und Verordnungen, die den Bauern oder die Landbevölkerung bis dahin an den Grundherrn bzw. den Boden gefesselt hatten, entfielen in Mitteleuropa nun endgültig. Die damit gewährte Freiheit nützte freilich in erster Linie den neuen Industrien, weil diese dank dieser Freizügigkeit von jetzt an sich ohne Schwierigkeiten und Verbindlichkeiten mit dem nötigen Menschenmaterial versorgen konnten.

In mancherlei Hinsichten war die Revolution von 1848 zugleich der Abschluß einer Epoche. Das gilt zunächst für den wirtschaftlichen Bereich. Die Energien, die vor allem vom Bürgertum bis dahin auf öffentliche und speziell politische Probleme verwandt worden waren, konzentrierten sich nun auf diesen ökonomischen Sektor. Erschüttert war durch den Ausgang der Revolution aber auch der Traum von der unaufhaltsam siegreichen Durchsetzung der Ideen des politischen und menschlichen Fortschritts. Beendet war die Phase der selbstverständlichen Identifizierung von progressiv, human und liberal. Die Angst vor Kommunismus, Anarchie und Sozialismus – was für viele Bürger lediglich verschiedene Umschreibungen für das gleiche Chaos waren – reduzierten die Möglichkeit und die Aktivität dieses Liberalismus. Umgekehrt war durch die Revolution ein neuer, härter und aggressiver agierender Konservatismus entstanden. Wie geistlos und brutal er sich während der Reaktionszeit auch zeigte: er blieb in jeder Hinsicht eine sehr reale Macht.

So zeigte sich der Liberalismus, als er in den sechziger Jahren in Europa wirklich im Zenit seiner Macht und seines Einflusses stand, bereits eigentümlich verändert. »Er hatte seine ideal gesinnte Unschuld verloren in dem Umbruch und Zusammenbruch der Jahre der Revolution und Reaktion« (Bury, 206). Vor allem die Arbeitermassen hörten nun auf, ihre Hoffnung auf ihn zu setzen. Eine neue Linke formierte sich, bezeichnenderweise fernab von der Begleitung oder auch nur der Kenntnisnahme durch die große Mehrheit des liberalen Bürgertums. So konnte 1854 ein französischer Journalist schreiben: »Der Sozialismus ist tot; von ihm sprechen heißt, ihm seine Grabrede halten.« (zit. Benaerts, 557) 1864 wurde die I. Internationale gegründet, 1867 erschien der erste Band des »Kapital« von Karl Marx. Größere Probleme für die Durchsetzung seiner Ideale sah der Liberalismus jedenfalls in dem zusammen mit der Industrialisierung gewachsenen Verwaltungsstaat mit seinem Zentralismus und Bürokratismus. In der Auseinandersetzung damit entwickelte er sich erst recht zur Weltanschauung der goldenen Mitte – wobei das Gold nicht eben selten weit vor der Weltanschauung rangierte!

Nach 1850 gingen in Europa überall Liberalismus und Industrialisierung, Kapitalismus und wirtschaftlicher Aufschwung Hand in Hand. Bereits 1849 hatte sich eine wirtschaftliche Aufwärtsentwicklung abgezeichnet. 1850 begann eine große Konjunkturperiode in Großbritannien, die seit 1852 auf den Kontinent hinübergriff und dort vor allem Belgien, Frankreich und einzelne deutsche Staaten erfaßte, in erster Linie Preußen und die mit ihm wirtschaftlich im Zollverein (seit 1834) zusammengeschlossenen Länder. Mögliche Hemmungen einer Liberalisierung des Wirtschaftslebens, wie sie in England schon vorher Schritt um Schritt abgebaut worden waren – insbesondere 1832 durch die erste Wahlrechtsreform und dann 1846 durch die endgültige Abschaffung des Kornzollgesetzes –, hatte im übrigen Europa jetzt wenigstens teilweise die Revolution beseitigt. Zwar lag die politische Macht nach 1848 keineswegs in den Händen des Bürgertums: wohl aber verfügte es nun über so viel rechtlichen und politischen Freiraum, daß es seinen ökonomischen Interessen ungehemmt nachgehen konnte. Mehr noch: nicht wenige Herrscher der Reaktionszeit hatten begriffen, wie förderlich wirtschaftliche Prosperität für die Dämpfung des politischen Interesses ist! Vor allem Frankreich und Preußen bemühten sich dementsprechend, ihren Unternehmern die Wege zu ebnen. Die Folge war ein Netz von Freihandelsverträgen für weite Teile Europas, wovon natürlich die beherrschende Industriemacht der Welt, Großbritannien, am meisten profitierte. Aber auch die anderen Industrieländer kamen in diesen Jahren der glänzenden Wirtschaftskonjunktur auf ihre Kosten. Früh hatte sich Preußen am System des Freihandels orientiert. Die Niederlande, Belgien und die Schweiz folgten seit der Jahrhundertmitte. Am längsten zögerte Frankreich. Doch auch hier setzte sich 1860 mit dem gefeierten Handelsvertrag der Minister Cobden und Chevalier die Freizügigkeit durch. Europa wuchs jetzt nicht nur wirtschaftlich zusammen, sondern gleichzeitig expandierte sein Welthandel in einem bis dahin ungekannten Ausmaß.

Wirtschaftlicher Aufschwung und industrieller Fortschritt

Superlative charakterisieren insgesamt diese fünfziger Jahre. Von einem märchenhaften wirtschaftlichen Aufstieg vor allem auf dem Kontinent oder von einer explosionsartigen Ausweitung der Industrialisierung sprachen bereits die Zeitgenossen. Fraglos waren die fünfziger Jahre »eine Gründer- und Spekulationsperiode ganz großen Stils« (Rosenberg, Krisis, 13). Überspekulationen waren es dann allerdings auch, die 1856 zu einem erheblichen Börsenkrach in Paris führten. Die eigentliche Wirtschaftskrise im Jahre 1857 jedoch wurde durch die USA ausgelöst: Hohe Warenüberschüsse sowie eine vorzügliche Ernte führten hier zu raschem Preisverfall. Die Knappheit an flüssigem Kapital hatte dann den Zusammenbruch mehrerer Banken zur Folge, woraus ein allgemeiner Wettlauf nach barem Geld einsetzte, um zu retten, was sich retten ließ. Am Ende dieser Panik stand nicht nur der Bankrott tausender amerikanischer Firmen, sondern die Übertragung der Krise nach England, dessen Wirtschaft besonders eng mit der amerikanischen verbunden war. Vor allem die Tatsache, daß England als Finanzier der Welt in erheblichen Ausmaßen mit Krediten arbeitete, wirkte sich nun verhängnisvoll aus. Für einen Augenblick geriet sogar die ehrwürdige Bank von England ins Wanken.

Selbstverständlich griff die Krise auch auf den Kontinent hinüber. Doch lediglich in Hamburg, dem Wirtschaftszentrum nicht nur für Norddeutschland, sondern auch für die skandinavischen Länder, kam es am 23. 11. 1857 zu einem vergleichbaren Zusammenbruch. Im übrigen Deutschland sowie in Frankreich fand eher ein Konsolidierungsprozeß statt, der rund zwei Jahre lang (1857–59) wohl von Stagnationen und finanziellen

Einbußen begleitet war, sich jedoch nicht zu einer wirklichen Wirtschaftskrise auswuchs. 1860 ging es dann überall wieder aufwärts. War der Trend jetzt auch nicht mehr so hektisch wie in dem verflossenen Jahrzehnt, das Wirtschaftswachstum nicht mehr so konstant, sondern von mancherlei Stockungen und Schwankungen unterbrochen, so zeigte die Kurve nichtsdestoweniger weiterhin klar nach oben. Daran änderten auch die Kriege in dieser Epoche nichts. Der Krimkrieg (1854–56), der italienische (1859) sowie der preußisch-österreichische Krieg (1866) führten wohl durchweg zu partiellen Handelskrisen, aber keineswegs zu ernsthaften wirtschaftlichen Beeinträchtigungen. Das gleiche gilt für den deutsch-französischen Krieg (1870/71). Am Ende dieser Auseinandersetzung stand nicht allein die Einigung Deutschlands unter Preußens Führung, sondern auch die Verlagerung der militärischen und vor allem der wirtschaftlichen Führungsrolle auf dem Kontinent von Frankreich auf das neue Reich. Nicht mehr Paris, sondern Berlin war fortan in diesem Raum das Finanzzentrum. »St. Manchester stand Pate bei der Taufe des neuen Reiches«, urteilte der Historiker Karl Lamprecht (zit. Benaerts, 467). Die Milliarden der französischen Kriegskontribution unterstrichen dieses Faktum überaus eindrücklich. Eine gewaltige Gründungseuphorie und ein wildes Spekulationsfieber in Berlin und im Reich waren die Folge: Bis 1873 die Auswirkungen der Weltwirtschaftskrise in diesen Taumel hineinbrachen und einen schweren und lange nachwirkenden Schock auslösten.

Der Motor der ökonomischen Expansion in den fünfziger und sechziger Jahren war der Eisenbahnbau – wovon natürlich die Schwerindustrie insgesamt profitierte. Die turmhohe Überlegenheit Großbritanniens war freilich auch hier unübersehbar. Besonders augenfällig zeigte sie sich 1851 auf der Weltausstellung im Londoner Kristallpalast als das »grandiose Fest einer sich an ihren enormen Erfolgen berauschenden, aufblühenden technischen Weltzivilisation – die vorerst hauptsächlich als britische Zivilisation erschien« (Schieder, 69). In England war das Eisenbahnnetz 1850 weitgehend fertiggestellt. Nichtsdestoweniger hielt die starke industrielle Expansion hier an. Eine ähnliche Bilanz vermochte lediglich Belgien vorzuweisen, selbstverständlich mit einem klaren Abstand hinter Großbritannien. In Frankreich dagegen waren 1850 erst knapp 3000 km Schienen verlegt. Unter Napoleon III. begann auch hier der Eisenbahnboom und 1870 war das Hauptstreckennetz mit einer Länge von 17500 km fertiggestellt. In Deutschland gab es 1850 ca. 6000 km Eisenbahnlinie, wovon rund die Hälfte in Preußen lag. 1870 war der Ausbau ebenfalls im wesentlichen abgeschlossen und umfaßte nun 19500 km.

Kohle, Eisen, Stahl, daneben Maschinenbau und andere Metallerzeugnisse bildeten die Basis dieser außerordentlichen Leistung. Auch auf diesem Sektor war dementsprechend eine enorme Produktionssteigerung zu verzeichnen. In England wurde um die Jahrhundertmitte mehr als die Hälfte aller europäischen Steinkohle gefördert. 1860 waren das rund 80 Millionen Tonnen – gegenüber 8,3 Millionen in Frankreich, 9 Millionen in Belgien und rund 14 Millionen im Bereich des Zollvereins. 1870 bezifferte sich die Leistung der deutschen Zechen zwar ziemlich genau auf das Doppelte der französischen, doch handelte es sich dabei immer noch um weniger als die Hälfte dessen, was die britischen Gruben hergaben. Das gleiche Bild der Überflügelung Frankreichs und einer begrenzten Annäherung an die englischen Daten bot die Roheisenproduktion: Beliefen sich die Ziffern im Jahre 1850 für England auf 2,25 Millionen Tonnen, für Frankreich auf 0,4 Millionen und für Deutschland auf 0,215 Millionen Tonnen, so lauteten sie 1870: 5,96 Millionen Tonnen bzw. 1,18 und 1,4 Millionen. Wie sprunghaft jedoch in allen diesen Ländern die industrielle Entwicklung voranging, auch in Frankreich, wird deutlich, wenn man die Roheisenproduktion nicht im internationalen Vergleich betrachtet, sondern sie auf den Kopf der Bevölkerung umrechnet. Außerordentlich ist auch hier wieder der Vorsprung Englands mit 150 kg (1860). An zweiter Stelle ist Belgien mit rund 70 kg zu finden, inner-

halb von 10 Jahren hatte es seine Leistung mehr als verdoppelt (1850 = 33 kg). Erheblich waren auch die Produktionssteigerungen Frankreichs, die in dem Zeitraum von 1850 bis 1870 von 20 auf 32 kg pro Person anwuchsen. Unvergleichlich steiler dagegen war der Anstieg in Deutschland: Einer Produktion von nur 6 kg im Jahre 1850 standen 34 kg am Vorabend der Reichsgründung gegenüber.
So beeindruckend alle diese Zahlen sind: Sie sind doch nur Hinweise auf eine sehr viel weiter reichende und vor allem tiefer greifende Veränderung Europas in diesen Jahrzehnten. Mit den Eisenbahnen drang – wie erwähnt – eine neue Welt in Gegenden vor, die jahrhundertelang abgeschieden und selbstgenügsam existiert hatten. Industrieller Ausbau, technische Erfindungen, wirtschaftliche Zusammenschlüsse, nicht zuletzt eine Unmasse neugegründeter Banken, Aktien- und Kommanditgesellschaften vermittelten das Gefühl, das Geld liege im wahrsten Sinne des Wortes auf der Straße. 1856 schrieb ein deutscher Wirtschaftswissenschaftler: »Die Aktien sind heute die Scharniere, in denen sich die Welt dreht; die Form der Aktiengesellschaft ist diejenige, in der sich das bedeutendste Phänomen unserer Epoche erfüllt: der bis dahin nicht dagewesene Elan des Kredits.« (zit. Benaerts, 458) In Preußen wurden zwischen 1852 und 1857 nicht weniger als 59 neue Aktiengesellschaften gegründet. Aber was war das im Vergleich mit Frankreich, wo in einem einzigen Jahr 457 neue Kommanditgesellschaften entstanden; oder mit England, wo 1852 in weniger als einem halben Jahr 153 Aktiengesellschaften gegründet wurden! In einer solchen Atmosphäre schien wirklich nahezu alles möglich.

Die Entstehung der Industrielandschaft

Zugleich veränderte sich die Landschaft. Nicht allein die Eisenbahnen durchschnitten sie, sondern bald auch Telegraphen, neue Kanäle, noch mehr Straßen. Werkanlagen breiteten sich aus, schnell errichtete Arbeitersiedlungen wucherten in das Land hinein. Noch immer war Europa – abgesehen von England – ein stark von der Landwirtschaft geprägter Kontinent. Auch da stiegen die Erträge, langsam aber stetig auch die Kornpreise, so daß mindestens ein bescheidener Wohlstand hier zur Regel werden konnte. Freilich war der Preis, der dafür gezahlt werden mußte, recht erheblich: Die Sozialstruktur auf dem Lande konnte nur aufrecht erhalten werden, weil ein erheblicher Prozentsatz der Bevölkerung entweder in die Industriezentren oder nach Übersee auswanderte. Dieser Bevölkerungsdruck war so stark, daß aus Großbritannien zwischen 1848 und 1857 – trotz der fortgeschrittenen Industrialisierung – 2,7 Millionen Menschen auswanderten, darunter 1,8 Millionen Iren. In Deutschland waren es die politischen Verhältnisse neben dem Hunger, die im gleichen Zeitraum annähernd 1,5 Millionen Menschen, vor allem aus dem Südwesten, nach Übersee vertrieben.
Kontinentaleuropa war gewiß in weiten Räumen noch immer ein Agrarland. Aber die Wende begann sich nun sichtbar abzuzeichnen. Innerhalb von nur 5 Jahren kehrten sich die Verhältniszahlen nahezu um: 61,5 Prozent der Berufstätigen lebten 1851 in Frankreich von der Landwirtschaft – 1856 waren es nur noch 52,9 Prozent. In Preußen verringerte sich diese Zahl in derselben Zeit von 51,2 auf 45,4 Prozent. Die Nutznießer dieser Entwicklung waren überall die Industriestädte. Um 1850 hatte es in Frankreich ebenso wie in Deutschland lediglich 4 Großstädte mit mehr als 100 000 Einwohnern gegeben; 1880 waren es in Deutschland nicht weniger als elf. Aber noch wesentlicher als diese Tatsache ist die Beobachtung, daß in England – und danach auch in Belgien und Deutschland – regelrechte industrielle Ballungszentren entstanden. Vor allem in Deutschland ging dabei der Aufstieg eines einzelnen Unternehmens mit riesigen Stadterweiterungen häufig Hand in Hand. 1861 beschäftigte beispielsweise die Firma Krupp in Essen 2000 Arbeiter

und die Einwohnerzahl der Stadt belief sich auf 17 700; 1887, beim Tode Alfred Krupps, waren es 20 000 Arbeiter und 80 000 Einwohner.
Im Zusammenhang damit veränderten diese Städte jedoch nicht nur ihr Gesicht, sondern auch ihren Charakter. Die bis dahin vertraute Ordnung, wo arm und reich um einen Stadtkern herum zusammengelebt und -gearbeitet hatten, oft sogar unter einem Dach, begann sich sehr schnell aufzulösen. Die Wohngebiete der Wohlhabenden entfernten sich immer weiter von den Arbeitersiedlungen. Bodenspekulationen und hohe Grundstückspreise sorgten außerdem dafür, daß man da unter sich blieb – und dort immer enger, schneller und höher baute. Kaufhäuser, die um 1850 in Paris entstanden waren und die sich von hier aus schnell nach England, Belgien und Deutschland ausgebreitet hatten, vernichteten außerdem häufig den Kleinhandel und die entsprechenden Handwerksbetriebe in den Innenstädten. Zugleich trat neben oder sogar an die Stelle des alten städtischen Mittelpunktes mit Marktplatz, Rathaus und Kirche ein neuer, in dem sich das gewandelte Selbstgefühl vortrefflich spiegelte: der Bahnhof. War die Eisenbahn der Inbegriff der neuen Zeit, so waren die Bahnhöfe ihre Manifestation! Zu Recht hat man diese repräsentativen Monumentalbauten mit den aufwendigen Ausstattungen als die »Dome des Industriezeitalters« charakterisiert (Palmade, 81).

Das Bürgertum

Diese neue Stadt war die Stadt des Bürger. Genauer formuliert: es war die Stadt des Industriebürgertums, der Bourgeoisie. Denn abgesehen von diesem mittleren und oberen Bürgertum, das die kapitalistische Entwicklung sowie die Industrialisierung Europas trug und vorantrieb, existierte selbstverständlich nach wie vor das alte, in seinem bescheidenen Stand und mit seiner eigenen Welt wohl zufriedene Bürgertum. Dazwischen stand, vor allem in Deutschland, das Bildungsbürgertum als eine weitere eigene Gruppe. Wie erheblich die Unterschiede zwischen ihnen jedoch auch waren – und dann noch einmal von einem europäischen Land zum anderen: alle zusammen prägten sie nichtsdestoweniger in entscheidender Weise das äußere Bild und das geistige Gesicht des Kontinents. Der bürgerliche Lebensstil mit seiner Planung, seinem Sentiment und insbesondere seiner Ehrbarkeit beeinflußte jetzt die Höfe – allen voran den englischen im viktorianischen Zeitalter – und faszinierte die aufstrebende Arbeiterschaft. Nach oben wie nach unten breiteten sich die Wertvorstellungen und Normen der Bourgeoisie aus wie etwa Arbeit, Fleiß, Genauigkeit, Pünktlichkeit und Sparsamkeit. Daraus konnte die brutale Folgerung resultieren, daß nichts zähle als Geld, Erfolg und Macht. Aber selbst wo man diese Konsequenz verwarf, setzte sich zunehmend eine Profanierung des Alltags durch sowie die Begeisterung im Lebensgefühl – und ganz genau so in den Wissenschaften – für alles »Konkrete«, »Wirkliche«. Realismus hieß die Devise; allein Positivismus und Materialismus sollten fortan als wissenschaftlich gelten. So beherrschend diese Einstellung aber auch war: die fragenden, tiefer dringenden Stimmen fehlten darum nicht. Das belegen eindrücklich die großen europäischen Romane aus dieser Zeit – wofür es genügt, an Dikkens und Zola, Stendhal, Flaubert, Stifter, aber auch an Tolstoi und Dostojewski zu erinnern. In einer Welt wankender oder schon zerbrochener äußerer Normen und Sinnangebote suchte diese Literatur leidenschaftlich den Menschen zu entdecken, ihn in seinem Innersten zu verstehen, um so dem Geheimnis des Menschseins auf die Spur zu kommen. Auch diese Intention fügte sich dann freilich jener allgemeinen Überzeugung ein, die sich als liberale Grundhaltung bezeichnen läßt und die Golo Mann einmal so umrissen hat: »Die Unterordnung alles Menschlichen unter den Naturbegriff, mit dem Ziel der Einheitswissenschaft; der Glaube an die zuverlässige, nur bisher durch falsche Einrichtungen, durch Überbleibsel einer unwissenschaftlichen Vergangenheit erstickte Güte des

Menschen; die Gleichsetzung von Rationalität oder Bewußtsein mit Freiheit und mit Güte; der Glaube an den Fortschritt, an die Geschichte, die ihren Sinn erkennbar in sich trägt und kein Problem hervorbringt, das sie nicht lösen kann; die, sei es offen zur Schau getragene, sei es durch allerlei vorläufige Konzessionen verdeckte Überzeugung, daß Religion ein nunmehr veraltetes, schädlich gewordenes Anliegen sei: dies, ungefähr, wären die Elemente, welche zusammen die liberale Stimmung ergeben. Vielleicht wäre ›Säkularismus‹ der bessere Name.« (Geschichten, 367)

Die Welt der Arbeiterschaft

Der Arbeiter gehörte zu dieser bürgerlichen Stadt und zur liberalen Welt nicht hinzu. Er war hiervon in allem wesentlichen ausgeschlossen. Seine Stadt war die rußige, rauchverhangene Siedlung im Schatten der Fördertürme, Essen und Werkhallen; war die häßliche, schmutzige Straßenzeile ohne Grün. Das war die qualvolle Enge der Wohnungen ohne Sonne, ohne Wasser, ohne Heizung, ohne sanitäre Anlagen – und mit viel zu vielen, viel zu lauten Menschen aller Altersstufen. Grau und stumpf wie diese Außenwelt blieb zumeist auch das Leben des Arbeiters. Seine Arbeitszeit betrug in der Regel 12 Stunden. Dabei war der Kräfteverschleiß so groß, daß er vom 40. Lebensjahr an mit dem Nachlassen seiner Kräfte und dementsprechend auch seines Lohns zu rechnen hatte. In der Höhe der Löhne gab es außerordentliche Unterschiede: einmal aufgrund der Gliederungen innerhalb der Arbeiterschaft selbst, zum andern aus Anlaß von Konjunkturschwankungen. Natürlich differierten darüber hinaus die Löhne von einem Gebiet zum anderen, je nach Bedarf oder Mangel an Arbeitskräften in einer Region. Insbesondere in Frankreich mit seinen zersplitterten industriellen Zentren machte sich deshalb ein sehr erhebliches Lohngefälle bemerkbar. Insgesamt stiegen die Löhne überall in den europäischen Industrieländern seit 1850. Aber auch die Lebenshaltungskosten stiegen, so daß offen bleibt, inwieweit die Reallöhne wirksam angehoben wurden. Immerhin gingen die Kinder- und Frauenarbeit nun spürbar zurück: ein Zeichen dafür, daß der Verdienst des Mannes jetzt im wesentlichen ausreichte, um eine Familie zu ernähren. Das Existenzminimum überstiegen die Löhne allerdings kaum irgendwo wesentlich. Deshalb bedeuteten Krankheit oder Entlassung schnell eine Katastrophe. Aber auch die völlige Rechtlosigkeit drückte schwer: wie sie etwa die deutschen Bergleute erfuhren, denen in diesen Jahren ihre alten sozialen und wirtschaftlichen Privilegien genommen wurden.
Nur langsam und mühsam wuchs dagegen innerhalb der Arbeiterschaft das Bewußtsein, eine eigene Klasse zu bilden und eigene Werte zu verkörpern. In pragmatischer Hinsicht ging Großbritannien voran. Die 1851 gegründete und bald als »neues Modell« propagierte Gewerkschaft der Ingenieure und Metallarbeiter wirkte auch auf dem Kontinent deshalb so anziehend, weil sie ihren Mitgliederkreis auf die Facharbeiterschaft beschränkte, jede Geheimbündelei ablehnte und anstelle des Klassenkampfes für gezielte Reformen eintrat. Zum Prozeß der Selbstfindung dieser Arbeiterschaft gehörte allerdings auch, daß sie – bewußt oder unbewußt, mehr genötigt oder freiwillig – den Zielsetzungen und Idealen der Bourgeoisie nachzueifern trachtete. Dadurch wurde zusätzlich unterstützt, was dem Arbeiter schon seine Primärerfahrungen einhämmerten: daß nichts zählte außer Geld, Erfolg und Macht; und daß das Konkrete, die Materie, also die vorfindliche Wirklichkeit das Letzte und Eigentliche darstellten. In einem solchen Kontext war die Profanität des Alltags sehr selbstverständlich. Was man die religiöse Krise in den unteren Volksschichten genannt hat oder die zunehmende Entkirchlichung dieser Kreise machte jedenfalls in allen europäischen Industrieländern in den Jahrzehnten nach 1850 rapide Fortschritte.

Bibliographische Hinweise zu III. 1.

Hier sind auch die unter II.1 genannten Titel heranzuziehen.

Benaerts, P. u. a.: Nationalité et Nationalisme (1860–1878). 2. Aufl. Paris 1968.
Jessen, H. [Hg.]: Die deutsche Revolution 1848/49 in Augenzeugenberichten. 2. Aufl. München 1973.
Mann, G.: Geschichte und Geschichten. Frankfurt 1961.
Pouthas, Ch.-H.: Démocraties et Capitalisme (1848–1860). Paris 1948.
Rosenberg, H.: Die Weltwirtschaftskrisis von 1857–1859. Stuttgart–Berlin 1934.
Schieder, Th.: Staatensystem als Vormacht der Welt, 1848–1918. Frankfurt 1977.
Valentin, V.: Geschichte der deutschen Revolution von 1848–1849. 2 Bde., 2. Aufl. Köln 1970.

2. *Die Entwicklung in Großbritannien*

Wirtschaftlicher Aufschwung und menschliche Nöte

Seit der Parlamentsreform von 1832 verfügten in Großbritannien mehr Menschen über weiter reichende politische Rechte, als sie die Mehrheit der Bevölkerung in den kontinentalen Industriestaaten nach der Revolution von 1848 besaß. Trotzdem war die britische Gesellschaft dadurch nicht befriedet worden. Der kleine Mittelstand und die Arbeiterschaft waren keineswegs bereit, sich mit diesem Wahlrecht abzufinden, das nur die Hausbesitzer an die Wahlurne ließ. Enttäuschung und Erbitterung fraßen um sich. Die allgemeine Situation bot dazu auch sonst Grund genug. Die zweite Phase der Industrialisierung hatte begonnen. Das bedeutete nicht nur einen bis dahin ungeahnten Anstieg der Kohleförderung, die annähernd 90 % der Weltproduktion erreichte; nicht nur eine geradezu explosionsartige Ausweitung des Eisenbedarfs und mithin der Eisenindustrie, deren Absatz von 20 000 Tonnen im Jahr 1835 auf 1 Million Tonnen im Jahr 1847 emporschnellte: sondern das war eine umfassende Technisierung und Mechanisierung der gesamten Wirtschaft des Landes, vorangetrieben vom Eisenbahnbau. Zwischen 1839 und 1841 kam es hier zu einer Hochkonjunktur, die sich einige Jahre später (1844–1847) sogar noch einmal steigerte, nicht zuletzt aufgrund des Exports von Eisen und Eisenbahnmaterial auf den Kontinent. Aber dieser gleiche industrielle Fortschritt bedeutete auch Hunger, Elend und Not. Die Mehrheit der Bevölkerung litt unter Hungerlöhnen in den Fabriken und auf dem Land, quälte sich mit überlangen Arbeitszeiten, mit Frauen- und Kinderarbeit ohne Schutz oder Rücksichtnahme. 1838 traf eine Agrarkrise die Notleidenden, zu denen jetzt in besonderer Weise die Handweber in den Dörfern und Marktflecken gehörten. 1831 hatte es rund 240 000 Weber gegeben, die zuhause am eigenen Webstuhl arbeiteten: gegenüber 187 000, die in der Fabrik tätig waren; 1836 waren es nur noch 174 000 gegenüber 230 000 und 1841 hatte sich das Verhältnis weiter auf 110 000 zu 264 000 verschoben. 1851 schließlich gab es nur noch rund 40 000 Handweber im Land. Hinter diesen dürren Zahlen verbirgt sich nicht allein die Vernichtung eines traditionsreichen Handwerks, sondern eine Vielzahl wirtschaftlicher und menschlicher Katastrophen. Wer dann schließlich, geschlagen von der blinden Überlegenheit der Maschinen, in die Stadt und in die Fabrik zog, geriet dort häufig schnell nur tiefer ins Elend. 1842 kam es zu einer schweren Wirtschaftskrise infolge der Überproduktion auf dem Eisen- und Stahlsektor, wodurch die gesamte Wirtschaft in Mitleidenschaft gezogen wurde. Jahre der Stagnation folgten. Für den größeren Teil der Bevölkerung bedeutete das: Arbeitslosigkeit oder zumindest Lohnkürzungen – also Hunger, Elend und Not.

Krisen und Erneuerungstendenzen innerhalb der Staatskirche

In dieser Situation breitete sich in den unteren Schichten die Überzeugung aus, daß alles erreicht bzw. erreichbar wäre, wenn das Volk nur größere politische Rechte besäße; wenn also eigene, von der Arbeiterschaft gewählte Vertreter im Parlament sitzen und dort die wahren Probleme behandeln und lösen würden. Wo man aber so dachte, war es bis zur mehr oder weniger laut geäußerten Feindseligkeit gegenüber der Staatskirche meist nur ein kleiner Schritt. Stützte und trug diese Kirche nicht unübersehbar die herrschende soziale und politische Ungerechtigkeit und verteidigte sie als gottgewollte Ordnung? Waren die Bischöfe im Parlament nicht als kompromißlose Gegner sämtlicher Veränderungen aufgetreten? Die volle politische Gleichberechtigung der Nonkonformisten (Aufhebung der Test- und Corporations-Akte, 1828) hatte ebenso gegen ihren Widerstand durchgesetzt werden müssen wie die Emanzipation der Katholiken (1829). Folglich galten die Bischöfe in der 1830 einsetzenden Diskussion um die Parlamentsreform – die alsbald mit großer Leidenschaft in der Öffentlichkeit geführt wurde – als ein Hauptgegner. Nicht allein in Verwünschungen der Staatskirche und ihrer Repräsentanten machte sich der Zorn der Bevölkerung Luft, er entlud sich auch in allerlei Ausschreitungen: Man warf den Bischöfen die Fenster ein, pöbelte sie auf der Straße an und verbrannte hier und da sogar unter dem Gejohle der Menge Strohpuppen mit den bischöflichen Insignien. Und obwohl einzelne Vertreter des Episkopats dann durchaus für eine Parlamentsreform eintraten, hörten der Haß und die Feindschaft gegen sie auch nach 1832 nicht auf, sondern steigerten sich eher noch. Natürlich wirkten darin auch Gedanken und Vorstellungen der Aufklärung und der französischen Revolution nach, radikal-demokratische Überzeugungen, die seit langem im Christentum und in der Kirche die gefährlichsten Gegner einer wahrhaft menschlichen Gesellschaftsordnung zu sehen gewohnt waren. Aber ihre Wucht und Durchschlagskraft in der britischen Öffentlichkeit gewannen diese Gedanken doch erst in der Verbindung mit dem Protest des Nonkonformismus. Die wirtschaftliche Not sowie die lähmende soziale Ungesichertheit breiter Teile der Bevölkerung in den dreißiger und auch noch in den frühen vierziger Jahren bildeten gewiß wichtige Voraussetzungen für die Aufstellung radikaler Programme und für eine weitreichende Radikalisierung des Bewußtseins. Aber dahinein floß doch eindeutig auch das religiöse Moment, der Bodensatz gleichsam einer alten, in Jahrhunderten gewachsenen moralischen Empörung des Nonkonformismus über das System der Staatskirche und ihre Repräsentanten. Aus der tiefen Überzeugung, daß die Größe der Nation und das Glück jedes einzelnen in Gefahr wären, vom Establishment zerstört zu werden, bezog diese Opposition jedenfalls ihre Stoßkraft. Noch trat kaum zutage, daß sich dabei ein eigener, dezidiert politischer Nonkonformismus vom kirchlichen zu trennen begann. Die gemeinsame Front gegen die Staatskirche einte zunächst einmal, unabhängig von der Vielfalt, ja Gegensätzlichkeit der Positionen, die da versammelt waren.

Die Vertreter der Staatskirche waren gegen alles das weitgehend hilflos. Die Wut und Verbitterung, die der Church aus offenbar wachsenden Bevölkerungsschichten entgegenschlugen, paßten in keines der geläufigen religiösen oder moralischen Schemata. Mit Ingrimm, Resignation oder einem Gemisch aus beidem konstatierte man die bittere Wahrheit: »Die Staatskirche ist nicht länger der Zement der Gesellschaft.« (Soloway, 278) Da ihre Vertreter jedoch so lange und so intensiv geglaubt hatten, es zu sein, verfügten sie wohl über Leitbilder der sozialen Harmonie, jedoch nicht über Antworten, die auf der Grundlage des politischen und gesellschaftlichen Widereinanders den Sinn und die Bedeutung des christlichen Glaubens einsichtig zu machen vermocht hätten. Freilich, man wurde sich dieses Defizits jetzt zunehmend bewußt. Wußte auch noch niemand den Weg, wie es mit Sicherheit zu beheben sein könnte, so war den Verantwortlichen immer-

hin schmerzhaft deutlich, woran es fehlte. Es habe keinen Sinn, schrieb Bischof Sumner 1832 seinem Klerus, nur darauf zu hoffen und zu warten, daß die Massen wieder in die Kirche zurückkehrten: »Eher könnten wir erwarten, daß ein Lazarus sich unaufgeweckt aus dem Grabe erhebt, als daß der Mensch, der in der Dunkelheit des geistlichen Todes liegt, aufgrund irgendeines natürlichen Prozesses anfangen sollte, seine Unwissenheit und seine Sünde zu fühlen und seine Grabgewänder abzuwerfen, um fortan religiöse Erkenntnis zu suchen... Was der Mensch nötig hat, sind nicht Vorschriften, sondern Motivationen, nicht lediglich eine Verdammung seiner gegenwärtigen Lebensgewohnheiten, sondern ein effektiver Grund, warum sie geändert werden sollten.« (zit. ebd., 322)
Verbunden waren diese Probleme für die Vertreter der Staatskirche mit der grundsätzlichen Frage nach dem Wesen und der Bestimmung der Church in einer Welt und Gesellschaft, die sie nur als *eine* religiöse Gruppe unter anderen zu akzeptieren bereit war. Denn eindeutig wollten nicht allein die Unterschichten und der kleine Mittelstand die Staatskirche entmachten und sie auf die gleiche Stufe wie die Freikirchen stellen, sondern auch einflußreiche politische Kräfte zielten in die gleiche Richtung. Vorüber waren die Zeiten, in denen wenigstens die Konservativen zuverlässige Verbündete der Staatskirche gewesen waren. Schon wurden die Trauungen des Dissent anerkannt, der Zivilstand eingeführt (1836). Die endgültige Auflösung der Jahrhunderte alten »Ehen von Thron und Altar« schien unmittelbar bevorzustehen, der Triumph des Nonkonformismus unabwendbar.

Was blieb an Möglichkeiten? Zwei Wege boten sich an. Der eine war der der kirchlichen Reformen. Mochten sie geleitet sein von der Angst, daß am Ende der gegenwärtigen politischen Entwicklung die Trennung von Staat und Kirche stehen würde – so daß die Notwendigkeit zwingend war, möglichst bald auf eigenen Füßen zu stehen –, oder mochten diese Reformbemühungen erfüllt sein von der Hoffnung, eine moderne, verjüngte Kirche vermöchte doch wieder für die gesamte Gesellschaft zu realisieren, was die gegenwärtige Church nicht mehr leisten konnte: auf jeden Fall begannen um 1835 Jahre intensiver Reformen. Den entscheidenden Anstoß gab zwar der Staat: aber die Kirche machte dieses Projekt dann doch zu ihrer Angelegenheit. Zunächst wurden die Einkünfte des Klerus egalisiert, angefangen bei den außerordentlich stark voneinander abweichenden Erträgen der einzelnen Bischofssitze und der Kathedralkapitel bis hinunter zum Kaplan. Das Ziel dabei war auch, zur Beseitigung der erheblichen wirtschaftlichen und sozialen Spannungen innerhalb des Klerus beizutragen. Auf dieser Grundlage konnten dann erneute Verordnungen zur Residenzpflicht sowie Verbote der Pfründenhäufung folgen. Ermöglicht wurden diese Schritte nicht zuletzt durch die Ablösung des Zehnten: An die Stelle der vom jährlichen Kornpreis abhängigen und dementsprechend schwankenden Abgaben trat 1836 eine auf dem Durchschnittsgetreidepreis von 7 Jahren berechnete Pauschale. Auch darin spiegelte sich der vorsichtige Übergang der Staatskirche aus einem agrarisch-feudalistischen Zeitalter in die neue Zeit des Kapitalismus.
Einen anderen, tiefer angelegten Ausweg aus der Grundlagenkrise der Church verwirklichte die sogenannte »Oxfordbewegung«. Sie betonte die Notwendigkeit, mittels der theologischen Rückbesinnung auf das Wesen der Kirche und des kirchlichen Amtes einen festen und gegenüber allem geistigen und politischen Wandel unangreifbaren Standpunkt zu gewinnen. Diese hochkirchliche Gruppe sammelte sich um John Keble (1792–1866) und Edward Pusey (1800–1882) an der Universität Oxford. John Henry Newman (1801–1890) war nicht der Gründer, auch nicht der einzige Theologe – wohl aber das einzige Genie unter ihnen. Ihre anglokatholischen Auffassungen über die Kirche als die unwandelbare Mittlerin der göttlichen Wahrheit, den hohen Wert der Sakramente als Vermittlung des Ewigen in die Endlichkeit sowie das außerordentliche Gewicht des priesterlichen Amtes als göttlicher Stiftung, der dogmatischen Tradition und schließlich eines

»wahrhaft katholischen Ethos« proklamierten sie seit 1833 in einer Vielzahl kleiner »Traktate«, knappen Schriftchen von 8–16 Seiten Umfang (Tracts for the time). Aufsehen erregten diese Texte und fanden sowohl Widerspruch als auch beachtliche Zustimmung, als sie gegen die Reformation polemisierten und dagegen die Größe und den Glanz der alten, wahrhaft katholischen Kirche priesen. Trotz der inneren Spannungen und äußeren Belastungen, denen die Oxfordbewegung durch ihre römisch-katholischen Tendenzen seit 1841 und im Anschluß daran durch mehrere Übertrittswellen ausgesetzt war, wirkte sie durch ihre romantisch verklärte dogmatische Lehre wie ihre hochkirchlichen Lebensformen tiefgreifend auf das Selbstverständnis der Staatskirche ein. Denn hier war, aus der Tradition dieser Kirche selbst, eine Antwort auf die Frage nach ihrem Wesen formuliert und damit auch eine Aussage gemacht über den Sinn ihrer Existenz in dieser Umbruchszeit: eine Antwort zudem, die die Einzigartigkeit der Church festhielt gegenüber den Zielvorstellungen der Liberalen wie der Evangelikalen, innerhalb und außerhalb der Kirche.
Die befürchtete – und auf der Gegenseite ersehnte – Trennung von Staat und Kirche und damit die weitergehende Auflösung des noch immer dichten Gewebes gegenseitiger Verbindungen und Beziehungen zwischen der Church und der englischen Gesellschaft fand nicht statt. Insofern war der Entschluß des reichen Kathedralkapitels von Durham voreilig gewesen, auf einen Teil seiner Einkünfte zugunsten der Gründung einer Universität am Ort zu verzichten – um auf diese Weise möglichst viel an Kirchengut vor der befürchteten staatlichen Konfiszierung zu retten. Dieser Vorgang verdeutlicht etwas von dem Erschrecken, das in den dreißiger Jahren durch die Kirche von England ging. Aber auch als die unmittelbare Angst sich löste, blieb die feste Überzeugung, daß ein neuer Anfang endlich gewagt werden müsse. Von da an datiert die Durchsetzung der Reformkräfte innerhalb der anglikanischen Staatskirche. Ein neuer Geist erfüllte die Kirche und insbesondere die Pfarrerschaft. Der Pfarrer begriff sich zunehmend als Diener seiner Kirche, immer weniger als Repräsentant des Ganzen und als religiöse, gesellschaftliche und politische Integrationsfigur. Er wurde zum Geistlichen: konzentriert auf Seelsorge und Frömmigkeit, auf religiöse Themen und theologische Probleme, innerlicher als zuvor, aber auch enger. Unübersehbar stieg seine Hingabe an den Beruf. Nicht nur die Zahl der Kirchbauten und der Kleriker wuchs seit den vierziger Jahren, sondern auch die Zahl derjenigen, die zum Abendmahl gingen: Ostern 1831 kommunizierten 7,2% der englischen Bevölkerung; 1841 waren es 7,9%, 1851 8,1%,1871 8,2%, 1901 sogar 9,4% und 1911 schließlich 9,8% (Gilbert, 28).
Verbunden mit dieser Kirchenreform war ein tiefgreifender Wandel im praktischen Selbstverständnis der Church. Ihre Vertreter begannen hinzunehmen, daß der Staat sie im wesentlichen ebenso behandelte wie den Nonkonformismus. Das kirchliche Selbstbewußtsein, das nicht zuletzt durch die Oxfordbewegung gewachsen war, reagierte jetzt meist recht gereizt auf Tendenzen des Staates, Angelegenheiten der Church von sich aus zu regeln. Mit dieser betonten Eigenständigkeit im Innern und nach außen entwickelte sich die Kirche jedoch faktisch mehr und mehr im konfessionellen Sinn. Sie umfaßte nicht mehr das Ganze, war also eine Konfession neben anderen: und stand folgerichtig fortan in Konkurrenz mit diesen anderen, im theoretischen und praktischen Wettstreit. Das war die grundlegend neue Situation der anglikanischen Staatskirche seit den vierziger Jahren.

Die Entwicklung im Nonkonformismus

Zunächst jedoch standen die Kräfte des politischen und religiösen Nonkonformismus im Mittelpunkt des öffentlichen Interesses. Was sie zusammenband, war ihr gemeinsamer Kampf gegen die Kornzölle. Diese waren 1815 von den Konservativen zum Schutz der britischen Landwirtschaft eingeführt und 1828 weiter ausgebaut worden. Am stärksten betroffen wurden von dieser Regelung natürlich die Armen, die städtischen Unterschichten bis hinauf zum unteren Mittelstand, weil sich für sie durch diese Maßnahme das Grundnahrungsmittel Brot erheblich verteuert hatte. Eine höchst wirksame, nämlich sowohl politische als vor allem finanzielle Unterstützung in ihrem Kampf gegen die Kornzölle fanden diese Schichten schließlich in den Fabrikanten und Unternehmern; sicherlich nicht primär aus humanitären, sondern aus wirtschaftlichen Erwägungen. Dort ging es um die Durchsetzung des Freihandels, um die im Interesse der Industrie liegende Ausweitung der Exporte. Am Rande mitspielen mochte auch die Überlegung, daß billigere Getreide- und Brotpreise eine Erhöhung der Löhne überflüssig machen bzw. hinauszögern könnte. Zur Massenbewegung, die zwischen 1842 und 1846 Schritt um Schritt die Einführung des Freihandels erzwang und damit gleichzeitig die Vorherrschaft der Industrie und ihrer Interessen gegenüber der Landwirtschaft durchsetzte, kam es dann, als es Richard Cobden zusammen mit der von ihm und seinen Freunden gegründeten »Liga gegen das Getreidegesetz« (Anti-Corn-Law-League, 1836) gelungen war, die Freikirchen zu mobilisieren. Die Liga war nicht nur bewußt nach dem Vorbild der methodistischen Konferenzen organisiert, sondern ihre Führer imitierten auch, allen voran Cobden, den Predigtstil Wesleys. Man argumentierte also nicht volkswirtschaftlich, auch kaum politisch im eigentlichen Sinn, sondern entschieden moralisch und religiös. Als Gotteswille trat dann die Forderung auf, den Getreidepreis zu senken; als bitteres Unrecht an den Armen und Hungernden wurde die Haltung der Großgrundbesitzer gegeißelt. Die Tatsache, daß es sich bei diesen in der Regel um Mitglieder der Staatskirche handelte, die – wie übrigens auch die meisten Methodisten – an diesen Aktionen nicht nur nicht teilnahmen, sondern mit ihren Sympathien sehr eindeutig auf der Seite der gentry standen, erleichterte dem Dissent die Parteinahme für den Kampf gegen die Getreidezölle ungemein. Eine Vielzahl überlieferter Vorwürfe und Feindschaften gegen die Staatskirche floß so in die Auseinandersetzungen mit ein. Leidenschaftlich wurde der alte Gegner immer noch einmal verdammt. Die Evangelikalen zogen vorsichtig Parallelen zu den unmenschlichen Verhältnissen der Sklaverei und konnten sich dann gefühlsstark den Aktionen und Demonstrationen gegen die Kornzölle anschließen. Selbstverständlich fehlten auch die eigenständig politischen Gruppen in dieser Koalition nicht – aufsteigende Arbeiter und selbstbewußte Vertreter des neuen Mittelstandes vor allem, die diese Auseinandersetzung primär als politischen Kampf um größere Rechte gegen die Tories und die Church verstanden. Aber selbst diese, insbesondere die Bewegung der Chartisten – von der noch ausführlicher zu reden sein wird – lebten und handelten keineswegs losgelöst von religiös-moralischen Überzeugungen. So war es alles andere als ein Zufall, daß bald die Kapellen der Freikirchen in den industriellen Ballungsräumen auch zu Zentren der »Liga gegen das Getreidegesetz« wurden.

Der Kern dieses gläubigen Engagements war echt, allen äußeren Manipulationen und aller leicht abzurufenden Empörung über den kirchlichen und gesellschaftlichen Gegner zum Trotz. Darin äußerte sich das alte Selbstverständnis des englischen Nonkonformismus, wonach zur religiösen Freiheit auch die politische gehörte – und zu beidem die Anerkennung und Verteidigung von moralischen Grundwerten. Fraglos hat diese Bewegung ein wichtiges Zeichen gesetzt. »Dadurch kam es« – erinnerte sich ein Zeitgenosse – »zu einer besseren Atmosphäre zwischen der Mittelklasse und der Arbeiterschaft und zu einer Entspannung der erheblichen Erregung des Volkes, weil sie erlebten, daß Menschen aus christlicher Überzeugung heraus bereit waren, ihre Popularität bei den Reichen und Mächtigen aufs Spiel zu setzen, um ihnen zu dienen.« (zit. Cowherd, 116) Dieses Urteil gilt nicht zuletzt auch für jene Methodisten und Anglikaner, die sich im Unterschied zu ihren Kirchen um die Abschaffung der Kornzölle bemühten. Vor allem die Anhänger der

Staatskirche votierten damit klar gegen ihre eigene soziale Schicht und damit auch gegen persönliche Interessen. Freilich, dieses sozialpolitische Engagement weckte umgekehrt hohe Erwartungen in der Arbeiterschaft, insbesondere natürlich im Blick auf die Freikirchen, die den Kampf gegen die Getreidezölle so eifrig geführt hatten. Die Auseinandersetzung um die Stellung zur Politik wurde folgerichtig bis zur Jahrhundertmitte zu einem beherrschenden innerkirchlichen Problem im Dissent.

Dabei zeichnete sich ziemlich bald die Abneigung der Gemeindekerne gegenüber einem umfassenden sozialen und erst recht einem sozialpolitischen Engagement ab. Ihre Agitation gegen die Kornzölle, die breiten Kreisen der Arbeiterschaft als ein verheißungsvoller Anfang christlicher Solidarität erschienen war, wurde von diesen Gemeinden selbst als das Äußerste angesehen, was man als christliche Denomination auf diesem Felde verantworten könnte. In dieser Auffassung gab es zwischen Baptisten, Kongregationalisten und Presbyterianern keinen wesentlichen Unterschied. Auch die Hauptrichtung der Methodisten (»Wesleyan Methodists«) verfolgte diesen Kurs. Die Agitation gegen die Kornzölle galt nirgends als Parteipolitik, sondern stets ausschließlich als Verteidigung der Menschlichkeit. In der gleichen Zeit betonten die Nonkonformisten durchweg, allen voran die Methodisten, den kirchlichen Charakter ihrer Denomination – was zumeist in der Hervorhebung des geistlichen Amtes gegenüber den Laien gipfelte. Um 1850 waren dort die wichtigsten Entscheidungen in diesem Sinn gefallen; der englische Methodismus »trat in sein Mahagonizeitalter ein« (Inglis, 85).

Die direkte – oder auch indirekte – Begründung für diese Konzentration und Regression gewannen die englischen Freikirchen aus dem Erbe der Erweckungsbewegung: freilich aus einer entschieden reduzierten Erweckungsbewegung, wie der Rückblick auf die Anfänge zeigt. Denn was nun als frommer Individualismus in Erscheinung trat, als Weltabgewandtheit zugunsten des eigenen Seelenheils und als Fixierung auf die einzelne Gemeinde, war natürlich strukturell stets vorhanden gewesen. Aber alle diese Elemente hatten durch ihre Einbindung in das Leben der unteren Schichten einen Wahrheitsgehalt besessen, der da verloren zu gehen drohte, wo dieser soziale Kontext nicht mehr bestand. In einem Wort: Die Bekehrung des in die Fabrik und in die grausame Realität der Industriestadt geworfenen Landarbeiters und sein neues Leben in der Gemeinschaft anderer Wiedergeborener war etwas anderes als der gleiche Vorfall im Milieu des mittleren und oberen Bürgertums. Denn unbeschadet aller religiösen und theologischen Identität der Verkündigung sowie des Glaubenszeugnisses lebten dahinter unterschiedliche Erwartungen und Hoffnungen, die sich, grob umrissen, hier als Glaube *auch* an die reale Veränderung dieser Welt und dort als Hoffnung auf eine nur endzeitliche Erneuerung der Welt beschreiben lassen. Die Glut, die Vielfalt der Erregungen, die bunte Mischung der Sehnsüchte und Hoffnungen verloren sich nun. Die Erweckungen ließen nach, der Prozeß der Verkirchlichung klärte ab und sonderte aus. Die Verhältnisse änderten sich und die Menschen mit ihnen. Um die Jahrhundertmitte waren die schlimmsten Umbrüche der Industrialisierung in England überstanden. Das bedeutete auch, daß die orientierungslosen Massen, die vom Land in die Städte geströmt waren, jetzt weithin von der Industrie integriert waren. Damit aber fiel die Schicht weg, die sich der Erweckungspredigt gegenüber besonders aufgeschlossen gezeigt hatte. Anstelle von Zugewinnen hielten die Evangelikalen jetzt im wesentlichen ihren Bestand; vornehmlich rekrutierten sie sich aus dem eigenen Nachwuchs. 1851 belief sich der Anteil der Methodisten an der englischen Bevölkerung auf 4,4%; 1861 waren es ebenso wie 1871 4,1% (Gilbert, 141).

Mit dieser Veränderung der Voraussetzungen wandelten sich aber auch die Erwartungen der Menschen im evangelikalen Nonkonformismus. Ordnung, Geschmack, Repräsentation waren jetzt in einem früher ungeahnten Ausmaß gefragt. Diese Tendenz ließ sich bei der Arbeiterschaft insgesamt beobachten (Droz III, 146). Für die erweckten Gemeinden

jedoch bedeutete das die Auflösung ihrer geschlossenen religiösen Subkultur, die wachsende Integration in die Gesellschaft: damit aber auch die Notwendigkeit zum Kompromiß mit deren Werten. Die Kapellen wanderten von den Hinterhöfen an die Hauptstraßen und wetteiferten im Ausbau miteinander und sogar mit den Kirchen. Wir müssen das tun, erklärte 1847 ein Kongregationalist, »um Leute von Intelligenz und Respektabilität anzuziehen, statt sie zurückzustoßen« (Gilbert, 162). Klarer ließ sich der Wandel hin zur Konfessionskirche und damit zugleich die Versetzung in die Konkurrenzsituation gegenüber den anderen Konfessionskirchen nicht ausdrücken.
Mit diesem im Nonkonformismus zu beobachtenden Prozeß der Verinnerlichung und vor allem der religiösen Konzentration ging eine besonders intensive Anpassung an die Normen des Mittelstands Hand in Hand. Der gleiche Dissent, der unermüdlich betonte, daß Politik und politische Themen bei ihm nichts zu suchen hätten, schwieg folgerichtig auch zu den rücksichtslosen kapitalistischen Maßnahmen seiner angesehenen Mitglieder. Der Gedanke der Sicherung und – wenn möglich – des Ausbaus der eigenen Position drängte leicht alle anderen Gesichtspunkte in den Hintergrund. Wohl waren es nicht ausschließlich Angehörige der Freikirchen, die sich 1833 gegen ein Fabrikgesetz zur Einschränkung der Kinderarbeit wehrten – mit der bemerkenswerten Begründung, dadurch würde die Freiheit der Unternehmer in unverantwortlicher Weise eingeengt: jedoch sie gehörten zum harten Kern des Widerstands. Das gleiche Bild bot die im Jahr darauf durchgesetzte Neuregelung des Armenwesens. Mit der Unterscheidung von schuldhafter und unverschuldeter Armut, der Zwangseinweisung derjenigen in Arbeitshäuser, die der erstgenannten Kategorie zugerechnet wurden – damit sie dort zu Ordnung, Sauberkeit und Leistung gezwungen würden –, setzte der häufig dem Dissent zugehörige neue Mittelstand, an dessen Spitze die Mehrzahl der Unternehmer und Fabrikanten stand, seine eigenen sozialen Werte und Normen durch. Sie religiös zu begründen, fiel nicht schwer. Es war schließlich Gottes Wille – wie in der Bibel zu lesen stand – daß der Mensch nicht nur arbeiten, sondern im Schweiße seines Angesichts sein Brot essen sollte; daß er die Zeit seines Lebens auskaufte; und daß nur der zu essen bekam, der auch arbeitete. So rundete sich das Bild einer geschlossenen Weltanschauung, die selbstverständlich christlich geprägt war: bei der jedoch die christliche und kirchliche Grundeinstellung sich als völlig deckungsgleich mit der eigenen sozialen Position und allen ihren Forderungen und Voraussetzungen erwies. Die weitgehende Verflachung und Entspannung des englischen Nonkonformismus im Sinne einer primär den Bedürfnissen des Mittelstandes angepaßten Religiosität (»civic religion«), die in der Folgezeit unübersehbar wurde, hatte hier ihre Wurzeln.

Staatskirche und Freikirchen

Das wichtigste Ereignis der unruhigen und aufgeregten dreißiger und vierziger Jahre des 19. Jahrhunderts war also einerseits die Behauptung der Staatskirche und andererseits das Scheitern des Dissent, eine echte und umfassende Alternative gegenüber dem Leben und der Verkündigung der Church zu schaffen, die den Bedingungen der Wirklichkeit, unter denen die Mehrheit der Bevölkerung litt, angemessen gewesen wäre. Faktisch wurden die unterschiedlichen Richtungen im Zuge dieser Auseinandersetzungen alle zu Konfessionskirchen, wenn man auf die religiöse Konzentration blickt. Die theologische und organisatorische Stabilisierung der kirchlichen Autorität und des Amtes sowie die Bemühungen, abweichende Positionen von daher zu eleminieren, spielten überall eine zentrale Rolle. Alle wurden sie zu Denominationen, die Staatskirche ebenso wie die evangelikalen Gruppen, wenn man ihr Bestreben ins Auge faßt, im Wettstreit miteinander und in der Konkurrenz gegeneinander auf der Ebene einer faktisch akzeptierten Gleichberechtigung

jeweils das Ganze missionierend für sich zu gewinnen. Alle hatten sie schließlich ihren stärksten Rückhalt im Mittelstand, um den infolgedessen auch von allen am eifrigsten gerungen wurde.
Die Folge davon war eine permanente Auseinandersetzung zwischen Anglikanern und Freikirchlern, die sich bis zum erbitterten Streit steigern konnte. Vor allem im Erziehungsbereich spitzten sich die Gegensätze zu, d. h. bei der Bestreitung bzw. Verteidigung des Monopols oder doch der Vorrangstellung der Church im Schulwesen: bis es 1870 zu einem ersten tragfähigen Kompromiß kam. Eine Folge dieser Gegensätzlichkeiten war sicher die Unmöglichkeit, eine gemeinsame, konfessionsübergreifende Front der aktiven christlichen Sozialverantwortung aufzubauen. Immerhin gab es in allen Denominationen einzelne, die gegen Not und Elend mutig und phantasiereich angingen. Auch zu einer lokalen oder regionalen Zusammenarbeit kam es bisweilen. Doch stärker als das Verbindende erwiesen sich immer wieder die Konfessionsgrenzen. Auf der anderen Seite steigerte die Konkurrenz den Einsatz und die Anstrengung aller Kirchen. Der Wettstreit der prinzipiell Gleichen verhinderte fraglos die Gleichgültigkeit, nicht nur in den kirchlichen Zentren, sondern durchaus auch an den Rändern. Freilich, die eindeutige Wegweisung konnte der Arbeiterschaft sowie dem unteren Mittelstand dadurch nicht geboten werden. So suchten diese nach eigenen Wegen und Leitbildern, um ihr konkretes Geschick zu wenden.

Robert Owen und der Genossenschaftsgedanke

Zunächst übte Robert Owen (1771–1858) eine besondere Faszination aus. Nach zwei Jahrzehnten erfolgreicher Unternehmertätigkeit in Schottland und einem ebenso aufsehenerregenden wie erfolglosen Versuch, als Sozialreformer in Amerika die neue Gesellschaft aufzubauen, war Owen 1829 nach England zurückgekehrt und hatte sich dort der Arbeiterbewegung zugewandt. Der paternalistische Fabrikbesitzer Owen, der seinen Betrieb in New Lanark im aufgeklärt-philantropischen Sinn geführt hatte und ihn als das ideale Modell einer industriellen und sozialen Organisation verstanden wissen wollte – wobei er seinen Arbeitern freilich nicht allzu viele Rechte einräumte –, hatte unter diesen keine besondere Resonanz gefunden. Aber nun lagen die Dinge anders. Vor allem der Gedanke der Produktionsgenossenschaft, die nach Owens Vorstellung den Kristallisationskern einer alternativen Arbeits- und Lebensform bilden sollte, übte eine außerordentliche Anziehung aus. Auf dem Hintergrund von Wirtschaftskrisen und dementsprechend von Not und Verzweiflung unter den Arbeitern, angesichts einer Parlamentsreform, die lediglich den Wohlhabenden Nutzen gebracht hatte, sowie einer zunehmend restriktiven Armengesetzgebung, schien hier die Möglichkeit gegeben, die Ausbeutung zu unterlaufen, einen gerechten Lohn für alle einzuführen, die Arbeitslosigkeit zu beseitigen sowie das demokratische Stimmrecht in diesen Betrieben durchzusetzen, kurz: gegen das herrschende Syndrom von Privilegien, Macht und Besitz etwas umfassend Neues zu stellen.
Produktions- und Konsumgenossenschaften waren unabhängig von Owen entstanden. Sie florierten meist nur eine kurze Zeit. Aber das Konzept wirkte derart überzeugend, daß ihre Zahl schnell zunahm: 1829 gab es etwa 68 solcher Genossenschaften, 1830 annähernd 300 und 1832 um 500. Sie fanden sich in der Regel in London sowie in anderen industriellen Ballungszentren. Meist wurde auch ein Laden eingerichtet, in dem man die Produkte der Mitglieder abzusetzen versuchte, um sodann mit dem Gewinn im Großeinkauf neue Rohstoffe preisgünstig zu erstehen. Mangelnde Geschäftserfahrung, allzu kleine Zusammenschlüsse, vor allem aber fehlendes Kapital ließen die meisten dieser Unternehmungen schnell scheitern. Wirklich erfolgreich waren eigentlich nur die 1844 in ei-

ner schon sehr viel weniger optimistischen Phase gegründeten »Equitable Pioneers« in Rochdale. Oft versuchten die Genossenschaften, ihrer Schwäche durch lokale und regionale Zusammenschlüsse aufzuhelfen. Der Intention nach ging es darum, den kapitalistischen Markt mit seinen Auswüchsen zu überwinden. Dazu gehörte die Vermittlung von Arbeitskräften durch die Genossenschaften, insbesondere jedoch das System des »Arbeitstausches«, d. h. die einzelnen Kooperativen tauschten untereinander ihre Produkte und erhielten so die jeweils selbst benötigten Güter. Als Verrechnungseinheit galt die Arbeitsstunde. Der Maßstab für den Wert eines Objekts sollte also ausschließlich der Arbeitsaufwand des Produzierenden sein, unabhängig von Angebot und Nachfrage und anderen Mechanismen des Marktes.
Es waren diese großen Perspektiven, die Owen begeisterten. Die konkreten Einzelheiten, insbesondere betriebswirtschaftliche Daten, interessierten ihn wenig. So nahm er sich sogleich mit viel Engagement und Publizität der Idee einer weitgespannten Produktions- und Konsumgenossenschaft an. Im September 1832 wurde eine Organisation zum Arbeitstausch nach dem Gleichheitsprinzip auf nationaler Ebene gegründet (»National Equitable Labour Exchange«). Mit einem erheblichen Aufwand startete das Unternehmen; aber noch größer waren die Hoffnungen. Owen sah die Tür zur Verwirklichung der neuen Gesellschaft weit aufgestoßen, und zahllose folgten ihm: Begeisterte, aber auch besonnenere Anhänger seiner Person und seiner Ideen, radikale Demokraten und nicht zuletzt zur Aktion drängende Christen aus allen Denominationen – trotz der irritierend unfreundlichen und bisweilen ausgesprochen feindlichen Äußerungen Owens über das Christentum und die Kirchen.
Bereits 1834 war der kühne Entwurf völlig gescheitert. Dazu hatten nicht in erster Linie – wie es meist die Zeitgenossen sahen – persönliche Streitereien und mangelnde ökonomische Kenntnisse der Verantwortlichen geführt, sondern schlicht der Versuch, eine neue Wirtschaftsordnung auf der Basis der egalisierten Arbeitsleistung aufzubauen: bei gleichzeitiger Abhängigkeit vom kapitalistischen Markt, insbesondere bei den Rohstoffen, aber auch bei Industrieprodukten. Owens Organisation war zu groß und zu klein in einem: zu klein, weil sie nicht *alle* Produktionszweige umfaßte, vor allem die industriellen nicht; zu groß, weil durch die Verflechtung der verschiedenen Genossenschaften miteinander die Funktionsfähigkeit der einzelnen Kooperative nicht gesteigert, sondern geschmälert wurde. Wie das Beispiel der Rochdale Equitable Pioneers dann zeigte, konnte eine Genossenschaft durchaus florieren, wenn sie klar umrissene Außenkontakte zum kapitalistischen Markt besaß.
Immerhin vermittelte Owens Konzept so viel Hoffnungen innerhalb der Arbeiterschaft, daß es schnell zu einer Zusammenarbeit mit den Gewerkschaften kam. Deren Zuschnitt war insgesamt noch recht bescheiden, oft stärker von den halb geheimen Riten und Bräuchen der zünftigen Vergangenheit geprägt als an den Realitäten der Gegenwart orientiert. Die lokale Autonomie war die Regel, die regionale Ausweitung sowie die Kooperation untereinander gehörten zu den Ausnahmen. Hier führten Owens Aktivitäten nun zu wesentlichen Veränderungen. Schnell trat er an die Spitze der britischen Gewerkschaftsarbeit, reiste durch das Land, hielt Vorträge, begeisterte die Menschen und ließ sich von ihnen begeistern. Ein zunächst noch vages Gefühl der Zusammengehörigkeit wuchs, getragen von dem Bewußtsein, miteinander eine bessere Welt schaffen zu können. Owen hoffte darauf, die einzelnen Gewerkschaften zu Produktionsgenossenschaften umgestalten und sie dann miteinander verflechten zu können. Zu diesem Zweck wurde 1833 von ihm und seinen Freunden eine Dachgesellschaft gegründet (»United Trades Association«). Die schnell wachsende Popularität Owens in der Arbeiterschaft sowie sein großer Einfluß auf die Gewerkschaftsbewegung machten ihm selbst in diesen Jahren zunehmend die Realität des Arbeitskampfes bewußt. Auf diesem Hintergrund kam es 1834 zur

Gründung eines großen nationalen Gewerkschaftsverbandes (»Grand National Consolidated Trades Union«). Der Erfolg dieser Organisation war außerordentlich. Innerhalb weniger Monate hatte sich mehr als die Hälfte aller britischen Gewerkschaften diesem Verband angeschlossen. Eine derartige Machtkonzentration beunruhigte natürlich die Regierung ebenso wie die Unternehmer. Syndikalistische Vorstellungen und radikale Parolen wie die Forderung des Generalstreiks taten ein übriges, um die Atmosphäre zu erhitzen. Dann schlugen die Fabrikherren zu: Massiver Druck auf die Gewerkschaftsführer verunsicherte die Anhängerschaft, den spontanen oder provozierten Streiks antworteten umfassende Aussperrungen. Schnell brachen daraufhin die einzelnen Gewerkschaften zusammen. Bereits Ende 1834 war der große Verband erledigt, Enttäuschung, Resignation und Gleichgültigkeit in der Arbeiterschaft waren die Folge. Das war gleichzeitig auch das Ende des großen öffentlichen Einflusses von Robert Owen. Wenn er auch unermüdlich fortfuhr, seine Ideen und Projekte durch Wort und Schrift zu verbreiten und obwohl eine große Zahl von Anhängern seiner Gedanken diese weiterhin zu Gehör und in mancherlei Brechungen auch zur Wirkung brachte: der Höhepunkt war 1834 überschritten.

Was die Arbeiterschaft an Owen mitriß, war nicht allein und vielleicht nicht einmal in erster Linie sein Programm, auch nicht seine faszinierende Persönlichkeit, sondern in hohem Maße die Tatsache, daß da mit religiöser Inbrunst und mit mancherlei »säkularisierten« religiösen Inhalten eine neue Welt sowohl verkündigt als auch in immer neuen Anläufen zu gestalten versucht wurde. Zu Recht hat man die gesamte Bewegung als eine »chiliastische Sekte« bezeichnet (Harrison). Hier fanden sich zwar faktisch fast alle Schichten der Gesellschaft, aber vorherrschend war nichtsdestoweniger die Arbeiterschaft. Was sie anzog, war die Vision des grundsätzlichen Neuanfangs. Mehr noch: Es war die Transponierung der vertrauten christlichen Glaubensinhalte in die konkrete Diesseitigkeit. Owens Sprache unterstrich diesen Zusammenhang noch. So schrieb er 1833: »Ich gebe euch nun einen kurzen Überblick über die großen Veränderungen, die in Erwägung stehen und die plötzlich über die Gesellschaft kommen werden, wie ein Dieb in der Nacht.« (zit. Harrison, 211) Man mußte an die Verwirklichung auch dieser neuen Gesellschaft glauben, trotz aller Beweise; man mußte sich zu dieser Einstellung bekehren, denn sie bedeutete tatsächlich einen Bruch mit dem gewöhnlichen Leben. Auch von der Forderung der Beharrung bei der erkannten Wahrheit, allen Schwierigkeiten und Mißerfolgen zum Trotz, war nicht zufällig immer wieder die Rede sowie von der Notwendigkeit, sich aktiv und unermüdlich für die Realisierung dieser Ziele einzusetzen. Nicht weniger wichtig als die Beschwörung dieser gradiosen Zukunft aber war für die Arbeiterschaft die wenigstens teilweise Vorwegnahme in den von Owen geschaffenen Unternehmungen und Organisationen. Nicht nur der Glanz und die Großzügigkeit in Aufbau und Ausstattung seiner Gründungen in England und insbesondere in den USA zogen an, sondern auch der Geist und die Atmosphäre, die er den Genossenschaften und Gewerkschaften mitzuteilen vermochte. Hier fand der Arbeiter »ein ihm kongeniales Zuhause, wo die Werte und Zielsetzungen sich von denen der übrigen Gesellschaft, die er verworfen hatte, unterschieden. Die Ungerechtigkeiten und Ungeheuerlichkeiten, die ihn in der frühen kapitalistischen Gesellschaft zerbrachen, wurden verdrängt durch den Traum eines irdischen Millenniums.« (Harrison, 137) Diese Struktur, die der Imagination nicht allein Raum gab, sondern sie direkt in Rechnung stellte, war mindestens so wichtig wie die einzelnen inhaltlichen Aussagen. Zugleich ist diese Bewegung eines der großen Beispiele dafür, daß die Abkehr von der religiösen Sinndeutung der Kirchen und des Christentums nicht identisch war mit der Abkehr von der Religiosität überhaupt. »Säkularisation ist nicht die Regel, sondern die Ausnahme, die der Erklärung bedarf.« (v. Krockow)

Die Chartisten

Seit dem Scheitern des Programms zur Wirtschafts- und Sozialreform unter der Führung Owens konzentrierte sich das Interesse der Unterschichten und des kleinen Mittelstands wieder stärker auf direkte politische Forderungen. Die Mitbestimmung im Parlament, Anteil also an der Macht im Staat, erschien als die einzige Chance, um die eigene elende Lage wirksam zu verbessern. Die soziale Zusammensetzung der chartistischen Bewegung, in der sich diese politischen Kräfte sammelten, war ausgesprochen heterogen: neben Intellektuellen standen Arbeiter, neben Handwerkern und anderen Kleinbürgern Ungelernte aus den untersten Schichten. Die Krisen auf dem Land (1838) und insbesondere dann in der Industrie (1841/42) brachten den Chartisten einen außerordentlichen Zulauf: Schien sich hier doch, angesichts der rücksichtslosen Entlassungen oder Aussperrungen, mit denen die Arbeitgeber auf jene Schwierigkeiten reagierten, eine echte Hoffnung zu bieten. Aber die Krisenjahre radikalisierten auch die Anhänger der Bewegung. Es kam zu Spaltungen über der Frage des gewaltsamen oder gewaltlosen Vorgehens und gleichzeitig isolierten sich die Chartisten gegenüber dem Mittelstand durch verschiedene Ausschreitungen. Fergus O'Connor, ein irischer Rechtsanwalt und leidenschaftlicher Agitator, verfügte als Führer der militanten Richtung eindeutig von Anfang an über einen erheblichen Einfluß.

Die Grundsatzerklärung (Charter), von der die Bewegung ihren Namen hatte, umfaßte sechs Punkte, nämlich die Forderung des allgemeinen, geheimen und jährlichen Wahlrechts, viertens Diäten für die Abgeordneten, fünftens den Wegfall des Besitznachweises als Voraussetzung für deren Wählbarkeit sowie schließlich die Neugliederung der Wahlbezirke. Der Verfasser dieses Programms war der Kunsttischler William Lovett. Er hatte diese Sätze 1837 als »Grundsatzerklärung des Volkes« (The People's Charter) verfaßt, mit Freunden diskutiert, neu redigiert und endlich an alle bekannten radikalen Demokraten versandt. Die Zustimmung war außerordentlich, vollends nach der Veröffentlichung der Sätze im Mai 1838. Dabei schlossen sich nicht nur Demokraten, Gewerkschaftler und Anhänger Owens der neuen Bewegung an, sondern auch zahlreiche ehemalige Freikirchler. Besonders eindrücklich war der Zulauf aus den Reihen abgesprengter Methodisten, sowohl was die Mitglieder als auch, was die Führergestalten anbelangt. Ebenfalls nach dem Vorbild des Methodismus war die Agitation der Chartisten aufgebaut: mit Massenversammlungen bis zu hunderttausend Menschen in den Industriestädten, Ansprachen im Stil der Bekehrungspredigt und der Organisation der Anhänger in Klassen unter Klassführern, in deren Händen die politische Information und Diskussion lag.

Alles das waren keineswegs einfach Imitationen einer Agitationsweise, die sich als massenwirksam erwiesen hatte: Vielmehr rangen hier Menschen aus den Freikirchen und insbesondere aus dem Methodismus darum, Motivationen aus ihrem Glauben mit den Realitäten ihrer sozialen Lage zu verknüpfen. Das lag durchaus in der Linie der älteren politischen Traditionen des Nonkonformismus. Aber diese waren jetzt, wie schon erwähnt, praktisch preisgegeben. Der Dissent war am mittleren und gehobenen Mittelstand orientiert bzw. mit diesem identisch. Er war politisch saturiert, so daß es, trotz des eifrigen Bemühens der Chartisten, in allen diesen Jahren zu keiner wirklichen Zusammenarbeit mit der Volksbewegung gegen die Kornzölle kam. Mehr noch: die Repräsentanten der Freikirchen setzten alles daran, die Chartisten von sich abzuschütteln. Gerade weil sie aus ihrer eigenen Tradition so manches mit dieser politischen Massenbewegung verband, geriet die Abgrenzung derart schroff, vollzog sich die nun überall zu beobachtende Konzentration auf die theologischen Grundlagen und die Abwehr aller »Politik« so leidenschaftlich einseitig. Im Ergebnis bedeutete das nicht nur die Verfolgung der Chartisten durch den Staat und ihre Verdammung durch die Staatskirche, sondern ebenso auch durch die Freikirchen. Chartismus wurde für sämtliche Kirchen gleichbedeutend mit

Gottlosigkeit, Umsturz und Aufruhr. Läse man nur die Literatur dieser Gegner, bliebe unverständlich, warum diese Menschen Kirchen besetzten, um das Eingehen der Prediger auf ihre Forderungen zu erzwingen, oder eigene Chartistenkirchen einrichteten, die vor allem in Schottland und in einigen nordenglischen Industriestädten Erfolg hatten. Freilich, ohne die politische Unterstützung durch die Liberalen und ohne den Rückhalt an den Freikirchen blieb die Chartistenbewegung hoffnungslos isoliert. Ihr faktisches Ende kam sehr plötzlich am 10. April 1848 in London. Die schwere Mißernte von 1847, die daran anknüpfende Wirtschaftskrise, aber natürlich auch die Februarrevolution in Paris, die das Recht auf Arbeit für jederman legalisierte, hatten dem Chartismus einen neuen, mächtigen Auftrieb gegeben. Am 10. April zogen Zehntausende in einer riesigen Massendemonstration durch die Hauptstadt. Eine Petition sollte dem Parlament überreicht werden. Nicht wenige witterten schon den Ausbruch der Revolution. Die Regierung zog außer der Polizei erhebliche Truppenkontingente zusammen. Angesichts dieser Militärmacht zerfiel die Demonstration. Ihre Reste verliefen sich im Londoner Regen.
Natürlich war die Chartistenbewegung nicht christlich im engen theologischen oder streng kirchlichen Sinn gewesen. Nichtsdestoweniger zeigten sich viele Chartisten von der Frömmigkeit und vom Lebensstil des Chapel tiefgreifend und dauerhaft geprägt. Nicht selten warf man den Kirchen vor – gegen deren theologische Abgrenzungsbemühungen nun ebenfalls theologisch argumentierend –, sie hätten das schlichte Evangelium Jesu und sein Gebot der Nächstenliebe preisgegeben. Auf die Ethik jedenfalls kam es hier besonders an, auf eine christliche Moral, die dem einzelnen Halt gab und die sein Leben bis in die Einzelheiten bestimmte. Vor allem die Abstinenz, die völlige Enthaltsamkeit vom Alkohol (»teetotalism«), spielte dabei eine wichtige Rolle. An diesem Punkt wirkte das freikirchliche Erbe wohl am längsten nach.
Als ein gewisses Spiegelbild der Überzeugung und Erwartungen dieser Menschen kann die Gestalt von William Lovett gelten, eines Repräsentanten der gewaltlosen Chartistenbewegung. Seine Mutter war eine überzeugte Methodistin, und auch er verbrachte seine Jugend in diesem Milieu. Doch zunehmend mißfiel ihm die geistige Enge: drei Gottesdienste am Sonntag – und dabei war keine andere Bewegung an diesem Tage erlaubt als der Weg in die Kirche und zurück, und keine andere Lektüre gab es als die Bibel! Äußerste Not, Arbeitslosigkeit, aber auch Bildungshunger trieben dann den jungen Mann wie so viele andere in die Stadt, nach London. Das Leben hier war keineswegs leichter, aber man konnte lesen, Neues hören und lernen. Politische Überzeugungen entstanden, der christliche Glaube der Jugend- und Heimatjahre wandelte sich zu Grundsätzen einer christlich getönten Moral. Dann kamen die Jahre der Begeisterung für die Produktionsgenossenschaften, kam das aktive wirtschaftliche Engagement hierfür – und unmittelbar nach dem Scheitern der volle Einsatz im Kampf um gleiche politische Rechte für die Arbeiterschaft. Lovett verließ bei alledem nicht seinen Standpunkt einer mit christlichen Elementen verbundenen vernünftigen Moral. Die Religion, für die er eintrete, ziele nicht auf den reinen Glauben, erklärte er, sondern auf eine sozialethische Pflichterfüllung. Damit standen und fielen für ihn – und für viele seiner Zeit- und Klassengenossen – Sinn und Bedeutung des christlichen Glaubens. »Können wir überhaupt die christliche Pflicht, einander und unseren Nächsten wie uns selbst zu lieben, erfüllen, wo doch alle unsere politischen und sozialen Einrichtungen zur Sicherung der Macht, des Aufstiegs und des Überflusses von einigen wenigen geschaffen sind statt für das Notwendige, die Behaglichkeit und das Glück aller?« – Lovett fragte zuletzt, ob das Christentum nur korrumpiert worden sei oder ob es vielleicht tatsächlich lediglich einen weltfremden Traum darstelle: »eine Sache, über die man reden kann, und die zum Gegenstand von viel beredter Heuchelei erhoben wurde, die aber zu gut ist für die tägliche Praxis« (Lovett, 395 f.)?

Unausgesprochen lag diese Frage als Herausforderung an die Kirchen in der Luft. Zu denen, die sich ihr zu stellen wagten, gehörte in erster Linie eine aus sehr unterschiedlichen Persönlichkeiten aus der Staatskirche zusammengesetzte Gruppe um den Theologen Frederick Denison Maurice (1805–1872). Sie hatten an jenem 10. April den Zusammenbruch des Chartismus miterlebt und dadurch die Überzeugung gewonnen, daß sie als Christen jetzt handeln müßten. Der wortgewaltige Prediger Charles Kingsley (1819–1875) schrieb das Manifest »An die Werkleute Englands«. Es atmete Liebe zu den Arbeitern, beklagte Not und Ungerechtigkeit, warnte vor Aufruhr und empfahl den christlichen Glauben. Dem konnte jeder zustimmen – es sei denn, er litt wirklich und verlangte nach konkreter Hilfe. Maurice und John Malcolm Ludlow (1821–1911), die eigentliche Seele dieses christlichen Sozialismus, gründeten dann die Zeitung »Politik für das Volk«, worin sich Ludlow direkt an die Arbeiter wandte und möglichst eindeutig zu aktuellen Problemen Stellung zu nehmen versuchte. Dabei vertrat er einen entschiedenen christlichen Radikalismus. »Niemand kann ein Christ sein, der nicht auch ein Radikaler ist«, hämmerte er seinen Lesern ein (zit. Christensen, 78). »Niemand kann ein Christ sein, der, wenn er einmal überzeugt ist von der Existenz eines moralischen Übels – was es ist und wo auch immer es sein mag – es wagt, davor seine Augen zu verschließen, sich ihm anzupassen oder davor zurückzuschrecken, statt es mit aller seiner Macht anzugreifen.« (Ebd.) Damit war eine Antwort auf die grundsätzliche Herausforderung der Chartisten formuliert. Nur war es leider eine vornehmlich verbale Antwort.

Aber es gab ein Echo, nicht in der Arbeiterschaft zwar, jedoch im weiteren kirchlichen Raum. Von da an waren wichtige Eigentümlichkeiten des entstehenden »christliche Sozialismus« festgelegt, die dauerhaft für ihn charakteristisch blieben: Er war eine primär innerkirchliche Bewegung, nahezu ausschließlich von Mitgliedern der Staatskirche getragen – und zwar von gutsituierten bis ausgesprochen wohlhabenden Angehörigen der oberen Mittelschicht. Sie begriffen sich zu Recht als eine Avantgarde der Church, vollends seit 1849, als die Gruppe mit Gedanken und Persönlichkeiten des frühen französischen Sozialismus bekannt wurde. Die Vorstellungen, die sie nun leiteten und womit sie möglichst breite kirchliche Kreise erfüllen wollten, formulierte ihr Manifest »Christlicher Sozialismus« im Februar 1850. Sozialismus war dabei verstanden als die Überwindung des Individualismus, als Ausrichtung des einzelnen auf die Interessen und Bedürfnisse der Allgemeinheit sowie als Bereitschaft zur Kooperation im Geist gegenseitigen Verstehens und Helfens. Daraus folgte dann nicht nur, daß es ihrer Überzeugung nach keinen Sozialismus ohne religiöse Grundlage gab, sondern vor allem, daß im Christentum die entscheidenden Voraussetzungen für jeden wirklichen Sozialismus lagen; oder, wie Ludlow programmatisch auf der ersten Seite seines neuen Organs, des »Christlichen Sozialisten«, am 2. November 1850 erklärte: »Jedes sozialistische System, das eine zeitlang Bestand gehabt hat, bemühte sich zu stehen oder stand doch unbewußt auf den moralischen Grundlagen der Gerechtigkeit, der Selbsthingabe, der gegenseitigen Zuneigung und der allgemeinen Brüderlichkeit, die das Christentum für sich selbst als ein immerwährendes Erbteil beansprucht.« Das implizierte allerdings auch umgekehrt, daß das Christentum sozialistisch sein mußte: »Christentum ohne sozialistische Absichten ist kalt und ohnmächtig.« (zit. Droz. III, 122)

Die theologische Begründung für diesen Sozialismusbegriff lieferte Maurice und zwar nicht aufgrund der Ethik, sondern der Soteriologie. Bereits 1838 hatte er in dem Buch »Das Königreich Christi« die Grundlagen dafür entwickelt, indem er Christus als den Archetyp des wahren Menschen bezeichnete und die Herrschaft Christi als Inbegriff einer wahrhaft humanen Sozialordnung. Das bedeutete: Diese Gegenwart Christi war die eigentliche Wirklichkeit der Welt. Die Aufgabe der Kirche bestand folglich darin, der

Welt diese Wahrheit zu bezeugen, sie also über die Grundlage ihrer Existenz zu informieren – statt zu wähnen, diese erst schaffen zu müssen oder dazu überhaupt in der Lage zu sein. Denn genau darin sah Maurice den entscheidenden Irrtum eines jeden Sozialismus, der sich vom Christentum und der Kirche gelöst hatte. Das Schwergewicht der Tätigkeit von Maurice lag infolgedessen auch im erzieherischen Bereich, um Menschen zum Verständnis der alle sozialen und humanen Realitäten umgreifenden Wirklichkeit Christi zu führen. Nahm die Kirche diese ihr von Gott zugewiesene Aufgabe an, würde sie bald in neuer Weise im Mittelpunkt der Gesellschaft stehen, als Mittlerin zwischen den unterschiedlichen sozialen Interessen. Daß diese Wahrheit wenigstens exemplarisch verwirklicht werden müsse, hob dagegen besonders Ludlow hervor. Christlicher Sozialismus als Inbegriff der Königsherrschaft Christi mußte eine Einheit aus Verkündigung und Handeln darstellen: »Predigen allein reicht nicht zu jeder Zeit – oder es wird daraus ein leeres Geräusch und Heuchelei. Handeln allein reicht nicht – oder es wird zum System und zum toten Uhrwerk. Es muß beides zugleich sein: ein Predigen, das immer wieder aus dem Handeln Kraft gewinnt, und ein unentwegt durch das Predigen beflügeltes Handeln.« (zit. Christensen, 153)

Das Modell, in dem die christlichen Sozialisten beide Elemente am besten aufgehoben fanden, war die Vereinigung, die Assoziation – um ein Lieblingswort der Zeit zu gebrauchen. Das konnte sehr konkret und pragmatisch gefaßt werden: Als Produktions- oder Konsumgenossenschaft oder beides zusammen. In der Tat sind die christlichen Sozialisten in diesen Hinsichten sehr aktiv gewesen. Aber was sie an diesem Modell besonders interessierte, war nicht die nationalökonomische Seite, auch nicht allein die Überzeugung, in solchen Assoziationen das Mittel gefunden zu haben, um die unübersehbaren Mißstände in der Industriegesellschaft zu heilen: sondern es war vor allem die Gewißheit, daß solche Vereinigungen und Zusammenschlüsse sich verwirklichen ließen durch die Kraft des christlichen Glaubens und die Realität der Kirche. Nur auf dieser Grundlage konnten ihrer Meinung nach die erforderlichen wirtschaftlichen und gesellschaftlichen Maßnahmen in Angriff genommen werden. Die Versöhnung von Oben und Unten, von Kapital und Arbeit durch ein ganz Britannien umgreifendes Netz von Assoziationen im neuen Geist wahrer Brüderlichkeit, getragen und vermittelt von der Kirche als dem geistlichen Zentrum: Das war das Fernziel dieses christlichen Sozialismus.

An Problemen und Schwierigkeiten konnte es bei solchen Zielsetzungen naturgemäß nicht fehlen. Die entstehenden Produktionsgenossenschaften und erst recht ihre organisatorischen Zusammenschlüsse standen schnell vor der Frage, worauf das Schwergewicht zu legen sei: auf die pragmatische wirtschaftliche Entwicklung – oder auf die christliche Gesinnung? Das gleiche Dilemma entstand, sobald es um die Zusammenarbeit mit Genossenschaften ging, die nicht eigentlich christlich waren. Ließ sich dieser Zwiespalt – wenn auch zunehmend schwierig – im Führungskreis überbrücken, so stellte sich dahinter nur um so dringlicher die Frage: War die Staatskirche bereit bzw. überhaupt in der Lage, die Aufgaben anzugehen, die ihr hier im Konzept des christlichen Sozialismus zugemutet wurden? Die wütenden und verleumderischen Reaktionen innerhalb und außerhalb der Church auf die Bemühungen der christlichen Sozialisten ließen allzu große Hoffnungen kaum zu. Damit aber verschob sich die Stoßrichtung der Bewegung von der primär gesellschaftlichen Thematik zu einer mehr und mehr kirchlichen Auseinandersetzung. Gewiß, diese christlichen Sozialisten vermochten auch nach den verschiedensten Seiten hin Interesse und sogar Sympathie zu wecken. Im gehobenen Bürgertum war Maurice als eigenständiger Theologe bekannt und Kingsley aufgrund seiner sozialkritischen Romane berühmt. Zu Disraeli und seinem Kreis des »Jungen England« bestanden Kontakte. Eine kleine Elite in der Arbeiterschaft setzte sich durchaus mit Ludlows Artikeln im »Christlichen Sozialisten« auseinander, auch waren Vansittart, Neale und Lloyd Jones angesehene und einflußreiche Persönlichkeiten in der Genossenschaftsarbeit. Sogar zu verheißungsvollen Annäherungen an Gewerkschaftsvertreter kam es, nachdem zuvor schon mancher enttäuschte Anhänger Owens und der Chartistenbewegung seinen Weg zu den christlichen Sozialisten gefunden hatte. Die Beziehungen wurden intensiver, als die christlichen Sozialisten in dem großen Streik des Jahres 1852 zu den wenigen gehörten, die öffentlich für die Belange der Arbeiterschaft eintraten. Jedoch es blieb im wesentlichen bei der persönlichen Hochachtung. Der geistigen Führung durch die Church wollte sich die Arbeiterschaft um keinen Preis mehr unterstellen. Und umgekehrt konnten Maurice und in gewisser Weise auch seine Freunde nicht von ihrem Kirchenverständnis abgehen, ohne sich selbst preiszugeben. Hier lag die tiefste Wurzel der voranschreitenden organisatorischen Auflösung des christlichen Sozialismus, die 1854 mit der endgültigen Zuwendung von Maurice zur Arbeit in der Erwachsenenbildung ihren Abschluß fand.

Soziale Aktivitäten

Die Wirkungen des christlichen Sozialismus waren damit jedoch keineswegs beendet. Als Anstoß, Frage und Herausforderung blieb er lebendig und erreichte am Ende des Jahrhunderts, wenngleich unter anderen Voraussetzungen, einen neuen Höhepunkt. Zunächst aber entstand, mit veranlaßt durch die Tätigkeit dieser christlichen Sozialisten, in der Kirche eine neue Wachheit für soziale Fragen. Wohl war die Kirche in ihrer Gesamtheit zu der ihr zugemuteten Veränderung nicht zu bewegen. Jedoch es mehrten sich soziale Aktionen aus christlicher Verantwortung. Darin setzten sich auch die evangelikalen Anstrengungen frührerer Jahre fort bzw. sie erhielten jetzt, wie das Beispiel Shaftesburys zeigt, neuen Auftrieb. Shaftesbury (1801–1885) galt seit den dreißiger Jahren als Nachfolger von Wilberforce und Führer der Evangelikalen innerhalb der Church. In dieser Eigenschaft setzte er sich für eine Vielzahl missionarischer und humanitärer Aktionen ein, wobei sein unermüdliches Eintreten für eine menschlichere Behandlung der Geisteskranken besondere Achtung verdient. Aber so hoch Shaftesbury die seelische und leibliche Fürsorge für den einzelnen auch schätzte und so wenig er später mit dem christlichen Sozialismus anzufangen wußte: daran zweifelte er nicht, daß der Staat angesichts der entsetzlichen Mißstände in den Slums der Industriestädte mit einer umfassenden Sozialreform eingreifen müsse. 1840 führte das Parlament u. a. auf sein Drängen eine große Industrieinspektion durch und richtete dabei eine Kommission ein, die das Ausmaß der Kinderarbeit feststellen sollte. Möge man ihm auch Heuchelei vorwerfen, erklärte Shaftesbury dazu im Parlament: »ich bin so kühn gewesen, diese Aufgabe anzugreifen, weil ich die davon Betroffenen als solche ansehen muß, die von demselben Schöpfer wie wir geschaffen sind, erlöst von demselben Erlöser und bestimmt zu derselben Unsterblichkeit« (zit. Best, 92). 1842 legte er zusammen mit Edwin Chadwick den »Bericht über die sanitären Verhältnisse in der arbeitenden Bevölkerung« vor. Diese Schrift brachte den Durchbruch. Die Nation war erschüttert. Shaftesbury galt seitdem als das öffentliche Gewissen. 1843 kam ein neues Fabrikgesetz zustande, 1847 das Gesetz über den 10-Stunden-Tag. An beiden Regelungen hatte Shaftesbury entscheidenden Anteil. Dennoch lag der Höhepunkt seines Wirkens – wie erwähnt – nach 1848. Shaftesbury kämpfte jetzt, mit Christen unterschiedlicher Richtungen – und sogar mit Nichtchristen –, für eine vollständige Reform des Gesundheitswesens. Dabei wurde nicht nur für bessere Wohnungen und sanitäre Verhältnisse Außerordentliches geleistet, sondern auch für die Bewußtseinsänderung in der Öffentlichkeit und nicht zuletzt in der Pfarrerschaft. Die Pfarrer wurden nun zunehmend zu Agenten der lokalen humanitären und sozialen Aktivitäten, gründeten Niederlassungen von Sparkassen und organisierten vielfältige Hilfsvereine in ihren Ge-

meinden. Zwischen 1850 und 1860 entstanden nicht weniger als 144 derartige Organisationen auf überregionaler Ebene (Norman, 154). Bei alledem breitete sich die Überzeugung aus, daß Christen für wesentliche Aspekte des Sozialbereichs mitverantwortlich sind. So kümmerten sich nun Vertreter der Kirchen mit viel Hingabe und Begeisterung um Fabrikinspektionen und den Arbeitsschutz für Frauen und Kinder, um eine bessere Armenverwaltung und Reformen im Gefängniswesen, im Strafrecht, im Wohnungsbau, im Gesundheitswesen. Was dieser Kirche auch vorgeworfen werden kann: Der Vorwurf trifft sie sicher nicht, daß sie den menschlichen und sozialen Nöten ihrer Zeit gleichgültig oder tatenlos gegenübergestanden hätte.
Freilich, es war weithin eine Zuwendung zu Gescheiterten, war die Anteilnahme von mehr oder weniger Wohlhabenden und Erfolgreichen am Leiden von Randgruppen der Gesellschaft. Zweifel an der bestehenden Gesellschaftsordnung kamen dabei kaum auf. Vermutlich war diese ganze kirchliche Aktivität überhaupt nur möglich unter der Voraussetzung, daß auch den letzten Außenseitern die Segnungen der bürgerlichen Welt zukommen müßten. Das hatte eine doppelte Konsequenz. Einerseits mischte sich in alle Hilfeleistungen der kirchlichen Repräsentanten – keineswegs nur bei der Church –, ein entschieden paternalistisches Element, ein Zug wohlwollender Bevormundung, verbunden mit der unerschütterlichen Gewißheit der Überlegenheit der eigenen kirchlich-bürgerlichen Wertvorstellungen. Gestrauchelte und Gestrandete mochten das hinnehmen – aber kaum die Arbeiterschaft. Das war denn auch die andere Seite jener kirchlichen Bemühungen: Den Zielen und Wünschen der Arbeiterschaft wandten die Kirchen insgesamt nur sehr wenig Hilfsbereitschaft und Verständnis zu. So wurde diese immer wieder mit einer Kirche und einer christlichen Verkündigung konfrontiert, deren bürgerlicher Geist und Lebensstil weitab von der eigenen Wirklichkeit lag.

Aspekte der Entkirchlichung

Die Ferne und Entfremdung der Kirchen von der Arbeiterschaft wuchsen seit der Jahrhundertmitte. Seitdem die schlimmsten Mißstände beseitigt waren, die sozialen und politischen Spannungen reduziert, weil ein begrenztes Ansteigen der Löhne eine bescheidene wirtschaftliche Sicherheit verlieh, begannen die Massen, sich mit ihrem Schicksal zu versöhnen. Ein neues, primär an Reformen interessiertes Gewerkschaftswesen setzte sich durch. Und im Zusammenhang damit versank für die meisten Christen auch die Beunruhigung über die Probleme der industriellen Arbeitswelt. Gewiß, es war nicht alles gut; aber es schien doch alles auf dem besten Wege zu sein. Freilich fehlten ernsthafte Irritationen nicht. 1854 wurde das Ergebnis einer statistischen Erhebung über den Gottesdienstbesuch am 30. März 1851 in England und Wales veröffentlicht. Die Zahlen bedeuteten einen Schock, vor allem für die Staatskirche. Von 17927609 Erwachsenen, die theoretisch an einem Gottesdienst hätten teilnehmen können, wurden als tatsächliche Besucher der Church 3773474 Personen ermittelt gegenüber 3487558 Personen bei den Nonkonformisten und römischen Katholiken zusammen. Das bedeutete, daß insgesamt höchstens 36 Prozent der erwachsenen Bevölkerung an diesem Sonntag zur Kirche gegangen waren (Norman, 125). Damit war zunächst einmal endgültig dokumentiert, daß die anglikanische Kirche in England nur noch eine Konfessionskirche neben anderen war. Jedoch in die Freude der Freikirchen über diesen Nachweis mischte sich die bittere Erkenntnis, daß die Menschen, die die Staatskirche nicht besucht hatten, auch nicht zu ihnen gekommen waren. Vielfach erwartete man die Lösung des Problems nun erst recht vom Bau von noch mehr Kirchen und Kapellen. Besonders die Church leistete auf diesem Gebiet seit den dreißiger Jahren Erstaunliches. Bis 1851 waren hier 2529 neue Kirchen errichtet, und diese Aktivität setzte sich in den folgenden Jahrzehnten ungemindert fort.

Sicher wurde dadurch manche Begegnung ermöglicht, mancher Kontakt zwischen Kirche und Arbeiterschaft geschaffen. Doch daß die Massen allein auf diesem Wege nicht zurückzuholen waren, lag längst klar auf der Hand: Die Zählung vom 30. 3. 1851 hatte auch ergeben, daß an diesem Sonntag rund 60 Prozent der vorhandenen Sitzplätze in den Kirchen der Großstädte leer geblieben waren!

Die Beunruhigung über das Fernbleiben der Arbeiterschaft blieb. Immer wieder einmal meldete sich diese Besorgnis zu Wort. So schrieb am 31. 10. 1866 der »Nonconformist« selbstkritisch: »Unser Sozialsystem, das ein Relikt des Feudalismus ist, hat sich in den sakralen Bereich der Kirche hineingedrängt... Insgesamt stand Religion, wie sie unter uns ausgeübt wird, vornehmlich auf der Seite der weltlichen Macht, bei Rang und Reichtum, und war zu wenig bekannt als Freundin der Freudlosen, Helferin der Hilflosen, Beschützerin der Bedrückten, als diejenige, die zu Boden Getretene aufrichtet, für die Rechte der Menschen kämpft – und als die mitempfindende Mutter aller.« Doch die breite kirchliche Aufmerksamkeit richtete sich jetzt nur noch selten auf dieses Thema. Sie war viel mehr fixiert auf die Ergebnisse der modernen Wissenschaft, wobei die deutsche Bibelkritik in innerkirchlichen Kreisen in besonderem Maße die Gemüter erregte und empörte. Die Resultate der Naturwissenschaften verunsicherten teils, teils anvancierten sie zum Religionsersatz. Einen wahren Schock jedoch löste Darwin 1859 mit seinem Buch »Über die Entstehung der Arten durch natürliche Zuchtwahl« aus. Viele Zeitgenossen hatten das Gefühl, daß da mit einem Mal alle ethischen und theologischen Werte zerschlagen würden. Andere meinten, jetzt bliebe nur noch die Wahl zwischen einer materialistischen Naturwissenschaft und gläubiger Unwissenschaftlichkeit. »Wenn das Buch wahr ist«, resumierte Adam Sedgwick, selbst ein anerkannter Naturwissenschaftler, »dann sind die Mühen nüchterner Induktion vergeblich; Religion ist Lüge; menschliches Gesetz ist eine Masse von Dummheit und eine grundlegende Ungerechtigkeit; Moral ist dummes Gerede; unsere Anstrengungen für die Schwarzen in Afrika sind das Werk von Narren; und Mann und Frau sind nur bessere Tiere.« (zit. Symondson, 18)

Skepsis, zumindest aber Vorbehalte gegenüber den Lehren der Kirchen griffen in der zweiten Jahrhunderthälfte unübersehbar in den mittleren und oberen Schichten der Gesellschaft um sich. Dabei handelte es sich allerdings stärker um eine Abkehr von einzelnen Kirchenlehren als vom Christentum überhaupt; und vollends ging es nicht um die Preisgabe der Grundgedanken der christlichen Moral. Hierin lag vielmehr eine der großen grundsätzlichen Gemeinsamkeiten der britischen Gesellschaft in der viktorianischen Zeit. Der anerkannte Interpret dieses Welt- und Selbstverständnisses wurde Charles Dikkens mit seinen sozialkritischen Romanen. In ihnen spiegelte sich auch die Abwendung von jenem sinnlichen Welterleben, das Fieldings Bücher noch für den Beginn des Jahrhunderts verkörpert hatten. Dickens haßte das Unrecht und die Unmenschlichkeit und fixierte sie darum in erschütternden Bildern. Er liebte die Kirchen, die Dogmen, die Pfarrer und die Theologen nicht und geißelte dementsprechend immer wieder ihre Hohlheit und Heuchelei. Aber er glaubte bedingungslos an die Macht der menschlichen Liebe, die Menschen erlöste und dann auch soziale Verhältnisse verwandelte. Eine Theorie darüber hat er nie entwickelt, wohl aber immer wieder Kinder in den Mittelpunkt seiner Romane gestellt, die ihre Umwelt und seine Zeit zum Mitleiden bewegen wollten. Darauf kam es Dickens an, darin sah er den tiefsten Sinn und die eigentliche Bedeutung des christlichen Glaubens. Der außerordentliche Erfolg seiner Werke schon zu seinen Lebzeiten zeigt, daß ein erheblicher Teil der Zeitgenossen bereit war, dieser Auffassung beizupflichten.

Bibliographische Hinweise zu III.2.

Hierzu gehören auch die unter II.2 genannten Titel.

Best, G. F. A.: Shaftesbury. London 1964.
Chadwick, O.: The Victorian Church. 2 Bde., 2. und 3. Aufl. London 1971–1972.
Christensen, T.: Origin and History of Christian Socialism, 1848–1854. Aarhus 1962.
Droz, J. [Hg.]: Geschichte des Sozialismus, Bd. 3. Frankfurt 1975.
Gold, J.: Charles Dickens. Radical Moralist. London 1972.
Harrison, J. F. C.: Robert Owen and the Owenites in Britain and America. The Quest for the New Moral World. London 1969.
Lovett, W.: The Life and Struggles of William Lovett, in his Pursuit of Bread, Knowledge and Freedom. London 1876.
Masterman, N. C.: John Malcolm Ludlow, the Builder of Christian Socialism. Cambridge 1963.
Symondson, A. [Hg.]: The Victorian Crisis of Faith. 2. Aufl. London 1974.

3. Die Vorgänge in Belgien und Frankreich

Die Situation in Belgien

Auch an Belgien war 1848 die Revolution vorübergegangen. Das Bürgertum hatte seine politischen Forderungen im wesentlichen schon in der Verfassung von 1831 durchgesetzt, die arme und gedrückte Mehrheit der Bevölkerung auf dem Land und in den Städten dagegen blieb gleichgültig und stumm. Eine bescheidene Erweiterung des Wahlrechts sowie einige soziale Gesten der Unterstützung der Arbeitslosen genügten den Liberalen im Juni 1848 zu einem klaren Wahlerfolg über die radikaldemokratische Linke und die konservative katholische Rechte. Damit begann eine Ära liberaler Politik in Belgien, in deren Gefolge allerdings der Geist des »Unionismus« vollends verflog. Zunehmend schroff begegneten sich nun auch in diesem Land Liberalismus und Katholizismus als einander diametral entgegengesetzte Weltanschauungen.
Die Situation der Bevölkerung änderte sich dadurch kaum. Die schlimmsten Jahre von 1845 bis 1849, in denen Hunger und Seuchen Tausende dahingerafft hatten, waren zwar überstanden; auch ließ sich seit 1850 ein leichter Anstieg des Lebensstandards der Unterschichten beobachten. Aber die Lage blieb drückend genug. Arbeitszeiten bis zu 15 Stunden waren nicht ungewöhnlich, Frauen- und Kinderarbeit, auch nachts, die Regel. Der Patron herrschte auf dem Land und in der Fabrik wie ein absoluter Monarch. Eine Vielzahl von Strafmöglichkeiten stand ihm zur Verfügung: brutale – wie die Fesselung des Übeltäters an den Schandpfahl – oder sublime –, wozu vor allem Eintragungen in das Arbeitsbuch gehörten, das jeder Arbeiter besitzen mußte und das er bei einem Stellenwechsel vorzulegen hatte. Die langsame Vernichtung des traditionsreichen Gewerbes der Weber, die in den vierziger Jahren überall in Europa stattfand und die sich in Belgien bis in die sechziger Jahre hinzog, brachte neues Elend. In Scharen drängten diese Menschen nun aus den flämischen Landesteilen in die wallonischen Industriebezirke, wo sie als billige und oft verachtete Arbeitkräfte einen wesentlichen Anteil am Ausbau der belgischen Schwerindustrie hatten. Deren Produktion an Kohle, Eisen, Stahl und Maschinen stand, verglichen mit der Bevölkerungszahl, bis zum Jahre 1880 an erster Stelle auf dem Kontinent. Die Spitzenposition nahm dabei die Kohleförderung ein. Um 1870 war jeder vierte Arbeiter in Belgien ein Bergmann (Kittell, 132).

Diese Jahrzehnte waren die große Zeit des liberalen Bürgertums. Aber sie waren auch die hohe Zeit des belgischen Katholizismus. Die Orden und Kongregationen blühten, die Präsenz der Kirche in der Öffentlichkeit war außerordentlich und der Einfluß auf die Innenpolitik erheblich. Unter den mannigfaltigen Bruderschaften und Kongregationen fanden sich auch solche, die ihre Aufgabe in karitativer Arbeit in einem sozialen Rahmen begriffen. 1845 war unter französischem Einfluß die »Konferenz des Hl. Vinzent von Paul« in Brüssel gegründet worden; 1862 zählte diese Kongregation bereits 422 Niederlassungen. Ähnlich erfolgreich erwies sich die 1854 von dem Jesuiten Louis van Calsen gegründete »Erzbruderschaft des Hl. Xavier«, zu der 1878 343 Zirkel mit rund 83000 Mitgliedern gehörten (Rezsohazy, 55). Im Vordergrund dieser Bemühungen stand jedoch nicht die wirtschaftliche und soziale Hilfe, sondern die religiöse Erbauung und die moralische Unterrichtung. Außerdem lagen die Schwerpunkte dieser Kongregationen in den flämischen Gebieten, auf dem Land also. In den Industrieregionen dagegen waren sie unverhältnismäßig schwach.
Die Theorie entsprach dieser Wirklichkeit. Denn nach der in Belgien höchst einflußreichen katholischen Soziallehre von Charles Périn (1815–1905) kam es entscheidend auf die religiöse und moralische Erneuerung aller Klassen an. Nach dieser Überzeugung war ein Sozialausgleich allein im Geist gegenseitiger Liebe möglich. Insofern konnte Périn in seinem Buch »Über den Reichtum in christlichen Gesellschaften« (De la richesse dans les sociétés chrétiennes, 1861) auch eine entschiedene Kapitalismuskritik äußern: der er allerdings positiv nur die Hoffnung auf das »Wachsen des christlichen Geistes bei den Arbeitgebern« entgegenzusetzen vermochte (Jedin VI/1,758). Das Leitbild, das auf die Fabrik und möglichst auf die Gesellschaft insgesamt übertragen werden sollte, blieb die christliche Familie. Natürlich kam dann der Kirche die schlechthin entscheidende Aufgabe zu. Ihr müßten, erläuterte Périn 1875 in den »Gesetzen der christlichen Gesellschaft« (Les lois de la Société Chrétienne) der Staat und alle sozialen Ordnungen unterstellt werden, weil allein so die christlichen Werte und Normen in der Öffentlichkeit durchgesetzt und auf diesem Wege dann die Gesellschaft geheilt werden könnte.
Diese theokratische Forderung Périns war sicher nicht repräsentativ für den belgischen Katholizismus; wohl aber die Überzeugung, daß es entscheidend auf die religiöse Erneuerung ankomme, insbesondere bei den Unterschichten, auf christliche Zusammenschlüsse mit den Arbeitern, um sie unter der Führung und Aufsicht von katholischen Intellektuellen und Priestern zu gegenseitiger Hilfe und christlich-moralischem Verhalten zu mobilisieren. Von diesem Geist waren jedenfalls auch die Kongresse von Mecheln durchdrungen, deren erster 1863 stattfand. Ducpétiaux und seine Freunde, darunter vor allem der junge Professor der Rechtswissenschaften in Gent, Prosper de Haulleville, wollten insgesamt doch eher gegen die Auswüchse des Paternalismus Stellung beziehen als gegen diesen selbst. Ansätze eines sozialen Katholizismus fanden sich hier durchaus, allerdings in einer unverkennbar an der Vergangenheit orientierten Ausprägung: Man erhoffte viel von der Erneuerung der Gilden, also von der Übertragung der mittelalterlichen Zunftverfassung auf die neuen Verhältnisse. Dementsprechend waren diese katholischen Kreise nicht nur entschiedene Gegner jedes Streiks, sondern auch der Gewerkschaften, die als unchristlich und unsozial galten, weil sich darin ausschließlich Arbeiter fanden. Wünschenswert erschienen stattdessen die gemischten Fachverbände, in denen nach dem Vorbild der mittelalterlichen Sozialordnung Unternehmer und Meister, Facharbeiter und Gesellen, Lehrlinge und Angelernte organisiert sein sollten.
Als Versuch einer Zusammenfassung der unterschiedlichen sozialen Bemühungen um die Arbeiterschaft entstand 1867 der »Bund der Belgischen Katholischen Arbeiterkreise« (Fédération des Sociétés ouvrières Catholiques). Die Organisationen, die sich diesem

Dachverband anschlossen, boten allerdings ein recht buntes Bild: Neben sozial engagierten Kongregationen fanden sich Jünglingsvereine, lokale Sparkassen für die Arbeiter sowie allerlei Versicherungen, die teils selbständig, teils im Rahmen von Bruderschaften arbeiteten. Neue soziale Impulse waren von hierher jedenfalls nicht zu erwarten. Man nahm sich vor allem der Alten, Kranken und Schwachen mit besonderer Hingabe an und erfuhr von dieser Seite auch viel dankbare Resonanz. Zur Industriearbeiterschaft allerdings war auf diese Weise keine Brücke zu schlagen. Der klarste Ausdruck dieser Grenze war die Tatsache, daß bis zum Ende des hier behandelten Zeitraums kein Arbeitervertreter im »Bund der Belgischen Katholischen Arbeiterkreise« saß!

Veränderungen

Der »Bund« war nicht zuletzt gegründet worden, um ein Gegengewicht gegen die 1864 in Brüssel entstandene »Erste Internationale Arbeiterassoziation« zu schaffen. Daß sich ausgerechnet im katholischen Belgien die Zentrale des Sozialismus niederließ, beunruhigte die Oberschicht außerordentlich. Mit einem Male standen Geld und öffentliches Wohlwollen für die Bemühungen des sozialen Katholizismus zur Verfügung. Aber inzwischen waren in Belgien doch schon selbständige und z. T. selbstbewußte Arbeiterorganisationen entstanden. Als erster Zusammenschluß dieser Art gilt die »Vereinigung der Brüderlichen Weber und Spinner« von 1857. Hier versuchten nun wirklich Industriearbeiter, ihr Los selbst zu ändern, indem sie sich als Widerstandsgruppe gegen eine feindliche Umwelt organisierten. Anfangs war dieser Kreis selbstverständlich katholisch. Aber im Lauf der Jahre setzte sich mehr und mehr eine sozialistische Weltanschauung durch, die mit einem wachsenden Antiklerikalismus Hand in Hand ging. Die gleiche Beobachtung ließ sich, besonders seit 1864, noch an vielen anderen katholischen Bruderschaften machen: Sie gaben immer wieder einen überaus fruchtbaren Boden für die Ausbreitung der Gedanken und sogar der Organisation des Sozialismus ab (Rezsohazy, 156). Obwohl weder die Kirche noch der Generalrat der Ersten Internationale es wahrhaben wollten: tatsächlich war der Sozialismus auch in Belgien zu so etwas wie der Religion einer selbstbewußten Arbeiterschaft geworden.

Natürlich wuchs auch dadurch die Entfremdung der Industriearbeiter von der Kirche. Wilde Streiks, ein erbitterter Antiklerikalismus, dazu syndikalistische und anarchistische Zielsetzungen taten ein übriges, den offiziellen Katholizismus abzuschrecken. Praktisch wurde er in diesen Jahrzehnten zur »Denomination«, d. h. zu einem religiös-weltanschaulichen Verband unter anderen. Denn die Welt- und Sinndeutung des Katholizismus galt nun nicht mehr selbstverständlich im Land. Der bürgerliche Liberalismus sowie der ebenso vielschichtige Sozialismus in der Arbeiterschaft entwickelten sich als eigenständige Ideologien. Dabei begriffen sie sich alle als die Verkörperung der entscheidenden und deshalb in die Zukunft weisenden Wahrheit: weshalb sie auch alle möglichst viele Menschen von den anderen Weltanschauungen abzuwerben trachteten. Daß die Einsicht in diese Konkurrenzsituation im belgischen Katholizismus zu Beginn des letzten Viertels des Jahrhunderts langsam zu dämmern begann, kennzeichnet vielleicht am treffendsten seine Lage.

Der französische Katholizismus und die Revolution von 1848

Sehr viel schärfer waren die Züge einer Denomination längst im französischen Katholizismus ausgeprägt, sowohl gegenüber anderen Weltanschauungen als auch innerhalb dieses Katholizismus selbst. Die außerordentliche Sensibilität, mit der da Menschen auf die wirtschaftlichen und sozialen Veränderungen um sie herum reagiert hatten, war mit scharfen Gegensätzen, Widersprüchen und Abgrenzungen im katholischen Lager verbunden gewesen. Um so überraschender mußte dann, jedenfalls auf den ersten Blick, die nahezu einhellige Zustimmung des gesamten französischen Katholizismus zur Februarrevolution von 1848 erscheinen. Natürlich trug dazu die Woge der Sympathie und Zustimmung, die der Kirche seit dem Umsturz in der Öffentlichkeit entgegenschlug, nicht unerheblich bei. Viele Arbeiter sahen nun den Katholizismus auf ihrer Seite. Selbst diejenigen, die lange schon mit der Kirche und auch mit dem Christentum gebrochen hatten, fanden da jetzt ihren Verbündeten. Populär war auf jeden Fall Jesus – der Sozialreformer, der Sozialist, der Revolutionär. Populär waren die christlichen Sozialisten um Buchez, aber ebenso die vielen karitativen Bemühungen des konservativen sozialen Katholizismus. Umgekehrt weihten überall, in Paris und in der Provinz, Priester die neugepflanzten Freiheitsbäume, applaudierte die katholische Presse und machten selbst die Bischöfe vor der Parole »Freiheit, Gleichheit, Brüderlichkeit« ihre Verbeugung. Viel davon war echte Hoffnung auf einen Neuanfang, der die Kirche zu mehr Einfluß und Gewicht in der Öffentlichkeit führen sollte: entweder an der Seite der 1830 abgelösten Herrschaftsschicht oder im Bunde mit der Arbeiterschaft. Naturgemäß äußerten sich *diese* Stimmen zunächst sehr viel lauter. Voller Überschwang wurde die endliche Versöhnung des Geistes der Revolution mit dem Evangelium dekretiert und proklamiert. Aber auch die klaren Weisungen fehlten nicht. So hieß es etwa in einem der zahllosen kirchlichen Blätter, die nun überall aus dem Boden schossen: »Priester Jesu Christi, ihr habt eine großartige Aufgabe vor euch. Bis jetzt habt ihr das individuelle Heil erläutert. Es ist Zeit, das soziale Heil zu erläutern ... Oft habt ihr zum Volk von Hoffnung und Entsagung gesprochen, zu selten von seinen Rechten. Oft habt ihr ihm gesagt, daß das Elend die Tochter des Lasters ist; zu selten, daß sie auch das Ergebnis des sozialen Übels ist. Oft hat eure Liebe ihre Leiden gelindert, zu selten hat sie die Einrichtungen gesucht, die das Elend heilen.« (zit. Duroselle, 373)

Aus der allgemeinen Begeisterung traten dann immer härter die sozialen Probleme hervor. Die Auswirkungen der Agrar- und Wirtschaftskrise trafen vor allem die unteren Bevölkerungsschichten schwer. Kaum jemand zweifelte, daß hier Entscheidendes getan werden müsse. Die Pläne und Projekte dafür waren Legion. Sie umfaßten die Verstaatlichung der Eisenbahnen, Bergwerke und Banken ebenso wie die Abschaffung der Arbeitsbücher und des Akkords, Koalitionsfreiheit, Produktionsgenossenschaften, die Erhöhung der Löhne und Verkürzung der Arbeitszeit. Die provisorische Regierung anerkannte das Recht jedes Menschen auf Arbeit, hob das Koalitionsverbot auf und richtete Nationalwerkstätten ein (ateliers nationaux), in denen u. a. die Uniformen der Nationalgarde angefertigt wurden. Aber dieser Kurs beunruhigte zunehmend das Bürgertum, vor allem in der Provinz. Bei den Wahlen zur verfassungsgebenden Nationalversammlung mußten die Sozialisten eine vernichtende Niederlage hinnehmen (23. 4. 1848). Buchez dagegen wurde Präsident der Versammlung. Zumindest nach außen standen die französischen christlichen Sozialisten damit auf dem Höhepunkt ihrer Macht.

In den turbulenten ersten Wochen nach der Februarrevolution war eine kaum zu überschauende Vielzahl von Klubs, Vereinigungen, Genossenschaften und Gesellschaften, Tages- und Wochenzeitungen, Zeitschriften und anderen Periodika entstanden, auch im katholischen Raum. Das führende Organ der liberalen, demokratischen und sozialistischen Katholiken wurde dann schnell »Die neue Ära« (L'Ere Nouvelle). Dabei handelte es sich um eine Tageszeitung, die nahezu ein Jahr lang erschien (15. 4. 1848 – 1. 4. 1849), herausgegeben von einem Kreis angesehener liberaler Katholiken, wozu – dauerhaft oder vorübergehend – Gestalten wie Maret, Lacordaire, Ozanam oder Arnaud gehörten. Ihr Ziel war die Versöhnung von Arbeiterschaft und Kirche im Geist einer christlichen Demokratie. Zunächst nahm das Blatt betont einen Standpunkt der Mitte ein: Gewiß mußte die Kirche sich ändern, sich öffnen für den Geist einer neuen Zeit; aber das bedeutete keineswegs, daß alle Forderungen der Arbeiterschaft gutzuheißen waren. Die Verbriefung des Rechts auf Arbeit oder auch die Einrichtung der Nationalwerkstätten wurden als Ausdruck eines falschen Sozialismus, der nur einseitig forderte, abgelehnt. Seit der Schließung dieser Werkstätten durch die Regierung am 21. Juni und dem erbitterten Arbeiteraufstand vom 22. bis 26. 6. in Paris, der mehrere tausend Tote kostete, gab es die Möglichkeit dieser Mittelposition nicht mehr. Erzbischof Affre war beim Versuch, auf den Barrikaden zu vermitteln, erschossen worden; katholische Gruppen, vor allem Jugendorganisationen, hatten ihren Abscheu gegen den Aufstand nicht nur in Worten ausgedrückt, sondern ihn mit der Waffe in der Hand voller Leidenschaft und Haß bekämpft. Unaufhaltsam rückte die große Mehrheit des französischen Katholizismus in den folgenden Wochen und Monaten nach rechts. »Die Demokratie ist die Häresie unserer Zeit«, verkündete jetzt der Erzbischof von Reims (zit. de Volder, 381). Ebenso unaufhaltsam, wenn zunächst auch widerwillig, wurde »Die neue Ära« nach links gedrängt. Seit dem September 1848 steuerte die Zeitung jedoch klar den Kurs eines christlichen Sozialismus im Sinne von Buchez. Soziale Themen, Schwierigkeiten und Mißstände wurden unerbittlich, genau und ausführlich behandelt. Mit Nachdruck hielt das Blatt daran fest, daß die Versöhnung von Christentum und Demokratie nach wie vor das Gebot der Stunde sei. »Diese Harmonie des christlichen Geistes und des demokratischen Geistes ist umso notwendiger«, schrieb Maret am 15. Oktober, »als die Februarrevolution nicht nur politisch ist, sondern bis zur Stunde sozial. Diese Revolution hat die geheimen und lange Zeit zugedeckten Gefühle der Arbeiterklasse an den hellen Tag gebracht. Diese Klasse fordert eine weniger unsichere Arbeit; die Genossenschaft, um die eigene Zukunft zu sichern und einer hassenswerten Ausbeutung zu entkommen; den leichteren Zugang zum Eigentum; die Wohltat eines reichhaltigeren, besser verteilten Unterrichts; sie will endlich, daß die Gleichheit, die Brüderlichkeit, die Freiheit für sie nicht nur leere Worte sind... Die Arbeiterklasse wird die Religion, ihre Tröstungen und Hoffnungen nicht akzeptieren, wenn die Religion sich nicht voller Unruhe über ihr Elend zeigt und gerecht gegenüber ihren berechtigten Wünschen.« (zit. Duroselle, 310) Verantwortlich mitzureden bei den brennenden sozialen Auseinandersetzungen, engagiert Partei zu nehmen für jeden politischen, gesellschaftlichen und menschlichen Fortschschritt: das erschien diesen Christen als die große aktuelle Aufgabe der Kirche.

Die Durchsetzung und Verfestigung des konservativen Katholizismus

Die Bischöfe allerdings sahen es anders. Unter ihrem Druck, der sich durch das Verbot, die Zeitung zu lesen und zu abonnieren, schnell finanziell auswirkte, mußte »Die neue Ära« im Frühjahr 1849 ihr Erscheinen einstellen. Kleinere Blätter und Gruppen waren bereits vorher zum Schweigen gebracht. Aber auch seitens der Arbeiterschaft fehlte nun die Resonanz. Selbst Buchez mußte erfahren, daß seine eifrige Öffentlichkeitsarbeit für den Sozialismus, der gegen Gewalt, aber für Gerechtigkeit und Liebe eintrat, in den unteren Bevölkerungsschichten kein Gehör und kein Interesse mehr fand. Bereits ein Nachspiel war das Bankett 33 sozialistischer Priester in Paris am 29. April 1849. Sie wollten auf diese Weise für die Republik demonstrieren und Zeugnis ablegen für die Verbundenheit der Kirche mit der Arbeiterschaft. Alle wurden sie von ihrer Kirche schnell zum Schweigen gebracht. Einige gingen zu den Sozialisten, andere konnte der Abbé Migne bei seiner Kirchenväterausgabe unterbringen.

Es war ein Gemisch aus Entsetzen und schlechtem Gewissen, abgrundtiefer Fremdheit und sowohl ehrlicher wie aufgepeitschter Angst, was das Bürgertum bis hinunter zum kleinen Mittelstand und den Bauern den Sozialismus als Inbegriff aller Schrecken und die

Arbeiterschaft als deren leibhafte Verkörperung erscheinen ließ. »Die Proletarier sind bereit, in jedem Dorf sitzen sie, von Haß und Neid aufgepeitscht, im Hinterhalt,« referierte die Presse Anfang 1849 (Droz III, 72). Für die große Mehrheit des Katholizismus kam der jetzt sprunghaft wachsende Antiklerikalismus unter den Arbeitern als zusätzliches Motiv der Feindseligkeit hinzu. So warb Montalembert unter seinen Glaubensgenossen für die Wahl von Louis Napoleon, »um unsere Kirchen, Häuser und Frauen gegen jene zu verteidigen, deren Begehrlichkeiten nichts respektieren« (Jedin VI/1, 491).
Napoleon umgekehrt wußte, was von ihm erwartet wurde. Vor seiner Wahl zum Prinzregenten (10. 12. 1848) hatte er feierlich erklärt, er werde die Religion beschützen und der Kirche freie Hand in der Erziehung lassen. Von da an wurden die Beziehungen des Episkopats zu ihm enger und fester. Im März 1850 kam es zu dem ebenso berühmten wie berüchtigten Schulgesetz, das dem Einfluß der Kirche in der Tat Tür und Tor öffnete: Sie durfte fortan nicht nur eigene Schulen einrichten, sondern alle Lehrer unterstanden danach der Aufsicht des Bürgermeisters sowie des Pfarrers, während die Bischöfe Sitz und Stimme im obersten Schulaufsichtsrat hatten. Vertreten wurde das Gesetz von Frédéric de Falloux (Loi Falloux). Es war bezeichnenderweise derselbe Politiker, der durch die Abschaffung der Nationalwerkstätten den Juniaufstand ausgelöst hatte. Die Zustimmung der überwältigenden Mehrheit des Katholizismus zum Staatsstreich Napoleons im Dezember 1851 war danach nur konsequent. Aber mit diesem Schulgesetz hatte Louis Napoleon umgekehrt auch die Kette geschmiedet, die die Bischöfe und den französischen Katholizismus bis zum bitteren Ende auf seine Seite zwangen, allen innenpolitischen Mißerfolgen des Regimes und einem zunehmenden innerkirchlichen Unbehagen zum Trotz.
Mit dem Staatsstreich von Louis Napoleon war der liberale und demokratische Flügel im französischen Katholizismus wenn nicht endgültig, so doch mindestens zunächst einmal erledigt. Damit wurde zugleich ein Experiment abgebrochen, das in die Zukunft wies. Den Schaden hatte der gesamte Katholizismus. Denn die sozialen, religiösen und selbstverständlich auch politischen Anfragen und Herausforderungen an die Adresse des orthodox-konservativen Katholizismus stabilisierten diesen nicht nur, sondern engten ihn sozial, religiös und politisch auch entschieden ein. Jetzt vollzog sich die Abwendung der Arbeiterschaft von der Kirche und vom Christentum auf breiter Front. Wohl näherten sich umgekehrt Teile des Bürgertums dem Katholizismus; »die Söhne Voltaires wurden wieder zu Söhnen der Kirche.« Aber dieser Gewinn war im wesentlichen nur Ausdruck der Unsicherheit in einer Krisensituation und deshalb ebenfalls vorübergehend. Anders als die Staatskirche und in etwa auch die Freikirchen in England öffnete sich der französische Katholizismus insgesamt weder neuen Wertvorstellungen, Problemen und Idealen der Gesellschaft noch konkurrierenden religiösen oder theologischen Positionen. So verlor er mehr und mehr den Charakter einer Denomination, nachdem bereits vorher der Versuch gescheitert war, eine geschlossene Volkskirchlichkeit zu restaurieren. Selbstverständlich gab es Gebiete in Frankreich, in denen der Katholizismus nach wie vor volkskirchlichen Charakter trug. Auch verfielen die denominationalen Züge nicht völlig. Jedoch aufs Ganze gesehen entwickelte der französische Katholizismus nun eine ausgesprochene Sektenmentalität. Die Ausbildung einer eigenen religiösen und kulturellen Subkultur gehörte ebenso dazu wie die Durchsetzung einer homogenen Frömmigkeit und einer straffen autoritären Führung in diesem kirchlichen Binnenraum. Gefragt und gefordert war Einheit, nicht Einigkeit auf dem Boden realer Spannungen und Gegensätze. Auch der missionarische Drang fehlte nicht. Er erreichte, in manchem den Erwekkungen in Großbritannien vergleichbar, vor allem die bäuerliche und kleinbürgerliche Bevölkerung in der Provinz, also Menschen, die durch die Februarrevolution sowie die Auswirkungen der Industrialisierung irritiert und erschüttert worden waren, ohne doch

aus ihrem traditionellen Lebensraum herausgebrochen zu werden. Aus diesen Kreisen rekrutierte sich jedenfalls der enorme Zuwachs an Priestern und Ordensleuten in unserem Zeitraum. Zählte man 1853 in Frankreich 46969 Priester, so waren es 1869 bereits 56295 (Jedin VI/1, 520). Die Zahl der Ordensfrauen wuchs im Laufe von nur 10 Jahren von 34208 (1851) auf 89243 (1861), während die Ziffer der Mitglieder in männlichen Orden im gleichen Zeitraum von ca. 3000 auf 17656 emporschnellte (ebd., 522). Auch darin waren dieser Klerus und die von ihm mitgetragene innerkatholische Frömmigkeit der erweckten Frömmigkeitsstruktur vergleichbar, daß jede kritische Rationalität ausgeschlossen blieb. Die Kleriker waren ebenso eifrige wie fromme Männer, jedoch eng in ihrem geistigen Zuschnitt, unvertraut mit den geistigen, sozialen und politischen Problemen ihrer Zeit, ausschließlich ausgerichtet auf religiöse Erbauung und die Vermittlung einer traditionellen Moral. Vorherrschend war für sie und ihre Gemeinden die eigene religiöse Subkultur, die in erster Linie eine intensive Marienfrömmigkeit sowie die Herz-Jesu-Verehrung kennzeichnete. Die Dogmatisierung der Lehre von der unbefleckten Empfängnis Mariens (Immaculata Conceptio, 1854) und eine Vielzahl von Marienerscheinungen – von denen diejenige in Lourdes bald die berühmteste war – gaben dieser Frömmigkeit einen mächtigen Auftrieb. Der Kult des Herzens Jesu, die gesteigerte Verehrung und ewige Anbetung des Sakraments zielten in die gleiche Richtung. Nimmt man die Volksmissionen, die Wallfahrten und Marienandachten hinzu, hat man in etwa einen Eindruck von der Farbigkeit und Vielfalt dieser Frömmigkeit, die die Imagination anregen konnte und Raum für das eigene religiöse Erleben bot. Bezeichnenderweise breiteten sich diese von Rom geförderten Kulte und Verehrungen besonders stark in Frankreich aus. Wieder fühlt man sich, trotz tiefgreifender Unterschiede in vielen Hinsichten, an die Lebens- und Glaubenswelt der Chapels des frühen Methodismus erinnert. Denn hier wie da herrschte eine eigene religiöse Subkultur mit viel Gefühl, Erregung, ja Ekstasen; es dominierten laute, grelle Töne, dazu das Erlebnis von Menschenmassen, die den einzelnen in seinem Selbstgefühl steigerten, indem sie ihm das Bewußtsein der Geborgenheit vermittelten. In der Fähigkeit, seine Anhänger in diese geschlossene Frömmigkeitswelt hineinzunehmen, lag die Bedeutung des französischen Katholizismus in dieser Zeit.

Dem entsprach allerdings auf der anderen Seite der leidenschaftliche Eifer, alles, was anders war, zu verwerfen und zu verdammen. Jene katholische Sektenmentalität vollendete sich darin, daß sie sich unaufhörlich von der übrigen Welt abzugrenzen versuchte, indem sie diese verteufelte. Das gelang freilich nur begrenzt. Denn die Bindung des Episkopats und eines Teils der Führungsschicht an das Regime von Napoleon III., diese der Arbeiterschaft und dem laizistischen Bürgertum zutiefst verhaßte »Allianz von Säbel und Weihwasserwedel« (Proudhon), ließ natürlich keine völlige Abkapselung der Kirche zu. Insofern waren die Führer der »Partei der Ordnung«, als die der konservative Katholizismus sich begriff, Falloux und Montalembert, dann nur konsequent, wenn sie das System Napoleons überhaupt verwarfen. Montalemberts bitteres Wort gegen die »Koalition von Wachstube und Sakristei« (zit. Moody, 136) attackierte mithin gewiß die Indienstnahme der Kirche durch den Staat und ihren daraus folgenden moralischen Verschleiß: aber dahinter stand nach wie vor das Ideal eines Staates, der sich von der Kirche leiten ließ! Je weiter das Jahrhundert voranschritt, desto stärker wurde im französischen Katholizismus die Gruppe, die davon träumte, noch einmal die Verhältnisse der Zeit vor der großen Revolution wiederherstellen zu können. Demokratie in allen ihren Formen, auch der bonapartistischen, hieß dann Materialismus. Der Traum von der Gleichheit aller Menschen wurde als Angriff auf die christliche Religion, die Familie und das Eigentum denunziert. Hunger und Not abschaffen zu wollen, bedeutete unter solchen Voraussetzungen, gefährlichen Utopien zu huldigen oder sich gar anzumaßen, an die Stelle Gottes treten zu können. Bereits im Dezember 1849 schrieb »Die Freiheit«, das einflußreiche

Medium der katholischen Unternehmer im Norden des Landes: »Bringt den Massen Moral bei und ihr habt mehr gegen die Not und den Pauperismus getan als alle die Neuerer und die Theoretiker mit ihren Utopien und Systemen ... Der Hunger, die Krankheit, die Armut, das sind Übel, die unserer Natur anhaften; ihre völlige Beseitigung zu erträumen bedeutet, sich einer trügerischen Hoffnung hinzugeben.« (zit. Duroselle, 341)

Der französische Sozialkatholizismus

Wogegen dieser Katholizismus dann auch immer focht: der Sozialismus gehörte durchweg zu den Gegnern, so allgemein und undifferenziert wie grundsätzlich. Wer früher einmal innerhalb der Kirche Äußerungen getan hatte, die als Zustimmung zu diesem Gedankengut verstanden werden konnten, beeilte sich, mit doppeltem Nachdruck jetzt das Gegenteil zu sagen. Gestalten wie Ledreuille oder die »Gesellschaft des Hl. Franz Xavier« wechselten schnell in das rechte Lager. Faktisch blieb in der Tat kaum Raum für eine kirchliche Sozialarbeit, die über die Seelsorge und karitative Hilfeleistungen für den einzelnen hinausging. Oft genug fand sich die kleine Schar konservativer Katholiken, die gegen diesen Strom anzuschwimmen versuchte, bösen Verdächtigungen ausgesetzt. Dazu gehörte vor allem der Vorwurf, im Grunde nur die Geschäfte des Sozialismus zu besorgen.

So blühte eine reiche, weitverzweigte Liebestätigkeit gegenüber Armen, Kranken und Schwachen, Gestrauchelten, Verachteten und Ausgestoßenen. Jedoch die übergreifende Sozialarbeit stagnierte mindestens, wenn sie nicht verfiel. Nur zögernd war nach dem Staatsstreich die Aktivität sozial engagierter Gesellschaften, Werke und Kongregationen wieder in Gang gekommen. Worauf sie ihre Tätigkeit jedoch auch richteten, stets verfuhren sie nach dem gleichen Modell des christlichen Patronats: Eine Gruppe wohlhabender Damen und Herren mit sozialen Neigungen übernahmen den Vorsitz, ein Priester war der geistliche und meist auch geistige Führer, zusammen mit den Betreuern bildeten sie dann eine Korporation. Bei den entsprechenden Bemühungen im Wirtschaftsbereich fiel natürlich den Meistern und Unternehmern eine wichtige Rolle zu. Doch blieben diese Anstrengungen durchweg begrenzt und eingeengt. Man errichtete Kinderkrippen für berufstätige Mütter, versuchte Arbeiterkinder oder auch jugendliche Arbeiter zu sammeln, kümmerte sich um Gesellen auf der Wanderschaft und insbesondere um Lehrlinge. Aber mindestens mit dem gleichen Eifer, mit dem man allerlei Versicherungs- und Unterstützungskassen organisierte, wurde auch für die Verbreitung guter Bücher oder die Sonntagsheiligung gestritten. Die moralische und religiöse Ausrichtung stand stets obenan, die paternalistische Ordnung war und blieb selbstverständlich. Wohl waren die französischen Katholiken gewillt, die deutschen Gesellenvereine Kolpings nachzuahmen: aber vor der deutschen Freizügigkeit den Gesellen gegenüber schreckten sie zurück. Auch Kolpings persönliche Darlegungen auf katholischen Kongressen in Frankreich führten nicht zum Abbau oder gar zur Preisgabe des »christlichen Patronats«, dieser Lieblingsidee aller katholischen Sozialkonservativen.

In diesen Jahren stieg Armand de Melun vollends zum Repräsesentanten des sozialen Flügels im französischen Katholizismus auf. Er war aktiv, ebenso einfallsreich wie einflußreich und verstand es, die Werte und Normen seiner Gruppe mit Leben zu erfüllen. Die Republik und in gleicher Weise Napoleon III. lehnte Melun ab. Trotzdem kam es zu einer vorübergehenden Zusammenarbeit zwischen beiden. Louis Napoleon, dem es um die Aussöhnung seiner Regierung mit der Arbeiterschaft zu tun war, strebte ein staatliches Versicherungswesen auf Gemeindeebene an. Melun, der sich mehrfach für gesetzliche Initiativen des Staates im Arbeiter- und Arbeitsschutz sowie in verschiedenen Bereichen des Sozialwesens eingesetzt hatte, erschien – natürlich nicht zuletzt, weil er ein re-

präsentativer Katholik war –, als der geeignete Mann dafür. Das Ergebnis waren Versicherungskassen für Krankheit und Unfall, in die Arbeitgeber wie auch Arbeitnehmer einzahlten und zu deren Aufsichtsgremium der Pfarrer sowie der Bürgermeister des Ortes gehören sollten. Diesen starken Einfluß der Kirche gedachte der Staat allerdings nicht hinzunehmen. Melun dagegen sah gerade in dieser Aktualisierung des »christlichen Patronats« den wichtigsten Beitrag für die Herbeiführung des sozialen Friedens. Unter diesem Gesichtspunkt hatte sich Melun auch mit Erfolg gegen die Einbeziehung der Arbeitslosen in das neue Versicherungssystem gewehrt. Er war überzeugt, daß Zahlungen an diesen Personenkreis verhängnisvolle Folgen haben müßten, weil dadurch die Unmoral und Faulheit gefördert und die Arbeiter zu Streiks regelrecht gedrängt würden.
Die Arbeiterschaft nahm das neue Versicherungsgesetz (1852) im wesentlichen zustimmend auf. Mit ihrem Zusammenhalt und erst recht ihrer geistigen Ausrichtung war es in diesen Jahren allerdings nicht zum besten bestellt. Neben Blanqui, der für den Kommunismus sowie die Abschaffung des Staates eintrat und auf dem Wege dahin für eine revolutionäre Diktatur, übten insbesondere Gedanken Proudhons, die um den Aufbau von Arbeiterkorporationen und deren Umwandlung in Produktionsgenossenschaften kreisten, einen wichtigen Einfluß aus. Seit Beginn der sechziger Jahre erlebte die französische Arbeiterbewegung dann einen erheblichen Aufschwung. Wilde Streiks mehrten sich. Aber selbst jetzt gab es noch eine ansehnliche Gruppe unter den Arbeitern, die grundsätzlich gegen Streiks war, gegen jedes politische Engagement und die alle Hoffnungen auf den Aufbau von Produktionsassoziationen setzten, die untereinander ihre Waren tauschen sollten. Als radikal war die breite Mehrheit der französischen Arbeiterschaft jedenfalls kaum zu bezeichnen.
Dennoch verbreiteten viele kirchliche Blätter ebenso dauerhaft wie schrill diese Behauptung. Angeführt wurden sie dabei von dem einflußreichen »Universum« (L'Univers), das Louis Veuillot (1813–1883) seit 1842 herausgab. Veuillot war ebenso autoritär wie reaktionär. Auf ihn paßte vorzüglich das zeitgenössische Diktum Cochins (1862) über den kirchlichen Kurs unter Pius IX., es herrsche »der Aberglaube an alles, was nur immer alt ist, vom Gewand bis zu den Ansichten, vom Etikett bis zur Theologie« (zit. Jedin, VI/1,514). Das »Universum« hetzte nicht nur gegen Sozialisten und den Sozialismus in echten wie eingebildeten Formen, sondern propagierte auch einen bis dahin in Frankreich unerhörten Papstkult – bei dem es umgekehrt an Verdächtigungen, Denunziationen und Verleumdungen nicht fehlte. Veuillot wollte alles bekämpfen und verfolgen, was innerhalb und außerhalb der Kirche nur zögerte, sich einem ultramontanen intransigenten Katholizismus zu unterstellen. Er wurde dadurch zur Verkörperung »klerikaler Intoleranz und systematischer Verleumdung der zivilen Instanz« (Jedin VI/1,745).
In der Zielsetzung stand ihm Frédéric Le Play (1806–1882) nahe, der mächtigste und wirksamste Sozialtheoretiker des französischen Katholizismus im 2. Kaiserreich. Er war der große Theoretiker der Gegenrevolution. Deren Recht meinte er empirisch nachweisen zu können. In seinem Hauptwerk »Die europäischen Arbeiter« (Les Oeuvries Européens, 1855) entwickelte Le Play aufgrund soziologischer Untersuchungen die These, daß ein religiös fundierter Familienverband mit einer starken Autoritätsstellung des Vaters den festesten sozialen Zusammenhalt zu bieten vermöchte und deshalb beim Aufbau der Industriegesellschaft als Modell zu dienen habe. »Keine menschliche Rasse hat je das Glück besessen, wenn das soziale Gebäude, das sie barg, nicht mindestens sieben Elemente enthielt. Ich klassifiziere diese Elemente in drei Gruppen, nämlich: zwei unveränderliche Fundamente, die Achtung vor dem Dekalog und das Regiment der väterlichen Autorität; zweifacher Zement, veränderbar, aber stets vorhanden: die Religion und die Obrigkeit; drei materielle, die Nutzungsbedingungen des Bodens betreffend, die verbunden oder getrennt sind unter drei Regierungen: der Allgemeinheit, des persönlichen

Eigentums und des Patronats. Diese Gruppen von Institutionen sind notwendig und ausreichend zugleich.« (zit. Duroselle, 674) Diese Sozialtheorie überzeugte nicht zuletzt deshalb die große Mehrheit der französischen Katholiken, weil sie Überzeugungen, die man sich längst gebildet hatte, noch einmal wissenschaftlich zu begründen schien. In zahllosen Zeitungsartikeln und Broschüren wurden die Gedanken Le Plays dementsprechend verbreitet. Sie trugen erheblich dazu bei, diesem Katholizismus eine zutiefst gegenrevolutionäre Grundtendenz einzupflanzen, angefangen bei den Laien über den Klerus bis hinauf zum Episkopat. Gleichzeitig wuchs die Entfremdung zur übrigen Gesellschaft.

Entkirchlichung und Antiklerikalismus

In dem Maße, in dem der Katholizismus nicht müde wurde, die Unvereinbarkeit der Ideale der großen Französischen Revolution mit der kirchlichen Lehre und dem christlichen Glauben zu proklamieren, setzte sich andernorts die Überzeugung fest, wem Freiheit, Gleichheit und Brüderlichkeit etwas bedeuteten, der müsse aufhören, ein Christ zu sein. Die Arbeiter lernten diese Lektion schnell. Ein scharfer Antiklerikalismus, verbunden mit einem betonten Materialismus, der nicht selten in einer außerordentlichen Wissenschaftsgläubigkeit gipfelte, charakterisierte zunehmend ihr Verhältnis zur Kirche und zum Christentum. Allerdings waren sie hierin alles andere als schöpferisch. Vielmehr zeigte die geistige Welt des Arbeiters im wesentlichen die gleichen Konturen wie diejenige des liberalen Bürgers. Auch bei diesem dominierten Materialismus, Positivismus und Antiklerikalismus als Weltanschauung. Auguste Comtes (1798–1857) Überhöhung der Soziologie durch eine Religion der Humanität dagegen machte kaum Schule. Mit guten Gründen fühlte sich das Bürgertum dem Klerus intellektuell überlegen. Ein wirklicher Beitrag zu den Problemen, die die Zeit bewegten, wurde von ihm deshalb auch immer weniger erwartet. Freilich, im gleichen Maße nahm im Bürgertum die Unkenntnis über kirchliche und theologische Gegebenheiten zu. Langsam aber sicher gehörte dieser Bereich nicht mehr zum Themenkreis der allgemeinen Bildung. Denn daß die Religion absterben werde, sich auflösen in Wissenschaft, war bei den Arbeitern wie Bürgern die allgemeine Überzeugung. An Evolution, Fortschritt und Aufstieg glaubte man, daraus gestalteten sich die Heilslehren der Gegenwart. 1857 formulierte Renan: »Nicht aus einem Denkakt, sondern aus der Gesamtheit der modernen Wissenschaften geht dieses außerordentliche Ergebnis hervor: es gibt nichts Übernatürliches!« (zit. Benaerts, 635) Darum mußte man freilich nicht auf die Einbeziehung christlicher Elemente in jene Religiosität verzichten. Ernest Renan (1823–1892) selbst hat in seinem »Leben Jesu« (La vie de Jésus, 1863) gezeigt, wie ein Christentum der reinen Humanität, ohne Dogmen und ohne Tradition, damit harmonieren konnte. Das Buch erlebte innerhalb eines Jahres 10 Auflagen und machte seinen Autor in kirchlichen Kreisen berüchtigt, darüber hinaus berühmt. Ein Jahr später kam aus Rom die Enzyklika »Quanta Cura« mit dem angehängten »Syllabus errorum«, jenen 80 Sätzen, in denen die gesamte moderne Gesellschaft mit allen ihren Gewißheiten, Idealen und Sehnsüchten verdammt wurde. Nun schien vollends klar, daß man wählen müsse zwischen Wissenschaft und christlichem Glauben, zwischen Freiheit und Kirche, Fortschritt und Katholizismus. Für große Teile des französischen Bürgertums und der Arbeiterschaft war diese Alternative allerdings längt überholt; nur rhetorisch griff man sie gern auf, mit klarer polemischer Abzweckung. Im katholischen Lager dagegen begann die Erkenntnis aufzublitzen, in welches Ghetto man sich hatte abdrängen lassen, welche Sektenmentalität dominierte und wie die Kirche nach der Abkehr großer Teile des Bürgertums nun auch die Mehrheit der Arbeiterschaft verlor. Selbstkritisch schrieb 1867 ein Zeitgenosse über die kirchliche Entwicklung seit der Februarrevolution:

»Der Schrecken, der durch das Erscheinen des Sozialismus 1848 hervorgerufen wurde, war für uns tödlich. Die Katholiken haben in dieser Zeit den schweren Fehler begangen, ihre Sache mit der des Bürgertums zu verwechseln und auf jeden eigenen Einfall zu den sozialen Fragen zu verzichten. Dieser Irrtum hat die schlimmsten Folgen gehabt: die Arbeitermassen sind der Kirche gegenüber feindlicher geworden und die Katholiken mußten Zufriedenheit zeigen über die kaiserliche, kapitalistische und betrügerisch spekulierende Reaktion, zu deren Triumph sie selbst so viel beigetragen hatten.« (zit. Duroselle, 667) In der Tat, am Ende des 2. Kaiserreichs sah die Bilanz des französischen Katholizismus nicht besonders günstig aus.

Bibliographische Hinweise zu III. 3.

Vgl. dazu die Angaben unter II. 3!

4. Die Veränderungen in Deutschland

Die Auswirkungen der Revolution von 1848

In Deutschland verfestigte die Revolution in charakteristischer Weise die unterschiedliche Entwicklung und Zielsetzung, die den Katholizismus sowie den Protestantismus bereits im Vormärz bestimmt hatten.
Das »tolle Jahr«, wie es dann halb verschämt und halb belustigt viele Bürger im Rückblick nannten, war auch in Deutschland gekennzeichnet durch ein elementares Freiheitsbegehren, in dem individuelle und kollektive Sehnsüchte, nationale, liberale, demokratische sowie sozialistische Forderungen und Vorstellungen sich nicht selten durchdrangen und miteinander rangen. Die liberale bürgerliche Mehrheit fürchtete hier spätestens seit September 1848 das Aufbegehren der Unterschichten und dahinter die Drohung der »roten Republik«. Tatsächlich organisierte sich die Arbeiterschaft während der Revolution, wobei nicht die Fabrikarbeiter, sondern die Handwerksgesellen, entsprechend ihrer wirtschaftlich, sozial- und sozialpsychologisch gedrückten Lage, die führende Rolle spielten. Überall schossen in den ersten Wochen und Monaten der Revolution auch ihre Vereine, Zusammenschlüsse und Bünde aus dem Boden. Eine Vielzahl höchst unterschiedlicher Kongresse tagte. Dabei wurde dann sehr schnell deutlich, wie wenig auch nur annähernd von einer gemeinsamen Zielsetzung dieser Bevölkerungsschicht die Rede sein konnte. Der schärfste Gegensatz verlief offenbar zwischen *den* Gesellen, die zusammen mit den verunsicherten und deklassierten Meistern auf eine Restauration der Zünfte hofften, und *jenen*, die in einem geradezu kindlichen Vertrauen alles Heil von den neuen Regierungen und dem Frankfurter Parlament erwarteten: bis sie sich mühsam zu der Einsicht durchgerungen hatten, daß sie allein standen und sich selbst helfen mußten. Die Mehrzahl dieser Gesellen und Arbeiter war alles andere als revolutionär. Das trennte sie in der Regel von den politischen Zielen der Demokraten: die ihrerseits die Arbeiterschaft als politisch nicht reif genug ansahen, um mit ihr zusammenzuarbeiten. Zu den sozialen und politischen Gegensätzen kamen die schroffen ideologischen hinzu: Die »Lichtfreunde« und mehr noch die Deutschkatholiken, deren Vereinigungen in der Revolution einen erheblichen Aufschwung erlebten, stellten die religiöse Erneuerung als die Wurzel aller positiven Veränderungen in den Vordergrund. Bereits 1847 hatte Ronge geschrieben: »Die Rettung mußte das Volk aus sich selbst schaffen, es mußte zuerst den in-

nern Menschen wahr und frei machen, mußte mit der religiösen Wiedergeburt beginnen und dann fortschreiten zur politischen und sozialen Reform. Alle drei Reformen sind notwendig mit einander verbunden und eine ohne die andere kann nicht Bestand haben.« (zit. Graf, 157)

Karl Marx umgekehrt proklamierte von Köln aus in der »Neuen Rheinischen Zeitung« die Forderung an das Proletariat, zusammen mit den Demokraten die Bourgeoisie zu stützen, damit nach dessen Machtübernahme der eigentliche Kampf, die »zweite Revolution« beginnen könnte. Der »Bund der Kommunisten«, der sich hier sammelte und in Köln bis 1852 bestand, war ausgesprochen intellektuell, für Arbeiter kaum attraktiv. Inmitten dieser Vielfalt, die durch landsmannschaftliche Eigenarten noch kompliziert wurde, wuchsen seit einem Kongreß in Berlin im September 1848 die »Arbeiterverbrüderungen«. Stephan Born war hier die treibende Gestalt. Als Buchdrucker und Autodidakt hatte er wichtige Anregungen von Karl Marx empfangen, ohne darum Marxist zu werden. Vor allem durch das Drängen auf baldige Reformen und die Forderung an die Staaten, wirtschaftliche und soziale Verbesserungen einzuleiten, unterschied er sich von ihm. Getragen waren diese Arbeiterassoziationen vor allem von den Buchdruckern und den Zigarrendrehern. Die erstgenannten sahen ihren angesehenen Stand durch die technische Entwicklung gefährdet, während die andere Berufsgruppe nicht als vollgültig zum Handwerk hinzugehörig galt. Innerhalb dieses Rahmens entwickelten sich dann langsam die Anfänge eines Zusammengehörigkeitsgefühls und eines Selbstbewußtseins innerhalb der deutschen Arbeiterschaft.

Die Reaktionen des Katholizismus

Zunächst also war noch vieles offen. Die Arbeiter drängten auf eine Veränderung ihrer Lage, die alten Selbstverständlichkeiten waren ins Wanken geraten. Aber in welche Richtung die Entwicklung gehen sollte, stand keineswegs fest. In dieser Situation forderten wichtige Stimmen im Katholizismus, daß die Kirche sich der wirtschaftlichen und sozialen Nöte der unteren Bevölkerungsschichten annahm. In kaum einer der zahlreichen katholischen Verlautbarungen dieser Zeit fehlte dementsprechend dieses Thema. Dabei war man natürlich auch hier von einer einhelligen Meinung darüber, welche Wege nun eingeschlagen werden müßten, weit entfernt. Ebenso umstritten wie unter den Arbeitern und Gesellen erwies sich hier das Thema der Wiederherstellung der Zünfte, der Möglichkeit selbständiger Arbeiterassoziationen oder des Rechts und Umfangs staatlicher Hilfsmaßnahmen. Ihren Höhepunkt erreichten diese Erklärungen, Forderungen und Proklamationen dann in den berühmten sechs Adventspredigten des Freiherrn von Ketteler (1811–1877) im Mainzer Dom. »Wollen wir also diese Zeit erkennen«, verkündete er in der 2. Predigt, »so müssen wir die soziale Frage zu ergründen suchen. Wer sie begreift, der erkennt die Gegenwart; wer sie nicht begreift, dem ist Gegenwart und Zukunft ein Rätsel.« (zit. Franz, 110) Ketteler war der Überzeugung, daß nur ein neues, echtes Zusammenwirken von oben und unten die moralischen und sozialen Schäden der Gegenwart heilen könnte. Im Rückgriff auf das Naturrecht des Thomas von Aquin statuierte er grundlegende, mit dem Wesen des Menschseins gegebene Rechte, zu denen er auch das Recht auf Eigentum zählte. Das implizierte dann allerdings die Pflicht, den Besitz zum Wohl des Nächsten zu nutzen, also Nächstenliebe zu üben und Almosen zu geben. Mit diesem Appell an die Gewissen der Wohlhabenden bewegte Ketteler sich wieder im Rahmen der traditionellen christlichen Ermahnungen. Auch darin bot er nichts Neues, daß er die Autorität der Kirche als die einzig wahre Autorität feierte, die dementsprechend hoch und niedrig zur Einsicht in ihre Verfehlungen und zu einem wahrhaft menschlichen Zusammenleben führen könnte. Die große Bedeutung dieser Predigten lag vielmehr vor allem darin, daß hier die katholische Kirche öffentlich als der Anwalt der wirtschaftlichen und sozialen Not der Unterschichten auftrat.

Im gleichen Sinn hatten sich am 14. November 1848 die Bischöfe auf der ersten deutschen Bischofskonferenz in Würzburg geäußert. Ihre Denkschrift proklamierte: »Was die liebende Mutter ihren Kindern, das war die Kirche, – die im Einsammeln und Austheilen ihrer Gaben frei und selbstständig schaltende Kirche – zu aller Zeit den Armen und Nothleidenden.« (Archiv für Kirchenrecht 21, 1869, 108–117) Darin kam allerdings auch sehr klar der Stellenwert zum Ausdruck, den die soziale Thematik für den Katholizismus besaß. Der Kirche ging es zuerst und vor allem um ihre Freiheit gegenüber dem absolutistischen Staat. Zu diesem Zweck suchte sie die Gläubigen zu mobilisieren und zu sammeln. Natürlich bedeutete das nicht, daß das Eingehen auf die Not der unteren Bevölkerungsschichten nur ein Mittel zu diesem Zweck war. Aber es bedeutete, daß alle katholischen Zielsetzungen und Aktivitäten diesem Streben der Kirche nach Freiheit untergeordnet wurden, selbstverständlich in der ehrlichen Überzeugung, daß eine freie Kirche alle ihre Aufgaben besser und umfassender wahrnehmen könnte.

Mit diesem Anspruch hatten die deutschen Bischöfe, die sich auf die Initiative des Kölner Erzbischofs Geissel hin vom 22. 10. bis 16. 11. 1848 erstmals auf nationaler Ebene trafen, eindrucksvoll alle früheren Forderungen zusammengefaßt und sich gleichzeitig geschlossen an die Spitze der längst angelaufenen kirchlichen Freiheitsbewegung gesetzt. Im einzelnen verwarf der Episkopat alle Einengungen der katholischen Kirche durch den Staat, insbesondere im Verkehr mit Rom, und forderte die volle Religions- und Kultusfreiheit, die Aufhebung aller rechtlichen Einschränkungen für Orden und Kongregationen sowie für kirchliche Stiftungen und Nachlässe. Vor allem aber beanspruchten die Bischöfe eine umfassende Verfügungsgewalt über den katholischen Religionsunterricht bis hin zur ungehinderten Ausbildung ihres Nachwuchses in den Priesterseminaren. Die gleichen Absichten hatte Geissel bereits im sog. »Katholischen Club« in Frankfurt den katholischen Abgeordneten in den verschiedenen politischen Gruppierungen für die Debatte um die Grundrechte nahezubringen versucht. Nicht die Trennung von Staat und Kirche war das erklärte Ziel, sondern nur eine möglichst weitreichende Unabhängigkeit und Selbständigkeit der Kirche gegenüber dem Staat. Der Beschluß des deutschen Episkopats freilich, zu diesem Zweck ein Nationalkonzil einzuberufen, wurde von Rom sogleich verboten.

Auch der erste deutsche Katholikentag im Oktober 1848 in Mainz diente der Demonstration für den Freiheitsanspruch der Kirche. Gleichzeitig ging es hier darum, die Gläubigen unter diesem Banner zu sammeln und kirchlich voll zu integrieren. Daß die Kirche für die Menschen aller Schichten da war und sich aller ihrer Nöte wirklich annahm, bezeugte der Katholikentag vielfach, auch durch seine Beschäftigung mit den wirtschaftlichen und sozialen Problemen der Zeit. Mit dem gleichen Nachdruck aber wurden dann alle Katholiken aufgefordert, sich geschlossen hinter ihre Kirche zu stellen und deren Forderungen und Belange zu den eigenen zu machen. Unverkennbar dominierte hier das Konzept, mit dem der deutsche Katholizismus im Vormärz angetreten war: Die Kirche organisierte sich als eine fest zusammengeschlossene Größe gegen den absolutistischen Staat – und nicht zuletzt gegen das protestantische Preußen.

Die Organisationsform, die diesem kirchlichen Interesse besonders gut entsprach, war der Verein. Sofort nach Ausbruch der Revolution hatte beispielsweise der »Katholik« darauf gedrängt, daß die Gläubigen die neue Assoziationsfreiheit nutzten. »Übrigens bitten und beschwören wir die Katholiken in allen deutschen Gauen, auf das Schleunigste überall Vereine zu bilden und dadurch ihre Rechte, das Recht der Kirche, des volkstümlichsten Instituts von der Welt, von dem alle modernen Sozietäten ausgegangen sind, welches die Mittel zur Linderung aller Leiden der Menschheit in Fülle in Händen hat – um das Recht des Gewissens und der Gesinnung zu wahren.« (Nr. 27, 4.3. 1848) Treffend kam hierin die Überzeugung zum Ausdruck, daß das Eintreten für die Ansprüche der Kirche gleichbedeutend wäre mit dem Engagement für die Freiheit des einzelnen und eine wahrhaft humane Gesellschaft. Die aufgrund dieser Aufforderung, aber auch unabhängig davon durch Laien oder Priester spontan und mit unterschiedlichen Zielsetzungen gegründeten katholischen Vereine wurden sogleich straff organisiert. Bereits am 23. 3. 1848 entstand der »Piusverein für religiöse Freiheit«. Er hatte, wie zahlreiche andere Gründungen dieser Zeit, einige Vorläufer, wurde nun jedoch gezielt für die religiöse und kirchenpolitische Sammlungsarbeit ausgebaut. Der Zusammenfassung der karitativen und sozialen Bemühungen diente der am 5. 10. neu konstituierte Vinzenzverein. Als Gegenstück zum evangelischen Gustav-Adolph-Verein gründete der führende katholische Gelehrte Ignaz von Döllinger (1799–1890) den Bonifatiusverein. Es gab schließlich kaum noch einen Bereich des öffentlichen und vor allem des kulturellen Lebens, in dem kein katholischer Verein am Werk war. Um endlich die Sammlung und Mobilisierung des Kirchenvolkes auf der nationalen Ebene voranzutreiben, wurde am 6. 10. 1848 der »Katholische Verein Deutschlands« geschaffen. Sein Sinn, hieß es 1849 auf der Tagung in Regensburg, bestehe einfach darin: »Die Freiheit der Kirche ist die Mutter einer besseren Zukunft für Deutschland. Das ist die Grundidee des Katholischen Vereins Deutschlands.« (zit. Hanssler, 44)

Alle diese der Hierarchie unterstellten Vereine dienten somit einerseits der Vermittlung und Durchsetzung der von den kirchlichen Leitungsgremien entwickelten Zielsetzungen. Sie dienten gleichzeitig dazu, die unterschiedlichen Interessen und Erwartungen des Kirchenvolkes aufzunehmen, kirchlich zu integrieren und auf diese Weise die Entwicklung eines gesamtkatholischen Selbstverständnisses voranzutreiben. Durch die Vereine war die Kirche in der Gesellschaft präsent und wirkte auf sie ein. Das bedeutete schließlich, daß auf diesem Wege die immer wieder beschworene Erneuerung der Gesellschaft bewirkt werden sollte. Das Leitbild der Sozialordnung, das dahinter stand, war nach wie vor die ständisch-korporative Gliederung. Der Harmonisierung und dem Interessenausgleich kam dementsprechend eine hohe Bedeutung zu. Hier lag nach dem kirchlichen Selbstverständnis die entscheidende Aufgabe des Katholizismus, die im Grunde nur er allein erfüllen konnte, nämlich bei hoch und niedrig eine neue Gesinnung der Liebe und des Dienstes füreinander zu erwecken. Die organisatorischen Erfolge des Katholizismus während der Revolutionszeit sowie der damit verbundene stimmungsmäßige Aufschwung bedeuteten einen erheblichen Machtzuwachs für die Kirche. Zu Beginn der fünfziger Jahre stand sie fester und geschlossener da als je zuvor, insbesondere in Preußen. Die oktroyierte preußische Verfassung von 1850 gewährte der katholischen Kirche schließlich mehr Rechte, als sie in fast allen anderen deutschen und europäischen Staaten besaß.

Protestantische Reaktionen

Die Entwicklung des deutschen Protestantismus in der gleichen Zeit ließ manche Parallele erkennen, insgesamt jedoch zeigte sie ein durchaus anderes Bild. Wie stark auch hier noch eine christliche Frömmigkeit im Volk verwurzelt war, belegt etwa die Tatsache, daß die Berliner Bevölkerung bei der Beerdigung der gefallenen Barrikadenkämpfer spontan den Choral »Jesus, meine Zuversicht« sang. Auch andernorts erklang das Lied, so daß man es mit einer gewissen Übertreibung als die Hymne der Revolution bezeichnet hat (Noyes, 69). Unsicher jedoch waren breite kirchliche Kreise, wie sie sich gegenüber der Revolution, ihren Erfolgen und Zielsetzungen verhalten sollten. Unverkennbar fehlte hier – wie die Predigten, Zeitschriften und Broschüren ausweisen – eine auch nur annähernd einhellige Orientierung. Verständlicherweise jubelten die Lichtfreunde und Deutschkatholiken, deren Bedrückungen jetzt beseitigt waren und die, ähnlich wie in Frankreich, in den liberalen und demokratischen Forderungen des Tages den Geist des Evangeliums erkannten. »Gerechtigkeit, Brüderlichkeit sind die Losungsworte der Zeit; diese vier aber, Freiheit, Wahrheit, Gerechtigkeit, Brüderlichkeit – sind sie nicht die Losungsworte des Evangeliums?« Das war die Antwort des Lichtfreundes Leberecht Uhlich auf die Frage »Ob des Christenthum durch die Staatsumwälzungen des Jahres 1848 in Gefahr gebracht sei.« Viele rationalistische Prediger und Pfarrer äußerten sich ebenso. Man sah einen Geist der Gemeinschaft, der Solidarität und Humanität heraufziehen und eine neue Epoche der Menschheit anbrechen. Dabei fehlte es nicht an Äußerungen, die Gott direkt am Werk sahen und ihn als den Alliierten der eigenen Ideologie sowie als Garanten ihres Sieges feierten.

Genau umgekehrt lauteten die Urteile aus den orthodoxen, konfessionellen und biblizistischen Lagern. Danach war die Revolution mit allen ihren Folgen nichts als Aufruhr und Empörung gegen Gott. Man sah die Herrschaft eines antichristlichen Geistes aufsteigen, der nur zerstören und verheeren könne und der alles mit sich in den Abgrund reißen müsse. Die Tatsache, daß die Mehrheit der Parlamentarier es abgelehnt hatte, die Frankfurter Nationalversammlung mit einem Gottesdienst zu beginnen, bestätigte diese evangelische Gruppe nur in ihren düsteren Prognosen. Da klang es noch verhältnismäßig mild, wenn in Kiel Klaus Harms erklärte: »Vom täglichen Brot steht im Vaterunser, von politischer Freiheit steht nichts drin; sie kommt auch nicht in den 22 Stücken der Auslegung vor« (zit. Schubert, 129). Häufiger sah man den Satan mit seinen Gehilfen hier am Werk, genau so unmittelbar und direkt, wie die theologische Gegenseite vom Wirken Gottes und des Hl. Geistes zu berichten wußte. Dementsprechend häuften sich auch die Klagen über die Entchristlichung des Volkes, den Verfall aller Autoritäten und den Niedergang von Sitte und Moral. Als die Wurzel alles Übels aber galt durchweg der Abfall vom echten Christentum und die Verzerrung der christlichen Wahrheit. »Es ist sonderbar«, schrieb Victor von Strauß und Torney am 14. 8. 1848 aus Bückeburg nach Hannover, »alle Dinge, die nur im Reiche Gottes Wahrheit haben, Freiheit, Gleichheit, Brüderthum, Erlösung vom Zwange des Gesetzes, und was deß mehr ist, das wollen diese Leute in ihrer weltförmigen Verworrenheit in weltliches Reich hereinsetzen; stehlen die Gefäße des Heiligthums zu ihren Gelagen und Küchendiensten, ohne Ahnung, woher sie dieselben entwendet.« (Fleisch, 91) Als ebenso ausgemacht galt dann, daß allein die Umkehr zu Gott, die Buße von hoch und niedrig das Unheil beseitigen und die Gesellschaft heilen könnte.

Doch ein großer Teil, vielleicht sogar die Mehrheit des deutschen Protestantismus war weder rationalistisch noch einfach orthodox-konservativ. Sie sah sich dementsprechend mehr oder weniger hilflos und ratlos den Ereignissen ausgeliefert. Innerhalb des breiten Spektrums der Vermittlungstheologie ließen sich nahezu alle Antworten unterbringen, von der kaum verhohlenen Ablehnung der Revolution bis zur Verteidigung ihrer Errungenschaften. Kennzeichnender jedoch war ein Gefühl der Verunsicherung, das die meisten dieser Theologen überfiel. In der Predigt des Darmstädter Prälaten Karl Zimmermann zum Bußtag 1848 etwa drückten sich exemplarisch vor allem die Erschütterungen und tiefgreifenden Umbrüche aus, die die Lebens- und Arbeitswelt Deutschlands seit dem Vormärz verändert hatten: »Dieses Schwankende in allen Zuständen, diese völlige Neugestaltung aller Verhältnisse, diese Verschiedenheit der Ansichten, die miteinander im offenen Kampfe liegen, diese Entfremdung von Haus und Familie, diese Entwöhnung von Arbeit und geregelter Thätigkeit, diese Genuß- und Vergnügungssucht, dieses Verschwinden der Einfachheit, diese Arbeits- und Verdienstlosigkeit und daraus folgende immer größere Verarmung, diese vielfach verkehrten Begriffe von Recht und Eigenthum, dieses Stürmen und Drängen und Wühlen, diese Überredungs- und Täuschungskünste, die man anwendet, um andere für seine Meinung zu gewinnen und irre zu leiten, diese gewaltsamen Mittel, die man für die unter unserem Volke bereits gerichteten überspannten Ansichten über wahres Volksglück noch immer aufbietet, diese mit Krieg und Blutvergießen drohenden Pläne, die noch immer auftauchen, diese Verwüstungen und Zerstörungen, die wir erfahren, diese Ordnungs- und Gesetzlosigkeit, die immer wieder von neuem ihr Haupt erhebt, und zu Allem dies immer allgemeinere Verschwinden jugendlicher Bescheidenheit, was auch den Blick in die Zukunft trübt, – macht das Alles unsere Zeit nicht zu einer bösen, drohenden Zeit?« (Festpredigten, Bd. 2, 1850) Hier war die Irritation unüberhörbar.

Ein ähnliches Bild bietet sich, wenn man die Äußerungen des Protestantismus zu den Fragen der Trennung von Staat und Kirche sowie den sozialen Problemen überblickt. Diese Themen, die den Katholizismus in der gleichen Zeit so außerordentlich beschäftigten, traten hier auffallend stark zurück. Auch die Protestanten wollten nicht die Trennung des Staates von der Kirche. Aber selbst diejenigen, die das Modell des »christlichen Staates« ablehnten, wie es insbesondere die preußischen Hochkonservativen in Theorie und Praxis entwickelt hatten, neigten mehr oder weniger selbstverständlich zu der Annahme, daß die Pflege der Religion und damit die Stützung und Erhaltung der Kirche Aufgabe des Staates und vor allem des Monarchen sei. Deshalb standen so viele evangelische Christen – Theologen, aber auch Laien – in der Regel eher auf der Seite ihrer »Obrigkeit« als des »Volkes«; deshalb beunruhigte sie die Unordnung, die Veränderung des Bestehenden und insbesondere der Autoritätsverfall der alten Mächte so sehr. Denn eine evangelische Kirche, losgelöst von diesen Ordnungskräften, hatte es in Deutschland praktisch nie gegeben. Dementsprechend war dieser Gedanke für die meisten Evangelischen auch undenkbar.

Ebenso stand es um die Beschäftigung mit den wirtschaftlichen und sozialen Schwierigkeiten der Unterschichten. Hier Abhilfe zu schaffen, galt einzig und allein als Aufgabe des Staates. Daneben hatte die christliche Nächstenliebe, die sich helfend und korrigierend des einzelnen annahm, durchaus ihren Platz und ihren Sinn. Die Aufgabe der Kirche jedoch war nicht die Sozialarbeit, sondern die Verkündigung des Evangeliums. Diese aber erschien angesichts der gegenwärtigen Umwälzungen dringender und notwendiger denn je: War man hier, im Protestantismus, doch weithin der Überzeugung, daß nicht nur das Aufbegehren der unteren Schichten und die Hartherzigkeit der Besitzenden Sünde seien, sondern daß auch die Not, der Hunger und das Elend der Armen eine Folge ihrer Sünde darstellten und mithin vollständig erst durch die Buße und den Glauben an das Evangelium geheilt werden könnten. Insofern war der Grundgedanke der evangelischen Antwort auf den gesellschaftlichen Umbruch jener Zeit der katholischen durchaus verwandt. Nur darin bestand der wesentliche und folgenreiche Unterschied, daß der deutsche Protestantismus in einer Situation, die durch die rasch voranschreitende Emanzipation der Gesellschaft vom Staat der Restauration und bald der Reaktion gekennzeichnet war, nach wie vor wähnte, in der Anlehnung an diesen Staat oder gar in der Zusammenarbeit mit ihm eine umfassende, allgemeine Volkskirchlichkeit verwirklichen zu können.

Die für die Folgezeit wegweisenden Entscheidungen über die Einheit, Freiheit und die soziale Aktivität der deutschen evangelischen Kirchen wurden dann auf dem Wittenberger Kirchentag (21. bis 23. 9. 1848) getroffen. Die Zusammenkunft sollte angesichts der erwarteten nationalen Einigung Deutschlands sowie der vom Frankfurter Parlament beschlossenen Trennung von Staat und Kirche einerseits und andererseits im Blick auf die jüngsten Erfolge der Lichtfreunde und der Deutschkatholiken und vor allem hinsichtlich des unübersehbaren Erstarkens des Katholizismus der Beratung über die nun einzuschla-

gende Politik dienen. Als die rund 500 Teilnehmer in Wittenberg eintrafen, waren wichtige Weichen allerdings schon gestellt. Die Rationalisten hatte man bei der Einladung bewußt übergangen, die konfessionellen Lutheraner Mecklenburgs, Hannovers, Sachsens und Bayerns dagegen hatten entschieden abgelehnt. Zwar fehlten sie schließlich nicht völlig, blieben jedoch voller Mißtrauen gegenüber dieser Veranstaltung, in der sie zuerst die Expansionsgelüste der Unierten und mindestens ebensosehr den Herrschaftsanspruch Preußens witterten. Tatsächlich stellten Vermittlungstheologen und Unierte die Mehrheit. Die eigentliche Führung des Kirchentages lag jedoch von Anfang an fest in der Hand einer kleinen Schar hochkonservativer Orthodoxer, die in der Kirche ebenso wie in der Politik Preußens über entscheidenden Einfluß verfügten. Unmittelbar vor der Wittenberger Zusammenkunft hatten sie mitgeholfen, die Konservativen im gegenrevolutionären Sinn zu organisieren. Friedrich Julius Stahl (1802–1861), der Theoretiker des christlichen Staates und die beherrschende Gestalt in Wittenberg, gehörte zu dieser Gruppe, ebenso Ernst Ludwig von Gerlach (1795–1877), der ultrakonservative Kopf der preußischen Konservativen, Ernst Wilhelm Hengstenberg (1802–1869), dessen Evangelische Kirchenzeitung in Norddeutschland und bis in den Süden einen außerordentlichen kirchenpolitischen und politischen Einfluß ausübte, aber auch Heinrich Leonhardt Heubner (1780–1853), der als Leiter des zentralen Wittenberger Predigerseminars eine wichtige Rolle in der Personalpolitik der preußischen Kirche spielte. Diese Männer zögerten keinen Augenblick, das Treffen des deutschen Protestantismus in einem betont gegen die Revolution und alle ihre Ergebnisse gerichteten Sinn zu nutzen.
Der Argwohn des konfessionellen Luthertums hatte mehr als die Inaussichtnahme eines Kirchenbundes von Reformierten, Lutheranern und Unierten von vornherein als aussichtslos erscheinen lassen. Tatsächlich kam es nicht einmal dazu. Das Ende war die 1852 eingerichtete Eisenacher »Konferenz deutscher evangelischer Kirchenregierungen«, ein Beratungsgremium, das niemanden verpflichtete. Damit war nicht nur die Chance der kirchlichen Einigung vertan, sondern ebenso die Möglichkeit, daß einzelne Landeskirchen durch den Rückhalt an einem Kirchenbund unabhängiger und selbständiger gegenüber ihren Staaten und Monarchen hätten handeln und sich entwickeln können.

Wicherns Konzept

In dieser Situation hielt Wichern am 22. 9. 1848 seine berühmte Stegreifrede über die Notwendigkeit der Inneren Mission und erreichte am Tag darauf die Einsetzung des später so bezeichneten »Central-Ausschusses« als Organisationsspitze der Arbeit. Daß Wichern als Kandidat der Theologie anwesend sein und reden konnte, verdankte er dem Interesse von Vermittlungstheologen wie Nitzsch. Hier bestand die Hoffnung, man könnte durch die Zuwendung zur praktischen Nächstenliebe etwas für die Überwindung der hoffnungslos erstarrten dogmatischen Fronten innerhalb des deutschen Protestantismus tun. Der Vortrag Wicherns fügte sich jedoch vor allem dem Ziel der gegenrevolutionären Sammlung dieses Protestantismus bruchlos ein. Er selbst sah dann in dem Erreichten »eine in Gott geschlossene Verbindung und Verbrüderung gegen die heraufziehende Macht des Unglaubens, zur Stärkung untereinander und zur Errettung des Verlorenen« (Werke I, 172). Die Grundgedanken der Wittenberger Rede hat Wichern 1849 breit und umständlich in der »Denkschrift an die deutsche Nation« unter dem Titel »Die innere Mission der deutschen evangelischen Kirche« entfaltet. Dieses »protestantische Manifest« rückte wieder ebenso wie die vorausgegangenen mündlichen und schriftlichen Äußerungen Wicherns die soziale Thematik in den Horizont einer weltgeschichtlichen geistigen und religiösen Auseinandersetzung zwischen Christentum und Kommunismus, über dessen »fluchwürdige satanische Wühlereien« er sich nicht genug empören konnte. Wurde die Frage nach dem sozialen Handeln der Kirche aber auf dieser Ebene diskutiert, mußte einerseits die geistige Auseinandersetzung im Vordergrund stehen. Folgerichtig drängte Wichern auf mehr Prediger und Predigten, innerhalb und außerhalb der Kirche, auf Evangelisationen, Stadtmissionen, Traktate und Hausbesuche. Andererseits rückten durch diesen so laut proklamierten Kampf gegen den Kommunismus Kirche und Staat in eine und dieselbe Verteidigungslinie. »Die innere Mission hat es jetzt schlechterdings mit der Politik zu tun, und arbeitet sie nicht in diesem Sinne, so wird die Kirche mit dem Staate untergehen« (I, 163), hatte Wichern in Wittenberg erklärt. Mochte er dann immer wieder die politische Neutralität der Inneren Mission beteuern: Daran konnte kein Zweifel bestehen, daß damit eine Neutralität auf dem Boden einer politisch und sozial konservativen christlichen Monarchie gemeint war.

Die grundsätzlichen und praktischen Auswirkungen dieses Ansatzes waren folgenschwer. Gewiß betonte Wichern den überindividuellen Charakter der christlichen Liebestätigkeit und wurde nicht müde, die soziale Verantwortung der Kirche zu beschwören. Ebenso eifrig hob er das allgemeine Priestertum aller Gläubigen hervor und drängte auf die Gründung von Vereinen, die sich seelsorgerlich und karitativ der Nöte ihrer Mitmenschen annehmen sollten, auch den Unterschichten Hilfen bieten müßten, damit diese sich selbst helfen könnten. Aber von konkreten sozialen Aufgaben und Pflichten der Christen war ebensowenig wie im Katholizismus die Rede. Womöglich stärker noch wurde aufgrund der theologischen und kirchlichen Konzentration auf die Predigt alles Heil vom Gesinnungswandel des einzelnen erwartet. Denn wurzelten alles Elend und alle Not in der Sünde, dann war es nur folgerichtig, daß Buße und Sündenvergebung allein die Voraussetzungen für ein neues Leben des einzelnen wie auch der Gesellschaft schufen. Ebenso wie im Katholizismus bedeutete das bei Wichern nicht die Veränderung der feststehenden Gesellschaftsordnung, sondern die Anpassung des Proletariats an sie, seine Einordnung in die ständische Gliederung. Wären die unteren Bevölkerungsschichten mehr mit dem Wort und Geist des Evangeliums vertraut gewesen, wäre es nach Wicherns Überzeugung niemals zu ihrer Rebellion gekommen. Die Zielsetzung für die angestrebten christlichen Vereine war jedenfalls auch im Protestantismus die Harmonisierung der Interessengegensätze und die Versöhnung mit den »von höherer Hand gesetzten Unterschieden« (I, 275). Nur war die Bindung an den restaurativen Obrigkeitsstaat hier fester und mithin mindestens die Gefahr der Identifizierung kirchlicher und staatlicher Absichten ungleich größer.

Wichern hat die tiefgreifenden wirtschaftlichen, sozialen und politischen Veränderungen, die im Zuge der beginnenden Industrialisierung auch die deutschen Staaten erfaßten, bewußt erlebt und sehr genau registriert. Vor allem begriff er wie wenige in seiner Zeit die damit verbundene Auflösung der im wesentlichen noch immer als selbstverständlich angesehenen allgemeinen Kirchlichkeit der Bevölkerung. Weniger überzeugend waren allerdings die Konsequenzen, die Wichern daraus ableitete. Er wollte die Wiederherstellung und Erneuerung der Volkskirche durch die Werke und Vereine der Inneren Mission: dergestalt, daß das kirchliche Amt und das allgemeine Priestertum aller Gläubigen, die organisierte Ortsgemeinde und die freie Assoziation sowie endlich der projektierte Kirchenbund und der Central-Ausschuß für Innere Mission jeweils selbständig und doch in wechselseitiger Beziehung und Ergänzung arbeiteten. Es war nicht Wicherns Schuld, daß der Kirchenbund nicht zustande kam. Wohl aber hat er erheblich zu der Festlegung des Central-Ausschusses auf den restaurativ-konservativen Geist Preußens beigetragen sowie zu der Durchdringung der Vereine der Inneren Mission mit dieser Ideologie. Kennzeichnend für beides war die Erklärung, die 1849 in Stuttgart beim Anschluß der Evangelischen Gesellschaft an den Central-Ausschuß von beiden Gremien abgegeben wurde und worin es hieß: »Nur das Evangelium Jesu Christi kann das deutsche Volk vom Abgrund des Verderbens, an dessen Rand es steht, erretten. Die hohen communistischen Versprechungen und Verheißungen der Menschenrechte sind lügenhaft; sie können nur zu Lüsternheit und allverschlingender Begehrlichkeit reizen; aber die Macht, Brod zu reichen für die Arbeit, haben alle Menschenmächte auf Erden nicht; diese Macht hat allein Gott der Herr im Himmel, er ist's der nach seinem heilgen Willen Überfluß oder Mangel schickt, fruchtbare Zeiten oder Hungerjahre; hier haben Menschenrechte keine Geltung, hier sind nur Gnadenrechte, die nur das Kind, der kindliche Glaube empfängt, die sich der Herr von keiner Faustgewalt der Hilfdirselbstmenschen abtrotzen läßt.« (zit. Lehmann, 225) Es liegt auf der Hand, daß mit solchen Vereinen und überhaupt mit einer Inneren Mission, die einen derartigen Paternalismus predigte und praktizierte, die unteren Bevölkerungsschichten nicht erfaßt werden konnten. Noch weniger war es möglich, auf diesem Wege eine neue Volkskirchlichkeit zu schaffen.

Am Ende der Revolution waren überall in Deutschland die Bindungen der protestantischen Staatskirchentümer an ihre Fürsten fester geworden. Die Regierungen stützten und förderten diejenigen kirchlichen Kräfte, die sich schroff und bedingungslos gegen die Revolution gestellt hatten, keineswegs nur in Preußen. Von der Freiheit der Kirche gegenüber dem Staat war kaum noch die Rede. Auch die Einrichtung eines Evangelischen Oberkirchenrats in Berlin für die preußische Kirche (1850) zielte nicht darauf, sondern auf die direkte Unterstellung der Kirche unter das Regiment des Königs, der nun in allen anderen Bereichen – abgesehen von der Armee – durch die Verfassung gebunden war. Unter diesen Voraussetzungen wurden die evangelischen Kirchen mit der vollen Durchsetzung der Industrialisierung in Deutschland konfrontiert.

Die Formierung der Arbeiterbewegung

Das öffentliche Interesse am Los der Unterschichten und an sozialen Fragen schwand überall schnell in den Jahren nach der Revolution. Die mächtig expandierende Industrie zog die überschüssigen Arbeitskräfte vom Land und aus den Städten an und ernährte sie. Daß den steigenden Löhnen steigende Preise entsprachen, wodurch der Verdienst nur wenig über dem Existenzminimum lag, war dagegen kaum bewußt; noch weniger die Tatsache, daß der Arbeiter in der Regel mit vierzig Jahren den Höhepunkt seiner Leistung – und damit auch seines Lebens – hinter sich hatte. Die »christlichen Staaten« der Reaktionszeit förderten überall die Zünfte und Innungen und unterstrichen die moralische und soziale Verantwortung des Fabrikherrn. Aber in der gleichen Zeit nahmen mehr und mehr Unternehmer in den preußischen Westprovinzen Abschied vom christlichen Glauben, der noch ihre Eltern geprägt hatte. Die Arbeiterverbrüderungen wurden durchweg polizeilich verboten. Zwar gelang es nicht, diese Organisationen völlig zu zerschlagen. Doch blieben ihre Auswirkungen sehr bescheiden.

Neuen Auftrieb und eine verstärkte Ausstrahlung gewann die Arbeiterbewegung dann im Zusammenhang mit dem Aufstieg des deutschen Nationalbewußtseins. 1859 wurde Schillers 100. Geburtstag gefeiert – »der einzige und das einzige, in dem Deutschland einig ist«, wie es auf einem zeitgenössischen Plakat hieß. Der »Deutsche Nationalverein« wurde neben einer Unmenge von Turner- und Sängervereinen im gleichen Jahr als die auf Preußen hoffende Organisation der Liberalen gegründet und am 6. 6. 1861 die »Deutsche Fortschrittspartei«, in der die Reste der linken Liberalen und Demokraten von 1848 sich fanden. Gleichzeitig entstand eine Vielzahl von Arbeiterbildungsvereinen, in denen »Bildung und Sparen« (Grebing, 66) nicht allein das Motto war, sondern auch die alltägliche, stetig den Idealen des Kleinbürgertums nacheifernde Wirklichkeit. Weithin galt als selbstverständlich, daß diese Arbeiterschaft sich dem liberalen Bürgertum anschließen würde. Konkrete Schritte in diesem Sinn unternahm dann auch Hermann Schulze (1808–1883) aus Delitzsch. Er gründete als Armenadvokat in seinem Heimatort Genossenschaften für den kleinen Mittelstand, Hilfsvereine und verschiedene Kassen, um diesen Menschen Hilfestellung zu geben für eine verantwortliche Selbsthilfe. 1864 existierten bereits 455 derartige Vereine außerhalb von Delitzsch (Conze, 17). Aber Schulze-Delitzsch, wie er nun allgemein hieß, hatte seine Aktivitäten viel zu einseitig und unreflektiert auf den ökonomischen und sozialen Bereich begrenzt. Indem er nämlich alle politischen Fragen und Entscheidungen von seinen Vereinen fernzuhalten bestrebt war, dabei jedoch ganz selbstverständlich die Überzeugung vertrat, die freie Marktwirtschaft werde Gerechtigkeit, Zufriedenheit und Glück für alle schaffen, fanden er und die Liberalen insgesamt sich im Herbst 1862 mit der Frage konfrontiert, was diese Auffassung denn grundsätzlich und konkret für die Arbeiterschaft bedeute. Die Leipziger Arbeiter eines Bildungsvereins, die dieses Thema aufgeworfen hatten, erhielten von Schulze-Delitzsch die Antwort, daß für ihre Aufnahme in die liberalen politischen Vereine und insbesondere in den Nationalverein sie und die Zeit nicht reif genug wären! Diese Überzeugung war weit verbreitet. Auch Wilhelm Liebknecht (1826–1900) und August Bebel (1840–1913) dachten noch jahrelang so. Anders dagegen votierte Ferdinand Lassalle (1825–1864), der anschließend von den Leipziger Arbeitern angeschrieben wurde. So entstand wenige Monate später, im Frühsommer 1863, in Leipzig mit dem »Allgemeinen Deutschen Arbeiterverein« unter Lassalles Führung die erste selbständige deutsche Arbeiterpartei. Sie wandte sich scharf gegen das liberale Bürgertum, auch gegen die Genossenschaften von Schulze-Delitzsch, und proklamierte stattdessen die Errichtung von Produktionsgenossenschaften mit staatlicher Hilfe. Allerdings schlossen sich keineswegs alle Arbeitervereine der neuen Partei an. Nach einem Jahr intensivster Propagandatätigkeit Lassalles zählte sie lediglich ca. 4600 Mitglieder. Der frühe Tod Lassalles hemmte dann zusätzlich die Ausbreitung. Gleichzeitig entwickelte sich aus den Arbeitervereinen eine zweite Arbeiterpartei. Aus antipreußischem Ressentiment sowie großdeutschen und föderalistischen Zielsetzungen entstand im August 1866 in Chemnitz die »Sächsische Volkspartei«, in der Arbeiter und kleinbürgerliche Demokraten zusammenarbeiteten. Die Kooperation war allerdings auch hier bald durch gegensätzliche Auffassungen im wirtschaftlichen und sozialen Bereich belastet. Trotzdem lösten Bebel und Liebknecht sich nur mühsam von dieser Organisation und gründeten 1869 in Eisenach die »Sozialdemokratische Arbeiterpartei«. Das Verhältnis beider Arbeiterparteien zueinander war spannungsreich, vor allem in nationalen und politischen Fragen. Dennoch kam es 1875 in Gotha zur Vereinigung beider Parteien und einem neuen Programm, das allerdings von Marx und Engels entschieden kritisiert wurde.

Die Jahre zwischen 1850 und 1875 waren somit der entscheidende Zeitraum, in dem in Deutschland eine eigene Arbeiterbewegung heranwuchs, die sich sowohl politisch als auch weltanschaulich zu orientieren versuchte. Von einer ideologischen Festlegung war diese Arbeiterschaft freilich noch weit entfernt. Erheblich war allerdings die Entfernung zwischen ihr und den Kirchen geworden. Dazu hatten beide Seiten beigetragen. Der Katholizismus ebenso wie der Protestantismus waren in diesen Jahren in erster Linie mit sich selbst beschäftigt.

Katholizismus und Liberalismus

Die katholische Kirche, die ihre Politik der Mobilisierung und Sammlung des Kirchenvolkes fortsetzte, stieß dabei auf eine zunehmend erbitterte und rücksichtslose Front des Liberalismus. Die Schillerfeiern 1859 wie auch die Äußerungen des »Deutschen Nationalvereins« artikulierten eine Fülle antikatholischer Ressentiments. Sehr selbstbewußt führte dabei ein liberales protestantisches Bürgertum das Wort, dessen evangelischer Glaube sich weithin in der Verachtung des Ultramontanismus und im Haß auf die Jesuiten erschöpfte. Der Katholizismus seinerseits bekämpfte nicht nur die wirtschaftliche Freizügigkeit des Liberalismus sowie seine Tendenz zum staatlichen Absolutismus, sondern ebenso das Drängen des Liberalismus auf die Emanzipation des Individuums. Die alte ständisch-kooperative Gesellschaftsordnung sollte unbedingt erhalten bleiben. Die christlich-katholische Erziehung galt nach wie vor als ihre Grundlage, die christliche Ehe und Familie als die darauf basierende tragende Säule des Ganzen. Ordnung und Autorität waren dementsprechend hohe christliche und kirchliche Werte. Bischof Ketteler etwa sah die ideale Gesellschaftsordnung da verwirklicht, wo der Vater die unumstrittene Autorität in der Familie war, der Unternehmer dasselbe im Betrieb darstellte und die Kirche schließlich im Staat. Dazu forderte der Katholizismus nach wie vor die volle Freiheit der Kirche in der Gesellschaft: was für den Liberalismus gleichbedeutend war mit der Forderung der politischen Reaktion, des Rückschritts der Gesellschaft und der Verdummung der Mehrheit der Bevölkerung. Nach der Niederlage Österreichs (1866) kam ein neuer Gegensatz hinzu: Waren die Liberalen in der Regel kleindeutsch orientiert, also für eine straffe Führung Deutschlands durch das protestantische Preußen, so hatten die Katholiken auf die großdeutsche Lösung der nationalen Frage gesetzt, auf einen föderalistischen Staatenbund, angeführt von dem katholischen Österreich. Folglich begriffen sie den Sieg Preußens bei Königgrätz weithin als ihre Niederlage, weil nun, nach dem Ausscheiden Österreichs aus dem Deutschen Bund, der Katholizismus nur noch eine Minderheit in Deutschland darstellte.

Die Heftigkeit und Erbitterung in den Auseinandersetzungen zwischen Liberalismus und Katholizismus wurde nicht zuletzt dadurch geschürt, daß der Katholizismus auf der Ebene der Wissenschaft und Bildung – die den Liberalen Entscheidendes bedeuteten –, praktisch nichts zu bieten hatte: während er auf der Ebene der massenwirksamen Agitation, der Mobilisierung und Organisation breiter Bevölkerungsteile die Liberalen turmhoch überragte. Mit der Durchsetzung der Neuscholastik hatte sich die katholische Theologie aus dem allgemeinen Fragen- und Interessenhorizont gelöst und war schnell in einen klaren wissenschaftlichen Rückstand geraten. Döllingers leidenschaftliches Aufbegehren gegen diese Entwicklung führte nur zu Verdächtigungen und Denunziationen. Denn in dem Maße, in dem dieser Katholizismus sich nach außen abriegelte und im Innern fest zusammenschloß, erschienen Persönlichkeiten, die auch in anderen Bereichen lebten, leicht als doppeldeutig und gefährlich. Vor allem aber trugen in diesem Milieu die alten dogmatischen Antworten noch, weil sie hier ständig als die allein möglichen und mithin selbstverständlichen wiederholt und von einer entsprechenden kirchlich geleiteten und geprägten Gesellschaftsordnung reproduziert wurden. Nicht zufällig gelangen dem Katholizismus in dieser Zeit vor allem der Ausbau der Kolpingvereine – in denen kleinbürgerliche und korporative Züge nach wie vor eine wichtige Rolle spielten –, sowie die Sammlung der Bauern. Die Zahl der Gesellenvereine erhöhte sich von 70 im Jahre 1853 bis 1865 auf 420 (Franz, 138); ein christlich-sozialer Bauernverein wurde am 10. 6. 1862 zusammen mit 37 Landwirten von dem westfälischen Freiherrn Burghard v. Schorlemer-Alst (1825–1895) gegründet und breitete sich schnell aus, insbesondere in Westfalen und dem Rheinland.

Das Selbstverständnis dieses Katholizismus hat Andreas Niedermayer treffend in seinem 1861 (anonym) erschienenen Buch »Die katholische Presse Deutschlands« umrissen: »Die Kirche gleicht augenblicklich einer Festung, die nicht von einem Punkt aus, sondern von allen Seiten zugleich berannt wird, alle Mächte des bösen Geistes sind gegen sie losgelassen . . . Wir stehen im Entscheidungskampf zwischen Antichristentum und Kirche, Revolution und sozialer Ordnung.« (zit. Buchheim, 131) Der immer wieder begegnende

Hinweis auf eine Welt von Feinden, die alle gegen die katholische Kirche ankämpften, wirkte natürlich als ein besonders drängender Appell, sich um die Kirche zusammenzuschließen. Innerhalb dieser Festung gab es Geborgenheit, auch Entlastung durch den Kult und die Volksfrömmigkeit, durch Wallfahrten, Marienandachten sowie eine Massenproduktion von religiösem Kitsch. Präziser als viele Worte beschreibt diese Mentalität des deutschen Katholizismus die Tatsache, daß seine große Mehrheit die Enzyklika Quanta Cura mitsamt den angehängten 80 Sätzen des Syllabus errorum (1864) mit Befriedigung zur Kenntnis nahm (Jedin VI/1, 754). Von der Erschütterung über dieses kirchenamtliche Dokument, wie sie für einen erheblichen Teil des französischen Katholizismus charakteristisch war, zeigte man sich hier ebensowenig berührt wie von der Gelassenheit in England, aber auch in den Niederlanden, wo man diesen Text schlicht als eine Blamage des Papstes ansah, den man möglichst schnell zu vergessen hatte.

Kettelers Konzept

Die Probleme der Arbeiterschaft wurden mit alledem nicht angesprochen. Zwar gelang der Kirche, insbesondere in überwiegend katholischen Gebieten, die Mobilisierung auch der Arbeiter auf dem Wege über die traditionellen Glaubensinhalte und Frömmigkeitsformen noch in einem erheblichen Ausmaß. Aber die Erfolge, die Lassalle 1863 in den preußischen Westprovinzen erzielte, ließen doch aufhorchen. Jetzt forderte Döllinger in München, daß der Katholizismus sich in dieser Zeit des allgemeinen Wandels ernsthaft der sozialen Thematik zuwende. Der Frankfurter Katholikentag im gleichen Jahr beschäftigte sich mit diesen Fragen. Konkreter wurde Ketteler. Er fragte u. a. Lassalle schriftlich um Rat für die Einrichtung einer Produktionsgenossenschaft in Hessen. Das alte Modell für die Durchsetzung einer anderen, nicht kapitalistischen Wirtschafts- und Gesellschaftsordnung wurde also auch von Ketteler noch einmal zu beleben versucht. 1864 trat er damit in seinem Aufsehen erregenden Buch »Die Arbeiterfrage und das Christentum« an die Öffentlichkeit. Seelsorge sowie die Fürsorge für Alte, Kranke und Schwache nahmen darin einen wichtigen Platz ein. Nach wie vor erschien die Sozialordnung als unwandelbar, weshalb dem Christentum und der Kirche eine zentrale Aufgabe zufiel. »Christus hat gesagt: Ihr werdet immer Arme bei euch haben. So ist es. Wir werden immer Arme und viele Arme bei uns behalten, und der größte Teil des Menschengeschlechts wird in Mühe und Arbeit sein Brot verdienen müssen und von den sinnlichen Genüssen des Lebens mit wenigen Ausnahmen ausgeschlossen bleiben. Alle anderen Verheißungen sind eitel Phantasie und Betrügerei am Volke. Diese arme Existenz, wie sie der Anteil des Arbeiterstandes fast immer bleiben wird, . . . diese Existenz, die ihm an den eigentlichen irdischen Lebensgenüssen nur hie und da in ganz beschränktem Maße Anteil gibt, ist aber ein unerträglicher Widerspruch mit dem innersten Verlangen nach Glückseligkeit, wenn in der Tat das Dasein des Menschen auf sein irdisches Dasein beschränkt ist und wenn sein ganzer Durst nach Glück und Zufriedenheit nur durch irdische Dinge befriedigt werden soll.« Aber Ketteler drängte daneben doch auch auf die Verbesserung der Lage der Arbeiterschaft im Diesseits, weshalb er außer für die Errichtung freier sozialer Vereine insbesondere für die Schaffung von Produktionsgenossenschaften eintrat. Basierte der Bischof hierbei besonders auf den Gedanken von Lassalle, mit dem er auch in der scharfen Kritik am Liberalismus übereinstimmte, so bestand doch darin ein wichtiger Unterschied zwischen dem bischöflichen und dem sozialistischen Projekt, daß Ketteler die nötigen finanziellen Mittel nicht vom Staat erwartete, sondern von den Spenden der Gläubigen. Diese freiwillige Trägerschaft schien ihm entscheidend, um das Unternehmen eindeutig gegenüber aller »Staatstyrannei« abschirmen zu können. Genau an diesem Punkt wurde Ketteler allerdings bitter enttäuscht. Denn weder der

Episkopat noch das Kirchenvolk unterstützten die Forderungen des Mainzer Bischofs. Folgerichtig ging er seit 1865 vorsichtig dazu über, vom Staat Hilfen für die Arbeiterschaft zu fordern.

Sozialer und politischer Katholizismus

Kettelers Bemühungen zeigten, wie wenig selbstverständlich es für große Teile des deutschen Katholizismus noch in den sechziger Jahren war, sich der sozialen Problematik zuzuwenden. Immerhin veränderte jedoch sein Engagement das Klima in der Kirche. Eine wachsende Zahl junger Kapläne studierte nun die wirtschaftlichen und sozialen Bedingungen der Arbeiterschaft; Vereine entstanden, vor allem im Rheinland, in denen diese Theologen Arbeiter zu sammeln versuchten. Seit 1868 erschienen die »Christlich-sozialen Blätter«, das Organ dieser Gruppe, die u. a. in Aachen, Krefeld, Elberfeld und Recklinghausen christlich-soziale Vereine organisiert hatte. 1870 zählten sie etwa 10000 Mitglieder; doch war der Höhepunkt der Bewegung damals bereits überschritten. Das lag wesentlich an dem als allzu radikal verurteilten Vorgehen dieser Kapläne. Solange sie Kredit-, Spar- und Unterstützungskassen für die Arbeiter errichteten und sich um bessere Wohnungen für sie bemühten, gab es keine Schwierigkeiten. Als Kaplan Cronenberg jedoch im rein katholischen Aachen gegen den Mißbrauch der Kinderarbeit in den dortigen Fabriken anging und einen ausschließlich aus Arbeitern bestehenden »Arbeiterverein des hl. Paulus« gründete, der schnell 5000 Mitglieder hatte, wandten sich Kirche und Bürgerschaft mit den wildesten Verdächtigungen gegen ihn. Als Cronenberg nicht nachgab, vielmehr 1873 auf einem Kongreß aller christlich-sozialen Vereine des Rheinlands und Westfalens versuchte, diese Gruppen zu einer eigenen sozialpolitischen Organisation zusammenzufassen, kam seinen katholischen Gegnern ein angebliches Sittlichkeitsvergehen des Kaplans sehr gelegen, um ihn endgültig zu vernichten. Rücksichtslos wurden auch die anderen Vereine unterdrückt, falls sie sich nicht der Zentrumspartei unterwarfen. In der Zeit des Kulturkampfes, in der Geschlossenheit, Einheit, Unterordnung und Gehorsam in besonderem Maße als zentrale katholische Tugenden galten, konnten die Kirche und das Zentrum weniger als je eigenwillige Aktionen dulden.
1869 allerdings war noch vieles möglich und in Bewegung. Der Düsseldorfer Katholikentag nahm sich eifrig der sozialen Fragen an und drängte die Gläubigen, hier aktiv zu werden. Mit besonderer Hingabe widmete sich Ketteler dieser Thematik. Auf der Fuldaer Bischofskonferenz drängte er den Episkopat, sich der Fabrikarbeiter anzunehmen. Waren diese Ausführungen auch wieder sehr stark von paternalistischen Gesichtspunkten geleitet und von der Überzeugung getragen, daß das Entscheidende die Gesinnungsänderung der Arbeiter bleibe, so bedeutete Kettelers Insistieren darauf, daß es eine Notwendigkeit für die Kirche sei, sich der Arbeiterschaft anzunehmen und ihre Situation genau zu kennen, doch schon viel. Noch wichtiger und wegweisender wurde Kettelers Rede vom 25. 7. 1869 auf der Liebfrauenheide bei Offenbach. Der Bischof nannte darin fünf berechtigte Ansprüche der Arbeiter, zu deren Durchsetzung sie das Recht hätten, sich zusammenzuschließen, nämlich: höheren Lohn, kürzere Arbeitszeit, Ruhetage, vor allem an Sonn- und Feiertagen, das Verbot der Kinderarbeit sowie der Arbeit von Frauen und Mädchen in Fabriken. Diese Forderungen galten seitdem als die »Magna Charta der christlichen Arbeiterbewegung« (Grebing, 59).
Zum Tragen kam von alledem allerdings zunächst einmal praktisch nichts. Denn alle Kräfte und Energien dieses Katholizismus waren bald auf den Papst und seinen Kirchenstaat konzentriert. Für die Erhaltung dieses Territoriums, dann für seine Restauration (nach dem 20. 9. 1870) wurde das Kirchenvolk mobilisiert. Die Verteidigung und Erläuterung des am 18. 7. 1870 angenommenen Dogmas der Unfehlbarkeit des Papstes in

Lehrentscheidungen forderte neuen Einsatz, neue Massendemonstrationen, neue Spenden. Mag das Urteil, »das Elend der Arbeiter mußte hinter dem Streit um die päpstliche Unfehlbarkeit zurücktreten« (Jedin VI/1, 544), auch überspitzt klingen, so viel war daran auf jeden Fall richtig, daß der Papst und seine Situation den deutschen Katholizismus ungleich mehr beschäftigten und erregten – und zwar vom Episkopat angefangen bis hinunter zum einfachen Kirchenvolk – als die gesamte soziale Thematik. Geradezu kümmerlich muteten die sozialen Aktivitäten des Jahres 1869 an, wenn man sie mit dem vergleicht, was in der gleichen Zeit für den Papst getan wurde: Im April 1869 reiste Fürst Löwenstein, der Vorsitzende des »Zentralkomitees der Katholischen Vereine Deutschlands«, an der Spitze einer Delegation von 500 Personen nach Rom zur Feier des fünfzigjährigen Jahrestages der Priesterweihe von Pius IX. Mit sich führten sie nicht nur eine »Gratulationsadresse des katholischen Deutschland« mit einer Viertel Million Unterschriften, kunstvoll in 23 Lederbänden zusammengebunden, sondern auch eine Gabe in Höhe von 1 Million Franken (Buchheim, 203). Hier schlug das Herz des Katholizismus.
Überblickt man die Leistungen und Bemühungen des deutschen Katholizismus für die Arbeiterschaft, kommt man kaum um die Feststellung herum, daß die Sorge der Kirche um den Arbeiter in der Tat erst in dem Augenblick erwachte, »als der Sozialismus am Horizont auftauchte« (Erdmann, 8). – Allerdings muß gerechterweise sogleich hinzugefügt werden, daß nicht einmal dieses Faktum in der hier behandelten Zeit eindrücklich genug war, um den deutschen Protestantismus aufzurütteln. Enger noch, umfassender und kompromißloser wurde stattdessen hier jetzt das Bündnis mit dem reaktionären Staat.

Protestantismus und Reaktion

Die evangelische kirchliche Orthodoxie hatte überall in Deutschland – wie erwähnt – sofort die Revolution verurteilt. In einer Situation, in der nahezu alle politischen Organe und Repräsentanten wankten oder sich unterwarfen, fuhren diese Männer unbeirrt fort, jede Revolution als Aufruhr gegen Gott zu brandmarken, das Gottesgnadentum der Fürsten zu verkünden sowie die Gehorsamspflicht der Untertanen. Daß die Anhänger einer liberalen oder demokratischen Politik dieses Christentum und seine Vertreter scharf bekämpften, ließ sie nur noch steifnackiger werden. Häufig gehörten sie dementsprechend zum Kern der sich sammelnden Gegenrevolution: Nicht nur in Preußen, wo durch diese Kräfte – wie berichtet – die Reaktion organisiert wurde und als erste neue Partei die der Konservativen entstand. Ähnliches ereignete sich auch anderswo, beispielsweise im Kurfürstentum Hessen, wo der reaktionäre Ministerpräsident Hans Daniel Hassenpflug (1794–1862) aufs engste mit seinem Freund, dem lutherischen Schulmann und Theologen August Vilmar (1800–1868), zusammenarbeitete. Natürlich stiegen Ansehen und Einfluß dieser kirchlichen Richtung nach dem Sieg der Gegenrevolution mächtig an. Jetzt wurde Friedrich Julius Stahl (1802–1855), Inhaber zahlreicher wichtiger kirchlicher und politischer Ämter, zum beherrschenden Staatstheoretiker in Preußen und weit darüber hinaus. Sein Konzept des Gottesgnadentums aller Obrigkeit und einer streng hierarchisch gegliederten unwandelbaren Ständeordnung trug er mit dem Anspruch der schlechthin absoluten Wahrheit vor, weil allein hierin die biblische und reformatorische Offenbarung ernstgenommen seien. Gesetz und Evangelium sowie die Rechtfertigung des Sünders bedeuteten dann im wesentlichen die innerliche Freiheit des Menschen, die ihn befähigte, sich gern und zustimmend äußeren Ordnungen sowie Forderungen ein- und unterzuordnen. Dauerhaft und unwandelbar aber mußten diese Strukturen und Anordnungen sein, weil der Mensch wesenhaft und unausrottbar ein Sünder war und blieb. Hengstenberg konkretisierte und aktualisierte diese Theorie unermüdlich und unerbittlich im Blick auf die Politik, Theologie und Kirchenpolitik der deutschen Staaten in seiner

»Evangelischen Kirchenzeitung«, die in dem Maße über Preußen hinaus einflußreich wurde, in dem sie sich von der Preußischen Union entfernte. Die Kamarilla schließlich, eine hochkonservative Gruppe am preußischen Hof, zu der an führender Stelle die Brüder Ernst Ludwig und Leopold von Gerlach zählten, übten einen erheblichen unmittelbaren Einfluß auf Friedrich Wilhelm IV. aus im Sinne ihres Leitbildes des entschieden »christlichen Staates«. 1854 wurde in den Schulen Religion zum Hauptfach erhoben und der kirchlichen Aufsicht unterstellt. Allzuviel Wissen galt als schädlich, für die Kinder wie auch für die Lehrer, weshalb man beide auf ein bewußt schlichtes Niveau und ausgesprochen rückwärts gewandte Lehrinhalte festzulegen versuchte. Die Werke der deutschen Klassik wurden ausgeschlossen, proklamiert werden sollte dagegen nach dem Willen des Kultusministers Karl Otto v. Raumer (1805–1859) das Ideal einer ständisch gegliederten und christlich geprägten Agrargesellschaft.
Die innenpolitischen Folgen davon waren deprimierend, keineswegs nur in Preußen. Mit der Einengung und Bedrückung liberal gesinnter Beamter wuchsen Heuchelei und Konformismus im Namen des Christentums. Manipulationen bei den Wahlen fehlten ebensowenig wie ein allgemeiner politischer und oft auch kirchlicher Druck durch Landräte und Superintendenten. Die Förderung der strikt orthodoxen Richtung durch die Staaten der Reaktion trug überall in den evangelischen Kirchen ebensosehr zu einem allgemeinen Rechtsruck bei wie die eigenen Erfahrungen im Revolutionsjahr. Gleichzeitig wuchs das Selbstbewußtsein dieser strengen kirchlichen Orthodoxie, war sie doch überzeugt, für die Erhaltung der bestehenden Gesellschaftsordnung Entscheidendes geleistet zu haben. So schrieb etwa Sixtus Carl Kapff (1805–1879) 1856, nachdem er die Revolutionäre in den dunkelsten Farben geschildert hatte: »Dagegen war augenscheinlich, daß wahres Christenthum überall ein kräftiger Damm war gegen Revolution und socialen Bankrott, daß, wie ein politischer Schriftsteller sagt, die Anarchie viel mehr an dem passiven Widerstand der noch von kirchlicher Treue beseelten Landbevölkerung scheiterte als an der damaligen Macht der Regierungen, und daß die Kirche durch ihren stillen Einfluß sich stärker erwies als die Büreaukratie, die so verächtlich auf die Kirche herabgeblickt hatte.« (Religiöser Zustand, 20) Kapff war damals die führende Gestalt der württembergischen Landeskirche. Die Art und Weise, wie er über liberale und demokratische Sehnsüchte sprach, über die Menschenrechte und das Drängen auf soziale Gerechtigkeit, war keineswegs die Ausnahme, sondern die Regel. Mit Hohn, Verdammungen und Schmähungen überschütteten die offiziellen Vertreter der evangelischen Kirche pausenlos im Namen Gottes und der christlichen Offenbarung die Ideale sowohl des Bürgertums als auch der unteren Bevölkerungsschichten. »Haben wir etwas gelernt?« fragte Vilmar 1850. Sein Fragen gipfelte dann in dem Satz: »Haben wir gelernt, daß die Demokratie mit allem, was darum und daran hängt, nichts anderes ist als Dummheit, Schande, Liederlichkeit, Raub, Diebstahl und Mord?« (Culturgeschichte I, 320) Beispiele dieser Art ließen sich häufen. Sie belegen eindeutig, daß der offizielle deutsche Protestantismus in diesen Jahren eine Position vertrat, die ohne Übertreibung als eifrige und freiwillige Zustimmung zu den damals verkündeten Gedanken des päpstlichen Syllabus errorum bezeichnet werden muß.
So wenig wie Rom beruhigte diesen Protestantismus die Tatsache, daß die Revolution geschlagen war und die Kirchen sich überall höchster staatlicher Anerkennung und vielfältiger Förderungen erfreuten. Sehr genau erkannte man, daß dadurch allein die erstrebte Durchdringung sowohl des einzelnen als auch sämtlicher Bereiche der Gesellschaft mit dem Geist des Christentums sich keineswegs erreichen ließ. Zahllos waren demzufolge die Mahnungen, Hinweise und Erinnerungen kirchlicher Repräsentanten an die Öffentlichkeit, und insbesondere an die Mächtigen, daß die Gesinnung in der Bevölkerung noch weithin ungebrochen sei, aus der das Übel der Revolution entstanden war. Durchweg

wurde die gegenwärtige, ganz aktuelle Bedrohung der Kirche wie der Gesellschaft durch den Geist der Revolution beschworen – und auf die Macht des christlichen Glaubens verwiesen, der allein in der Lage wäre, ihn zu überwinden. Daraus konnte dann – wie beispielsweise bei Vilmar – die Forderung an den Staat folgen, der Kirche mehr Freiheiten zu gewähren, damit sie dieser Aufgabe, die doch zugleich im ureigensten Interesse des Staates lag, umso besser nachkommen könnte. Die Blindheit der Fürsten, die diese Zusammenhänge nicht sehen wollten, ja die teilweise sogar ein gewisses Maß an Kritik in Fragen der Theologie, Frömmigkeit und Kirche zuließen, beklagten er und seine Freunde sehr. Im Vorwort zur Neuauflage seiner Aufsätze aus der Revolutionszeit schrieb Vilmar 1858: »Der Haß gegen geistige Vorzüge und geistige Bedeutenheit, der Haß gegen den Besitz, der Haß gegen das Recht sind heute noch genau so vorhanden wie in jener Zeit, und der Haß gegen kirchliches Bekenntnis und kirchliche Erfahrung ist, wo nicht schärfer, doch weit offenbarer und meist auch weit erfolgreicher als damals, freilich schon darum, weil zur Zeit das Feld der Kirche das einzige ist, auf welchem sich der Haß gegen den lebendigen Gott, der auch in dem Haß gegen Besitz und Recht liegt, in voller Gefahrlosigkeit und mit dem Gefühl der Sicherheit, welches von der Gewalt verliehen wird, aussprechen kann.« Aber wie unterschiedlich hoch die Freiheit und Selbständigkeit der evangelischen Kirche gegenüber dem Staat auch angesetzt wurde: darin waren sich alle Repräsentanten des Protestantismus einig, daß die zentrale Aufgabe der Kirche die Legitimierung und Förderung dieses Staates der Reaktionszeit war, weil er allein alle Strukturmerkmale eines »christlichen Staates« aufwies. So spiegelten beide Seiten, der Staat ebenso wie die evangelischen Kirchen, noch einmal mit allem Nachdruck ihre Verbindung, die vielzitierte »Ehe von Thron und Altar«.

Die Brüchigkeit dieses Miteinanders konnte freilich dem kritischen Blick kaum verborgen bleiben. Daß einzelne Staaten dazu neigten, von ihren innenpolitischen Schwierigkeiten abzulenken, indem sie den theologischen und kirchlichen Bereich in bestimmten Grenzen den gegnerischen Angriffen preisgaben, wurde schon erwähnt. Unübersehbar war ebenfalls, daß sich breite Bevölkerungsteile in diesen Jahren des schnellen und tiefgreifenden Wandels von ihrer Kirche lösten. Diese Entwicklung blieb den kirchlichen Repräsentanten natürlich nicht verborgen. Aber die Weise, wie sie darauf reagierten, wirft ein bezeichnendes Licht auf das Selbstverständnis dieses Protestantismus. In einer eindrücklichen Bestandsaufnahme versuchte 1856 der schon genannte württembergische Prälat Kapff, den »religiösen Zustand des evangelischen Deutschland nach Licht und Schatten« zu wägen. Trotz mancher Lichtseiten, die hoffnungsvoll stimmen konnten, überwogen die düsteren Farben. Diese Feststellung bedrückte Kapff allerdings nicht, vielmehr bestärkte sie ihn in der Überzeugung, daß der Anbruch des Reiches Gottes nahe bevorstehe. Im Besitz dieser Wahrheit konnte er sehr leicht und glatt über Not und Elend hinweggehen. Da die Menschen sich nicht Gott zuwenden wollten, mehrte sich eben die Zahl derer, »die kein Brod haben, weil sie keinen Gott haben« (46). Jedoch auf eine Besserung dieser Welt war ohnehin nicht zu hoffen. Folglich kam alles darauf an, daß die Kirche treu und unbeirrbar bei der Offenbarung Gottes ausharrte bis zur Wiederkunft Christi. Dieser Grundgedanke begegnete aber keineswegs allein bei Kapff, sondern bestimmte weithin die protestantische Ekklesiologie der Zeit. Es genügt, dafür an so unterschiedliche Gestalten wie Löhe, Kliefoth oder Vilmar zu erinnern. Wesenhaft zu diesem Kirchenverständnis gehörte sodann die herausgehobene Bedeutung des geistlichen Amtes. Schroff formulierte Vilmar, was mindestens im konfessionellen Luthertum auch sonst in Geltung stand: »Wer den gegenwärtigen Herrn noch bekennt, der bekenne sich jetzt zu seinem noch gegenwärtigen Amte. Und wer das Amt trägt, der wiße, daß jetzt Leben und Tod der Kirche von ihm abhängt – nicht von seiner Persönlichkeit, die, das wißen wir wol, schwach und krank und gebrechlich ist wie die unsrige, wol aber von der

Macht, die der Herr ihm gegeben hat, und von seinem unerschütterlichen Glauben an diese Macht, von seinem Vertrauen auf sein Amt, in dem und mit dem der Herr der Kirche selbst ist, in all seiner erlösenden, heiligenden und weltrichtenden Kraft.« (Culturgeschichte II, 70)

In einer Zeit, in der sich Deutschland in einem bis dahin ungekannten und ungeahnten Ausmaß veränderte, zog die evangelische Kirche sich mithin auch theoretisch von dieser Welt und Wirklichkeit zurück. Nicht Integration war das Thema, sondern Selbstdarstellung im feindlichen Gegenüber zu den irdischen Realitäten. Das Selbstverständnis als Volkskirche wurde nicht preisgegeben, aber unübersehbar eingeengt auf die Bewahrung der wahren Lehre und des wirklichen Heils, die hier für alles Volk gegenwärtig waren. Die Hervorhebung des geistlichen Amtes machte die Kirche nicht nur unabhängig vom Beifall oder der Kritik der »Laien«, sondern stellte leicht auch den einzelnen Amtsträger an einen unangreifbaren Ort. So war hier, subjektiv und objektiv, ein Bereich geschaffen, den der politische, wirtschaftliche und soziale Wandel ringsum im Grunde nicht tangierte und wo die individuellen Sorgen und Ängste aufgehoben wurden durch Entweltlichung im Sinn der Ausrichtung auf das Transzendente als das wesenhaft Andere. Nicht um die Vermittlung des Evangeliums mit den konkreten Problemen, Schwierigkeiten und Nöten der Welt war es dieser Kirche zu tun, sondern um die Erlösung von alledem. Und diese Festlegung behielt ein dauerhaftes Gewicht. Genau so, wie es den autoritären Mächten in der Reaktionszeit gelang, die politischen und gesellschaftlichen Strukturen derart zu stabilisieren, daß sie im wesentlichen unverändert bis 1918 weiterbestanden, setzte sich auch dieses protestantische Verständnis von Kirche im wesentlichen selbstverständlich und ungebrochen in den folgenden Jahrzehnten fort.

Die Entwicklung der Inneren Mission

Auch die Entwicklung der Inneren Mission wurde davon bestimmt. Überall, wo in der geschilderten Weise das geistliche Amt in den Vordergrund gerückt wurde, mußte man mit Mißtrauen, wenn nicht sogar Feindschaft eine Bewegung verfolgen, die das Priestertum aller Gläubigen proklamierte und dadurch die Kirche zu erneuern hoffte. Scharfe Angriffe aus den lutherischen Landeskirchen waren die Folge. Sie gingen so weit, die Innere Mission als die schlimmste Gefahr für die Kirche zu brandmarken, weil sie sich dem Amt nicht unterstellte und folglich nur zerstörend wirken könnte. Der theologische Gegensatz zwischen Unierten und konfessionellen Lutheranern kam verschärfend hinzu, aber mindestens ebenso schwer wogen die politischen Vorbehalte der umliegenden deutschen Staaten gegenüber Preußen. Die Verfestigung des Verhältnisses zwischen der Kirche und ihrem Landesherrn blockierte gleichzeitig überall die gesamtdeutschen Bestrebungen des Protestantismus. Die Innere Mission, die ohnehin als ein preußisches Unternehmen galt, erschien dann schnell als Institution zur Durchsetzung der Union und überhaupt zur Beherrschung aller deutschen evangelischen Kirchen durch das mächtige Preußen. Nicht nur Politiker und Kirchenleute malten dieses Schreckensbild an die Wand. Auch eine Gestalt wie Karl Gutzkow, das Haupt des »Jungen Deutschland«, teilte in bezeichnender Überschätzung der Realitäten diese Sorgen.

Wichern war allerdings keineswegs nur ein Opfer dieser Entwicklung. Vielmehr hatte er entscheidend dazu beigetragen, daß die Innere Mission die vorgefundene kirchliche Wirklichkeit nicht veränderte, sondern ergänzte. Sie wirkte dadurch bestätigend, wenn nicht sogar befestigend auf die kirchlichen Strukturen. Im Central-Ausschuß überwogen hohe preußische Staatsbeamte und adelige Großgrundbesitzer. Zahlreich waren die personellen Verflechtungen zur konservativen Partei. Selbst ein so wenig fortschrittlicher Mann wie Heinrich v. Mühler äußerte Bedenken über diese Zusammensetzung. Aber

Wichern und seine Freunde sahen es anders. »Es ist aber jetzt die Zeit«, erklärte Schmieder am 15. 11. 1848 zustimmend gegenüber Wichern, »um die großen Grundbesitzer, den Adel, die Staatsbeamten dafür zu gewinnen, weil alle edle Seelen unter ihnen in einem Stande der Buße sind und erkennen, daß werktätige Liebe in dieser Weise von Gott gefordert ist, teils um alte Schuld zu sühnen, teils um dem völligen Umsturz und Verderben vorzubeugen.« (zit. Gerhardt I, 89) Tatsächlich war die Innere Mission 1857, als Wichern als Vortragender Rat für Strafanstalten und Armenwesen im Innenministerium in den preußischen Staatsdienst eintrat, eine im wesentlichen preußische Angelegenheit: Von den 96 Vereinen, die sich bis dahin dem Central-Ausschuß angeschlossen hatten, existierten nicht weniger als 68 in diesem Staat (ebd., 141). Aber auch das Konzept der Inneren Mission blieb auf das Modell der »Volkskirche« im »christlichen Staat« fixiert. Im gleichen Jahr 1857 formulierte Wichern als Aufgabe dieser Institution: »die Entfaltung und Betätigung der Glaubens- und Lebenskräfte der ganzen wahrhaftigen Christenheit in Kirche, Staat und allen Gestalten des sozialen Lebens, zur Überwindung alles Unchristlichen und Antichristlichen, was in Haus und Gemeinde, in Sitten und Gesetzgebung, in Wissenschaft und Kunst, in allen Zweigen des materiellen oder geistigen Lebens des Volkes und der Völker innerhalb der Christenheit Raum sucht oder Raum gefunden hat« (zit. ebd., 238 f.). Nicht Sozialpolitik, sondern Seelsorge und Caritas begriff die Innere Mission somit als ihre zentrale Aufgabe: in der festen Überzeugung, daß es nur darauf ankomme, den einzelnen und Gruppen von einzelnen mit Gottesfurcht zu erfüllen, damit sie in diesem und im künftigen Leben den richtigen Platz fänden. Großartiges an stiller und hingebungsvoller Liebe wurde hier geleistet. Neben zahlreichen Bemühungen, das Evangelium an Menschen aller Kreise und Schichten heranzutragen, standen große evangelistische und diakonische Anstrengungen für Kinder und Jugendliche, für Gefangene, Prostituierte, Spieler und Trinker, Nichtseßhafte, Schwachsinnige und Epileptiker. Aber es gab keine damit auch nur entfernt zu vergleichende Aktivität für *die* Teile der Bevölkerung, die von der Industrialisierung Deutschlands unmittelbar betroffen waren. Die Probleme der Unternehmer, des liberalen Bürgertums und erst recht diejenigen der Arbeiterschaft kamen im Denken und Wirken der Inneren Mission praktisch nicht vor. Stattdessen dominierte ein rückwärtsgewandtes, idyllisch verklärtes Bild der Sozialordnung, in dem neben Adeligen und anderen Standesherren Bauern und Handwerker den Ton angaben; wo es keine Fabrikarbeiter und Industriestädte gab, sondern lediglich Dörfer und Kleinstädte wie eh und je. Entsprechend dem theoretischen Ansatz, wonach alle geistigen Äußerungen und alle Kultur vom Christentum durchdrungen und von der Kirche geleitet sein müßten, wich die Innere Mission teils empört, teils erschrocken vor einer Wirklichkeit zurück, die entweder theoretisch – im Liberalismus, Sozialismus oder Kommunismus – diesen Anspruch hinter sich gelassen hatte oder praktisch: in den Menschenzusammenballungen in den neuen Industriestädten, wo alle tradierten Lebensweisen zerbrochen und alternative noch nicht entwickelt waren. Insofern blieb die Innere Mission weit davon entfernt, das theoretisch und praktisch herrschende evangelische Kirchenverständnis zu ändern. Diese Menschen und Vereine verliehen der Kirche oft genug Wärme, Leben und Innerlichkeit. Aber die notwendige Öffnung zu den Realitäten einer rasch sich wandelnden Welt bewirkte die Innere Mission nicht.

Soziale Bemühungen einzelner

Es gab, gespeist aus unterschiedlichen geistigen und geistlichen Quellen, durchaus Bemühungen, dieser Grundeinstellung entgegenzuwirken. Das Ergebnis allerdings war, aufs Ganze gesehen, recht bescheiden. In Berlin versuchte etwa G. S. Liedke, ein liberal gesinnter Protestant, Sparkassen für die untere Bevölkerungsschicht aufzubauen. Wirksamer erwies sich der Weg eines anderen überzeugten Protestanten, nämlich Friedrich Raiffeisens (1818–1888), auf dem Land Genossenschaften für den An- und Verkauf unterschiedlicher Produkte einzurichten: Nur berührte dieser Zusammenschluß die industrielle Arbeitswelt vorerst ebenfalls lediglich am Rande. In Württemberg wollte Gustav Werner (1809–1887) durch die Gründung von Genossenschaften im Geiste Jesu und nach dem Modell der Familie ein bewußt christliches Fabriksystem mit entschieden pietistischer Prägung schaffen. Werner war überzeugt, daß es sowohl möglich als auch nötig sei, Christus angesichts des nahe bevorstehenden Anbruchs des Reiches Gottes ganz konkret zum Herrn der Wirtschaft zu machen. Die Beschäftigung mit ökonomischen und sozialpolitischen Problemen erschien ihm nicht nötig, wenn man sich nur voll und ganz auf Gott verließ und Liebe übte. Doch Werners Papierfabrik wirkte nicht einmal auf seine württembergischen Glaubensgenossen als Anstoß zum sozialen Handeln. Die Landeskirche hatte ihn bereits 1851 von der Liste ihrer Kandidaten gestrichen. Was als weitgespanntes Konzept zur Umgestaltung der gesamten Wirtschaft Deutschlands im Geist Jesu Christi begann, endete schließlich in der engen Zurückgezogenheit einer kleinen Gruppe.

Ebenso enttäuschend endeten die Bemühungen Viktor Aimé Hubers (1800–1869), die preußischen Konservativen und die Innere Mission in der sozialen Frage auf einen anderen Weg zu bringen. Huber kannte die Probleme der Industrialisierung und insbesondere die Verhältnisse in England wie wenige Zeitgenossen aus eigener Erfahrung. Die Konservativen hatten ihn 1843 als Professor für neuere Philologie und Literaturgeschichte nach Berlin geholt, damit er dort für sie tätig würde. Doch kam es bald zu Spannungen und nach der oktroyierten Verfassung (1850) zum Bruch. Huber verzieh dem Adel nicht, daß er der Errichtung des konstitutionellen Königtums zustimmte; gleichzeitig war er bitter enttäuscht über die Entwicklung der Konservativen zur agrarischen Interessenpartei. Das Konzept, das Huber für die wirtschaftliche und soziale Integration der unteren Bevölkerungsschichten unermüdlich anbot, zielte auf die Bildung von Genossenschaften. Dabei war er im einzelnen wenig festgelegt. Wesentlich erschien ihm nur, daß überhaupt organische Neubildungen von der Basis her zustande kämen. Noch in seinem Todesjahr erklärte er: »Eine Hauptursache der Arbeiternot ist die atomistische Isolierung in massenhafter unorganischer Aufhäufung; das dringendste Bedürfnis ist eben deshalb eine gesunde, organische, das ganze Familienleben umfassende Gemeinschaft der in negativer Freiheit aufgelösten Atome. Dies Bedürfnis befriedigt weder die bürgerliche noch die kirchliche Gemeine auch nur im entferntesten. Nur in der Wirtschafts- und Arbeitsgemeine, in der kooperativen Genossenschaft kann es seine Befriedigung finden.« (zit. Paulsen, 151) Daß ein solcher Weg möglich war, fand Huber durch die Pioniere von Rochdale bewiesen, zu deren beredtsten Anwälten er in Deutschland gehörte. Aber Huber predigte tauben Ohren. Die Konservativen dachten nicht daran, diese Pläne zu fördern. Wichern hielt nichts davon, und eine kurze Phase der Annäherung beider Männer (1862) endete mit dem endgültigen Bruch. Huber hatte zu diesem umfassenden Mißerfolg allerdings selbst nicht unerheblich beigetragen. Dadurch, daß er sich 1852 resignierend nach Wernigerode zurückzog, verzichtete er auf jeden sozialpolitischen Einfluß. Ebensowenig kam ein zusammenfassender theoretischer Entwurf seiner Vorstellungen zustande. So fiel es seinen Zeitgenossen leicht, über ihn hinwegzugehen.

Breite Unsicherheit und Hilflosigkeit

Mit dem Regierungsantritt Wilhelms I. in Preußen und der hoffnungsvoll begrüßten »Neuen Ära« (1858) gerieten die zurückgestauten politischen und sozialen Kräfte erneut

in Fluß. Vollends war das ab 1862 der Fall, seit Otto von Bismarck (1815–1898) als preußischer Ministerpräsident und Außenminister die Geschicke des Staates bestimmte. Wohl wurde der im Grunde konservative Charakter auch der neuen Regierung schnell deutlich. Aber Bismarcks Verbindung mit der 1867 gegründeten Nationalliberalen Partei erschütterte die den kirchlichen Kreisen vertraute Orientierung doch tiefgreifend und dauerhaft. Denn mehr oder weniger offiziell meldeten sich nun progressive Stimmen zu Wort, beanspruchten liberale und sogar demokratische Vorstellungen nicht nur Gehör, sondern Anerkennung. Bereits im September 1861 war von den Konservativen der »Preußische Volksverein« gegründet worden, der unter der Führung von Hermann Wagener (1815–1889) gegen die liberale Wirtschaftspolitik, die ihrerseits in der Gewerbeordnung vom 22. 6. 1861 Ausdruck gefunden hatte, im Sinne einer betont konservativen und scharf antiliberalen Sozialpolitik agieren und agitieren sollte. An Kritik am Wirtschaftsliberalismus und seinen üblen Auswirkungen ließen es diese konservativen kirchlichen Kreise auch in der Folgezeit nicht fehlen. Mammonsgeist und Vermassung, die Verstädterung sowie zahlreiche sittliche Verderbnisse, die im Gefolge der Industrialisierung auftraten, wurden registriert und attackiert. Trotzdem blieb alles das ausgesprochen wirkungslos. Denn der Boden, von dem aus diese Kritik artikuliert wurde, war der der jetzt unaufhaltsam versinkenden ständisch-korporativen Gesellschaftsordnung mit der Vorherrschaft der Landwirtschaft und ihren Strukturen. In dem Maß, in dem dieser Wandel offenkundig wurde, verschärften sich die Angriffe auf den wirtschaftlichen, politischen und weltanschaulichen Liberalismus, den man voller Erbitterung und Empörung für die immer eindeutiger zutage tretenden Anzeichen einer Säkularisierung der Gesellschaft und der »Entchristlichung der Öffentlichkeit« verantwortlich machte.
Aber nicht nur an einem nach vorn weisenden Konzept fehlte es im Protestantismus, sondern weithin auch an der Einsicht, daß es nötig sei, u. U. selbst etwas zu tun. Abgesehen von karikativen Bemühungen um einzelne geschah nichts. Die Arbeiterschaft blieb fern und unverstanden, der Arbeiterbewegung stand man gleichgültig oder in einer Mischung aus Angst und Feindseligkeit gegenüber. Viel von der Begeisterung, mit der etwa die Pfarrerschaft die politischen Erfolge Bismarcks und schließlich die Reichsgründung begleitete, kam fraglos auch daher, daß man auf diesem außenpolitischen Gebiet endlich einmal voll und ganz mit breiten Teilen der Bevölkerung übereinstimmen konnte und nicht die so wenig vertraute und im Grunde als widerwärtig empfundene Haltung des Widerspruchs gegenüber der offiziellen Regierungspolitik einnehmen mußte. Die Leidenschaft, mit der diese Pfarrerschaft sich kirchenpolitischen Fragen widmete und die Energie, die sie auf diese Thematik verwandte, waren der Ausdruck desselben Phänomens: Vom Staat sowie der kirchlichen Bürokratie reglementiert, gegängelt und dadurch jeder weiter ausgreifenden Spontaneität beraubt, dabei rücksichtslos konfrontiert mit einem umfassenden gesellschaftlichen Umbruch, dem Zusammenbruch des Parochialsystems in den Industriestädten und einer überall wahrnehmbaren veränderten Einstellung sowohl der Kirche als auch ihrer Verkündigung gegenüber, artikulierten diese Menschen und die mit ihnen verbundenen Kreise ihre Sorgen und Ängste sowie ihre Erwartungen und Hoffnungen verständlicherweise in erster Linie auf der ihnen am meisten vertrauten und noch am wenigsten eingeengten Ebene der theologischen Kontroversen und Schulmeinungen.
Sehr klar trat die darin begründete soziale und sozialpolitische Hilflosigkeit bei einem ersten Treffen christlicher, d. h. evangelischer Unternehmer am 14. und 15. Juni 1870 in Bonn zutage. Diese von der Inneren Mission geförderte Zusammenkunft zeigte nicht nur ein erhebliches Interesse an sachlichen Informationen, sondern formulierte auch einige theoretische Einsichten über die finanzielle und wirtschaftliche Not der unteren Schichten. Jedoch zu konstruktiven Lösungen drang man nicht vor. Das Entscheidende mußte

ohnehin der Staat tun, darin bestand Einigkeit. Das Modell, das daneben gelten sollte, war das des christlichen Paternalismus: Wo der einzelne Unternehmer sich in seinem Betrieb fürsorglich um seine Arbeiter kümmerte und möglichst eine Sozialversicherung einrichtete. Dabei galt der in Deutschland praktizierte Paternalismus als besonders effektiv und streng. Er war in der Regel zusammen mit der Schwerindustrie entwickelt worden und zeichnete sich durch einen gleichsam militärischen Zuschnitt aus, wofür die jeweils klar umrissene Befehlsgewalt charakteristisch war. Als seine Soldaten sah dementsprechend Karl Stumm (1836–1901, seit 1888 Freiherr v. Stumm-Halberg) gern seine Arbeiter an. Er war der Besitzer eines Eisenwerks in Neukirchen, das er zum beherrschenden Konzern im Saarland und darüber hinaus ausbaute, gehörte politisch zu den Freikonservativen, der »Partei Bismarck sans phrase«, und galt in breiten evangelischen Kreisen als der Inbegriff und das nicht genug zu lobende Vorbild des christlichen Unternehmers. In der Tat sorgte Stumm in hervorragender Weise für seine Arbeiter. Hohe Löhne, gute Wohnungen sowie eine umfassende Sozialversicherung wurden ihnen in seinem Betrieb geboten. Bereits 1867 trat Stumm für eine allgemeine, gesetzlich geregelte Arbeiterversicherung ein. Die Kehrseite dieser Fürsorge freilich war der Anspruch, das Leben »seiner Leute« nicht nur in der Fabrik, sondern auch im Privatbereich zu beaufsichtigen und zu reglementieren. Angefangen bei der Zeitung, die man lesen durfte oder nicht, bis hin zur Heiratserlaubnis für seine Arbeiter verfügte und entschied Stumm. Daß dieser Mann in diesen Jahren, die einerseits durch das wachsende Selbstbewußtsein der Arbeiterschaft gekennzeichnet waren und andererseits durch eine zunehmende Anonymität der Unternehmensführung aufgrund der Verflechtung des Kapitals sowie der einzelnen Industriebetriebe, weithin als das Ideal sozialer und sozialpolitischer Reformen gelten konnte, kennzeichnet treffender als viele Worte die vorherrschende evangelische kirchliche Mentalität.

Der liberale Protestantismus und das Konzept Rothes

Vollends uninteressiert oder gleichgültig stand in der Regel der liberale Protestantismus diesen Fragen gegenüber. Sein Augenmerk war auf die Erneuerung der Kirche im Sinne der Versöhnung des Christentums mit der modernen Kultur und ihren Repräsentanten, dem intellektuellen Bürgertum, gerichtet. Die organisatorische Grundlage dieser Richtung wurde der 1863 von Richard Rothe (1799–1867) und Daniel Schenkel (1813–1885) gegründete Protestantenverein. Das Nebeneinander des frommen spekulativen Rothe und des agilen, ebenso selbstbewußten wie häufig banalen Schenkel verdeutlicht die Bandbreite dieses Liberalismus. Um die Kirche wieder volkstümlich werden zu lassen und sie in den Zusammenhang des allgemeinen geistigen Lebens zu rücken, forderten die liberalen Protestanten eine neue Kirchenverfassung, zu deren wichtigsten Elementen die Errichtung einer einheitlichen evangelischen Nationalkirche gehörte, ferner die Durchsetzung des presbyterial-synodalen Aufbaus der Kirche sowie einen starken Anteil von Laienvertretern in sämtlichen kirchlichen Selbstverwaltungsgremien. Die Nähe dieser Gedanken zu den Verfassungsforderungen des politischen Liberalismus war unübersehbar. Auf der anderen Seite begriffen die besten Vertreter des Protestantenvereins, Richard Rothe an der Spitze, daß mit institutionellen Veränderungen allein die Kluft zwischen der Kirche und der modernen Gesellschaft nicht geschlossen werden konnte. Dementsprechend mußten sich die Bemühungen nach zwei Seiten richten: Die Zeitgenossen, insbesondere das intellektuelle Bürgertum, sollten einsehen, daß die Kirche, an der sie gleichgültig oder verächtlich vorbeigingen, nicht identisch war mit dem Wesen des Christentums. Gleichzeitig mußten die Repräsentanten der Kirche begreifen und den Gemeinden begreiflich machen, daß die Kirche kein Selbstzweck war und daß ihre Verkündigung der Freiheit und Menschlichkeit des Menschen zu dienen hatte.

Deshalb suchte Rothe den Menschen auf seine kulturellen Leistungen und seine schöpferische Kraft hin anzusprechen statt ihn bei seinem Versagen zu behaften. Sein Anliegen war die Entfaltung des von ihm christologisch begründeten Faktums, daß die moderne Welt mit allen ihren Errungenschaften ohne das Christentum nie hätte entstehen können: weshalb diese Welt und jeder einzelne in ihr auch allein von daher Antwort auf die Sinnfrage erhielt und den Zusammenhang des Ganzen zu durchschauen vermochte. In der Auseinandersetzung um den Sinn und die Berechtigung des Protestantenvereins erklärte Rothe 1864: »Lebe nur ganz den Bestrebungen, welche die Neuzeit die humanen nennt, beides, in der Richtung auf deine eigene Person und in der auf dein Geschlecht als ganzes; aber wisse dabei, daß die Aufgaben, denen du dich widmest, nur in dem Lichte, das von Christus ausgestrahlt ist, dem menschlichen Auge aufgegangen sind, und nur in ihm richtig verstanden werden können, und daß das moralische Vermögen, sie auszuführen, nur von ihm dem menschlichen Herzen zuströmt und in kindlich gläubiger Hingebung bei ihm gesucht sein will; wisse dabei mit voller Klarheit, daß du mit dem allem nichts Geringeres treibst als Christi eigenes Werk, und an dem Bau seines Reiches arbeitest, an dem Bau des Himmelreiches, – und lege in solchem Bewußtsein freudig Zeugnis davon ab vor dieser heutigen Welt, die in der Umdüsterung ihres Sinnes nicht weiß, von wannen sie kommt und wohin sie geht; sage ihr laut, daß die großen humanen Ziele, welche die moderne Geschichte aufstellt und verfolgt, ihr durch Christum gesteckt sind, und daß alle die rastlose menschliche Arbeit, die ihnen gewidmet wird, was sie ist, durch Christum ist und für ihn, – daß sie in ihren letzten Erfolgen nicht für diese vergängliche Welt gethan wird, sondern für die unsichtbare, unvergängliche, für den Himmel. Wodurch sonst könnte doch der Erlöser von uns armen Menschenkindern höher geehrt und verherrlicht werden, als wenn wir aus der Fülle des Herzens bekennen, daß wir durch ihn wahre und ganze Menschen sind und eben darin Kinder des himmlischen Vaters, und daß wir es nur durch ihn sein können?« (Nippold, 124 f.)

Diese Hinwendung zur Welt, das Ernstnehmen ihrer profanen Wirklichkeit als des Ortes, an dem sich das Wesentliche des Christentums erweisen mußte, umschloß natürlich ein Verständnis der christlichen Botschaft sowie der Kirche, das anders als in der herrschenden Orthodoxie akzentuiert war. Pointiert konnte Rothe sagen, die Dampfeisenbahn sei wichtiger als Nicäa (Nigg, 217)! Gemeint war damit, daß das Verstehen der gegenwärtigen Verhältnisse und das Eingehen hierauf theologisch wesentlicher wäre als das Festhalten an dogmatischen Sätzen sowie deren Rekapitulation. Rothe wollte nicht die flache Verwerfung des Dogmas im Namen des angeblich gesunden Menschenverstandes und des wissenschaftlichen Fortschritts. Aber er betonte, daß die christliche Wahrheit, wenn sie tatsächlich mitten in das Leben eines einzelnen und einer Zeit hineingehörte, als Ethos entfaltet werden müsse, als theologische Ethik also. Dadurch veränderte sich dann allerdings auch der Charakter der Kirche. War das Wesen des Christentums weltlich, mußte folgerichtig die Kirche als Funktion dafür begriffen werden. In seiner »Theologischen Ethik« schrieb Rothe: »Aber das Christentum will eben seinem innersten Wesen nach über die Kirche hinaus, es will nichts Geringeres als den Gesamtorganismus des menschlichen Lebens überhaupt zu seinem Organismus haben, d. h. den Staat. Es geht wesentlich darauf aus, sich immer vollständiger zu verweltlichen, d. h. sich von der kirchlichen Form, die es bei seinem Eintritt in die Welt anlegen muß, zu entkleiden und die allgemein menschliche, die an sich sittliche Lebensgestalt anzutun.« (Bd. 3, 1010)

Doch dieser furchtbare Ansatz kam nicht zum Tragen. Die Kirchen lehnten diese Theologie aufs entschiedenste ab, der Protestantenverein umgekehrt war nicht in der Lage, sie wirklich festzuhalten und zu entfalten. Ein weiterer Grund für die weitgehende Wirkungslosigkeit des Versuchs, zwischen der beim Überkommenen beharrenden Kirche und der sich davon emanzipierenden Gesellschaft zu vermitteln, war die Fixierung auf das intellektuelle, akademisch gebildete Bürgertum, d. h. auf eine Gruppe, die ihre traditionelle Führungsrolle gerade jetzt, im Zuge der expandierenden Industrialisierung zusehends an die Repräsentanten der Wirtschaft verlor. Außerhalb des Blickfelds blieb schließlich überhaupt die industrielle Arbeitswelt mit allen ihren Problemen. So bot die Alternative, die der liberale Protestantismus offerierte, trotz wichtiger Einsichten insgesamt zu wenig. Das Resultat jedenfalls änderte sich durch ihn nicht: Tatenlos, hilflos oder auch verständnislos standen die evangelischen Kirchen im wesentlichen dem Industrialisierungsprozeß gegenüber, der die ihnen vertraute Welt umfassend veränderte.

Entkirchlichung und Entchristlichung

Hand in Hand damit schritten Entkirchlichung und Entchristlichung voran. Die Naturwissenschaft erschien breiten Teilen der Bevölkerung als der Schlüssel, der alle Türen öffnen könnte. Pragmatismus und Materialismus galten dann als Selbstverständlichkeit. Ohne jemals eine Zeile von Comte gelesen oder auch nur seinen Namen gehört zu haben, stimmten die Menschen der positivistischen Weltanschauung zu: Nichts zählte außer dem Konkreten, der Realität und der Praxis. Direkt oder indirekt war darin stets der Gegensatz zu allem Glauben, zur Religion und insbesondere zum Christentum mit eingeschlossen. Wie sehr man selbst einem unbewiesenen Glauben huldigte – an die Wissenschaft, an Entwicklung, Fortschritt, dann auch an den Sozialismus – sah man dagegen nicht.

Wie Comte eher formulierte, was zahllose Menschen seiner Zeit dachten und empfanden als daß er diese Lebenseinstellung schuf, so artikulierte auch eine Reihe kleinerer Geister das Bedürfnis dieser Menschen nach einer populären Zusammenfassung ihrer neuen Weltanschauung. Die Werke von Karl Vogt, Jakob Moleschott und vor allem Ludwig Büchners »Kraft und Stoff« (1855) mit ihrem platten Materialismus wurden in Zehntausenden von Exemplaren verbreitet. Sie fanden im mittleren und kleinen Bürgertum ein begieriges Publikum, später auch in der Arbeiterschaft, während die höheren Kreise der Bevölkerung sich von Schopenhauers Pessimismus beeindrucken ließen. Alle diese Bücher produzierten nicht die Unkirchlichkeit oder die Abwendung vom Christentum, wie damals viele Zeitgenossen meinten. Sie verbreiteten und verfestigten allerdings die Überzeugung, daß die Antworten und Sinndeutungen der Kirche hoffnungslos überholt und erledigt seien.

In welchem erschreckenden Ausmaß sich die Staatskirche mitsamt dem Konzept des »christlichen Staates« von den Vorstellungen und Erwartungen breiter Kreise der Bevölkerung entfernt hatte, belegte bereits das Jahr 1848. »Wie viele Anstalten und Vereine Wichern in unermüdlicher Opferwilligkeit gegründet hatte und wie gewaltig auch die Machtstellung Hengstenbergs bis in die Gemeinden hinein war: der ganze riesige Apparat hat auch nicht einem unter den gläubigen Protestanten Norddeutschlands 1848 zu einem Sitz in der Paulskirche verholfen.« (Schnabel 8,348) Die Jahre danach brachten keine Änderung des Konzepts und dementsprechend eine wachsende Abkehr zumindest vom kirchlichen Leben. War das protestantische Deutschland darum das am meisten entchristlichte Land Europas (Benaerts, 693)? Die Frage ist wohl kaum eindeutig zu beantworten. Sicher ist, daß nur eine winzige Minderheit sich völlig von der Kirche trennte. Im Königreich Sachsen existierte seit 1870 ein Dissidentengesetz. Aber in der Großstadt Leipzig gab es 1872 kaum zwanzig Konfessionslose, und als Wilhelm Liebknecht dort am 17. 4. 1878 aus der Kirche austrat, hatte er erst 42 Vorgänger (Grote, 115)! Noch minimaler war die Zahl der Dissidenten in anderen deutschen Staaten.

Einschneidender war die außerordentliche Gleichgültigkeit, mit der man weithin der Kirche und ihrer Verkündigung gegenüberstand. Mit dieser Einstellung unterschieden sich die Unternehmer im Grunde nicht von der Arbeiterschaft. Im Rückblick auf seine Konfirmation schrieb der Fabrikant Ernst von Eynern aus dem frommen Wuppertal: »Die Vorschriften einer strengen Orthodoxie befolgte ich soweit, um mit Ehren die Prüfung bestehen zu können. Von den Hunderten von Bibelversen und Gesangbuchliedern, welche ich auswendig lernen mußte, habe ich aber nichts im Gedächtnis behalten. Religionsfragen haben überhaupt nie mein Interesse erregt. Ich denke, schlecht und recht durchs Leben zu gehen, ohne einem bestimmten Glauben huldigen zu müssen, von dem mein Inneres unberührt bleibt.« (zit. Zunkel, 93) Mit größerer persönlicher Betroffenheit, aber im Ergebnis gleichlautend erklärte der Arbeiter Karl Fischer in seiner Autobiographie: »Ich dachte nicht mehr an die andere Welt, von der ich in der Schule gehört und von der Jesus Christus so viel gesprochen hat, und war so nicht mehr, wie ich in die Fremde ging, . . . nein, das war vorbei, solche Dummheiten hatte man mir gründlich abgewöhnt.« (I,142) Gewiß gab es Gebiete, in denen die Entkirchlichung noch nicht so weit fortgeschritten war. Auch wird man kaum pauschal vom Auszug des gebildeten Bürgertums und der unteren Bevölkerungsschichten aus der Kirche in diesen Jahren sprechen können. Aber überall da, wo genauere Nachrichten vorliegen, belegen sie zunehmende Gleichgültigkeit und wachsende Entfremdung gegenüber Kirche und Christentum, ein unübersehbares Rollenverhalten ohne Tiefgang, vor allem auf dem Land, und ein anscheinend unaufhaltsames Abbröckeln in den verschiedensten Bereichen evangelisch-kirchlichen Lebens. So wuchs ein Vakuum, in dem allerlei Ideologien und Weltanschauungen sich ausbreiten konnten, ein blinder Fortschrittsglaube ebenso wie ein Sozialismus, der eine »religionsgleiche Orientierung« bot (Grote, 203).

Bibliographische Hinweise zu III. 4.

Hierzu ist auch die unter II. 4 genannte Literatur zu vergleichen.

Birke, A. M.: Bischof Ketteler und der deutsche Liberalismus. Mainz 1971.

Buchheim, K.: Ultramontanismus und Demokratie. Der Weg der deutschen Katholiken im 19. Jahrhundert. München 1963.

Conze, W.: Möglichkeiten und Grenzen der liberalen Arbeiterbewegung in Deutschland. Das Beispiel Schulze-Delitzschs. Heidelberg 1965.

Erdmann, A.: Die christliche Arbeiterbewegung in Deutschland. 2. Aufl. Stuttgart 1909.

Eyck, F.: Deutschlands große Hoffnung. Die Frankfurter Nationalversammlung 1848/49. München 1973.

Filthaut, E.: Deutsche Katholikentage 1848–1958 und die soziale Frage. Essen 1960.

Fischer, K.: Denkwürdigkeiten und Erinnerungen eines Arbeiters. 2 Bde. Leipzig 1903–1904.

Fleisch, P. [Hg.]: Victor v. Strauß und Torney an August v. Arnswaldt. Briefe aus der Erweckungsbewegung in Niedersachsen. Göttingen 1960.

Franz, A.: Der soziale Katholizismus in Deutschland bis zum Tode Kettelers. Mönchengladbach 1914.

Grebing, H.: Geschichte der deutschen Arbeiterbewegung. Ein Überblick. 6. Aufl. München 1975.

Grote, H.: Sozialdemokratie und Religion. Eine Dokumentation für die Jahre 1863 bis 1875. Tübingen 1968.

Hanssler, B. [Hg.]: Die Kirche in der Gesellschaft. Der deutsche Katholizismus und seine Organisationen im 19. und 20. Jahrhundert. Paderborn 1961.

Hausrath, A.: Richard Rothe und seine Freunde. 2 Bde. Berlin 1902–1906.

Kapff, S.: Der religiöse Zustand des evangelischen Deutschlands nach Licht und Schatten. Stuttgart 1856.

Krauß, P.: Gustav Werner und seine Hausgenossen. Geschichte einer Genossenschaft des 19. Jahrhunderts. Metzingen 1977.

Lepper, H.: Sozialer Katholizismus in Aachen. Der Arbeiterverein zum hl. Paulus für Aachen und Burscheid, 1868–1880. Mönchengladbach 1975.

Ders. [Hg.]: Sozialer Katholizismus in Aachen. Quellen zur Geschichte des Arbeitervereins zum hl. Paulus für Aachen und Burscheid, 1869–1878. Mönchengladbach 1977.

Nippold, F.: Gesammelte Vorträge und Abhandlungen Dr. Richard Rothes. Elberfeld 1886.
Noyes, P. H.: Organization and Revolution. Working-Class Associations in the German Revolutions of 1848–1849. Princeton 1966.
Paulsen, I.: Victor Aimé Huber als Sozialpolitiker. 2. Aufl. Berlin 1956.
Reichle, W.: Zwischen Staat und Kirche. Das Leben und Wirken des preußischen Kultusministers Heinrich v. Mühler. Berlin 1938.
Reulecke, J.-Weber, W. [Hg.]: Fabrik, Familie, Feierabend. Beiträge zur Sozialgeschichte des Alltags im Industriezeitalter. Wuppertal 1978.
Ritter, E.: Die katholisch-soziale Bewegung Deutschlands im 19. Jahrhundert und der Volksverein. Köln 1954.
Schaper, E.: Die geistespolitischen Voraussetzungen der Kirchenpolitik Friedrich Wilhelms IV. von Preußen. Stuttgart 1938.
Scheffczyk, L. [Hg.]: Theologie im Aufbruch und Widerstreit. Die deutsche katholische Theologie im 19. Jahrhundert. Bremen 1965.
Schubert, E.: Die evangelische Predigt im Revolutionsjahr 1848. Gießen 1913.
Vorländer, H.: Evangelische Kirche und soziale Frage in der werdenden Industriegroßstadt Elberfeld. Düsseldorf 1963.
Zunkel, F.: Der Rheinisch-Westfälische Unternehmer, 1834–1879. Köln 1962.

IV. Die Epoche der Hochindustrialisierung (1870–1914)

1. Von der »großen Depression« zur Hochkonjunktur

Die Durchsetzung des Hochkapitalismus

Seit der Durchsetzung der Industrialisierung in West- und Mitteleuropa fanden sich die nationalen Wirtschaften endgültig in einem aufs engste aufeinander bezogenen, ja wachsend ineinander verschränkten internationalen Konnex. Das zeigt sich vor allem daran, daß von jetzt an in steigendem Maße konjunkturelle Aufschwünge und Abschwünge und erst recht Krisen nicht mehr allein einzelne Industrien in einzelnen Ländern betrafen, sondern daß jene »Wechsellagen« sich als staatenübergreifende Vorgänge erwiesen, die über Europa hinaus die Gesamtwirtschaft beeinflußten. Diese Tatsache drängt dazu, hier mindestens von einem europäischen Gesamtüberblick auszugehen. Auf der anderen Seite haben die unterschiedlichen sozioökonomischen Bedingungen in den einzelnen Staaten zu einer jeweils sehr differenzierten Betroffenheit und dementsprechend zu sehr verschiedenen wirtschaftlichen, gesellschaftlichen und politischen Reaktionen auf jene gleichlaufenden Trends geführt. Das nötigt wieder zur voneinander abgehobenen Betrachtung der Entwicklung in Großbritannien, Frankreich und Belgien sowie im Deutschen Reich.

Zwei große Phasen lassen sich innerhalb unseres Zeitraums unschwer voneinander unterscheiden: Zum einen die von etwa 1873 bis 1895 dauernde Phase der »großen Depression« (H. Rosenberg), zum andern die der weltwirtschaftlichen Hochkonjunktur, die sich von ungefähr 1896 bis 1913 erstreckte. Selbstverständlich bedeutet diese Charakterisierung der beiden Trendperioden nur einen generalisierenden Überschlag. Denn es hat weder in den Krisenjahren an kleineren und größeren Aufschwüngen gefehlt noch mangelte es in dem knappen Jahrzehnt der Hochkonjunktur an Stockungen und Abschwüngen. Ebenso bedarf der Begriff der »großen Depression« einer genaueren Bestimmung: Hiermit kann nicht eine umfassende Lähmung der Weltwirtschaft mit Produktionsstopp und Massenarbeitslosigkeit gemeint sein; vielmehr handelte es sich um einen Zeitraum eines wenngleich stockenden, so doch unübersehbaren industriellen Wachstums. Insofern war die Krise dieser zwanzig Jahre in hohem Maße immer auch eine Wachstumskrise, d. h. eine Phase der wirtschaftlichen Umstruktuierung, die u. a. in der Abkehr vom weiteren Ausbau traditioneller industrieller Wirtschaftszweige und der Hinwendung zur Erschließung neuer Produktionsbereiche begründet lag. Das bedeutet zugleich, daß die dann folgenden Jahre der Hochkonjunktur nicht einfach nur eine Phase neuen wirtschaftlichen Aufschwungs waren, sondern eine qualitativ neue Stufe im Prozeß der Hochindustrialisierung Europas darstellten, die von der früheren sich wie durch eine »Wasserscheide« (Wehler) getrennt abhob.

Was waren die ökonomischen Ursachen jener langanhaltenden Flaute, die die Zeitgenossen als »große Depression« bezeichneten, und danach dieses Booms? Von den verschiedenen Erklärungsmodellen erscheint dasjenige am überzeugendsten, das bei der eindeutig erkennbaren Überproduktion der Industrienationen, speziell in den bis dahin führenden Wirtschaftsbereichen Kohle, Eisen und Stahl ansetzt. Der seit der Mitte des Jahrhunderts sprunghaft angestiegene Bau von Eisenbahnen in Europa stellte – so sahen wir – zunächst den entscheidenden Wirtschaftsfaktor dar. Hierdurch wurde einerseits die verkehrstechnische und wirtschaftliche Infrastruktur der einzelnen Länder erheblich verbessert, andererseits jedoch auch die Expansion jener Schlüsselindustrien erheblich vorangetrieben. Um 1870 aber waren überall in den europäischen Industriestaaten die Haupteisenbahnstrecken verlegt, mithin jene im Gefolge des Eisenbahnbaus emporgeschossenen Wirtschaftssektoren (Sectoral overshooting) mit wachsenden Absatzschwierigkeiten für ihre Produktion konfrontiert. Die Folge solcher Überkapazitäten waren erhebliche Preisrückgänge, schwindende Kapitalgewinne, eine betonte Zurückhaltung gegenüber Neuinvestitionen und Innovationen, kurz Deflation und wirtschaftliche Depression. Der umfassende weltwirtschaftliche Aufschwung vollzog sich dann folgerichtig im Gefolge neuer Führungsbranchen, nämlich der Elektrotechnik, der Chemie und des Verbrennungsmotors. Und in dem Maße, in dem die einzelnen Industrienationen auf diese Entwicklung gesetzt hatten und weiterhin setzten, profitierten sie von der neuen Hochkonjunktur.

Verschärft wurde die Wirtschaftskrise der siebziger Jahre durch die damals voll zutage tretenden Auswirkungen einer grundlegenden Strukturschwäche vor allem der kontinentaleuropäischen Landwirtschaft. Man muß sich dazu noch einmal vor Augen halten, daß immer noch – abgesehen allein von Großbritannien – überall in Europa ein Großteil der Bevölkerung nicht nur auf dem Lande lebte, sondern in der Landwirtschaft beschäftigt war. Die vorangegangenen Jahrzehnte wirtschaftlicher Konjunktur waren gerade auch für die Landwirtschaft Jahrzehnte des Erfolgs gewesen. Ein umfassender Landausbau und dadurch erzielte Ertragssteigerungen, sichere Absatzmärkte im Landinnern bzw. günstige Exportmöglichkeiten hatten damals die Profite in die Höhe steigen lassen. Daß diese Entwicklung freilich auch an eine Grenze gekommen war, die die europäische Landwirtschaft in ihrer traditionellen Form nicht mehr übersteigen konnte, zeigte sich schnell, als nun, gefördert durch einige Mißernten, das trotz der Frachtkosten erheblich billigere amerikanische Getreide, aber auch russisches und sogar südamerikanisches, nach Europa strömte. Die englische Landwirtschaft erlag als erste dieser Konkurrenz. In den übrigen Industriestaaten fand man sich einem schnell wachsenden Druck auf dem gleichen Sektor ausgesetzt. Da wirtschaftliche Mittel keine ausreichende Hilfe boten, wurde der Ruf nach politischen Maßnahmen laut. Die Art und Weise, *wie* dieser Forderung von den einzelnen Industrienationen entsprochen wurde, bestimmte in nicht geringem Maße mit über deren weitere wirtschaftliche, aber auch über ihre politische und soziale Entwicklung.

Doch wie auch immer den Forderungen der Landwirtschaft und ebenso dann der Schwerindustrie nach staatlichen Schutzmaßnahmen gegenüber der ausländischen Konkurrenz entsprochen wurde: Unübersehbar ging in diesen Krisenjahren überall in Europa die Epoche des Wirtschaftsliberalismus und des Freihandels zuende, und es begann die Zeit des staatlichen Wirtschaftsprotektionismus, der in Schutzzöllen, Handelsverträgen und nicht zuletzt im imperialistischen Zugriff auf andere Nationen und Territorien seinen Ausdruck fand. 1890 hatten sich fast alle europäischen Staaten für den Protektionismus entschieden. Die wirtschaftlichen ebenso wie die ideologischen Motive insbesondere für die Entwicklung zum Imperialismus wiesen von Staat zu Staat unterschiedliche Konturen auf. Gemeinsam jedoch war die Überzeugung, in einer Zeit zunehmend schärferer Konkurrenz unter den Industriestaaten zu leben, wobei die offenkundige Abhängigkeit der Ernährung wachsender Menschenmassen vom industriellen Wachstum wirtschaftliche und machtpolitische, ethische und nationalistische, ja rassistische Gedanken und Hoffnungen, Träume und Ängste ineinanderfließen ließ.

Parallel zu dieser Expansion mit dem Ziel, sich Einflußgebiete und Kolonien zu sichern und diese gegenüber wirklichen oder potentiellen Konkurrenten abzugrenzen, verlief ein ähnlicher Prozeß im Innern der einzelnen Industriestaaten: Es handelte sich hierbei vor allem um den Aufbau von regelrechten Bankimperien mit einer erheblichen Konzentration des Kapitals, das vornehmlich in der Form von Aktiengesellschaften angesammelt und dann gezielt, also möglichst gewinnbringend, in der eigenen Industrie, aber durchaus auch in anderen, nichtindustrialisierten Ländern investiert wurden. Dirigierten diese Banken auch die Industrieproduktion, spricht man von Trusts. Es handelt sich bei diesem Konzentrationsprozeß weiterhin um die Durchorganisation der Betriebe zum Zwecke der Rationalisierung der Produktion, der Koordination mit anderen Großbetrieben und schließlich um die Ausdehnung und Absicherung des Brancheneinflusses auf dem in-, nach Möglichkeit auch auf dem ausländischen Markt. Überall in Europa arbeiteten zum Ende des Jahrhunderts in einer abnehmenden Zahl von Industriebetrieben sehr viel mehr Menschen. Die Errichtung von Kartellen und Konzernen, also die gegenseitigen Absprachen der marktbeherrschenden Unternehmer über den Verkaufspreis, sowie die vertikale Integration von verschiedenen Betrieben in die eigene Firma, um von der Gewinnung der Rohstoffe bis zum Versand der Fertigprodukte alle Schritte koordinieren und kontrollieren zu können, ließ sich jetzt ebenfalls überall beobachten. Diese ganze Entwicklung, zu der zunächst die wirtschaftlichen Krisenjahre nötigten, setzte sich aber teilweise auch in der Hochkonjunktur fort und blieb damit in hohem Maße bestimmend für die zweite Phase der Hochindustrialisierung (Corporation Capitalism).

Soziale und sozialpolitische Folgeerscheinungen

Hand in Hand mit diesen Veränderungen gingen in allen Industriestaaten, wenn auch in recht unterschiedlichem Ausmaß, Bevölkerungswachstum, Abzug vom Land und Verstädterung, vor allem in der Form der Massenansammlung in den auswuchernden industriellen Ballungszentren. Es liegt nur allzu klar auf der Hand, daß in diesem Klima Unsicherheit, Orientierungslosigkeit, gespannte Erregungen und nicht zuletzt massive Aggressionen wurzelten und wuchsen. Das gilt keineswegs allein für die Arbeiterschaft, sondern erwies sich als kennzeichnend für nahezu sämtliche Schichten der europäischen Gesellschaft in diesem Zeitraum: und zwar unverkennbar umso stärker, je weiter das neue Jahrhundert voranschritt. Die Jahre der wirtschaftlichen Depression zeigten sich auch damals als eine Epoche politischer und gesellschaftlicher Verfestigungen ohne Innovationen. Wohl wuchsen durch den Preisverfall bei Rohstoffen und Industriegütern zunächst die Reallöhne, vor allem natürlich bei den Empfängern fester Löhne und Gehälter, aber durchaus auch in der Arbeiterschaft. Jedoch Entlassungen und tiefeinschneidende Lohnkürzungen hielten solche Vorteile für die Masse der Industriearbeiterschaft sogleich innerhalb recht enger Grenzen. Kurzarbeit und Arbeitslosigkeit ringsum dämpften natürlich die Bereitschaft zum Arbeitskampf. So schrumpfte die Zahl der Unruhen und Streiks in diesen Jahren erheblich. Allerdings bedeutete diese äußere Ergebenheit alles andere als einen Fortschritt auf dem Wege zum sozialen Frieden! In dem Maße, in dem die Konjunktur sich erholte, traten sofort die gesellschaftlichen Spannungen überall in Europa wieder offener und rücksichtsloser zutage, wuchsen die faktischen und erst recht die emotionalen Gegensätze geradezu sprunghaft an. Die Strukturen verhärteten sich, wurden starr. In gesellschaftlicher Hinsicht, aber durchaus auch in der gesamten geistigen Bewußtseinslage, war die große Mehrheit der europäischen Bevölkerung aller Schichten offenkundig weit hinter den rasanten äußeren Umwälzungen zurückgeblieben. Erst der späte, charakteristischerweise auf die schmale Oberschicht der Herrschenden eingegrenzte Rückblick würde diese Zeit einmal als eine schöne, glückliche oder auch goldene Epoche bezeichnen. Noch dominierte durchweg in Europa der Adel mitsamt dem in ihn aufgestiegenen oder doch an ihn heranreichenden finanzstarken Großbürgertum. Aber diese Herrschaft war in allen europäischen Industrienationen längst unüberhörbar und nun zunehmend radikal in Frage gestellt. Auch daran entschied sich der weitere Weg der einzelnen Staaten in das zwanzigste Jahrhundert, wie auf dieses Nachdrängen der nicht herrschaftsberechtigten Schichten eine Antwort gefunden oder verweigert wurde.

Die Entwicklung in Großbritannien

Großbritannien, zu Beginn dieses Zeitraums noch immer die führende und dementsprechend bewunderte Industrienation, erfuhr die Wirtschaftskrise nicht nur sehr früh, sondern vor allem auch sehr dauerhaft. Denn als der Aufschwung sich dann durchsetzte, stellte sich heraus, daß die englische Wirtschaft jene organisatorische und innovatorische Umstrukturierung, die für die Phase der Hochindustrialisierung so kennzeichnend war, nur in einem sehr begrenzten Maße vollzogen hatte. Mithin blieb es in Großbritannien im wesentlichen bei einem stockenden und immer wieder stagnierenden Wirtschaftsverlauf, speziell auf dem Industriesektor – ein Faktum von außerordentlicher psychologischer Bedeutung, wurde dadurch dem durch die bisherige Vorrangstellung genährten Sicherheitsgefühl der Nation doch ein empfindlicher Schlag versetzt! Die Beobachtung des schnellen wirtschaftlichen Aufstiegs der USA, aber auch des Deutschen Reiches, und das Zurückfallen der eigenen Industriekapazitäten hinter diese Staaten trug naturgemäß nicht dazu bei, jene Beunruhigung zu mindern.
Nichts wäre in dieser Situation verständlicher gewesen, als wenn nun auch in England der Ruf nach protektionistischen Maßnahmen laut geworden wäre. Tatsächlich jedoch war das kaum der Fall. Großbritannien blieb, ohne wesentliche inneren Auseinandersetzungen, beim Prinzip des Freihandels. Diese Entscheidung wurde politisch wesentlich mit beeinflußt durch das Fehlen einer starken Landwirtschaft. Zwar zählte um 1885 die absolute Mehrheit aller britischen Parlamentsmitglieder zu den Großgrundbesitzern. Aber längst lebten sie nicht mehr ausschließlich oder auch nur vornehmlich von der Landwirtschaft. Denn da Europa ebenso wie die Staaten in Übersee die britischen Industriegüter nur mit Agrarprodukten zu bezahlen vermochten, hatte der Niedergang der eigenen Landwirtschaft früh begonnen. Weil die Großgrundbesitzer sich in der Folge davon bald finanziell, dann aber auch unmittelbar an Industrie- und Handelsgeschäften beteiligt hatten, war dieser Prozeß der wirtschaftlichen Loslösung vom Agrarsektor einigermaßen bruchlos erfolgt. Landbesitz war in Großbritannien auch für die Konservativen in erster Linie nur noch ein Statussymbol. Mithin berührte die europäische Agrarkrise die Insel nur in einem relativ eingegrenzten Maße.
Noch entscheidender für das Festhalten Großbritanniens am Freihandel jedoch war die Verlagerung des Schwerpunktes der britischen Wirtschaft von der Industrie hin zu Handel und Verkehr, zum Kapitalexport und Finanzenwesen. Darin vollzog sich gewiß keine radikale Umstruktuierung, wohl aber ein zunehmendes Zurückweichen vor der Konkurrenz der anderen Industriestaaten und ein wachsendes Ausweichen auf die traditionelle Stärke Großbritanniens, nämlich seinen See- und Fernhandel. Allerdings mußte man auch hier, verfolgt von der Konkurrenz, alsbald einen Schritt weiter gehen und sich wenigstens eines Teils der Welt fest versichern, da nicht länger die ganze Welt ausschließlich auf britische Industrieprodukte angewiesen war. So gesehen bedeutete der Imperialismus für Großbritannien einen Rückschritt: »Es tauschte für die nichtformale Herrschaft über den größten Teil der unterentwickelten Welt die formale Herrschaft über ein Viertel von ihr ein« (Hobsbawm I, 152). Nichtsdestoweniger ließ sich dabei sehr gut leben! Die Kolonien, Indien vor allem, waren – wie schon in früheren Zeiten – die Hauptabnehmer der britischen Produktion. Mit der noch immer größten Handelsflotte der Welt konnten nicht nur eigene, sondern auch fremde Waren vorteilhaft in alle Kontinente verschifft werden; und die enormen Gewinne aus diesen Unternehmungen investierte man wieder

lukrativ im Ausland. Dementsprechend wurde Großbritannien *das* führende Land des Kapitalexports – insbesondere nach Lateinamerika, Kanada, Australien, Neuseeland und Südafrika – und die Londoner Börse stieg zum Zentrum des internationalen Kapitalmarktes auf. In diesem Kreislauf der Gewinne konnte der Industrieausbau ohne finanzielle Nachteile verschleppt werden. Auch ohne die entschlossene Umstellung auf die neuen Strukturen der Hochindustrialisierungsphase ließen sich im Rahmen dieses Wirtschaftssystems enorme Gelder verdienen.

In welchen Ausmaßen das tatsächlich der Fall war, demonstrierte der Nation die mehr als reiche Oberschicht aus Adel und Großbürgertum. Als den klassischen Ausdruck ihres Selbstbewußtseins entwickelte diese Gesellschaft das weder höfisch noch einfach bürgerlich geprägte Ideal des Gentleman. Politisch forderte und förderte sie den Imperialismus mit vollem Erfolg seit den achtziger Jahren. Dem gegenüber stand die große Masse der Arbeiterschaft. Die bürgerliche Mittelschicht bewahrte freilich ihre traditionelle Offenheit, indem sie auch weiterhin gleitende Übergänge von unten her ermöglichte. Dabei blieb es für die englische Szenerie kennzeichnend, daß die wirtschaftlich aufsteigenden Facharbeiter in der Regel nicht verbürgerlichten, sondern sich weiterhin der Arbeiterschaft zugehörig fühlten. Dort hatten sich mit den wirtschaftlichen auch die allgemeinen Verhältnisse im letzten Viertel des Jahrhunderts erheblich gebessert. Aber einschneidend und zunehmend verbitternd wirkte darum erst recht der nahezu völlige Mangel an sozialer Sicherheit. Arbeitslosigkeit, Unfall, Krankheit und Alter bildeten sehr reale Bedrohungen für jedes Arbeiterleben und entwickelten sich nur allzu leicht zu persönlichen Katastrophen. Auf diesem Boden wuchs seit den achtziger Jahren der Sozialismus – keineswegs ausschließlich oder auch nur vornehmlich marxistischer Prägung. Es wuchsen die Gewerkschaften, die seit dem großen Londoner Dockarbeiterstreik 1889 in die Massen der ungelernten Arbeiterschaft eindrangen. Und es entstand schließlich, zunächst als Gruppe innerhalb der Liberalen, der Kern der künftigen britischen Arbeiterpartei (Labour Party).

Die Arbeitgeber mit ihren Verbänden, staatliche Gremien und nicht zuletzt große Teile der Öffentlichkeit zeigten sich von solchen Aktivitäten zunehmend beunruhigt. In den neunziger Jahren versuchten starke Unternehmergruppen, die Gewerkschaften zu zerschlagen. Natürlich führte das nur zur Radikalisierung der Arbeiterschaft, die durch stagnierende Löhne und die Gleichgültigkeit der regierenden Konservativen gegenüber allen sozialen Reformforderungen ohnehin gereizt war. Ein Wandel bahnte sich erst 1906 mit dem Wahlsieg der Liberalen an. Ihr Programm einer umfassenden Sozialreform traf jedoch einerseits auf den erbitterten Widerstand der konservativen Führungsschicht, die mit allen Mitteln in der Öffentlichkeit und politisch durch eine bedingungslose Opposition des Oberhauses diese Entwicklung aufzuhalten versuchte; sie traf andererseits auf eine zunehmend radikalisierte Arbeiterschaft, die mit Massenstreiks, gezielten Einzelaktionen und selbst Sabotageakten eine schnellere und auch umfassende Erfüllung ihrer Forderungen zu erzwingen versuchte. Bedenkt man die – im Vergleich zu den übrigen Industriegesellschaften Europas – überaus günstigen Voraussetzungen Großbritanniens an diesem Punkt, nämlich ein relativ freizügiges Wahlrecht, eine in Gewerkschaften und dann auch in der Labour Party organisierte Arbeiterschaft sowie eine immerhin politisch sozialreformerisch tätige Regierung: Dann wird angesichts jener gärenden Unzufriedenheit der Arbeitermassen etwas von der bedrohlichen Schwere der sozialen Frage am Vorabend des Ersten Weltkriegs deutlich.

Belgien

Belgiens Entwicklung lieferte dafür in der gleichen Zeit reiches Anschauungsmaterial. In dem hochindustrialisierten Land bedeutete die Rezession das schnelle Ende der bis dahin erreichten bescheidenen Verbesserungen in den Lebensbedingungen der Arbeiterschaft. Die Folge davon war (1884) eine vernichtende Wahlniederlage der Liberalen und der Sieg der Katholischen Partei, die die Macht bis 1914 nicht mehr aus den Händen gab, nicht zuletzt durch ihren unerschütterlichen Rückhalt bei einem politisch passiven, jedoch streng katholischen flämischen Landvolk und Handwerk einerseits und bei dem gleichfalls betont katholischen, vor allem aber politisch und sozial konservativen industriellen Großbürgertum andererseits. Liberales Kleinbürgertum und sozialistisches Proletariat dagegen einte im wesentlichen nur ein schroffer Antiklerikalismus, der in der klerikalen Politik des Landes und insbesondere in dem beherrschenden Einfluß der katholischen Kirche im Schul- und Erziehungswesen zwar immer wieder Ärgernis erregende Anstöße genug fand – wobei umgekehrt jedoch durch die Militanz dieses Antiklerikalismus nicht selten Intellektuelle und sogar Arbeiter in das Lager des Katholizismus getrieben wurden. Sozialpolitik betrieb zunächst keine Regierung. Zwar war es im März 1886 mit Streiks und Unruhen zu einem regelrechten Arbeiteraufstand gekommen, der erst durch den Einsatz der Armee niedergeworfen werden konnte. Von da an datierte auch im Bewußtsein wachsender Kreise die Einsicht in die soziale Rückständigkeit Belgiens im Vergleich zu den anderen Industriestaaten. Trotzdem kamen Veränderungen nur zögernd voran. Erst 1896 wurde die Kinderarbeit unter 12 Jahren im wesentlichen abgeschafft. Aber noch 1900 zählte man bei Tauglichkeitsuntersuchungen für das Militär 10% Analphabeten. Die Erbitterung über diese Zustände jedoch wuchs unaufhaltsam. Unruhen, Streiks und gewalttätige Auseinandersetzungen rissen seit den achtziger Jahren nicht mehr ab. Zwischen 1896 und 1914 zählte man nicht weniger als 2667 Streiks. Mit Massendemonstrationen versuchte die Arbeiterschaft dann seit 1890 das allgemeine, direkte und gleiche Wahlrecht zu erzwingen. In diesem Sinne mag man Belgien das klassische Land des Klassenkampfes nennen. Trotzdem gelang es erst 1913 – und auch da nur mit Hilfe eines fast vollständigen Generalstreiks – die Wahlrechtsreform in Gang zu bringen. Der Erste Weltkrieg begrub dann auch diese Hoffnungen.

Frankreich

In Frankreich lagen die Dinge komplizierter – ohne sich darum allerdings harmonischer zu entwickeln. Politisch drückte vor allem das Erbe des verlorenen Krieges. Wirtschaftlich verfolgte das Land seinen charakteristischen Weg der langsamen, jedoch stetigen Industrialisierung weiter. Dazu gehörte, daß 1890 noch 61,1% der französischen Bevölkerung auf dem Lande lebte und 1911 immerhin noch 55,9% sowie daß 1896 83% aller Betriebe nur bis zu 5 Personen beschäftigten und lediglich 4% mehr als 50 Arbeitnehmer hatten. Die Weltwirtschaftskrise wurde dementsprechend zuerst als Krise der Landwirtschaft erfahren, hier wurden die Forderungen nach Schutzzöllen laut. Jedoch im Unterschied zur englischen und dann auch zur deutschen Landwirtschaft kam es in Frankreich in der Folgezeit zu einer Umstrukturierung des Agrarsektors: Der Großgrundbesitz verlor zunehmend an Bedeutung, weil das Kapital sich anderswo, insbesondere in Wertpapieren, sehr viel gewinnbringender anlegen ließ. Die kleinen bäuerlichen Selbstversorgungsbetriebe verschwanden mehr und mehr, zumal auch Schläge wie die Reblausplage in den Weinbergen oder der Rückgang der Seidenraupenzucht sie vor allem traf. Das Ergebnis war die Durchsetzung von leistungsfähigen Mittelbetrieben in der französischen Landwirtschaft, die in der Weise kleiner Handelsunternehmungen arbeiteten.

Schwerer traf der Fortgang der Wirtschaftskrise die Banken. Der Zusammenbruch der Union Générale (1882) und die langjährigen Schwierigkeiten anderer Großbanken wirkten sich darum so bedrückend aus, weil Frankreich einerseits auf dem Kontinent in mancher Hinsicht noch immer die führende Rolle im Finanzwesen spielte, etwa im Sinn einer banktechnisch modernen Kapitalkonzentration; und weil andererseits der Drang vor allem des kleinen und mittleren Bürgertums, durch Sparen Rücklagen und mithin Sicherheit sich zu verschaffen, auf diesem Sektor am härtesten getroffen wurde. Stärker noch als in Großbritannien lebte die französische Wirtschaft vom Kapitalexport in andere Länder – nach Rußland, auf den Balkan und in die Türkei sowie nach Lateinamerika, um nur die bedeutendsten Zentren zu nennen. Vor allem das Bürgertum in seinen mittleren Schichten wurde auf diese Weise wohlhabend und saturiert. Anders als in Großbritannien gab es hierbei jedoch keine nennenswerte Kooperation mit der eigenen Industrie und dementsprechend zunächst keinen von daher bestimmten Imperialismus. Das immense französische Kolonialreich wuchs insofern eher aus einem nationalen Selbstbestätigungsdrang sowie dem Bestreben, für künftige Möglichkeiten vorzusorgen, als aus wirtschaftlich-industriellen Zwängen.

Die französische Industrie wurde mithin von der Weltwirtschaftskrise am wenigsten betroffen. Sie hatte freilich auch am wenigsten Anteil am folgenden Aufschwung. Abgesehen von der Schwerindustrie brauchte sich diese Fertigwaren- und Konsumgüterindustrie mit ihren Luxus- und Halbluxusprodukten um Absatz und Exportmärkte kaum zu sorgen. Die bescheidene Betriebsgröße mit dem noch immer vorhandenen handwerklichen Zuschnitt und einem durch und durch patriarchalischen Gepräge erwiesen sich zudem als relativ krisenunabhängig. Die Forderung von Schutzzöllen für die Industrie kam daher auch von seiten der Schwerindustrie. Doch hatten die gesetzlichen Regelungen nur begrenzte Auswirkungen, weil die für die französische Industrie nach wie vor charakteristische lokale Aufgliederung auch wirtschaftspolitisch die Ausrichtung an der jeweiligen lokalen Interessenlage forderte und durchsetzte.

Mit verursacht wurde diese geringe Dynamik durch ein ausgesprochen bescheidenes Bevölkerungswachstum. Frankreich war das Land mit der größten Zahl alter Menschen im damaligen Europa. Das Bürgertum, aber auch die Bauern übten eine bewußte Geburtenbeschränkung. Außerdem waren in unserem Zeitraum ca. 51% der erwachsenen Männer und ca. 48% der Frauen unverheiratet.

Es waren nicht so sehr diese wirtschaftlichen Gegebenheiten und die daraus resultierenden sozialen Folgen als vielmehr die scharfen politischen Gegensätze, die Frankreich von einer Krise in die andere stürzten. Die Nation stand sich in zwei klar gegeneinander formierten Heerlagern gegenüber. Davon umfaßte das eine die führende Gesellschaftsschicht aus dem 2. Kaiserreich – das Großkapital und den Großgrundbesitz, den Adel und das Offizierskorps, die Spitzen der Verwaltung und insbesondere den katholischen Klerus sowie die Orden, die das Erziehungsmonopol inne hatten. Diese Rechte war konservativ bis reaktionär, häufig monarchistisch, betont katholisch und kompromißlos gegen die Republik. Schwieriger ist das andere Lager zu umreißen, weil hier die politischen Interessen immer weniger mit den wirtschaftlichen übereinstimmten. Doch bildeten das Engagement für die Republik und ein stark emotional geprägter Antiklerikalismus zunächst das feste Einigungsband zwischen Mittelstand und Arbeiterschaft. Deren Lage war in Frankreich ebensowenig befriedigend wie in den anderen Industrieländern. Auch hier drückten soziale Unsicherheit und vor allem die Gefahr der Arbeitslosigkeit. Parteipolitisch war diese Arbeiterschaft ebenso zersplittert wie in ihrer gewerkschaftlichen Organisation – was sich in einer bisweilen verwirrenden Vielzahl von taktischen und pragmatischen Programmen ausdrückte. Die regierende Mitte des liberalen Besitzbürgertums endlich versuchte einen opportunistischen Kurs zwischen diesen Linken und jenen Rechten zu steuern, d. h. sie bemühte sich nach Kräften, die Republik politisch und ideologisch gegen die andrängende Reaktion von rechts zu verteidigen – mit der sie doch wirtschafts- und sozialpolitisch im wesentlichen übereinstimmte! Die wachsende Erbitterung der Arbeiterschaft einerseits, mehr noch die militante Umsturzpolitik der Rechten andererseits – die ihren weithin sichtbaren Ausdruck 1894 in der Dreyfus-Affäre fand –, führten zum Zerbrechen der alten Mitte und ihrer Neukonstituierung weiter links durch die Einbeziehung der Radikal-Sozialisten. Diese waren allerdings weder radikal noch sozialistisch in unserem Sinn, vielmehr umfaßten sie die nichtmarxistische Linke, die nun endgültig alle extrem anmutenden Zielsetzungen preisgab. Auf dieser Basis konnten in den Wahlen von 1902 und 1906 die antidemokratischen und antirepublikanischen Kräfte politisch entscheidend geschlagen, die katholische Kirche durch die Trennung vom Staat entmachtet (5. 12. 1905) und insgesamt die Republik stabilisiert werden. Auf dieser gleichen Basis einer Interessenvertretung aus kleinem und mittlerem Bürgertum, Geschäftsleuten, Handwerkern und Bauern ließen sich jedoch die längst als drängend erkannten Sozialreformen nicht durchsetzen. Die Arbeiterschaft radikalisierte sich folglich weiter, der Syndikalismus – also die Theorie, wonach der einzelne Betrieb mit Hilfe von Massenstreiks, gezielten Einzelaktionen und Sabotageakten in die Verfügungsgewalt einer lokalen Gewerkschaft überführt werden könne –, erhielt mächtigen Auftrieb. Als der Radikalsozialist Clemenceau bei der Streikwelle der Jahre 1907/09 Militär gegen die Arbeiter einsetzte, war unübersehbar deutlich, wie weit die Polarisierung gediehen war. In Frankreich suchte man – wie anderswo in Europa in dieser Situation auch – die bedrohlichen sozialen Spannungen nach außen abzuleiten und mobilisierte dazu einen wilden, mit chauvinistischen und imperialistischen Zügen durchsetzten »integralen Nationalismus« zur »Sammlung« der Nation.

Das Deutsche Reich

Deutschlands Wirtschaft wurde wohl am schwersten und unmittelbarsten von der Krise getroffen. Mitten in einer Phase glänzenden wirtschaftlichen Aufstiegs, der durch die 5 Milliarden der französischen Kriegsentschädigung noch einmal mächtig vorangetrieben wurde, brach unerwartet, plötzlich und darum doppelt unverständlich für die meisten Zeitgenossen, die Rezession herein. Trotz aller Schwierigkeiten und insbesondere der sozialpsychologischen Auswirkungen der Depression im Sinne kulturkritischer, pessimistischer und immer wieder rückwärts gewandter Beschwörungen, war diese Periode wirtschaftlich doch eine »Phase moderierten Wachstums« (Böhme). Vor allem entwikkelte sich das Deutsche Reich jetzt zum klassischen Land des »organisierten Kapitalismus« auf dem Kontinent mit allen den bekannten Eigentümlichkeiten: der Rationalisierung der Produktion und der Konzentration von Industriebetrieben, der gesteigerten Arbeitseffizienz durch ein strammes hierarchisch-militärisches Reglement in den Fabriken und eine am Leitbild des preußischen Beamten orientierte Angestelltenschaft in den Kontoren. Kartelle entstanden, Konzerne wuchsen aus dem Boden, Syndikate schlossen sich zusammen – so etwa 1893 das »Rheinisch-Westfälische Kohlensyndikat«, das 87% der Förderung im Ruhrgebiet kontrollierte. Ein wichtiger Motor dieser Entwicklung waren die deutschen Banken: einerseits vollzog sich gerade auf diesem Sektor eine einschneidende Konzentration hin zu den großen »D-Banken« (Disconto-Gesellschaft, Dresdner, Darmstädter und Deutsche Bank), andererseits bestimmten diese Aktiengesellschaften durch ihre Kapitalinvestitionen in der heimischen Wirtschaft den Weg und die Eigenart des deutschen Hochindustrialisierungsprozesses entscheidend mit. Anders als in Frankreich und Großbritannien war somit die ohnehin schmalere deutsche Kapitaldecke nicht frei für den internationalen Kapitalmarkt, sondern blieb in hohem Maße an

die nationale Wirtschaftsentwicklung gebunden: ein Faktum, das dann auch den deutschen Großbanken den Schritt zum Protektionismus erleichtert hat. Ein weiterer gewichtiger Faktor dieser deutschen Hochindustrialisierung war schließlich die Entstehung und Ausbreitung zahlreicher Interessenverbände, die schnell eine außerordentliche wirtschaftliche, damit aber natürlich auch politische Macht gewannen – so etwa der »Centralverband deutscher Industrieller« (1876) oder der »Bund der Landwirte« (1893).
Die wirtschaftlichen Konsequenzen dieser Entwicklung waren ganz außerordentlich: Zwischen 1890 und 1910 verdreifachte sich die deutsche Roheisenproduktion, während die des Stahls sich sogar vervierfachte – womit England auf diesem Sektor endgültig überrundet war. Noch eindrücklicher waren die deutschen Leistungen auf den Gebieten der Elektrotechnik und der Chemie, also den Leitsektoren des neuen wirtschaftlichen Aufschwungs. Trotz einer starken Konkurrenz, vor allem aus den USA, stellte die deutsche Industrie am Vorabend des Ersten Weltkriegs rund 30% der Weltproduktion an elektrotechnischen Artikeln und einen noch größeren Anteil an den verschiedensten chemischen Produkten, wobei die Lieferung von etwa 85% des Weltbedarfs an synthetischen Farben den Gipfel dieser in der Tat beispiellosen industriellen Expansion darstellte.
Derartige Erfolge waren nicht zuletzt nur mittels einer gewaltigen arbeitseifrigen und disziplinierten Arbeiterschaft zu erzielen. Diese stellte in hohem Maße der deutsche Osten. War noch 1870 der größte Teil des Bevölkerungsüberschusses im Reich, insbesondere in Süddeutschland, gezwungen gewesen, nach Übersee auszuwandern, so konnte jetzt – obwohl die Bevölkerung sprunghaft weiterwuchs, von 40,2 Millionen im Jahre 1880 auf 58,5 Millionen 1910 –, der größte Teil von dieser so rasch sich ausdehnenden Industrie aufgenommen werden. Jetzt vollzog sich endgültig der Übergang Deutschlands vom landwirtschaftlich geprägten Staat zur Industrienation: Waren 1882 noch 42,7% aller Berufstätigen in der Landwirtschaft beschäftigt – gegenüber 39,5% in der Industrie – so lauteten die Vergleichszahlen 1895 schon 35,7% zu 43,6% und 1907 sogar 28,4% gegenüber 49,3%. Der Sprung vom Agrarstaat zum Industriestaat vollzog sich mithin in Deutschland innerhalb einer einzigen Generation! Und die Industrie vermochte dabei nicht nur den Bevölkerungsüberschuß aufzunehmen, sondern zog zugleich, wie erwähnt, Massen von Menschen – insgesamt etwa 2 Millionen – in einer riesigen Binnenwanderung nach Westen aus dem deutschen Osten ab.Das Ergebnis dieser Umstrukturierung war eine schnell wachsende Verstädterung, insbesondere in den industriellen Ballungsgebieten Berlin, Rheinland und Westfalen, ferner in Schlesien und in Sachsen. Verbunden war dieser Prozeß mit allen den bekannten moralischen, hygienischen und sozialen Problemen menschenunwürdiger Behausungen. Wohnten noch 1871 lediglich 5% aller Deutschen in Großstädten, so waren es 1910 bereits 21,3%. Die Zahlen über das Auswuchern einzelner Städte lassen wenigstens etwas von den damit verbundenen Nöten ahnen: Breslau hatte 1875 rund 239000 Einwohner, 1890 schon 335000 und 1910 über 512000. In der gleichen Zeit stieg die Bevölkerung Essens von knapp 55000 über rund 78000 auf annähernd 295000. Den hektischsten Anstieg jedoch erlebte Berlin: Hier wohnten 1875 rund 967000 Menschen, 1890 mehr als 1587000 und 1910 ca. 2071000.

Wie erwähnt, mußten derartige Umschichtungen überall mit schweren geistigen und psychischen Spannungen, ja Deformationen erkauft werden. Charakteristisch für die deutsche Szenerie war und blieb dabei, entsprechend jenem so überaus rasanten Wandel, der besondere Mangel einer Synchronisation von traditionellen Werten und modernen Erfordernissen. Prägten Unruhe, Ziel- und Orientierungslosigkeit und dann durchaus auch Aggressivität die Arbeiterschaft, so bestimmte alles dies nicht weniger das Bürgertum. In sich zerspalten, zusammenhanglos – denn immer weniger verband naturgemäß jetzt die Honoratioren eines Provinzstädtchens mit den mittleren Unternehmern, Kauf-

leuten und Bankiers oder gar der neuen Kaste der Großindustriellen! –, fanden sie sich im Ganzen nicht nur politisch einflußlos, sondern erlebten dazu, gerade in der ehemals führenden Schicht des Bildungsbürgertums, wie ihre Werte und Ideale zunehmend übergangen wurden, sie selbst an Ansehen und Sozialprestige verloren. Und geradezu angsterfüllt beobachteten sie zur gleichen Zeit den Eintritt der Massen erst in die Öffentlichkeit, dann in die Politik. Die Geisteshaltung, die auf einem solchen Boden wuchs, trug dann sehr schnell Züge der Abwehr und Verweigerung. Das deutsche Bürgertum war sogleich in seiner Mehrheit antisozialistisch; es wurde im Verlauf der Hochindustrialisierungsphase antiliberal und insbesondere antisemitisch. Auch der deutsche Nationalismus und Imperialismus wurde zunehmend von derartigen Antihaltungen geprägt. Das über alle tiefgreifenden Widersprüche hinweg das deutsche Bürgertum einende und verbindende Element aber wurde zunehmend, vor allem im protestantischen Raum, der Antisemitismus. »Der Antisemitismus war die Protestbewegung aller derer, die durch die Modernisierung des staatlichen und gesellschaftlichen Lebens beunruhigt waren, die in der modernen Gesellschaft im beruflichen, sozialen und geistigen Bereich so viel Individualität und Tradition wie möglich bewahren wollten.« (Jochmann, 459)
Resoluter und rücksichtsloser reagierte der Adel, insbesondere die geschlossene Klasse des ostelbischen preußischen Junkertums. Die wachsende Landflucht aufgrund der höheren Löhne und insgesamt besseren Lebensbedingungen in der Industrie sowie deren schnell anwachsende wirtschaftliche und finanzielle Macht konfrontierte nun den Stand, der traditionell am Hof, im Heer und in der Verwaltung Preußens und dadurch dann auch im Reich die entscheidende Rolle gespielt hatte, mit der sehr realen Gefahr der Auflösung seiner ökonomischen Machtbasis. Die Strukturkrise der europäischen Landwirtschaft machte das Problem erst recht brisant: Die ostdeutsche Landwirtschaft verlor sogleich den englischen Kornmarkt an die USA und sah gleichzeitig den deutschen Markt von amerikanischem und russischem Getreide überschwemmt. Der Preis für eine Tonne Roggen sank an der Berliner Börse von 175,10 Mark (1873) auf 154,– (1876) und weiter bis auf 131,80 Mark (1878). Es lag nur nahe, daß die politisch führenden ostelbischen Großgrundbesitzer – zu denen immerhin auch Bismarck zählte –, in dieser Situation nach politischen Mitteln griffen, um die eigene Position abzusichern. Sie trafen sich dabei mit Vertretern der Schwerindustrie, die ebenfalls protektionistische Maßnahmen vom Staat verlangten: einmal, um die Konkurrenz auszuschalten; vor allem jedoch, um auf dem heimischen Markt die Preise diktieren und auf den ausländischen Märkten mit Dumpingpreisen die Überproduktion absetzen zu können. Diese »Allianz von Roggen und Eisen« gipfelte im Zolltarif vom 12. 7. 1879, worin hohe Zölle für die Einfuhr von Eisenerzeugnissen, Holz, Getreide und Fleisch festgesetzt wurden.
Freilich, hierbei handelte es sich keineswegs allein um eine wirtschaftliche Maßnahme, sondern um eine hochpolitische Entscheidung von folgenschwerer Bedeutung. Denn mit diesem Schritt war es den ökonomisch absinkenden und trotz aller Protektionen weiterhin auf dem Rückzug befindlichen Agrariern noch einmal gelungen, ihre wirtschaftliche und politische Machtstellung in der werdenden Industriegesellschaft zu behaupten. Mehr noch: indem der preußische Adel angesichts dieser Wirklichkeit seine innenpolitische Vorrangstellung zu stabilisieren vermochte, band er die deutsche Gesellschaft auch nach Kräften in das Gehäuse seiner – durchweg vorindustriellen – Ordnungen und Werte und staute damit alle Tendenzen eines sozialpolitischen oder gar demokratischen Ausgleichs entschieden zurück. Bismarck erwies sich sogleich als Virtuose einer Sammlungspolitik, die die politischen, wirtschaftlichen und sozialen Interessen der Großgrundbesitzer und der Schwerindustrie zu einer Einheit zusammenband und diese dann als identisch mit dem Staatsinteresse ausgab. Folglich mußte jede Opposition hiergegen verteufelt werden. Sie war Landesverrat, staatsfeindlich und revolutionär in einem. Nach die-

sem Schema wurde die Innenpolitik des Deutschen Reiches bis zum bitteren Ende gehandhabt. Die Weichen dafür stellte Bismarck 1878/79, indem er die Interessen führender Kreise der deutschen Industrie unauflöslich mit den Interessen der schmalen preußisch-deutschen Oberschicht des Adels und Großgrundbesitzes verknüpfte, die nach vorn drängenden Liberalisierungstendenzen mitsamt den Nationalliberalen zerschlug, die neue innenpolitische Basis aus Konservativen und Zentrumspartei, Industrie, Großgrundbesitz und Banken formierte und schließlich die Sozialdemokratie durch das Sozialistengesetz zu vernichten hoffte.

Natürlich war die Ehe von Landwirtschaft und Industrie alles andere als spannungsfrei. Als Caprivi, Bismarcks Nachfolger, jedoch 1890 versuchte, angesichts einer durchweg protektionistisch gewordenen Welt im Interesse der Industrie vorsichtig die Grenzen zu öffnen und zugleich die steckengebliebenen Sozialreformen wieder aufzunehmen, zeigte sich schnell, wie mächtig die illiberal-autoritären Kräfte in Deutschland waren. Die Agrarier setzten empört sogleich alles daran, diesen Reichskanzler ohne Grundbesitz zu stürzen; die Industriellen stützten ihn nicht, da sie durchweg entschiedene Gegner der ihrer Meinung nach zu weit gehenden Sozialreformen waren; und das Bürgertum registrierte erschrocken die Aufhebung des Sozialistengesetzes trotz der noch keineswegs geglückten Vernichtung der »Roten«.

Somit banden in erster Linie versäumte politische und sozialpolitische Reformen das Bürgertum, die Industrie und den Großgrundbesitz in ihren führenden Vertretern aneinander, trotz unterschiedlicher, ja mehr und mehr einander direkt entgegengesetzter Interessen. Dementsprechend schwanden auch die Alternativen. Obwohl der Mißerfolg der bismarckschen »Zähmungspolitik« inzwischen offenkundig war, kehrte auch Wilhelm II. nach der Effekthascherei seiner ersten Regierungsjahre zu diesem verbrauchten Mittel zurück. Die Verhältnisse waren jetzt allerdings komplizierter geworden, die Aktionsmöglichkeiten dementsprechend enger. Um die innenpolitische Szenerie angesichts der immer ungehemmter sich äußernden Gruppeninteressen einigermaßen zu befriedigen, wurden einerseits die Kornzölle weiter heraufgesetzt, andererseits mit der Flottenpolitik der Schwerindustrie wirtschaftliche Ausgleiche geboten und zugleich der Bevölkerung, insbesondere dem Bürgertum, ein neues Integrationsmodell für einen klassenübergreifenden imperialistischen Nationalismus offeriert. Im übrigen blieb Illiberalismus das innenpolitische Programm. Mit diesem Geiste wurde die Beamtenschaft in Justiz und Verwaltung geprägt, Klassenjustiz gegen ethnische und politische Minderheiten geübt, wurden Militarismus und Untertanenmentalität zu internalisieren versucht – wie umgekehrt das Großbürgertum, aber auch Teile der Bildungsschicht nach Kräften »aristokratischen« Normen nacheiferten. Die klassische Beschreibung alles dessen ist immer noch Heinrich Manns Roman »Der Untertan«.

Getrennt von dieser Welt existierte die Arbeiterschaft. Es war, eindeutiger noch als in Großbritannien, Belgien oder Frankreich, eine eigene Welt, die nicht nur faktisch, sondern weithin auch grundsätzlich losgelöst war von der übrigen Gesellschaft. Dabei fanden die Massen, die zur Sozialdemokratie strömten, dort eine eigene proletarische Subkultur, die den Arbeiter von der Wiege bis zur Bahre begleiten konnte. Die andere Kompensation bestand in den Bemühungen um eine zunehmend verfeinerte Organisation der Partei und der Gewerkschaften. Beide wuchsen dann auch, vor allem seit den neunziger Jahren, zu eindrücklichen Verbänden heran. In beiden galt, zumindest nominell, der Marxismus als die verbindliche Ideologie, so daß die deutsche Sozialdemokratie die mit Abstand größte marxistische Partei der Welt war. Außerhalb dieser von der Organisation geschenkten geistigen und mehr noch ganz elementaren Geborgenheit allerdings blies der deutschen Arbeiterschaft der Wind scharf ins Gesicht. Zwar hatten sich die Lohn- und Wohnverhältnisse gegenüber der industriellen Frühzeit ebenso gebessert wie mit der

Festsetzung der Arbeitszeit auf im Durchschnitt 10 Stunden und der Einführung der Invaliden-, Unfall- und Krankenversicherung echte soziale Sicherungen geschaffen worden waren. Allein, die insgesamt recht widerwillige Gewährung dieser Rechte, ihre ausdrückliche Koppelung mit dem Ziel, die Arbeiterschaft politisch zu domestizieren und sie jedenfalls um nachgerade jeden Preis von der politisch-gesellschaftlichen Gleichberechtigung auszuschließen, vergiftete nur weiterhin die Atmosphäre. Im übrigen bleibt festzuhalten, daß es in erster Linie die Arbeiter waren, die das Gruppeninteresse von Schwerindustrie und Großgrundbesitz bezahlen mußten: beider Anliegen, die Löhne der Industriearbeiterschaft möglichst niedrig zu halten, hatten zum Ergebnis, daß im Deutschen Reich der jährliche Zuwachs der Reallöhne von 1890 bis 1914 bei 1% lag, in allen übrigen Industrieländern dagegen bei 4%. Daß angesichts solcher Fakten und bei steigenden Lebenshaltungskosten – allen konservativen Klagen zum Trotz! – die Mitarbeit der Frauen kontinuierlich zunahm, kann dann kaum noch überraschen. Natürlich traf auch die Verteuerung der Nahrungsmittel durch die Agrarzölle in erster Linie die Arbeiterschaft. Nach zeitgenössischen Berechnungen (Lujo Brentano) profitierten etwa 18% der Landbevölkerung von diesen immer wieder emporgeschraubten Zöllen, wogegen der durchschnittliche Industriearbeiter mehr als 14 Tage im Jahr zusätzlich hätte arbeiten müssen, um diese Belastungen auszugleichen.
Seit dem Fall des Sozialistengesetzes (1890), verstärkt jedoch seit dem großen Sieg bei den Wahlen zum 11. Reichstag (1903), wurden die Sozialdemokraten von Unternehmern und Kirchen, von Polizeidienststellen und allerlei Vereinen und Verbänden, zu schweigen von einer breiten Literatur, von den Spitzen der Verwaltung bis hinunter zum kleinen Beamten und insbesondere von der Justiz in allen ihren Instanzen systematisch benachteiligt, unter Druck gesetzt und nach Kräften zu unterdrücken versucht.
Angesichts solcher Erfahrungen drängte sich die Frage auf, wieviel an realer Macht denn tatsächlich hinter dem fortgesetzten Wachstum dieser Partei stand. Auf der anderen Seite trieben die innenpolitischen Spannungen und die dadurch erzwungene Immobilität mit elementarer Macht nach außen – bzw. legten die Versuchung zu gewaltsamen Lösungen nahe. Weltmachtpolitik zu treiben, Kolonien zu erwerben, mitzuhalten im imperialistischen Wettstreit der Industrienationen war die eine Möglichkeit; die »Flucht nach vorn« anzutreten in den Krieg – wie es Bismarck in einer ähnlich verfahrenen innenpolitischen Situation vorgemacht hatte –, oder in den Staatsstreich auszuweichen – wie er es zuletzt empfahl –, das schien die andere Chance. Doch so oder so: die herrschenden Schichten im Deutschen Reich hatten sich, zunehmend eingekeilt und innenpolitisch unter Druck gesetzt, mehr und mehr an den Gedanken gewöhnt, daß ihre Probleme in ihrem Sinn wohl nur noch gewaltsam gelöst werden könnten.

Bibliographische Hinweise zu IV. 1

Hierzu sind auch die unter III. 1 genannten Titel zu vergleichen.

Baumont, M.: L'Essor industriel et l' Impérialisme colonial (1878–1904). 3. Aufl. Paris 1965.
Hinsley, F. H. [Hg.]: Material Progress and World-wide Problems, 1870–1898. Cambridge 1962.
Hohorst, G. u. a.: Sozialgeschichtliches Arbeitsbuch. Materialien zur Statistik des Kaiserreichs 1870–1914. München 1975.
Jochmann, W.: Struktur und Funktion des deutschen Antisemitismus. In: W. Mosse [Hg.], Juden im Wilhelminischen Deutschland, 1890–1914. Tübingen 1976, 389–477.
Mommsen, W. J.: Das Zeitalter des Imperialismus. Frankfurt 1969.
Ritter, G. A. [Hg.]: Deutsche Parteien vor 1914. Köln 1973.
Rosenberg, H.: Große Depression und Bismarckzeit. Wirtschaftsablauf, Gesellschaft und Politik in Mitteleuropa. 2. Aufl. Berlin 1976.
Saul, K.: Staat, Industrie, Arbeiterbewegung im Kaiserreich. Zur Innen- und Außenpolitik des Wilhelminischen Deutschland, 1903–1914. Düsseldorf 1974.

Stürmer, M. [Hg.]: Das kaiserliche Deutschland. Politik und Gesellschaft, 1870–1918. 2. Aufl. Düsseldorf 1976.
Varain, H. J. [Hg.]: Interessenverbände in Deutschland. Köln 1973.
Wehler, H.-U.: Bismarck und der Imperialismus. 3. Aufl. Köln 1972.
Ders.: Das Deutsche Kaiserreich, 1871–1918. 2. Aufl. Göttingen 1975.

2. *Die Kirchen Englands*

Die Kirche auf dem Land

Im Februar 1872 – also noch bevor die europäische Agrarkrise England traf –, hatte Joseph Arch eine Gewerkschaft der Landarbeiter gegründet. Er war selbst Landarbeiter, dabei Mitglied der »Primitiven Methodisten« und sogar Laienprediger in ihrem Chapel. Durch den Zusammenschluß der Landarbeiter und das Kampfmittel des Streiks hoffte er, eine Verbesserung ihrer elenden Lage erzwingen zu können. Die Organisation wurde schnell ein großer Erfolg. Denn die Streiks erzielten gegen die völlig überraschten Großgrundbesitzer und Pächter sogleich eindrückliche Erfolge. Zugleich gelang es, mit Hilfe der Presse eine breitere Öffentlichkeit in den Städten für die Anliegen der Landarbeiter zu gewinnen. Dadurch wurde aus einem peripheren Streitfall alsbald ein Anliegen der Nation.
Die Staatskirche war von alledem erheblich betroffen. Denn in ihr lebte nach wie vor eine besondere Bindung an das Land. Allerdings handelte es sich dabei keineswegs allein um nostalgische Erinnerungen, sondern sehr reale wirtschaftliche Erwägungen spielten mit. Noch immer hingen die Einkünfte der Church entscheidend von den Erträgen der Landwirtschaft ab. Die erfolgreichen Lohnkämpfe dieser Jahre bedeuteten also wesentliche finanzielle Einbußen für den Klerus der Church. Als mindestens ebenso bitter wurde von vielen Pfarrern die moralische Ächtung ihres Standes empfunden. Arch und seine Anhänger verstanden es nämlich recht geschickt, den auf dem Lande allgemein und im Nonkonformismus im besonderen schwelenden Antiklerikalismus gezielt gegen die Staatskirche und ihre Vertreter zu mobilisieren. Das da verbreitete Bild des herrschsüchtigen, allein auf seinen Profit bedachten Pfarrherrn, der zur Sicherung seiner wirtschaftlichen Interessen vor nichts zurückschreckte, war natürlich nur ein Bild der Propaganda. Die Wahrheit las sich sehr viel schlichter. Sicherlich gab es Pfarrer, die so eindeutig wie bedingungslos auf der Seite der Herrschenden und ihren Normen standen. Es gab daneben einzelne, die sich mit den Nöten und dem Geschick der Landarbeiter solidarisierten. Aber die große Mehrzahl dieses Klerus blieb auch jetzt recht unentschlossen, zurückhaltend, ja hilflos gegenüber dem, was um sie herum geschah. Man wollte den Arbeitern natürlich helfen. Jedoch man begriff in der Regel nicht, warum sie sich nicht mehr vertrauensvoll, wie eh und je, an sie und ihre Patrone wandten. Ganz instinktiv stand man auf deren Seite, auf der Seite der eigenen Klasse eben, mit der diese Landpfarrer nicht nur sozial, sondern auch menschlich so viel verband.
Seit 1874 gelang es der ländlichen Herrschaftsschicht zunehmend, die Gewerkschaft der Landarbeiter zuerst zurückzuwerfen und danach, sie zu zerschlagen. Der große Verbündete in diesem Kampf war die Agrarkrise. Sie beschleunigte den – wie erwähnt – bereits seit längerem in England eingeleiteten Prozeß der wirtschaftlichen Umstrukturierung des Landes zugunsten der klaren Vorherrschaft der Industrie. Zu den Verlierern dieser Jahre zählte also keineswegs nur Joseph Arch mit seiner Organisation: Auch die Landwirtschaft gehörte dazu – und nicht zuletzt die Staatskirche. Sie, die seit Jahrhunderten in den Landpfarreien ihre wirtschaftlichen und gesellschaftlichen, ihren politischen und morali-

schen Rückhalt besessen hatte, wurde alles dessen nun in einem schnell voranschreitenden Prozeß beraubt. Prestige, Einfluß und vor allem das Einkommen der Pfarrer auf dem Land sanken in diesen Jahren rapide dahin. Viel Unzufriedenheit machte sich breit, aber auch Resignation. »Meine Gemeinde erwartet mich auf dem Friedhof«, faßte ein Pfarrrer die Lage seines Dorfes zusammen, in dem wie in vielen anderen alle arbeitsfähigen Männer und Frauen in die Städte abgewandert waren (Chadwick II, 161). So ging, trotz des Beharrungsvermögens einiger abgelegener Gegenden, eine jahrhundertealte Tradition unaufhaltsam und unübersehbar zu Ende. Sie hatte allerdings, bei allem religiösen, kirchlichen und kulturellen Reichtum, stets auch von der sozialen Ungleichheit und der Bevorrechtigung einiger weniger gelebt und profitiert.

Kirchliches Leben in den Städten

Nicht mehr auf dem Lande, sondern in den Städten fielen fortan auch für die Kirchen die Entscheidungen. Annähernd drei Viertel der englischen Bevölkerung lebten dort um 1900. Umstritten war in kirchlichen Kreisen, ob diese Entwicklung gleichbedeutend sei mit Entkirchlichung. Tatsächlich stieg die Zahl der Taufen und Konfirmationen im wesentlichen entsprechend der Bevölkerungszunahme. In manchen Städten ließ sich sogar eine Zunahme des Gottesdienstbesuchs beobachten; und eindeutig höher lag die Zahl derer, die zum Abendmahl gingen. Viele Zeitgenossen hatten sogar den Eindruck, sie lebten in einer Epoche der religiösen und kirchlichen Expansion. In dieses Bild paßte allerdings weniger, daß die Ziviltrauungen von 8,1% im Jahre 1864 auf annähernd 20% (17,9%) im Jahre 1904 anstiegen (Chadwick II, 221). Auch das ist ein Indiz dafür, daß man bestimmte Schichten der Gesellschaft nicht recht im Blick hatte, vor allem die städtischen Unterschichten nicht. Inwieweit die Entkirchlichung im letzten Drittel des 19. Jahrhunderts zunahm, läßt sich nicht genau bestimmen. Einigermaßen exaktes statistisches Material liegt nur für London vor, aber die Verhältnisse in der Hauptstadt lassen sich natürlich nicht einfach auf das ganze Land übertragen. Nichtsdestoweniger werden hier Trends sichtbar, denen ein gewisser Grad an Allgemeingültigkeit zukommen dürfte. Am 24. 10. 1886 waren alle Besucher eines Sonntagsgottesdienstes in London gezählt worden, vor allem aber hatten die Daily News ein Jahr lang, vom November 1902 bis zum November 1903, eine gründliche Erhebung über den Kirchenbesuch in der Hauptstadt durchgeführt. Danach war die Bevölkerung Londons zwischen den Untersuchungen von 1886 und 1902 zwar um rund eine halbe Million gewachsen, die Zahl der Kirchgänger jedoch hatte sich im gleichen Zeitraum um 164 000 verringert. 1903 stand fest, daß lediglich 22% der erwachsenen Bevölkerung Londons noch einen Gottesdienst besuchten. Dabei schwankte diese errechnete Durchschnittszahl je nach dem Sozialstatus ganz erheblich: In den ärmsten Wohnbezirken sank diese Ziffer auf 11,7%, sie stieg auf 13,2% in reinen Arbeitergegenden, auf 16,1% in Gebieten mit einer gehobenen Arbeiterschaft, auf 18,2% bei der unteren Mittelschicht und auf 22,7% in der Mittelschicht, schnellte in den Wohngebieten der oberen Mittelschicht auf 36,8% empor und erreichte im reichen West End immerhin noch 33,8% (McLeod, 25 ff.). Stark war die Position der Staatskirche wie eh und je bei den wohlhabenderen Schichten, während sich der Mittelstand mit Einschluß der oberen Arbeiterschaft weiterhin als Domäne des Nonkonformismus erwies. Schwach vertreten waren alle Kirchen, insbesondere jedoch die Freikirchen, bei der Arbeiterschaft und den städtischen Unterschichten.

Hier standen demnach Church und Chapel vor den gleichen Problemen. Trotzdem verwandten beide, gefangen in überkommenen Denkstrukturen, viel Zeit und Energie darauf, die andere Konfession zurückzudrängen. Die Konkurrenzsituation, in der man sich befand, tat ein übriges, daß beide Seiten ihre Aufmerksamkeit und ihr besonderes Bemühen auf den Mittelstand konzentrierten. Die aus politischem Kalkül geborene Aufhebung der Staatskirche in Irland (1869) und dann in den Kolonien löste eine neue, jahrelange Agitation für die gleiche Lösung in Wales und England aus, woran sich die Nonkonformisten mit Leidenschaft beteiligten. Ihre politische Forderung nach dem Abbau auch der letzten rechtlichen Benachteiligungen des Dissent verband sich dann nicht selten mit ererbten Bitterkeiten über die noch immer ansehnliche Vorrangstellung der Staatskirche in der Öffentlichkeit. Umgekehrt kämpften die Vertreter der Church oft mit einem außerordentlichen Einsatz für die Beibehaltung ihrer Privilegien. Trotzdem sank nun eines nach dem anderen dahin. 1871 wurden die Universitäten auch für Nichtanglikaner geöffnet. 1880 verlor die Kirche ihre bis dahin geübte Alleinverfügung über die Friedhöfe. Dabei waren beide Parteien einig, daß der christliche Charakter Englands verteidigt werden müsse. Gemeinsamkeit herrschte auch in der keineswegs seltenen starren Weigerung, Veränderungen innerhalb der Gesellschaft zur Kenntnis zu nehmen. Die massivsten Auseinandersetzungen lieferten sich beide Seiten dann in der leidigen Schulfrage. Verbissen gingen sie gegen den 1870 eingeführten Kompromiß an, der ein Nebeneinander von Schulen mit kirchlicher und staatlicher Trägerschaft zum Ergebnis gehabt hatte; wodurch in der Tat auf dem Lande faktisch die Staatskirche und in den Städten häufig der Dissent begünstigt wurden.

Die Relativierung der gerade in Großbritannien immer wieder proklamierten Ansprüche und Normen des christlichen Staates und einer christlichen Gesellschaft machte gegen Ende des Jahrhunderts auch in der Öffentlichkeit rasche Fortschritte. Obwohl weder die Vertreter der Staatskirche noch die der Freikirchen diese Entwicklung gutheißen konnten, fehlte es hier wie da an übergreifenden Konzepten, am Mut und an der Kraft, die alten Modelle und damit auch die alten Fronten hinter sich zu lassen. Je irritierender die Gegenwart wurde, desto lauter beschworen mindestens Teile in allen Lagern die Vergangenheit. Noch immer hatte sich in der Staatskirche die Auffassung nicht verloren, trotz der bis dahin gemachten Erfahrungen und angesichts nun wirklich unübersehbarer Realitäten, *sie* sei der entscheidende Integrationsfaktor, die Bündelung der sonst auseinanderstrebenden Kräfte in der Gesellschaft und darum auch die Helferin in allen Nöten. Es war alles andere als der Standpunkt eines Außenseiters, was Bischof Tait 1876 formulierte: »Diese Staatskirche ist ein von der Vorsehung entworfenes Instrument, um dieses große Volk zu einem kompakten christlichen Körper zusammenzuschmieden.« (Norman, 194) *Wie* dieses Modell der Mittlerschaft freilich noch funktionieren sollte angesichts der unübersehbaren Stärke des Nonkonformismus und seiner andauernden Aversion gegen die Staatskirche einerseits, angesichts des zunehmend sich vergrößernden Abstandes dieser Kirche von einer klassenbewußten Arbeiterschaft andererseits, blieb hier und anderswo unerörtert. Aber auch der Nonkonformismus blieb oft genug befangen in seinen langbewährten Vorstellungen. Der Prozeß der Verkirchlichung machte die Mitglieder der Chapel in Frömmigkeit und Lebensstil homogener, isolierte sie aber gleichzeitig von den anderen Gesellschaftsschichten. Ihre Sehnsucht galt der Wiederkehr der großen Zeiten der Erweckung. Faktisch mischte sich darin die Konzentration auf die Frage nach dem persönlichen Seelenheil mit einer an diesem Ziel orientierten moralischen Lebensführung sowie der Überzeugung, daß der Mensch sich in der Welt selber helfen müsse und daß er dazu mit Gottes Hilfe auch durchaus imstande sei. Das ließ nur wenig Raum für eine offene Auseinandersetzung mit der neuen Wirklichkeit. Die Zahlen der Mitglieder des

Nonkonformismus stagnierten zudem oder nahmen ab. Hatte der Anteil des Methodismus etwa an der englischen Bevölkerung 1871 noch 4,1% betragen, so sank er auf 4% im Jahre 1881, auf 3,8% zehn Jahre später, stand 1901 bei 3,5% und 1914 bei lediglich 3,2% (Gilbert, 32).

Soziale Position und religiöse Wertvorstellungen

Wie fest und selbstverständlich bei alledem Kirchlichkeit und soziales Milieu, kulturelle Werte und allgemeine Denk- und Lebensgewohnheiten in dieser im einzelnen sicher breit gefächerten Mittelschicht ineinandergriffen, läßt sich besonders klar am jeweiligen politischen Engagement ablesen. In der Staatskirche wurde oft und gern die Distanz gegenüber aller Parteipolitik betont, da man dem Ganzen verpflichtet sei. Gleichwohl war es kein Geheimnis, daß die Mehrheit dieser Theologen konservativ dachte und wählte. Umgekehrt war es im Nonkonformismus in der Regel üblich, für die Liberalen zu stimmen. Und die Methodisten, die sich am entschiedensten gegen alle Politik im Chapel zur Wehr zu setzen pflegten, wählten – je nach den lokalen Gegebenheiten – konservativ oder liberal. Ausgeschlossen war also nirgends die Politik überhaupt, sondern immer nur die andere, die politisch abweichende Meinung. Wie sehr dadurch zusätzlich jeder Schritt über die traditionellen Denk- und Aktionsgewohnheiten hinaus mit erheblichen Schwierigkeiten belastet war, liegt auf der Hand.
Hinzu kam die schnell wachsende räumliche Trennung der einzelnen Schichten innerhalb der modernen Industriestädte. Auch diese Entwicklung förderte natürlich die Entfremdung untereinander, vor allem gegenüber den unteren Schichten. »Alle die Marmelade herstellten, lebten an einer Stelle, und alle diejenigen, die sie aßen, lebten an einer anderen« (Inglis, 25). Man wußte oben immer weniger von den anderen, mithin verstand man sich auch nicht. Warf die Arbeiterschaft den Christen aller Konfessionen ihren sozialen Konservatismus vor, ihren Glauben an Gesetz und Ordnung, die demütige Ausrichtung auf das Jenseits statt der Bereitschaft, für mehr Gerechtigkeit und Gleichheit im Diesseits zu kämpfen, dann sah die Mittelschicht darin nur den Angriff auf ihre Werte und Ideale, argwöhnte ein gefährliches Politisieren oder gar Zerstörungssucht. Kam es dann einmal zu Begegnungen von Angehörigen der oberen Klassen mit der Alltagswelt der Arbeiter, entdeckten sie in der Regel wenig anderes, als sie vorher auch schon gewußt hatten, nämlich die Rohheit der Massen und ihren Schmutz, ihre Unstetigkeit, das Fehlen der vertrauten Ordnungs- und Moralbegriffe sowie die ungeschminkte Verachtung aller der Güter, die den Menschen in den mittleren Schichten das Leben erst lebenswert zu machen pflegten, also Bildung, Erziehung und auch Religion. Man begriff nicht die Nötigungen, die aus dem Zwang zu physischer und psychischer Selbstverteidigung in dieser Umwelt erwuchsen. Man sah vor allem nichts von dem festen Zusammengehörigkeitsgefühl auf engstem Raum, ahnte nichts von Nachbarschaft, Geborgenheit, Anerkennung auf der Ebene unbedingter Gleichheit und anerkannte noch seltener, daß in diesen unteren Schichten natürlich auch eine Moralordnung herrschte. Es war nur eine andere, in der nicht die bürgerlichen Tugenden obenan standen, sondern Großzügigkeit und Zuneigung, während die schlimmste Sünde der Verrat war. Die unbegriffene Fremdheit dieser Subkultur machte es allen Kirchen so schwer, wenn nicht sogar unmöglich, ihr mittelständisch geprägtes und normiertes Christentum in diese andersartige Welt hinein zu vermitteln. In aller Selbstverständlichkeit und Ungebrochenheit identifizierten diese Prediger und Priester durchgängig die Verkündigung des Evangeliums mit den Werten und Normen der bürgerlichen Welt. Ständig versuchten sie darum, natürlich in der Regel unbewußt, die Arbeiterschaft mit den eigenen Idealen und Moralbegriffen zu identifizieren. Da sie nicht in der Lage waren, die gesellschaftliche Bedingtheit der eigenen Position

zu durchschauen, wurden sie hin- und hergerissen zwischen Erschrecken und Abscheu einerseits, Depressionen und Demoralisierungserscheinungen andererseits, wenn sie der Wirkungslosigkeit ihrer Anstrengungen und ihres Einsatzes inne wurden. Mag die Behauptung auch überspitzt sein, es sei »die Unfähigkeit der Kirchenleute gewesen, zu erkennen, daß es ihre Klassenidentifikation war, die ihnen die arbeitende Bevölkerung entfremdete, nicht ihre religiösen Glaubensinhalte« (Norman, 165), so zielt diese Bemerkung nichtsdestoweniger auf einen entscheidenden Sachverhalt.

Der englische Katholizismus

War demgegenüber der englische Katholizismus aufgrund seiner andersartigen sozialen Voraussetzungen in der Lage, die gebotene Alternative zu formulieren und zu verwirklichen? Diese Kirche bot der Masse der irischen Einwanderer, die als ungelernte Arbeiter auf der untersten Stufe der gesellschaftlichen und wirtschaftlichen Skala standen, in der Tat Geborgenheit und Heimat, nahm sie zudem in eine das ganze Leben des einzelnen und seiner Familie umfassendes Organisationsnetz hinein, das seit den achtziger Jahren mit viel Eifer und Hingabe von Laien und mit der tatkräftigen Unterstützung der Bischöfe geschaffen worden war, um den bis dahin üblichen Abfall von der Kirche, vor allem im Gefolge von Mischehen, aufzufangen. Die Priester standen unmittelbar im Leben ihrer Gemeinden. Sie verfügten, insbesondere bei den Iren, über eine eindrückliche Autorität. Auch fiel einiges von dem Glanz Newmans auf alle Katholiken. Wichtiger freilich war für die Arbeiterschaft die außerordentliche Popularität von Kardinal Manning (1808–1892), der nicht nur als tapferer Vermittler bei einigen Streiks hervorgetreten war, sondern der auch mehrfach erklärt hatte, der Katholizismus gehöre seinem Wesen nach auf die Seite derer, die gegen Leid, Sorge und Elend kämpften. Mit dieser Haltung stand Manning allerdings ziemlich allein in seiner Kirche. Der traditionelle englische Katholizismus billigte sein Eintreten für die Belange der Arbeiterschaft nicht und verübelte ihm seine Parteinahme für die Iren, da dadurch die Integration des Katholizismus in die englische Gesellschaft zusätzlich erschwert würde. Manning umgekehrt sah gerade darin kein erstrebenswertes Ziel. Ihm stand vielmehr das idealisierte Bild des früheren englischen Katholizismus vor Augen mit dem schlichten, aber unbeirrbaren Glauben kleiner, streng von der Umwelt abgeschlossener Gemeinden. Mit rund 1,5 Millionen Mitgliedern war dieser Katholizismus um 1900 allerdings keine verschwindende Minderheit mehr. Nichtsdestoweniger blieb er geprägt vom Leitbild einer Kirche, die die Gläubigen organisatorisch erfaßte, sie in strenger hierarchischer Gliederung durch den Klerus leitete und dabei nach Kräften alle Auswirkungen der Säkularisation und Emanzipation von ihnen fernhielt. Gerade weil das in einem so hohen Ausmaß gelang, bestimmten oft ausgesprochen sektiererische Züge das Erscheinungsbild des englischen Katholizismus in dieser Zeit der Hochindustrialisierung. Ein in die Zukunft weisendes Modell jedenfalls vermochte er mit alledem nicht zu bieten.

Wachsendes soziales Verantwortungsbewußtsein

Man muß diesen breiten und beherrschenden Hintergrund der allgemeinen Kirchlichkeit in seiner Verzahnung mit den Normen, Sehnsüchten und Idealen des Mittelstands vor Augen haben, zusammen mit der Prägekraft dieser Wirklichkeit, um die nun überall *auch* zu beobachtenden neuen Aufbrüche in den englischen Kirchen sowohl in ihrer Bedeutung als auch in ihrer Begrenztheit angemessen würdigen zu können. Durchweg zielten sie vor allem auf die Rückgewinnung der aus den Kirchen ausgewanderten Massen. Dabei fällt ins Auge, wie sehr sich diese Bemühungen auf die Zeit nach 1880 konzentrierten. Die Erfahrungen der anhaltenden Wirtschaftskrise erschütterten traditionelle Selbstverständlichkeiten in der Führungsschicht, vor allem die Konzepte des Liberalismus. Eine tief einschneidende Bewußtseinsveränderung, die bereits die Zeitgenossen registrierten, läßt sich beobachten. Ein Gefühl des Ungenügens machte sich breit, eine vage, aber nichtsdestoweniger wirksame Kritik an allen liberalen Inhalten, an der Industrialisierung, am Individualismus und Kapitalismus. Hierbei konnten sich moralische und utopische, sozialistische, christliche und durchaus auch ästhetische Elemente eigenwillig oder auch sehr blaß und allgemein mischen. Beatrice Webb, die scharfsinnige Soziologin, hat in diesem Zusammenhang geradezu von einem »Schuldgefühl« in den herrschenden Schichten gesprochen. Obwohl diese Stimmungen dann natürlich sehr unterschiedliche Auswirkungen zeitigten, blieb darin doch die Erkenntnis bestimmend, daß die Industrialisierung ihnen selbst Erfolge, Wohlstand, vielleicht sogar Macht und Reichtum beschert hatte, der Mehrheit der Nation dagegen vor allem Hunger, Not und Elend. Eine erhebliche Sensibilität für alle sozialen Probleme wuchs. Bücher wie »Fortschritt und Armut« (Progress and Poverty, 1879) von dem Sozialreformer und Vorkämpfer für eine Verstaatlichung des Bodens, Henry George, anklagende Broschüren im Stil von »Der bittere Schrei des ausgestoßenen London« (The bitter cry of Outcast London, 1883), aber auch breite Beschreibungen wie »Im dunkelsten England und der Weg heraus« (In darkest England and the Way out, 1890) von William Booth, dem Gründer der Heilsarmee, sowie eine Fülle von detaillierten Spezialuntersuchungen, an der Spitze das siebenbändige Monumentalwerk »Leben und Arbeit in London« (Life and Labour in London) von dem Soziologen Charles Booth fanden nicht nur ein breiteres Publikum, sondern erregten geradezu das Bürgertum. Themen der Sozialreform waren in aller Munde, und zum Schlagwort avancierte, mit allen modischen Attituden, die Rede vom »Sozialismus«. Dieser breitete sich in der gleichen Zeit tatsächlich in Großbritannien aus, nicht nur als Theorie, sondern auch in mannigfaltigen politischen Formierungen – wovon im einzelnen noch zu reden sein wird.

Die Zuwendung der kirchlichen Öffentlichkeit zu diesem Themenkreis war spontan, relativ breit gefächert und in einem großen Ausmaß emotional. Obwohl alle Konfessionen von diesem Trend erfaßt wurden, gingen die Vertreter der Staatskirche eindeutig voran. Darunter befanden sich sehr angesehene und einflußreiche Persönlichkeiten, so daß die neue Überzeugung, die doch der alten christlichen Botschaft so voll und ganz zu korrespondieren schien, bald über eine gewisse Resonanz innerhalb der Church verfügte. War die anglikanische Kirche nicht stets antikapitalistisch, antiliberalistisch und antiindividualistisch gesinnt und bestimmt gewesen? Geistreiche Kritiken des Liberalismus machten im jungen Klerus die Runde, wie diejenige von Scott Holland: »Jeder für sich und Gott für uns alle – sprach der Elefant, als er unter den Küken tanzte« (zit. Mayor, 217). Gern und oft sprach man bei alledem von »Sozialismus«, auch vom christlichen Sozialismus. Die Namen von Maurice und seinen Freunden wurden beschworen. Sie waren jedoch eher Symbole als konkrete Wegweiser. Die Bedeutung des kirchlichen Sozialismusbegriffs blieb blaß, vage, teilweise sogar nichtssagend. Nicht an Marx, Engels, Bakunin oder an die sozialdemokratische Partei dachte man dabei. Deren Gedanken erschienen in diesen kirchlichen Kreisen in der Regel als verwerflich, weil unenglisch – weshalb man sie zunächst als »typisch französisch«, später als »typisch deutsch« zu bezeichnen pflegte. Gemeint waren stattdessen die sozialen Potenzen des Christentums, war »eine Inspiration, die darauf zielte, die moralischen, intellektuellen und sozialen Bedingungen der größten Zahl zu verbessern«, wie Bischof Alexander 1887 erklärte (zit. Norman, 176). Erstrebt wurde die umfassendere Bemühung um die Bewältigung aller jener Sozialprobleme, mit denen die einzelnen Pfarrer und mindestens ebenso oft ihre Gemeinden rangen: Sonntagsheiligung und Hebung der Sexualmoral, Bekämpfung der Trunksucht und

Besserung der Wohnverhältnisse, aber durchaus auch Schutz der Arbeiter in den Fabriken, in ihren sozialen und menschlichen Rechten. Für alles das setzte man sich kirchlicherseits laut und engagiert ein und sparte nicht mit Kritik, ja mit Verdammungsurteilen über die Kapitalisten und Unternehmer. Sicher war daran vieles rein verbal und im Grunde eben doch liberal und vor allem moralisch. Insofern ist es gewiß angemessen, auch diese Richtung als eine christlich-soziale Bewegung zu bezeichnen statt von christlichem Sozialismus zu reden. Aber wenn man die Bewußtseinsveränderungen ins Auge faßt, die dadurch doch auch innerhalb der Kirche bewirkt worden sind, und wenn man vor allem auf die lange nachwirkenden Konsequenzen der Tabuisierung des Sozialismusbegriffs in den Kirchen des Kontinents blickt, erscheint die unbekümmerte Vorliebe englischer Christen für dieses Wort an der Wende zum 20. Jahrhundert vielleicht noch in einem anderen Licht.

Die Settlementbewegung

Noch primär vom Geist der Oxfordbewegung beeinflußt war die Einrichtung von Settlements, von Siedlungen sozial engagierter junger Leute im Osten Londons. Hochschullehrer in Oxford hatten den Anstoß gegeben – später folgte natürlich auch Cambridge – für die seit 1884 in den Slums der Hauptstadt bestehenden Niederlassungen, in denen junge Männer mehrere Monate oder sogar Jahre inmitten der Arbeiterschaft lebten. Man wollte, anders als die Evangelikalen, nicht missionieren, sondern die Arbeiter verstehen, ihnen näher kommen, Brüderlichkeit praktizieren – wofür vor allem die gemeinsam gefeierten Gottesdienste gedacht waren. Das letzte Ziel war die Versöhnung der Klassengegensätze. Dahinter stand die Überzeugung, daß nicht mehr auf dem Felde der Dogmatik die großen, in die Zukunft weisenden Entscheidungen der Kirche gefällt würden, sondern auf dem Felde der Ethik, d. h. der persönlichen sozialen Verantwortung. Solche Settlements wurden alsbald auch vom Nonconformismus und sogar von den Katholiken nachgeahmt: ein Beleg für die Konkurrenzsituation, in der man sich sah, aber auch für die Ähnlichkeit der Probleme in allen Konfessionen und den Mangel an gründlichen Erfahrungen, wie sie sich am besten meistern ließen. Die geistige Ausrichtung dieser Settlements varriierte sehr. Neben Gründungen mit stärker erwecklichem und kirchlichem Charakter standen solche, die rein ethisch oder ausschließlich humanitär ausgerichtet waren. Überall jedoch traten Erziehung und soziale Hilfen in den Vordergrund. Erziehung war als Unterricht für die Kinder wie auch als Erwachsenenbildung gedacht, in Lesen, Schreiben, Rechnen und Religion; in Ordnung, Regelmäßigkeit und anderen bürgerlichen Tugenden. Die Sozialhilfe umfaßte außer Geld- und Sachspenden Arbeitsvermittlung und Unterhaltung, Zusammenarbeit mit den lokalen Behörden und allerlei Aktionen, um offenkundige Mißstände in diesen Stadtbezirken abzustellen. Bedeutsam war das Leben und die Arbeit in diesen Settlements wohl in erster Linie als Anschauungsunterricht für Theologen und Laien aus dem gehobenen Bürgertum. An ein wirkliches Zusammenleben mit dem Proletariat unter seinen Bedingungen war in der Regel ebensowenig gedacht wie eine wirkliche Außerkraftsetzung der Klassenunterschiede gemeint war. Obwohl diese Unternehmungen dementsprechend auf beiden Seiten ein wenig den Charakter des Exotischen trugen, waren sie doch ein nicht zu unterschätzender Beitrag für die Weckung des Verantwortungsbewußtseins in der Oberschicht gegenüber der Arbeiterschaft.

Die Heilsarmee

Wie stark die Überzeugung inzwischen geworden war, daß gehandelt werden müsse, um vor allem den Ärmsten schnell und umfassend zu helfen, belegt sodann das schon genannte Buch »Im dunkelsten London« vom Begründer der Heilsarmee (Salvation Army), William Booth (1829–1912). Diese Schrift entwickelte im Anschluß an eine eindrückliche Situationsbeschreibung der Londoner Slums das Projekt einer großen Überseekolonie für diese Menschen, wo sie als Gruppen im Familienverband einfach, gesund und fromm zusammenleben sollten, und erbat dafür die stolze Summe von 100 000 Pfund. In weniger als drei Monaten war das Geld da! Aus dem großen Plan wurde freilich nichts, nur einige kleine Farmkolonien entstanden am Stadtrand von London und anderswo auf dem Land. Aber kennzeichnend für die Situation war, daß Booth, der in den sechziger Jahren als Evangelist in den Elendsvierteln von Whitechapel begonnen hatte, voll und ganz im Stil der alten Erweckungsprediger und mit entschiedener Ablehnung all' der zivilisatorischen und kulturellen Tendenzen, wie sie in den Settlements gepflegt wurden, jetzt begriff, daß auch Not und Elend massive Hindernisse des Glaubens darstellten. Im Vorwort seines genannten Bestsellers schrieb er: »Indem ich die nötigen Schritte für die Beseitigung des zeitlichen Elends unternehme, mache ich, meine ich, es nur leicht, wo es jetzt schwer ist, und möglich, wo es gegenwärtig nahezu unmöglich ist für Männer und Frauen, ihren Weg zum Kreuz unseres Herrn Jesus Christus zu finden« (zit. Thompson, 234). Mit allen ihren durchaus schon den Zeitgenossen befremdlichen Zügen stellte die 1879 endgültig gegründete Heilsarmee noch einmal den Versuch dar, aus dem Geist der Erweckung die Probleme des Industriezeitalters zu lösen. Von den Methodisten trennte sich Booth, weil er sie ebenso hoffnungslos verbürgerlicht fand wie alle anderen Kirchen auch. Von einer Zuwendung der oberen Schichten zur Unterschicht erwartete er überhaupt nichts. Darum ließ er dann das Evangelium von den Slumbewohnern in aller Drastik, mit reißerischen musikalischen und darstellerischen Mitteln in einer wirklich diesen Massen angepaßten Weise predigen. Kritikern erwiderte Booth, wer die Welt ernsthaft zu Christus führen wolle, müsse auch bereit sein, zu außerordentlichen Mitteln zu greifen. Vieles erinnerte hier an die Aufbrüche früherer Erweckungen. Booth steckte ab 1878 seine Anhänger in Uniformen, drillte sie militärisch, entwickelte einen unbedingt autoritären Führungsstil und vermittelte so diesen Menschen Ordnung, einen festen persönlichen Halt, Selbstbewußtsein gegenüber unzähligen höhnischen und brutalen Verfolgungen und in alledem eine neue, klar gegliederte starke Lebensgemeinschaft. So klarsichtig Booth jedoch in der Diagnose der religiösen und kirchlichen Defizite der Zeit war: so rückwärtsgewandt blieb seine Antwort, unbeschadet vieler verdienstvoller Leistungen der Heilsarmee. Nach einem steilen Aufstieg von einigen tausend Mitgliedern (1877) auf etwa 100 000 im Jahre 1900 stagnierte die Organisation (Gilbert, 43). Nicht zufällig erschien sie zu Beginn des 20. Jahrhunderts vielen als weitgehend antiquiert.

Gruppierungen des »christlichen Sozialismus«

Von völlig anderer Art war demgegenüber in Theorie und Praixis die 1877 gegründete Gilde von St. Matthäus, die in einem Londoner Arbeiterbezirk entstand. Die Größe, aber auch die Grenze dieses Zusammenschlusses von Theologen und Laien war im wahrsten Sinn des Wortes personifiziert in der Gestalt ihres Gründers und geistigen Leiters Stewart Headlam (1847–1924). Er war ein strenger Anglokatholik und Ritualist und war insofern scharf ablehnend gegenüber allem Puritanismus, gegen den Nonkonformismus und erst recht die Heilsarmee eingestellt. Als aufrechter Mann agierte Headlam mutig und unabhängig, ein Außenseiter sein Leben lang mit unverkennbar exzentrischen Zügen, für eine

Kirche, die nicht nur soziale Verantwortung wahrnahm, sondern die für eine Gesellschaftsreform im Sinne eines demokratischen Sozialismus eintrat. »Lieber wolle er den Sozialismus in diesem Land errichtet sehen als das, was so Christentum oder Supranaturalismus genannt wird«, erklärte er in seiner provikanten Art (Chadwick II, 275). Dabei war Headlams Gilde nur eine bescheidene Minderheit. Die Gruppe war ursprünglich als Aktionsgemeinschaft gegen den organisierten Atheismus gegründet worden, hatte sich dann jedoch mit ihren ca. 400 Mitgliedern zu einer ungemein einflußreichen pressure group entwickelt, interessiert an allen Fragen sozialer Gerechtigkeit. Vor allem Headlam hatte ebenso vielfältige wie vorzügliche Verbindungen, nicht nur zu führenden Vertretern der soeben gegründeten Sozialdemokratischen Partei Englands, sondern ebenso zu Theaterleuten, Schauspielern und Tänzerinnen. Er war Gründungsmitglied der Fabianischen Gesellschaft, Anhänger der Entstaatlichung der Kirche und ein profilierter Agitator in seiner Zeitschrift, dem »Church Reformer«. Bei zahlreichen Arbeiterdemonstrationen marschierte er mit, in seiner Amtstracht! Trotzdem stellte er sich gegen die Gründung einer eigenen, unabhängigen Arbeiterpartei, weil er die Zeit dafür noch nicht gekommen hielt. Doch demonstrativ trat er an die Seite des bereits vor seinem Prozeß moralisch von der ganzen Nation verurteilten Oscar Wilde. Natürlich bot Headlam seinen Gegnern innerhalb und außerhalb der Staatskirche Angriffsflächen genug. Nichtsdestoweniger leistete er zusammen mit seinen Freunden und Anhängern den entscheidenden Durchbruch für eine ernsthaftere Auseinandersetzung mit Theorie und Praxis des Sozialismus innerhalb der Kirche.

Es fehlten in der Gilde nicht die entschiedenen und militanten Vertreter, die ganz auf die Seite der Arbeiterschaft treten wollten, vor allem an die Seite der neugegründeten Unabhängigen Arbeiterpartei (Independent Labour Party), um so zu dokumentieren, wohin die Kirche in diesen Auseinandersetzungen gehörte. Es fehlten da freilich ebensowenig die fröhlichen und populären Pfarrer, die betriebsam, großzügig, mit viel Charme und unendlichem Optimismus alle Probleme glaubten meistern zu können – ganz in der Art, wie Shaw in Candida den Pfarrer Morell gezeichnet hat. Naturgemäß hatte diese Richtung den größeren Erfolg innerhalb der Kirche zu verzeichnen.

Aus einem Theologenzirkel in Oxford, spöttisch »die heilige Partei« genannt, dem es in erster Linie um die theologische Neuaussage des christlichen Glaubens gegangen war, entstand 1889 die Christlich-soziale Union (Christian Social Union) unter der Führung von Scott Holland (1847–1918) und Charles Gore (1853–1932). Ihre und ihrer Freunde Essays, die unter dem Titel »Lux Mundi« 1889 erschienen, leiteten einen neuen Abschnitt in der Geschichte der anglikanischen Theologie ein – auch davon wird noch die Rede sein. In die Christlich-soziale Union waren die Erfahrungen der Gilde von St. Matthäus ebenso eingeflossen wie die Wirklichkeit des großen Londoner Dockarbeiterstreiks im gleichen Jahr 1889, ferner mannigfache wissenschaftliche Anregungen aus dem In- und Ausland. Mit alledem ist die Tendenz dieser Union umrissen: Es war eine betont intellektuelle Gruppe, von distinguierter Herkunft und hochangesehenem Renommee. Nicht wenige ihrer Mitglieder wurden später Bischöfe. Man diskutierte viel und gekonnt. Als Sozialismus wurde vor allem die Absage an den Individualismus und Subjektivismus begriffen, positiv setzte man dagegen ein organisches Gesellschaftsverständnis mit betont kooperativen Zügen. Die Mitglieder der Union sahen ihre Hauptaufgabe im intensiven Studium nationalökonomischer und soziologischer Veröffentlichungen, in der publizistischen Auseinandersetzung und vor allem in der Information der Öffentlichkeit durch Traktate, Handbücher und eine Fülle von Vorträgen. Auch zu Aktionen kam es, wie etwa den sog. »weißen Listen«, auf denen Produkte solcher Firmen aufgeführt waren, die ein soziales Betriebsklima besaßen – was man dann »christliches Einkaufen« (christian

shopping) nannte. Tapfer stemmte sich die Union endlich gegen den britischen Imperialismus, wozu besonders im Burenkrieg (1899–1902) kein geringer Mut gehörte.
Man hat die Linie der christlich-sozialen Union treffend einen »Sozialismus für Bischöfe« genannt (Jones, 217). Headlam qualifizierte sie brüsk als »wishy–washy« (Chadwick II, 278). Für die Arbeiterschaft war dieser Reformismus, der gegen bürgerlich-kirchliche Vorurteile anging und mit viel Einsatz und Eifer die Gleichsetzung von christlich und konservativ bestritt, sicherlich zunehmend uninteressant. Für die innerkirchliche Besinnung jedoch und die schrittweise Herbeiführung eines zumindest offenen Klimas in der Kirche gegenüber gesellschaftspolitischen Themen und insbesondere sozialistischen Fragestellungen bedeutete die Union nicht wenig.
Aber es ist leicht einzusehen, daß unter solchen Umständen Polarisierungen unvermeidbar waren. Den fortgesetzten Bemühungen der einen Seite um eine sinnvolle Anpassung der christlichen Botschaft an die wirklichen Nöte und Hoffnungen der Menschen antwortete auf der anderen Seite die Sorge und bald auch schon der Verdacht, da werde anstelle des Evangeliums der Sozialismus gepredigt und die Selbsterlösung des Menschen. Im Mittelpunkt dieser beharrenden Partei, die über die Staatskirche hinaus Beifall und Unterstützung fand, stand der spätere Bischof Henson. Für ihn war die Bibel fraglos und unmittelbar Gottes Wort, das Christentum eine wesenhaft auf das Jenseits zielende Religion, und eine Besserung der irdischen Verhältnisse ließ sich seiner Überzeugung nach nur durch den gläubigen einzelnen erreichen. Demgegenüber drängten andere Pfarrer auf mehr Parteilichkeit für die Arbeiterschaft und den Sozialismus. 1906 gab der Wahlerfolg der Unabhängigen Arbeiterpartei einer Gruppe von Theologen im industriellen Norden, die alle von Charles Gore geprägt waren, den letzten Anstoß für einen Zusammenschluß. Sie gründeten die Kirchlich-sozialistische Liga (Church Socialist League) und proklamierten: »Die Kirchlich-sozialistische Liga besteht aus Leuten der Kirche, die die Prinzipien des Sozialismus akzeptieren, nämlich die politische, ökonomische und soziale Emanzipation des ganzen Volkes, der Männer ebenso wie der Frauen, durch die Errichtung eines demokratischen Gemeinwesens, in dem die Gemeinschaft den Boden und das Kapital kollektiv besitzen und für das Wohlergehen aller gebrauchen wird.« (zit. Jones, 241) Sie waren selbstbewußte Anglikaner, bestimmt von einer sakralen Inkarnationstheologie, und leisteten in ihren Gemeinden vorbildliche Arbeit. Auch ihr Sozialismus hatte vor allem ein praktisches Gesicht. Er bedeutete Chancengleichheit für alle und eine brüderliche Kooperation aller. Dabei beschäftigten sie sich intensiv mit den wirtschaftlichen und sozialen Gegebenheiten der industriellen Welt. Daß der einzelne Christ und die Kirche insgesamt hiervon lernen müßten, galt ihnen als Selbstverständlichkeit. Theoretiker, die sich gegen ihren Sozialismus wandten, aber auch solche, die vor allem mit Zitaten großer Autoritäten arbeiteten, verspotteten sie gern als »Lehnstuhlsozialisten« (zit. Jones, 264). Das andere Thema dieser Männer war die Frage, inwieweit sie sich praktisch und politisch mit der Unabhängigen Arbeiterpartei identifizieren könnten oder sogar müßten. Zu einem direkten Anschluß der Liga ist es dann nicht gekommen. Doch stand sie im radikalen Jahr 1912 ausdrücklich an der Seite der Arbeiterschaft und kritisierte scharf in aller Öffentlichkeit die vorsichtige Zurückhaltung der Bischöfe und erst recht die der breiten kirchlichen Mehrheit. Ebenso unerschrocken geißelte die Liga allen Imperialismus, Militarismus und Chauvinismus im Land und trat für einen klaren Pazifismus ein, woraus dem Kreis am Vorabend des Ersten Weltkriegs erhebliche innere Spannungen und natürlich auch äußere Schwierigkeiten erwuchsen.
Die Liga war und blieb eine Minderheit in der Staatskirche. Ebensolche Minderheiten oder auch nur einzelne gab es in allen Konfessionen. Sie zählten manchmal zu den wichtigsten, bisweilen sogar zu den entscheidenden Akteuren in den Gewerkschaften, in der Unabhängigen Arbeiterpartei oder auch im Gildensozialismus, der sich als Vermittlung

zwischen dem als zu radikal empfundenen Syndikalismus und der als allzu zaghaft abgelehnten Innenpolitik der Liberalen verstand und die industrielle Demokratie durch die Selbstverwaltung aller in einem Betrieb Beschäftigten schaffen wollte. Als ein entschieden sozialistisch bestimmter Zusammenschluß von Theologen und Laien aus dem Nonkonformismus ist neben einer Vielzahl kleinerer und kleinster Ligen, Gesellschaften und Bruderschaften schließlich noch die 1886 gegründete Christlich-sozialistische Gesellschaft (Christian Socialist Society) zu nennen, die einige Jahre bestand. Sie war theologisch bewußt offen. Ihre Mitglieder standen bisweilen dem Sozialismus näher als dem christlichen Glauben; Marx oder auch Tolstoi rangierten nicht selten höher als Jesus, Paulus oder Augustin. Dabei war das Ziel die Heranführung von Christen an den Sozialismus, eine Aufgabe, die vor allem publizistisch in Angriff genommen wurde.
Zahlenmäßig waren alle diese Organisationen im Nonkonformismus noch schwächer als die entsprechenden Zusammenschlüsse in der Staatskirche. Auch der innerkirchliche Widerstand gegen derartige Gedanken war in den Freikirchen entschiedener. Andererseits arbeiteten viele Nonkonformisten sehr selbstverständlich in der Arbeiterpartei und vor allem in den Gewerkschaften mit. Besondere Zusammenschlüsse darüber hinaus betrachtete man dann leicht als störend. Ein grundsätzliches Problem aber stellte sich früher oder später überall in der gleichen Weise: Alle diese Männer und Frauen waren Minderheiten in ihren Konfessionen. Zielten sie nun darauf, in erster Linie die Glieder ihrer Kirche für die neuen Gedanken und die konkrete Verantwortung aus dem Glauben zu gewinnen, verflachten ihre Forderungen leicht. Sie blieben dann häufig emotional und bestenfalls verbal radikal. Ging es solchen Christen umgekehrt darum, die wirtschaftlichen und sozialen Forderungen der Arbeiterschaft mitzutragen und sich dafür als Sozialist in der eigenen Kirche einzusetzen, wurden sie dort schnell zur bekämpften Minderheit mit nicht selten wirklich sektiererischen Zügen. Sehr deutlich trat an dieser Stelle die Problematik dieser Kirchen als Denominationen zutage: Sie alle waren angewiesen auf die freiwillige Indentifikation ihrer Mitglieder. Die eine Kirche, zu der sich alle Einwohner des Landes mehr oder weniger fraglos zählten, existierte längst nicht mehr. In der Konkurrenzsituation, die aus der kirchlichen Mehrstimmigkeit notwendig entstand, jedoch auch gegenüber den Angeboten von allerlei Institutionen, Parteien, Organisationen und Verbänden, bedurfte es der wenigstens partiellen Anpassung, um selbst zum Zuge zu kommen. Aber woran sollte man sich anschließen, wenn diese Wirklichkeit zutiefst konträr war, aufgespalten u. a. in Klassen und Gruppen, die antagonistisch gegeneinander standen? Das Interesse der Kirchen als Denominationen ging naturgemäß dahin, sich die größtmögliche Zustimmung zu sichern. Ihre Bindung an die Wahrheit, ihr Charakter als Konfessionskirchen also, ließ dagegen die Verabsolutierung dieses Gesichtspunkts nicht zu. Daß die Wahrheitsfrage fortan nicht mehr losgelöst von der sozialen Frage gestellt und beantwortet werden konnte, wurde dunkel überall geahnt. Darin liegt die Bedeutung dieser Männer und Frauen, die sich als Christen den gesellschaftspolitischen Problemen um sie herum stellten, daß durch sie die Frage nach der konkreten Wahrheit der christlichen Verkündigung schmerzhaft offen blieb. Die Summe ihrer Bemühungen, der mehr intellektuellen und erst recht der stärker pragmatisch bestimmten, ließ faktisch innerhalb und außerhalb der Kirchen die Gleichsetzung des christlichen Glaubens mit Traditionsbewahrung und der Verteidigung mittelständischer Werte und Positionen nicht mehr zu. Sie haben insofern ganz wesentlich dazu beigetragen, »die totale und endgültige Entfremdung von Kirche und Bevölkerung in Großbritannien zu verhindern – obwohl die fortgesetzte Erosion des christlichen Glaubens dadurch nicht verhindert werden konnte« (Jones, 459).

Das Verblassen der kirchlichen Bindungen

Genau dieser Prozeß einer langsamen Loslösung breiter Bevölkerungsteile von den Inhalten und Normen des christlichen Glaubens im allgemeinen und von denen der einzelnen Konfession im besonderen betraf jedoch auch in dieser Zeit keineswegs ausschließlich die Arbeiterschaft. Die übliche Betrachtensweise, die allein diesen Sektor ins Auge faßt, übersieht in der Regel die umfassenden Veränderungen, die sich in dieser Epoche der Hochindustrialisierung in allen Schichten der Gesellschaft vollzogen. Auch in den mittleren und oberen Schichten der englischen Gesellschaft gingen Umstrukturierungen vor sich, die mitsamt ihren Folgen für die Kirchen zwar zunächst weniger offenkundig waren, die jedoch zunehmend bedeutsam wurden für den Inhalt und die Funktion des christlichen Glaubens. Die unübersehbaren Erfolge der Industrie steigerten die Überzeugung, alles Wesentliche sei machbar und zu verbessern. Die Welt der Maschinen und das System des Kapitalismus prägten die Überzeugung, nur das Sichtbare, Faßbare zähle noch. Ein praktischer Materialismus, dem allein das Diesseits wichtig war, lag dementsprechend als alltägliche Grunderfahrung dem Bewußtsein zugrunde. Wenn Beatrice Webb Ende der siebziger Jahre in den führenden Kreisen der englischen Gesellschaft den wie auch immer begründbaren Besitz von Macht über andere Menschen als das entscheidende Charakteristikum der Zugehörigkeit zu dieser Elite beschrieb und darin einen grundlegenden Wandel weg von den traditionellen christlichen Werten hin zum offenen Agnostizismus ausgedrückt fand, ist das immerhin ein Indiz. Andere Quellen unterstreichen die zunehmend konventionelle Haltung dieser Oberschicht bei der Wahrnehmung ihrer Verbindlichkeiten gegenüber der Staatskirche. Deutlich konnte die Ausübung kirchlicher Aufgaben verstanden werden als eine gesellschaftliche Verpflichtung in dem sozialen System, zu dem man ebenso wie die Staatskirche insgesamt hinzugehörte: wovon jedoch die persönliche Überzeugung klar unterschieden werden konnte. In derselben Zeit wuchs, gerade in dieser Oberschicht, die von allen religiösen Bindungen losgelöste Subkultur des Sports. Hieran läßt sich besonders klar das Aufsteigen neuer Lebenswerte ablesen, mit denen die Kirchen zu konkurrieren hatten. Das Ergebnis konnte nur ein Kompromiß sein: Die Kirchen konnten nicht länger die volle und ungeteilte Zuwendung der Menschen erwarten, sondern mußten sie mit anderen Sinnträgern teilen. Religion, Kirche, christlicher Glaube wurden mithin segmentär eingeengt, waren bedeutsam nur noch für einen mehr oder weniger begrenzten Ausschnitt der menschlichen Existenz.

Ohne diese Tendenz verabsolutieren zu wollen, ist doch der Unterschied zumindest zu den Verhaltensweisen der beiden vorangegangenen Generationen bemerkenswert. Folgenreicher als in der Oberschicht erwies sich die Durchsetzung dieser Formalisierung und Segmentierung von Glaube und Kirchenzugehörigkeit im mittleren und oberen Bürgertum. Religion prägte hier durchaus nach wie vor den Alltag, zumindest den Sonntag mit Kirchgang, besonderer Kleidung, Ernsthaftigkeit und Stille. Doch während sich das Leben der Väter, insbesondere im Nonkonformismus, nicht selten ausschließlich um die beiden Pole des Geldverdienens und der Seelenrettung gedreht hatte, gaben die Söhne ersteres lieber aus und zeigten sich gegenüber dem zweiten kritisch bis skeptisch. Auch diesen Männern fiel aufgrund ihres Reichtums und im Gefolge davon ihrer sozialen Stellung in den Chapels eine ähnliche Position zu wie der gentry in der Staatskirche. Hier wie da kam es infolgedessen häufig zu jenem Rollenverhalten, wo lediglich überkommene Funktionen erfüllt wurden. Unter solchen Voraussetzungen konnten dann auch relativ leicht gesellschaftliche und politische Überlegungen – etwa größeres Ansehen oder die engere Verbindung mit Vertretern des gleichen konservativen Interessenstandpunkts – zum Übertritt in die Staatskirche führen. Schichtenspezifische Anliegen konnten die religiösen jedoch auch dann überlagern, wenn man in seiner angestammten Konfession blieb.

Umgekehrt kam es auf dem Hintergrund solcher Entspannungen der moralischen und religiösen Normen zu fundamentalistischen Gegenbewegungen in allen Konfessionen. Sie lösten die aufgebrochenen Probleme natürlich nicht, indem sie sie negierten! Insgesamt stieg jedoch die Neigung, die erwartete Rolle zu akzeptieren bzw. die jeweiligen kirchlichen Lebensäußerungen als eine Art Warenangebot zu begreifen, wovon der einzelne annahm, was ihm brauchbar erschien, und verwarf, was seinen Erwartungen nicht entsprach. Immer fremder wurde dementsprechend die entscheidende Grundlage des gesamten Nonkonformismus: nämlich sein Leben voll und ganz von dem Anspruch des Glaubens bestimmen zu lassen! Der Niedergang der Freikirchen wurde in dieser Zeit denn auch unübersehbar. Die Klagen über seinen Substanzverlust mehrten sich seit dem Ende des Jahrhunderts. Einfacher hatte es demgegenüber die Staatskirche, weil sie von ihren Mitgliedern stets sehr viel weniger an Entscheidung und Identifikation gefordert hatte.

Veränderungen in Theologie und Frömmigkeit

Jener Vorgang der Formalisierung und Segmentierung des christlichen Glaubens hatte natürlich auch Rückwirkungen auf das inhaltliche Verständnis dieses Christentums. Dabei erwies sich die Betonung der Ethik und Moral als höchst charakteristisch. Diese Tendenz konnte – wie etwa bei einzelnen Vertretern des christlichen Sozialismus –, theologisch tief verankert sein. Aber sie konnte ebenso abgetrennt von allen christlichen Glaubensinhalten existieren, sogar herausgelöst aus der kirchlichen Sitte und Gewohnheit, und bot dann in der Tat nur platten Moralismus. Nichtsdestoweniger trafen sich in der Überzeugung, daß es auf die Ethik ankomme, die allermeisten Zeitgenossen. Die neuen naturwissenschaftlichen Erkenntnisse, vor allem die Evolutionstheorie Darwins, die Begegnung mit unterschiedlichen philosophischen Systemen sowie den Hochreligionen des Ostens und nicht zuletzt die humanitären Tendenzen der Zeit insgesamt ließen lehrmäßige Zweifel wachsen und führten zur Verabschiedung von immer zahlreicheren Glaubenssätzen, die einmal als zentral angesehen worden waren – angefangen bei dem für alle Erweckungstheologen grundlegenden Dogma von der Hölle und den ewigen Höllenstrafen bis hin zur Ablehnung der Trinität, der Zweinaturenlehre Christi und insbesondere der Lehre von der Versöhnung Gottes durch Jesu Kreuzestod. Trotz erheblicher Gegensätze und emotional besetzter Spannungen in sämtlichen Konfessionskirchen zwischen Gegnern und Anhängern dieser Lehren kam es jedoch zu keinen Abspaltungen. Die Tendenz, den Zusammenhalt der Denomination zu sichern, siegte durchweg über die Durchsetzung der glaubensmäßigen Wahrheit. Ansätze zu einem echten Pluralismus unterschiedlicher theologischer Positionen und ebenso ein zunehmender geistlicher und kirchlicher Substanzverlust aufgrund des ständigen Ausklammerns und Relativierens wesentlicher Probleme waren die Folge. Allen Kirchen schien es schließlich geboten, Anschluß an die moderne Welt zu halten, konkurrenzfähig zu bleiben in einer zunehmend differenzierten Gesellschaft. Die Angebote zur Unterhaltung, zur Erholung, zu einer sinnvollen Freizeitgestaltung wuchsen jetzt sprunghaft an. Gleichzeitig schmolzen die Zahlen der Teilnehmer an Wochengottesdiensten und Erbauungsstunden. Familienandachten, Tischgebete, schließlich sogar die Sonntagsheiligung kamen mehr und mehr aus der Übung.

In weit geringerem Ausmaß versank dagegen die Überzeugung, in irgendeiner Weise ethisch gefordert zu sein, mochte diese Gewißheit bisweilen auch recht blaß und äußerlich begründet erscheinen. Gerade bei den Laien überwog die Meinung, nicht auf die verschiedenen Lehren der Konfessionen komme es an, sondern auf das praktische Verhalten, auf den »wirklichen Charakter«. In der religiösen Vertiefung dieses Bewußtseins zeich-

nete sich ein interessanter Prozeß der Umstrukturierung des christlichen Glaubens ab, wobei mindestens das Schwergewicht nicht länger auf der transzendenten Erlösung, sondern auf dem immanent bestimmten Heil lag. Am detailliertesten hat diesen Prozeß »der Übertragung aller Emotionen vom sich selbst aufopfernden Dienst an Gott hin auf den Menschen« wieder Beatrice Webb geschildert (130): als einen überindividuellen Vorgang, der sich in England im letzten Drittel des 19. Jahrhunderts beobachten ließ. In diesem Ethos der Diesseitigkeit drückte sich neben einem Wissen um die Verpflichtung den anderen gegenüber durchaus auch die Überzeugung aus, ein Recht auf Selbstentfaltung und Selbstverwirklichung zu besitzen. Manche theologischen Zeitgenossen kritisierten oder verdammten daran vor allem den Drang zum Genuß, zum Amusement, zur Freiheit von allen Bindungen. Sicher fehlte es daran nicht. Wie komplex diese Haltung jedoch tatsächlich war, belegt die seit den siebziger Jahren selbst in kirchlich geprägten Familien des mittleren und oberen englischen Bürgertums sich durchsetzende Geburtenregelung. Was die Eltern, eingebunden in die kirchlichen Normen, nicht getan hatten, praktizierten die Kinder: trotz der unverändert weiterlaufenden Verurteilung dieses Verhaltens durch die Vertreter aller Kirchen. Aber sicherlich handelten sie darum nicht einfach aus Verantwortungslosigkeit, wie diese zu unterstellen pflegten!
Es war schließlich nur folgerichtig, wenn die umfassende Ausrichtung alles Denkens und Fühlens auf das Diesseits, auf diese Welt mit ihren Wirklichkeiten und Forderungen auch auf die Theologie der Zeit ihren Einfluß ausübte, im Anglikanismus nicht anders als in den Freikirchen. Im Nonkonformismus begegnete immer wieder die Aussage, das Reich Gottes komme mit und in der Errichtung einer gerechten Sozialordnung voran. Die Anglikaner unterstrichen dagegen den säkularen, ja »sozialistischen« Charakter der Lehre Jesu und der christlichen Offenbarung überhaupt. Eine klare Wegmarke innerhalb der theologischen Entwicklung stellte dann das bereits genannte Sammelwerk »Lux Mundi« dar. Hierin wurde nicht nur die Sozialverantwortung der Kirche thematisiert, sondern auch die ethische Implikation aller dogmatischen Lehrsätze hervorgehoben – und alle diese Zielsetzungen waren ausdrücklich mit der Zustimmung zum zeitgenössischen säkularen Denken verbunden. Ausgehend von einer Neuinterpretation der altkirchlichen Lehre vom Logos als der alle Welt tragenden und durchwaltenden Kraft des göttlichen Geistes betonten diese Theologen, daß nun tatsächlich alle Bereiche des Lebens und der Kultur Gestaltungen des gleichzeitig in der Kirche gegenwärtigen Wirkens Gottes in Jesus Christus seien – mithin auch die neuen Erkenntnisse Darwins, auch die moderne Bibelkritik, auch die demokratischen, sozialen und sozialistischen Forderungen der Zeit. Mit alledem drang in die Theologie des Anglikanismus mehr als nur ein Hauch theologischer Liberalität ein. Element der liberalen Theologie wie die Betonung des historischen Jesus, die Hochschätzung der Ethik, das Abheben auf humanitäre und soziale Züge und umgekehrt die Zurückdrängung der so lang zentralen Predigt von den Schrecken der Hölle und der Ewigkeit ihrer Qualen selbst in orthodoxen Kreisen signalisierten die skizzierte Umschichtung. Nicht zuletzt hierauf beruhte der Erfolg von »Lux Mundi«. Hierauf beruhte ebenso die beachtliche Wirkung von Theologen wie Ritschl, Harnack, aber auch Albert Schweitzer und Loisy in England. Gewiß waren hier die aufgeklärte Kritik und Gedanken der liberalen Theologie lange vor dem Ausgang des 19. Jahrhunderts und mithin vor der Phase der Hochindustrialisierung bekannt. Neu jedoch war – und allein darum geht es jetzt – daß diese Gedanken von einer schnell wachsenden Zahl von Menschen aufgegriffen und diskutiert wurden; und daß diese Menschen sich selbst und den Sinn ihres Daseins wenn überhaupt, dann jedenfalls nur im Rahmen einer Sinngebung ihrer Diesseitigkeit begreifen konnten.

Religion und Arbeiterbewegung

Der gleiche Zusammenhang von Religion und gesellschaftlichen Bedingungen, der sich an der englischen Mittelschicht als Prozeß der inhaltlichen und funktionalen Veränderung der christlichen Glaubensinhalte sowie der kirchlichen Lebensäußerungen ablesen ließ, ist analog auch im Blick auf die Arbeiterschaft zu beobachten. In der Arbeiterbewegung waren – wie wir früher sahen – mit dem Erbe Owens und des Chartismus erhebliche religiöse und christliche Elemente mit eingeflossen. Von der Verbindung des Nonkonformismus und speziell der »Primitiven Methodisten« mit den Gewerkschaften war ebenfalls die Rede. Der theologischen Betrachtung erscheint dieses Gedankengut nicht selten als fragwürdig, vage und bestenfalls ambivalent: was bei dem Fehlen einer eigenen Theologie in diesen Unterschichten sowie dem Fehlen aller kirchlich-gesellschaftlich stabilisierenden Konventionen eigentlich kaum überraschen kann. Neben einer unterschiedlich starken religiösen bzw. christlichen Bestimmung der ethischen und humanitären Zielsetzungen wurde durchweg die eigene Bewegung, der Kampf der Unterdrückten um Recht und Freiheit und die Sehnsucht nach einer neuen Gesellschaft hochgradig religiös besetzt. Überaus wichtig und folgenreich war dabei die Tatsache, daß immer wieder einzelne oder auch Gruppen aus den verschiedenen Konfessionen – wie oben berichtet – mit den unterschiedlichen Richtungen dieser Arbeiterbewegung zusammenarbeiteten oder sich sogar mit ihr solidarisierten. Dementsprechend hatte die 1881 von dem Marxisten Hyndman gegründete Demokratische Föderation (Democratic Federation), die 1884 in die Sozialdemokratische Föderation (Social Democratic Federation, S. D. F.) mit einem sozialistischen Programm umgewandelt wurde, von Anfang an christliche Begleiter. Für die Mehrheit der Arbeiterschaft jedoch war diese Gruppe, trotz vorübergehender Publizität, insgesamt viel zu intellektuell. Ähnliches gilt von der ebenfalls 1884 gegründeten Fabianischen Gesellschaft (Fabian Society), die ihren Namen von dem antiken Feldherrn Fabius Cunctator, dem Zauderer, Hannibals großem Gegner, genommen hatte: zum Ausdruck dafür, daß man abwarten, klug und kalt beobachten und ebenso handeln müsse, um auf diese Weise den Sozialismus Schritt um Schritt zu verwirklichen. Die Fabianer wollten bewußt eine bürgerlich-intellektuelle Elite sein, die durch Propaganda, aber auch durch öffentliche Einflußnahme sowie durch ihr Eindringen in Kommunalverwaltungen und in den Parteiapparat der Liberalen einem demokratischen Sozialismus mittels Reformen den Weg zu bahnen gedachte. Sie waren zudem sehr kritisch gegenüber den Kirchen. Da sie selbst unentwegt predigten, brauchten sie in der Tat deren Predigt nicht mehr. Doch belegen ihre Verbindungen mit Headlam, aber auch mit anderen Christlich-sozialen, sowie die zentrale Rolle, die Beatrice und Sidney Webb in dieser Gruppe spielten, wie stark trotz aller Umstrukturierungen doch christliche Impulse und Inhalte hier weiterwirkten.

Eindrücklicher noch werden diese Zusammenhänge bei der Entstehung und dem Aufstieg der 1892 gegründeten Unabhängigen Arbeiterpartei (Independent Labour Party, I. L. P.) erkennbar. Von entscheidender Bedeutung für ihre Durchsetzung war der industrielle Norden, die führende Persönlichkeit der Bewegung wurde Keir Hardie (1856–1915). Seine Strategie zielte auf Gewinnung der Gewerkschaften bei gleichzeitig vorsichtiger Abgrenzung gegenüber den als allzu theoretisch und radikal beurteilten Sozialisten in der S. D. F. Nach schwierigen Anfangsjahren konsolidierte sich die Partei 1906 nach dem großen Wahlsieg endgültig als Labour Party. Obwohl weder die Fabianer noch die Gilde von St. Matthäus anfangs die Zeit und die Arbeiter für reif genug angesehen hatten, um eine eigene politische Vertretung aufzubauen, fand die neue Partei nichtsdestoweniger Sympathisanten und Mitarbeiter aus verschiedenen Konfessionen, in erster Linie allerdings aus dem Nonkonformismus. Entscheidend jedoch war, daß die gerade in der Arbeiterschaft des Nordens vorhandenen religiösen und vor allem christlichen Überzeugungen unmittelbar in die Independent Labour Party und ihre Aktionen einmünden konnten.

Sehr klar läßt sich diese Umsetzung an der Bewegung der Arbeiterkirchen ablesen. Deren Begründer war John Trevor. Er ging von derselben Erfahrung aus wie William Booth: daß alle Kirchen hoffnungslos verbürgerlicht seien, weshalb sie dem Arbeiter keine Heimat mehr bieten könnten. Sehr viel skeptischer, auch rationalistischer jedoch als Booth wollte Trevor in seinen Arbeiterkirchen – deren erste 1891 gegründet wurde – nicht nur die Form, sondern auch die Inhalte den Bedürfnissen der Arbeiterschaft angepaßt wissen. Nicht eine als verstaubt beurteilte dogmatische Theologie sollte im Vordergrund stehen, sondern eine Botschaft, die dem Menschen inneren Halt gab und ihn dadurch ethisch und sozial motivierte. Aus einem solchen Ansatz ergaben sich naturgemäß sehr unterschiedliche Inhalte. Mehr und mehr dominierte schließlich ein religiös interpretierter Sozialismus. Mit alledem errang die Bewegung einen großen, allerdings nur kurzlebigen Erfolg. Die Arbeiterkirchen nahmen die religiöse Erwartung der Arbeiter auf, boten ihnen ein säkulares Ziel und vermittelten zugleich dem einzelnen das Gefühl der Geborgenheit sowie das Erlebnis einer Gemeinschaft. Allerdings blieb alles das eine Übergangslösung: In dem Maße, in dem die neue Arbeiterpartei wuchs, konnte sie alle diese Bedürfnisse mindestens ebenso gut befriedigen. Denn die Ziele, um die es hier wie da ging, waren im wesentlichen identisch. 1893 formulierte eine Resolution der Arbeiterkirchenunion diese Ziele folgendermaßen: »Die Arbeiterbewegung ist eine religiöse Bewegung; ihre Religion ist keine Klassenreligion, sondern sie vereinigt die Mitglieder aller Klassen, die für die Abschaffung der Warensklaverei arbeiten: die Religion der Arbeiterbewegung ist weder an eine Sekte noch an ein Dogma gebunden, sondern sie ist eine freie Religion... Die Emanzipation der Arbeit wird sich nur dann verwirklichen lassen, wenn die Menschen lernen, das ökonomische und moralische Gesetz Gottes anzuerkennen und ihm zu gehorchen.« (zit. Droz VII, 38) Folgerichtig gingen die Arbeiterkirchenbewegung und die Anfänge der I. L. P. an vielen Orten im nördlichen Industriegebiet ineinander über. Und in dem Ausmaß, in dem die Partei aufstieg, gingen die Arbeiterkirchen zurück. Seit 1900 war das überall unübersehbar der Fall.

Natürlich wuchs die Labour Party nicht allein aus dieser Wurzel. Aber unverkennbar spielte bei ihrer Formierung dasselbe religiös unterfangene ethische Interesse eine wichtige Rolle, das auch im Vordergrund der Arbeiterkirchen stand. Einen anderen Aspekt des gleichen Sachverhalts repräsentierte die Temperenzlerbewegung. Die Forderung nach völliger Abstinenz von alkoholischen Getränken war besonders stark von den Evangelikalen proklamiert worden und hatte dann im Nonkonformismus erhebliche Verbreitung gefunden, gerade unter der Arbeiterschaft. Der Begriff selbst (teetotalism) wurde 1834 von einem Arbeiter in Lancashire erfunden (Chadwick I, 378). Kein geringerer als Keir Hardie wurde von dieser Form des praktischen Christentums lebenslang geprägt. Er ist überhaupt ein charakteristisches Beispiel für jene Richtung in der I. L. P., die Religion und Politik nicht als verschiedene Bereiche ansah, sondern als die zwei Seiten einer und derselben Sache. Hardies Reden sowie sein Sozialismusbegriff, der sich an der Bergpredigt und an der Forderung unbedingter Gerechtigkeit orientierte, sind der klare Beweis dafür. Daraus floß immer wieder eine ätzend scharfe Kirchenkritik – wie beispielsweise in der detaillierten Beschreibung der ungeheuren Mißstände in der Fabrik eines frommen und angesehenen Nonkonformisten, die mit der Information schloß: »Lord Overtoun hatte den Vorsitz bei einer Zusammenkunft der Vereinigten Evangelistengesellschaft. Dabei saß er unter einem Text, der an der Wand hing: ›Kommet her zu mir alle, die ihr mühselig und beladen seid, ich will euch erquicken.‹« (McLean, 75) Aber aus dieser puritanischen Religiosität folgte auch jene Frömmigkeit, die bei Wahlveranstaltungen etwa sich ganz selbstverständlich äußern konnte: »Die Zusammenkunft trug einen religiösen Charakter. Sie wurde eröffnet durch Gesang, Lesung und Gebet, und dann hielt Keir Hardie die Predigt vor einer großen und aufmerksamen Zuhörerschaft.« (ebd., 77) Bezeichnender dürfte für die Mehrheit in der Partei allerdings ein eher komplementäres Verständnis von Religion und Politik gewesen sein mit einer zunehmenden Konzentration der Energie auf die politisch-ethische Aktion.

Temperenzlerbewegung und Arbeiterkirchen, Sonntagsschulen und vielfältige andere Formen des christlich-sozialen Engagements haben mithin als wichtige religiöse und christliche Impulse in die aufsteigende Arbeiterbewegung hineingewirkt. Sie haben sich dabei auch als Stützen erwiesen, indem sie in jenem gesellschaftlichen, ethischen und religiösen Umstrukturierungsprozeß stabilisierende Funktionen bei der Umsetzung traditioneller christlicher und kirchlicher Inhalte in neue Zusammenhänge wahrzunehmen vermochten, sowohl für den einzelnen als auch für unterschiedliche Gruppierungen innerhalb der Arbeiterbewegung. Die gleiche Funktion kam dem Nonkonformismus insgesamt für die Arbeiterbewegung im allgemeinen und für die Labour Party im besonderen zu. Auf seine Bedeutung für die Verhinderung eines radikalen Bruchs zwischen Kirche und Arbeiterschaft in Großbritannien ist immer wieder hingewiesen worden. Ohne die Leistungen der Church dabei schmälern zu wollen, wird man doch sagen dürfen, daß es in der Tat in hohem Maße die Chapels gewesen sind, die zumindest auf eine Arbeiterelite in dieser Weise bestimmend eingewirkt haben.

Aber diese Feststellung bedarf doch der Differenzierung. Sieht man nämlich genauer zu, so wird deutlich, daß die Führungsgestalten der Arbeiterbewegung zumeist am Rande des Nonkonformismus standen. Die Tatsache, daß die Freikirchen diese Kräfte nicht mehr zu integrieren vermochten, hat erheblich zu ihrem Niedergang beigetragen. Am Beispiel der von den Methodisten beherrschten Gewerkschaften im Kohlegebiet von Durham läßt sich ablesen, wie die an das Chapel gebundene Lebensordnung, die dadurch vermittelte Respektabilität und die darin erfahrene Gemeinschaft über die Klassengegensätze hinweg mit dem Paternalismus der Grubenbesitzer harmonisieren konnte. Der politische Ausdruck davon war das Engagement dieser Bergleute für die Liberalen. Am gleichen Beispiel aber läßt sich ebenfalls ablesen, wie hilflos sich diese Kombination erwies, als es darum ging, die neuen Fakten der sich verschärfenden wirtschaftlichen und politischen Auseinandersetzungen zu bewältigen. Es war auch hier die junge Generation, die dem religiösen Erbe der Väter kritisch oder sogar ablehnend gegenüberstand; die die puritanischen Lebensnormen der Älteren mitsamt der darin verwurzelten Respektabilität und Anpassung nicht länger akzeptieren wollte. Sie bejahten die Notwendigkeit der Arbeitskämpfe mit den Unternehmern. Sie waren es dann auch, die auf die Seite der Independent Labour Party traten und sich dort engagierten.

Das Christentum im Prozeß des Wandels

Die christliche und kirchliche Tradition Englands erfuhr am Ausgang des 19. und zu Beginn des 20. Jahrhunderts eine umfassende und tiefgreifende Veränderung. Diese war in der Arbeiterschaft unmöglich zu übersehen, aber nicht weniger folgenschwer zeigte sie sich in den mittleren und oberen Schichten der Bevölkerung. Parallel zu den Veränderungen der politischen und sozioökonomischen Strukturen verlief eine solche der religiösen und auch der kirchlichen. Der Wandel trat primär als Abbau und Auflösung des seit dem frühen 19. Jahrhundert herrschenden Einflusses der Erweckungsbewegung (revivalism) in Church und Chapel zutage. Aber er griff doch weit darüber hinaus. Nicht nur dieser fromme Geist, der, ausgehend vom mittleren und oberen Bürgertum, rund drei Generationen lang prägend und normierend die englische Gesellschaft bestimmt hatte, versank: Es versank auch die Selbstverständlichkeit des christlichen Glaubens, die Fraglosigkeit des kirchlichen Einflusses, die Eindeutigkeit der kirchlichen Lehren und manches andere mehr. Der Umfang und die Tiefe dieser Veränderungen ließen allerlei Zeitgenossen – klagend oder jubelnd – das Absterben der Religion und speziell das Ende des christlichen Glaubens und der Kirchen im Industriezeitalter prophezeien. Das war eindeutig nicht der Fall. Allerdings waren die Probleme durch die Auffächerung nicht nur des Christentums in Konfessionskirchen, sondern vor allem durch die wachsenden Angebote mehr oder weniger stark religiös geprägter und besetzter Sinn- bzw. Freizeitangebote keineswegs einfacher geworden. Der Anpassungsdruck in einer vom Markt beherrschten kapitalistischen Konkurrenzsituation bedrängte die Kirchen und nicht minder die Frage, woran man sich, aus pragmatischen oder grundsätzlichen Erwägungen, in einer nicht länger einheitlich bürgerlichen, sondern pluralistisch und sogar antagonistisch gewordenen Gesellschaft anschließen sollte. Unübersehbar war jedenfalls, daß die Frage nach der Wahrheit der christlichen Verkündigung sich nicht mehr trennen ließ von der Frage nach der besseren Gesellschaftsordnung. Alles das bedeutete in der Tat einen erheblichen Verlust an religiöser, christlicher und kirchlicher Substanz. Es bedeutete nichtsdestoweniger auch die Herausforderung, sich in neuer Weise, nämlich in eigener Entscheidung und Verantwortung über diese Dimension des menschlichen Lebens und Denkens eine Meinung zu bilden. »Als die vorgebliche Einheitlichkeit in den späten siebziger und achtziger Jahren und noch offenkundiger in den neunzigern und danach auseinanderbrach und eine Vielfalt von religiösen Positionen auch gesellschaftlich akzeptabel wurde, gab es für viele Leute die sensationelle Entdeckung zu machen, daß der Kaiser gar keine Kleider trug; daß Glaubensinhalte, die sie ohne großes Nachdenken angenommen hatten, keine Grundlage besaßen. Andere dagegen sahen sich gezwungen, ihren Glauben unter Schmerzen neu aufzubauen: jedoch mit nur sehr wenig von der massiven gesellschaftlichen Unterstützung, die die Glieder der verschiedenen religiösen Traditionen bis dahin befähigt hatte, weite Gebiete ihres Glaubens als selbstverständlich anzusehen und nur über Randfragen zu diskutieren.« (McLeod, 231)

Bibliographische Hinweise zu IV.2

Hier ist ebenfalls die unter III.2 genannte Literatur zu berücksichtigen.

Droz, J. [Hg.] Geschichte des Sozialismus. Bd. 7, Frankfurt 1975.

Elliott-Binns, L.-E.: The Development of English Theology in the Later Nineteenth-Century. London 1952.

Inglis, K. S.: Churches and the Working Classes in Victorian England. London 1963.

Jones, P. d.'A.: The Christian Socialist Revival, 1877–1914. Religion, Class and Social Conscience in Late-Victorian England. Princeton 1968.

Martin, D. A.: The Religious and the Secular. London 1969.

Mayor, St.: The Churches an the Labour Movement. London 1967.

McLeod, H.: Class and Religion in the Late Victorian City. Hamden, Conn. 1974.

McLean, J.: Keir Hardie. London 1975.

Moore, R.: Pit-men, Preachers and Politics. The Effects of Methodism in a Durham mining Community. Cambridge 1974.

Pelling, H.: The Origins of the Labour Party, 1880–1900. London 1954.

Ramsey, A. M.: From Gore to Temple. The Development of Anglican Theology between Lux Mundi and the Second World War, 1889–1939. London 1960.

Rowell, G.: Hell and the Victorians. A Study of the nineteenth-century theological Controversies concerning eternal Punishment and the future Life. Oxford 1974.

Thompson, D. M. [Hg.]: Nonconformity in the nineteenth Century. London 1972.

Webb, B.: My Apprenticeship. London 1926.

3. *Belgien und Frankreich*

Der soziale Katholizismus in Belgien

Ungeachtet mancher Unterschiede kann der Katholizismus Belgiens und Frankreichs in diesem Zeitabschnitt als eine Einheit angesehen werden. Das lag vor allem an dem starken französischen Einfluß auf den belgischen Katholizismus. Im übrigen dominierte hier ein entschieden konservatives Milieu, das seinen politischen Ausdruck in der seit 1884 regierenden Konservativen Katholischen Partei unter Charles Woeste fand. Ein soziales Interesse bestand weiterhin nur am Rande. Vorherrschend blieb die Überzeugung, daß allein aus dem christlichen Glauben der ganze Mensch und dementsprechend auch die gesamte Gesellschaft erneuert werden könnten, daß Streiks verwerflich wären und der Gedanke des Klassenkampfs dem Christentum diametral entgegengesetzt sei. Angesichts der wirtschaftlichen Depression wuchs jedoch die Neigung zur Staatsintervention. Der Staat müsse, meinten manche Sozialethiker, nicht nur Arbeitsschutzgesetze erlassen, sondern auch die Arbeitszeit festlegen und sogar die Höhe der Löhne und Preise bestimmen. Die Abkehr vom schroffen Sozialkonservatismus Périns mit seiner theokratischen Zuspitzung war unübersehbar. Ein gemilderter Paternalismus begann sich durchzusetzen, dem allerdings nach wie vor das mittelalterliche Genossenschaftswesen als leuchtendes Ideal vor Augen stand.

Der große Repräsentant dieses sozialen Katholizismus in Belgien war Charles Helleputte (1852–1925), verschwägert mit dem einflußreichen französischen Sozialkatholiken Albert de Mun und auch beeinflußt von ihm und dessen Freunden. Von den zahlreichen Anregungen und Aktivitäten Helleputtes war die Gründung der Handwerks- und Handelsgilde in Löwen im Jahre 1878 wohl die charakteristischste: Beim Festessen aller Beteiligten zum Abschluß der Bauarbeiten am Justus-Lipsius-Kolleg der Universität entstand der Entschluß, auch weiterhin im katholischen Geist zusammenzubleiben. Man gründete eine Gilde, wählte also eine genossenschaftliche Organisationsform mit klarer hierarchischer Gliederung und gegenseitigen Verpflichtungen. Ähnlich strukturierte Zusammenschlüsse entstanden dann auch in anderen Orten. Geleitet wurden sie in der Regel von Priestern oder Intellektuellen.

Eine erhebliche Schwierigkeit für den belgischen Katholizismus bestand darin, daß seine Basis nach wie vor die agrarischen, flämischsprachigen Gebiete bildeten. Da hier die alten Konzepte noch Anklang, ja Beifall fanden, galten sie weiterhin als selbstverständlich. Kirchliche Vereine, Gilden oder der katholische Bauernbund (Boerenbond) konnten auf dem Land mit ansehnlichen Mitgliederzahlen aufwarten. In den Städten dagegen und insbesondere in den Industriestädten sahen die Verhältnisse freilich anders aus. Hier dominierte in den unteren Bevölkerungsschichten mehr und mehr die »Belgische Sozialistische Arbeiterpartei«, die sich 1879 aus einem flämischen und einem wallonischen Flügel gebildet hatte. Nach anfänglichen Schwierigkeiten – so wurde 1885 beispielsweise der Name umgewandelt in »Belgische Arbeiterpartei«, um empfindsame Gemüter nicht durch das Reizwort »Sozialismus« zu provozieren –, konsolidierte sich die Partei um 1890. Ihr militanter Antiklerikalismus trieb jedoch viele Arbeiter, vor allem wieder Flamen, am Ende des Jahrhunderts in die Arme der Konservativen Katholischen Partei zurück. 1898 konnte die Arbeiterpartei 30% aller Stimmen auf sich vereinen; 1902 waren es nur noch 23%. Innerhalb dieses runden Viertels der wahlberechtigten Bevölkerung entfaltete sich dann allerdings eine eigene Subkultur der Arbeiterbewegung, die vielfach solche religiösen Zügen trug, die bewußt mit der Kirche konkurrierten. »Der Sozialismus umfaßte das ganze Leben der Arbeiter, begleitete ihn von der Wiege bis zum Grab und ließ die sozialistische Mentalität Wurzeln fassen in Lebensgewohnheiten und Sitten.« (de Volder, 290) Hier liegen Parallelen mit der englischen Entwicklung auf der Hand.

So stark war die Anziehungskraft der Arbeiterbewegung in manchen Orten, daß dadurch nach wie vor auch Katholiken aus den kirchlichen Vereinen, Bünden und Gilden in nicht geringer Zahl gewonnen wurden: freilich weniger für die Arbeiterpartei als für die als gemäßigter geltende Gewerkschaftsbewegung. Um diesem Trend entgegenzuwirken, war schließlich im dramatischen Jahr 1886 in Grand eine erste christliche Gewerkschaft – und zwar die der Textilarbeiter –, gegründet worden. Hier wie andernorts handelte es sich um bewußte Gegengründungen gegen die bereits bestehenden starken sozialistischen Organisationen. Auch darin versuchte man den Gegner zu kopieren, daß diese Gewerkschaften bewußt als Zentren einer umfassenden christlichen Lebensgestaltung konzipiert waren. Fraglos hat sich da eine Arbeiterelite engagiert. Die Zukunft gehörte jedoch zunächst einmal den Sozialisten. Die 1908 ins Leben gerufene »Nationale Konföderation christlicher und freier Gewerkschaften« (Confèderation nationale des syndicats chrétiens et libres) konnte sich zwar auf mehr als 20% aller organisierten Arbeiter stützen: aber mehr als 70% von ihnen standen inzwischen hinter den sozialdemokratisch beeinflußten Gewerkschaften (Scholl, 73).
Zu den vielfältigen Verdiensten Helleputtes und seiner Freunde gehörten auch die Anstrengungen, über die innerkirchlichen sozialen Bemühungen hinauszugelangen in eine breitere Öffentlichkeit. »Man muß sich mit seinem Jahrhundert identifizieren«, schrieb Haulleville, »um ihm die Wahrheit aller Jahrhunderte zu zeigen.« (zit. Rezsohazy, 199) Mit großen Kongressen – der erste fand 1886 in Lüttich statt –, wollte man die Aufmerksamkeit auf die Arbeit des sozialen Katholizismus lenken und um Unterstützung für die Ziele einer christlichen Demokratie werben. Zum Durchbruch gelangten diese Gedanken jedoch trotz der schweren innenpolitischen Krise des Jahres 1886 noch nicht. Vorherrschend blieb im belgischen Katholizismus die alte Sicht der Dinge, die der angesehene und mächtige Bischof Rutten im gleichen Jahr 1886 so formulierte: Darauf komme es entscheidend an, »daß der Arbeiter begreift, daß er sich mit seinem Los zufrieden geben muß, daß er die Folgen des niederen Standes, in den ihn Gott gestellt hat, aushalten muß; und daß er, um zur Einsicht in diese Wahrheiten zu kommen, der Argumente bedarf, die allein die Religion bereitstellen kann« (zit. de Volder, 118).

Der französische Sozialkatholizismus

In Frankreich dachte die breite katholische Mehrheit kaum anders. Aber die komplexere geistige und politische Situation forderte stärker zu Auseinandersetzungen und dadurch auch zu neuen Bemühungen heraus. Die Menschen, die sich in diesem Sinn engagierten, blieben allerdings zunächst einmal eine schmale Minderheit innerhalb ihrer Kirche. Für die meisten französischen Katholiken – und keineswegs allein für sie! – hatten die Tage der Pariser Kommune (18. 3. – 28. 5. 1871) den endgültigen Beweis erbracht für alle alten Vorurteile gegenüber der Arbeiterschaft im allgemeinen und dem Sozialismus im besonderen. Die 24 Theologen unter den 74 Geiseln, die die Aufständischen erschossen, darunter Erzbischof Darboy von Paris, wurden fortan wie Märtyrer verehrt. Bereits der Name der Kommune galt nun als Inbegriff von Brand und Mord und allen Schrecken. Von den rund 20000 gefallenen oder erschossenen Arbeitern, Handwerkern und Intellektuellen dagegen sprach hier niemand, ebensowenig von den 38578 Gefangenen, von denen viele zu langjährigen Freiheitsstrafen verurteilt wurden. Aus dieser Elite der Arbeiterbewegung, die in der Tat schroff und militant antiklerikal war, rekrutierten sich in den achtziger Jahren großenteils die Kader des französischen Sozialismus.
Auf diesem düsteren Hintergrund des Bürgerkriegs sowie der militärischen und politischen Niederlage des Kaiserreichs im Krieg gegen Preußen-Deutschland (1870/71) kam einzelnen katholischen Vertretern in der Führungsschicht die haßgeladene soziale Zerris-

senheit des Landes und die bedrohliche Isolierung des Katholizismus zum Bewußtsein. Einer dieser Männer, Albert de Mun (1841–1914), schrieb angesichts der Kommune erschrocken: »Zwischen diesen Aufständischen und der legalen Gesellschaft, deren Verteidiger wir waren, wurde für uns ein Abgrund sichtbar.« (zit. Benaerts, 677) Nur durch die Abwendung von den Idealen der Revolution, fuhr er fort, könne dieser Bruch geheilt werden, durch eine neue Hinwendung zu Gott, »der das Fundament der Gegenrevolution sein muß und dessen Unkenntnis oder Vergessen der wahre Grund des Übels ist, das die moderne Gesellschaft ruiniert« (ebd., 678). Ebensowenig wie René de La Tour du Pin (1834–1925), den er in deutscher Kriegsgefangenschaft getroffen hatte, zögerte de Mun, von der Schuld der eigenen Klasse zu sprechen. Beide waren überzeugt, daß die katholische Oberschicht im Bunde mit der Kirche jetzt in neuer Weise ihre Verantwortung für die unteren Schichten der Bevölkerung wahrnehmen müßte. Dazu kam es jedoch nicht. Gefangen in den Theorien Le Plays und der Polemik Veuillots beharrte die Mehrheit der Katholiken bei ihrer frommen Zufriedenheit. »Er hat nichts begriffen«, bemerkte de Mun nach einem Besuch bei Guibert, dem neuen Erzbischof von Paris (Pierrard, 92). Der konservative Sozialkatholizismus blieb weiterhin eine Minderheit.
Ihre geistige Prägung verdankten La Tour du Pin und de Mun in hohem Maße Emile Keller (1828–1909). In der Gefangenschaft hatten sie sein 1865 erschienenes Buch gelesen, »Die Enzyklika vom 8. Dezember 1864 und die Prinzipien von 1789 oder die Kirche, der Staat und die Freiheit« (L'encyclique du 8 décembre 1864 et les principes de 1789, ou l'Eglise, l'Etat et la liberté), in dem Keller leidenschaftlich den Syllabus errorum verteidigte, jede Revolution als Empörung gegen Gott brandmarkte und einen katholischen Konservatismus forderte, der sich völlig der Führung Roms unterstellte. Die jüngsten Ereignisse hatten nach der Überzeugung der beiden Offiziere Kellers Analysen nur bestätigt. So fingen sie, erfüllt von christlichem Verantwortungsgefühl, entschlossen an, Arbeiterklubs in Paris zu gründen. Militärischer Ordnungssinn in Verbindung mit der vertrauten Form der paternalistischen Betreuung gaben diesen Gruppen ihr Gepräge. Im Vordergrund der Zusammenkünfte standen moralische Belehrung und religiöse Erbauung. Eigentliche Arbeiterfragen dagegen wurden kaum aufgegriffen. Trotzdem hatte das Unternehmen Erfolg. Bereits 1871 griffen die Klubs über Paris hinaus und es entstand als Dachverband das »Werk der katholischen Arbeitergruppen« (L'oeuvre des cercles catholiques d'ouvriers). 1875 zählte man 130 Komitees, in denen Angehörige der oberen Gesellschaftsschicht den Weg der Klubs bestimmten, und 150 Klubs oder Kreise aus Arbeitern oder kleinen Handwerkern, die nach diesen Richtlinien ihre Zusammenkünfte gestalteten. Erfaßt wurden damals rund 15000 Personen aus den unteren Bevölkerungsschichten. Auf dem Höhepunkt des Werkes waren es annähernd 40000 (Talmy, 15).

Die Enge dieser Bestrebungen änderte sich dann sogar theoretisch, vor allem aber in praktischer Hinsicht durch die Begegnung der beiden Offiziere mit Léon Harmel (1829–1915). Als Besitzer einer Textilfabrik im Val des Bois, nahe an der belgischen Grenze bei Warmériville an der Marne, verfügte Harmel sowohl über exakte wissenschaftliche Kenntnisse als auch über konkrete Erfahrungen in der Sozialarbeit eines Industriebetriebes. Dabei verkörperte er in hohem Maße das Idealbild eines katholischen Unternehmers. Sehr selbstverständlich war Harmel der Herr über seinen Betrieb und leitete ihn und seine Arbeiter zusammen mit deren Familien in betont paternalistischer Weise. Das bedeutete nun tatsächlich umfassende Fürsorge: Eine eigene Sozialversicherung sowie ein Betriebsarzt standen zur Verfügung, es gab Werkswohnungen mit kleinen Gärten und besondere Unterstützungen für kinderreiche Familien. Für den Unterhalt der Kinder wurde gesorgt, die Mädchen erhielten eine zusätzliche Ausbildung im Stricken, Nähen und Kochen, und ältere Betriebsangehörige wurden mit leichteren Arbeiten beschäftigt. Jeder konnte im übrigen wissen, daß Harmel auch in Krisenzeiten alles daransetzte, um seine Arbeiter zu halten. Das Leitbild bei alledem war die große christliche Familie. Hier wurde sie nicht nur gepredigt, sondern nach Kräften zu leben versucht. In diesem Sinn bemühte Harmel sich auch, unter seinen Arbeitern ein Gefühl für Gerechtigkeit und gegenseitige Verantwortung zu wecken. Dafür existierte sogar ein Fabrikrat, der Streitigkeiten unter den Arbeitern schlichtete und innerbetriebliche Spannungen zu beseitigen oder wenigstens zu mildern bemüht war.

Fraglos war diese Fabrik im Val des Bois ein Musterbetrieb. Ihre Vorzüge erstrahlen noch heller, wenn man die dortigen Gegebenheiten mit den Verhältnissen anderer Textilfabriken im nahen Reims vergleicht. Soweit es Harmel darum zu tun war, den Beweis zu liefern, daß das »christliche Patronat« auch im Industriezeitalter noch eine reale Möglichkeit darstellte, verfuhr er ebenso umsichtig wie überzeugend. Die Fabrik und ihre Belegschaft bildeten in hohem Maße eine eigene Welt. Neue Arbeitskräfte wurden nie als einzelne, immer nur als Familien angenommen, wobei die Pfarrer der näheren und weiteren Umgebung als Vermittler dienten. Denn auf die religiöse, die streng katholische Ausrichtung seiner Arbeiter kam es Harmel entscheidend an. In der Dienstanweisung für die Werkmeister stand: »Die Disziplin muß stets einen christlichen Geist haben und indem die äußere Ordnung aufrecht erhalten wird, muß man vor allem Sorge tragen für die moralische Ordnung, für das Heil der Seelen.« (zit. Trimouille, 54) Um diese Mitte der »christlichen Werkstatt« (l' atelier chrétien) legte sich dann ein Kranz von Korporationen herum, deren bedeutendste die »Bruderschaft unserer Herrin der Fabrik« war (Confrérie Notre-Dame de l'Usine). Gemeinsame Feiern, Feste und Wallfahrten intensivierten die Kirchlichkeit und verstärkten das Gefühl der Zusammengehörigkeit. Wer hier lebte und arbeitete, konnte kaum umhin, ein guter Katholik zu sein.

Aber Harmel wollte mehr als beweisen, daß es möglich sei, einen Industriebetrieb im christlichen Geist aufzubauen und zu leiten. Er war vielmehr der festen Überzeugung, daß sein Modell des aktiven sozialen Engagements des Unternehmers einerseits und andererseits die ihm sich unterordnende Mitwirkung des Arbeiters, ermöglicht durch die beiderseitige feste Bindung an die Kirche, die große Chance für die Zukunft des Katholizismus und der modernen Gesellschaft überhaupt darstellte. Insofern begriff Harmel sein Unternehmen als den Kristallisationskern für die christliche Umgestaltung der gesamten industriellen Welt. 1889 schrieb er an einen Freund: »Es tritt im Plane Gottes klar hervor, daß die französische industrielle Welt im Val des Bois ausgebildet wird. Die Industriellen der benachbarten Nationen werden es dann durch die Franzosen. Also das weitere Bestehen des Val des Bois hängt mit den Interessen der Kirche in einem Ausmaß zusammen, das mit keiner anderen Mission, Gemeinde usw. zu vergleichen ist.« (zit. Trimouille, 55)

Im Kontext dieser Erfahrungen Harmels entwickelten de Mun und La Tour du Pin ihr Anliegen weiter. Sie begriffen die von ihnen geschaffenen Arbeiterzirkel nun als Ausgangspunkt für die Errichtung von Berufsgenossenschaften, in denen nach dem Vorbild der Zünfte des Mittelalters alle in einem Berufszweig Tätigen organisiert sein sollten. Daraus entstand das Modell der »gemischten Gewerkschaften«: gemischt deshalb, weil da Unternehmer und Arbeiter in derselben Korporation zusammengeschlossen waren. Inhaltlich änderte sich dadurch allerdings kaum etwas. Die religiöse und moralische Erbauung dominierte nach wie vor und ebenso der Stil der paternalistischen Betreuung. Immerhin gelang es, eine Reihe katholischer Unternehmer im Norden zu gewinnen, Besitzer kleiner und mittlerer Textilfabriken, die in ihren Betrieben solche gemischten Gewerkschaften einrichteten. Daraus entstand 1884 der »Katholische Verband der Unternehmer im Norden« (Association Catholique des Patrons du Nord). Aber auch auf anderen Ebenen versuchten de Mun und La Tour du Pin, ihre Vorstellungen einer christlichen

Sozialordnung zu Gehör und zur Wirkung zu bringen. Dabei war de Mun in erster Linie Praktiker. Überzeugt, daß jede Möglichkeit, eine Verbesserung der Lage der Arbeiterschaft durchzusetzen, genutzt werden müsse, wandte er sich der Sozialpolitik zu. 1881 wurde er Deputierter im Parlament und trat dort eifrig für die Belange der unteren Bevölkerungsschichten ein. La Tour du Pin dagegen konzentrierte sich vor allem auf die theoretische Arbeit. Er löste sich unter dem Einfluß der Rezeption des thomistischen Naturrechts langsam von der Vorstellung, daß die Arbeiterassoziationen nach dem Vorbild religiöser Bruderschaften oder Kongregationen gestaltet sein müßten. Auch vom Gedanken der obligatorischen Mitgliedschaft in einer Berufsgenossenschaft – eine Vorstellung, die dem Katholizismus in Erinnerung an die mittelalterlichen Zünfte teuer war – rückte er ab. Wo Rechte bestanden, urteilte La Tour du Pin, müßte auch Freiheit herrschen. Der Wirklichkeit der Industriewelt und grundsätzlich sogar der Anerkennung ihrer Eigengewichtigkeit kam er mit alledem einen großen Schritt entgegen.

Harmel, La Tour du Pin und de Mun waren Gestalten des Übergangs. Zusammen mit ihren Freunden und Anhängern trugen sie gewiß entscheidend dazu bei, die verhärteten Positionen des französischen Katholizismus aufzulockern. Großen Anklang fanden sie damit freilich nirgends. In ihrer Kirche blieben sie, trotz vieler Lobesworte, weithin allein. In der übrigen Gesellschaft mißtraute man ihnen zutiefst als gefährlichen klerikalen Reaktionären. Die Hoffnung auf die Rechristianisierung der Gesellschaft mußte seit der Mitte der siebziger Jahre in der Tat als abenteuerlich erscheinen. Das nationale Element im Krieg gegen Deutschland hatte die Kirche zwar für den Augenblick populär gemacht und zu dem überraschend günstigen Abschneiden des konservativ-monarchischen und katholischen Flügels bei den ersten Wahlen in der Dritten Republik beigetragen. Aber es verriet doch einen erheblichen Mangel an politischem Augenmaß, wenn die Rechte sogleich wieder davon träumte, jetzt zu den Verhältnissen vor der großen Revolution zurücklenken zu können. Viele Katholiken taten ein übriges, um sich bei der Bevölkerung verhaßt zu machen: Sie identifizierten sich nicht nur öffentlich mit der militanten Reaktion, sondern setzten zugleich alles daran, Frankreich in einen Krieg gegen Italien zu hetzen, um dem Papst den 1870 verlorenen Kirchenstaat zurückzuerobern. Die Folge war ein mächtiges Aufflammen des Antiklerikalismus. Seit den achtziger Jahren mehrten sich die Gesetze und Erlasse, die die Katholiken treffen und den Einfluß des Katholizismus im Land zurückdrängen wollten. Die Kirche hatte das ihre dazu beigetragen, daß diese Politik einerseits eine wachsende demokratische Mehrheit finden konnte und andererseits einer schwankenden und uneinigen Regierungskoalition jahrelang als Kitt sowie als Ersatz für längst fällige sozialpolitische Reformen zu dienen vermochte.

»Ralliement« und »Rerum novarum«

Die Einsicht fehlte keineswegs, daß man auf diesem Weg als Kirche in eine sektiererisch sich verengende Sackgasse geraten war. Aber zu einer umfassenderen Wirkung kamen alle diese Sorgen, Widersprüche und Alternativen von Klerikern und Laien doch erst in dem Moment, als Papst Leo XIII. den gleichen Kurs zu steuern begann. Klarer als viele Katholiken hatte er begriffen, daß das Ziel der Rechristianisierung der Gesellschaft sich nicht mehr auf dem Weg der platten Identifizierung mit einer reaktionären politischen Rechten durchsetzen ließ. Geboten war stattdessen ein Bündnis, eine »Verbindung« (Ralliement) der Kirche mit den die Zeit beherrschenden geistigen und politischen Ideen, um die christliche Wahrheit zur Geltung zu bringen. Von diesem Ansatz aus drängte Leo XIII. die französischen Katholiken, sich der Dritten Republik anzunähern und sich möglichst mit ihr zu versöhnen. So kam es, nach mancherlei Vorbesprechungen, am 12. 11. 1890 in Algier zum berühmten Toast des Kardinals Lavigerie auf die Republik. Der Vorgang führte in breiten kirchlichen Kreisen geradezu zu einem Schock. Was man Jahrzehnte lang gehaßt und bekämpft hatte, sollte nun mit einem Schlag als gut und richtig gelten! Verwirrung und Orientierungslosigkeit breiteten sich aus. Der Episkopat hielt sich vorsichtig zurück. Aber es konnte kein Zweifel daran bestehen, daß der Papst eindeutig auf der Seite der Anhänger eines katholischen Bündnisses mit der Republik stand. Dieser Personenkreis erhielt dann im Mai 1891 durch die päpstliche Sozialenzyklika »Rerum novarum« einen zusätzlichen mächtigen Auftrieb. Die Verlautbarung war sorgfältig von langer Hand vorbereitet, wobei Kardinal Mermillod aus Fribourg in der Schweiz eine wesentliche Vermittlerrolle zwischen dem Vatikan und den wichtigsten Vertretern des sozialen Katholizismus auf dem Kontinent gespielt hatte. In der 1884 von Mermillod zu diesem Zweck gegründeten »Katholischen Union« (Union Catholique) entstanden aufgrund der Vorstellungen, die vor allem Ketteler, Vogelsang und die französischen Sozialkonservativen vertreten hatten, die Umrisse einer allgemeinen katholischen Soziallehre. Sie ging davon aus, daß allein die Kirche in der Lage sei, die gesellschaftlichen Verhältnisse wahrhaft zu verändern, weil die sozialen Mißstände der Gegenwart ihre Wurzel in religiösen Mißständen hätten. Aber dabei blieb die Enzyklika nicht stehen. Vielmehr betonte sie die Verpflichtung des Staates, sozial regulierend einzugreifen und gestand der Arbeiterschaft das Recht zu, sich auch zum Zweck einer nicht ausschließlich religiösen Betätigung zusammenzuschließen. Als Organisationsform schwebte ein Modell der »berufsständischen Ordnung« vor, worin sich Elemente der alten Zunftverfassung mit solchen einer gemischten Gewerkschaft und der Produktionsgenossenschaften mischten. Eindeutig war dagegen die Verdammung des Sozialismus, etwas abgemildert diejenige des Liberalismus und Kapitalismus. Streiks wurden verworfen, jedoch das »Recht auf Eigentum« erhielt eine ausführliche Verteidigung. Schließlich unterstrich die Enzyklika nachdrücklich die Aufgabe der Kirche, sozial tätig zu werden und ein Bewußtsein der sozialen Verantwortung in der Öffentlichkeit zu wecken.

Zweifellos war dieser Text die Kundgebung einer konservativen Macht. Zudem überdeckte der hier erreichte Kompromiß in der Orientierung an rückwärtsgewandten sozialen Leitbildern einerseits und andererseits an den neuen gesellschaftlichen Verhältnissen allzu glatt die dahinter liegenden Probleme. Wie die Verantwortung der Kirche, des Staates und auch des einzelnen sich denn nun konkret zueinander verhielten: darüber sagte die päpstliche Verlautbarung nichts Näheres aus. Die Folge davon war, daß diejenigen, die die Enzyklika ernst nahmen, in der Regel recht bald nicht umhin konnten, über sie hinauszugehen. Daraus wiederum resultierte ein erbitterter Streit um die richtige Auslegung dieses Textes – bzw. um das Recht eines liberalen oder auch nur gesellschaftspolitisch aufgeschlossenen Katholizismus, der seine Anschauungen durch dieses Dokument zu rechtfertigen versuchte. Das Papstwort, das als klare katholische Wegweisung für die realen sozialen Auseinandersetzungen in den europäischen Industrienationen gemeint war, beendete den Streit um den richtigen Weg nicht, sondern fachte ihn weiter an. Aber das waren Folgeerscheinungen. Zunächst einmal gingen von »Rerum novarum« außerordentliche Impulse auf die sozialen Aktivitäten des Katholizismus aus, angefangen bei der Intensivierung der kirchlichen Liebestätigkeit bis hin zu umfassenden sozialen und politischen Entwürfen.

Die Auswirkungen in Belgien

In Belgien brachte nicht das schlimme Jahr 1886 den Durchbruch der sozialen Kräfte im Katholizismus, sondern die Enzyklika. Die herausragende Gestalt war auch jetzt wieder Helleputte. Noch im gleichen Jahr 1891 gründete er die »Belgische Demokratische Liga« (Ligue démocratique belge), die als Dachverband der zahlreichen katholischen sozialen

Gruppen, Vereine und Werke fungieren sollte. Im Einklang mit den Gedanken von de Mun und La Tour du Pin wünschte Helleputte, diese Organisationen zu Produktionsgenossenschaften auszubauen. 1896 hatten sich bereits 365 Vereine angeschlossen (Volder, 412). Aber nach Struktur und Zielrichtung waren sie derart heterogen, daß sich daraus unmöglich ein Instrument für eine soziale Veränderung schmieden ließ. Umso wirksamer erwies sich die Bemühung, auf dieser Basis einen Volksbund zu konstituieren, der als Einheitsfront aller katholischen Arbeiter gegen die wachsende Macht der Sozialisten dienen sollte.

Noch stärker politisch engagierten sich jene Mitglieder der »Demokratischen Liga«, die innerhalb der Konservativen Katholischen Partei aktiv wurden. Sie schlossen sich dort als Gruppe der »Jungen Rechten« zusammen und versuchten, Einfluß auf die Sozialpolitik der Partei zu gewinnen. Der allgemeine Ruf im Land nach sozialen Reformen förderte diese Bestrebungen ebensosehr wie die Notwendigkeit der Konservativen Partei, ihre Basis zu verbreitern. Insofern wurde die Heranführung der katholischen Vereine an die Partei durch die »Junge Rechte« von Charles Woeste, dem mächtigen Parteiführer, mit Wohlgefallen beobachtet. Dieses änderte sich jedoch schnell, als der soziale Flügel immer nachdrücklicher die Durchsetzung seiner Ziele verlangte. Jahre leidenschaftlicher und erbitterter Auseinandersetzungen innerhalb der Partei folgten. Zäh verteidigte Woeste nicht nur seine beherrschende politische Machtposition, sondern ebenso das große soziale Leitbild des konservativen Katholizismus: den christlichen Paternalismus, der die alte Ordnung wahrte, indem er im Bund mit der Kirche jedem seinen Platz und seine Aufgabe zuwies. Langsam nur und stockend setzten sich Gedanken einer christlichen Demokratie durch. Zwar gab es bereits 1896 im Parteiprogramm stärkere soziale Akzente. Aber es dauerte doch noch bis zum Jahre 1907, bevor von einer wirklichen Durchdringung der Konservativen Partei mit den demokratischen und sozialen Vorstellungen der »Jungen Rechten« die Rede sein konnte.

Weil ihm diese Entwicklung zu langsam ging, vor allem aber, weil sie seiner Überzeugung nach nicht tief genug ansetzte, nämlich bei den Erwartungen und Bedürfnissen der unteren Bevölkerungsschicht, hatte Daens (1839–1907) 1893 in Ostflandern eine »Christliche Volkspartei« (Christene Volkspartij) gegründet. Als Priester und Volkstribun gelang es Daens, die katholische Arbeiterschaft in diesem Raum zu mobilisieren. Die Sozialisten verloren Stimmen an die »Christliche Volkspartei«. Der viel gefährlichere Gegner jedoch war die Konservative Katholische Partei. Aus persönlichen und grundsätzlichen Erwägungen wehrte sich Woeste gegen den Weg von Daens, in der klaren Erkenntnis, daß dadurch die Konservative Partei und die öffentliche Machtstellung des konservativen Katholizismus, dessen eindrücklichster Repräsentant er war, tiefgreifend umgestaltet würden. Als Daens sich darum weigerte, diesem offiziellen katholischen Kurs zu folgen, begann der erbarmungslose Kampf gegen ihn. 1897 schloß der »Volksbund« ihn und seine Partei aus, 1898 verbot ihm der Bischof jede weitere politische Tätigkeit. Als Daens daraufhin erklärte, er sei in allen theologischen und kirchlichen Fragen zu unbedingtem Gehorsam bereit, in politischen Angelegenheiten jedoch müsse er die Freiheit zu eigenen Entscheidungen beanspruchen, wurde er vom Dienst suspendiert. Das war zugleich das Ende der »Christlichen Volkspartei«. Ihre Wähler gingen mehrheitlich zu den Sozialisten. Versuche, in Rom eine Wende herbeizuführen, scheiterten völlig. Damit war die Möglichkeit endgültig vertan, die in diesem Gebiet im wesentlichen noch katholisch geprägten Arbeiter parteipolitisch im kirchlichen Sinn zu integrieren.

Die »christliche Demokratie« in Frankreich

Auch in Frankreich versuchten in dieser Zeit liberale und demokratische Katholiken, eine eigene politische Partei zu organisieren. Ihr Mißerfolg war allerdings eklatant. Offenkundig gab es hier an der Wende zum 20. Jahrhundert keine nennenswerten katholischen Kräfte mehr, die parteipolitisch noch nicht gebunden waren.

Diese Feststellung hebt sich deutlich von der Situation zu Beginn der neunziger Jahre ab. Die päpstlich geförderte Politik der Annäherung an die Republik sowie die unmittelbar darauf folgende Enzyklika »Rerum novarum« hatten gerade im französischen Katholizismus außerordentliche Energien freigesetzt, sowohl sozialer als auch politischer Natur. Unmittelbar nach Bekanntwerden der Enzyklika richtete Harmel in seiner Fabrik Sozialwochen für künftige Priester ein, um sie mit den neuen Aufgaben vertraut zu machen, die die Kirche künftig von ihnen erwartete. Das Mißtrauen der Bischöfe über die Eigeninitiative eines Laien führte zwar vorübergehend zur Einstellung der Sozialwochen, doch baute sie der Episkopat dann tatkräftig in eigener Regie aus. In Dünkirchen und Sedan bemühten sich kirchliche Kreise, die Lebensqualität der Arbeiter durch die Bereitstellung von Gärten zu heben. Auch im Gesundheitswesen sowie in der Familienfürsorge wurden jetzt erhebliche Anstrengungen unternommen. Man richtete kirchliche Kindergärten ein, organisierte Settlements und gründete schließlich 1902 ein katholisches Studienzentrum für soziale Fragen (Union d' Etudes des Catholiques sociaux). Manches davon hat die staatliche Sozialgesetzgebung in den ersten Jahren des 20. Jahrhunderts mit beeinflußt. Ein Durchbruch der Kirche zur Arbeiterschaft war auf diesem Wege allerdings nicht mehr zu erreichen.

In einem erheblichen Ausmaß drängte das neue soziale und politische Engagement im französischen Katholizismus in den neunziger Jahren jedoch sogleich über den innerkirchlichen Bereich hinaus. Erwartungen kirchlicher Randgruppen, die man längst als abgestorben angesehen hatte, lebten plötzlich wieder auf. Alte Vorstellungen eines liberalen und demokratischen Katholizismus waren mit einem Mal in aller Munde. Gewiß, das war bei weitem nicht mehr die Hochstimmung von 1848. Aber ein wenig von diesem Glanz lag auch noch auf denen, die sich seit 1890 der geistigen und gesellschaftspolitischen Wirklichkeit um sie herum zu stellen versuchten. Wieder gehörte Harmel zu denjenigen, die wichtige Anregungen gaben. Verärgert und enttäuscht über die unnachgiebig starre Haltung der meisten katholischen Unternehmer gegenüber sozialen Notwendigkeiten hatte er sich schon vor 1890 den unteren Bevölkerungsschichten zugewandt. Diese Einstellung war in erster Linie emotional bestimmt: getragen von der Hoffnung auf das »Volk«, das sich durchaus für die Kirche gewinnen und mobilisieren ließe, wenn man es nur ernsthaft und ehrlich versuchte. Die Massenwallfahrten von Arbeitern nach Rom, die Harmel später organisierte, entsprachen genau dieser Zielsetzung. Zunächst jedoch richtete er im Raum um Reims Besuchsdienste und Gesprächskreise für Arbeiter und Intellektuelle ein, die auch einen gewissen Erfolg hatten. Der Zustrom wurde größer, als die Diskussion um »Rerum novarum« einsetzte. Auch solche, die der Kirche ferner standen oder bereits mit ihr gebrochen hatten, beteiligten sich nun. Man las andere soziale Werke, beschäftigte sich mit ökonomischen Fragen und kam dabei auf sozialpolitische Themen zu sprechen. Ganz selbstverständlich wuchsen daraus eigenständige Arbeiterkreise, die sich bald über Reims hinaus ausbreiteten. Da sie auf ihre katholische Bindung Wert legten, nannten sie sich »Christliche Kreise für soziale Studien« (Cercles chrétiens d'études sociales). Schnell setzte sich dann die Überzeugung durch, daß sie als Arbeiterschaft ebenso selbständig im Wirtschaftsleben auftreten müßten. Der Kongreß christlicher Arbeiter in Reims im Mai 1893 widmete sich dementsprechend ausführlich diesen Fragen und beschloß dabei die Ablehnung aller Organisationsformen, die die Durchsetzung reiner Arbeiterassoziationen verhinderten. Wohl wollte man Priester hinzuziehen, jedoch ausschließlich als Vertreter und Sprecher des Proletariats. Hier lag theoretisch und dann durchaus auch praktisch eine der Wurzeln für das spätere Experiment der Arbeiterpriester.

Es war insbesondere Fernand Leclercq, der die Selbständigkeit der Arbeiter erfolgreich verfochten hatte. Aber Harmel besaß die Fähigkeit – im Unterschied zu den übrigen katholischen Fabrikbesitzern im Norden –, sich dieser Entwicklung anzuschließen. Daraus entstand eine moderne christliche Gewerkschaft, die jedoch zahlenmäßig schwach blieb, auch als sie in der Folgezeit die politischen Gesichtspunkte stärker betonte als die katholischen. Entschiedener kirchlich ausgerichtet war die »Gewerkschaft der Beschäftigten in Handel und Industrie« (Syndicat des employés du commerce et de l'industrie). Hierbei handelte es sich ursprünglich um einen Zusammenschluß von Absolventen kirchlicher Schulen. Erst seit 1899 verstand die Organisation sich als christliche Gewerkschaft. Sie nahm nun einen schnellen Aufschwung: 1903 betrug die Zahl der Mitglieder 634 657, das waren knapp 9% der französischen Arbeiterschaft (Talmy, 82).
Auch in Frankreich vollzog sich der Aufbau der christlichen Gewerkschaften im wesentlichen gegen den zähen Widerstand der Unternehmer und einflußreicher kirchlicher Kreise. Den katholischen Fabrikbesitzern waren ebenso wie ihren kirchlich nicht gebundenen Standesgenossen die nicht organisierten Arbeiter die liebsten. Höchstens gemischte Gewerkschaften wollten sie anerkennen. Kennzeichnend für diese Mentalität war das Wort eines Industriellen: »Man diskutiert nicht mit denen, die man bezahlt!« (zit. Montuclard, 67) Auf der anderen Seite betrachteten die Repräsentanten des konservativen Katholizismus diese Gewerkschaften mit Mißtrauen, weil in ihnen das liberale und demokratische Gedankengut unverkennbar stark vertreten war. In gewisser Weise repräsentierten auch sie ein Stück jener »christlichen Demokratie«, die das gleichnamige Blatt des Abbé Six seit 1894 proklamierte (La Démocratie chrétienne), und um das sich eine bunte Schar gleich oder ähnlich gesinnter Persönlichkeiten sammelte. Sie alle lebten in einer echten Aufbruchstimmung, beflügelt von der Politik der Annäherung an die Republik sowie der päpstlichen Sozialenzyklika. In der umfassenden Zuwendung zur Wirklichkeit und im Ernstnehmen ihrer Probleme die christliche Botschaft neu der entkirchlichten Arbeiterschaft und dem antiklerikalen Bürgertum zu sagen: das war das Grundanliegen dieser Menschen. Dabei fehlte es gewiß nicht an Übertreibungen und Verirrungen. Oft trat die Emphase an die Stelle der Analyse und in vielen Fragen war man schlicht unsicher. Beschämend bleibt der wilde Antisemitismus dieser Gruppen. Auch sie wähnten, in den Juden die Ursache aller Übel einer von sozialen und wirtschaftlichen Krisen geschüttelten Gegenwart gefunden zu haben! Gleichwohl repräsentierten diese Priester und Laien einen ungewöhnlichen und darum erregenden Katholizismus. Hier war von einer Sektenmentalität wenig mehr zu spüren. Es dominierten vielmehr die Züge der Denomination. Man sah sich faktisch in der Situation der Konkurrenz mit anderen Gruppen und Organisationen, was natürlich nur unter der Voraussetzung der Zustimmung zu einer Reihe allgemeiner politischer und gesellschaftlicher Grundwerte möglich war. Dadurch wuchs freilich umgekehrt auch hier – wie unter anderen Voraussetzungen in England –, die Entfremdung gegenüber dem offiziellen französischen Katholizismus, der in jener denominationalen Öffnung zur Welt genau diese Zustimmung zu allgemeinen gesellschaftspolitischen Vorstellungen verwarf. Daß Rom diesen Katholiken inzwischen näher stand als den Neueren, signalisierte am 18. 1. 1901 klar die Enzyklika »Graves de Communi«, in der an das Verbot der Kirche erinnert wurde, den Gedanken des Klassenkampfes aufzunehmen und in irgendeiner Weise mit Sozialisten zusammenzuarbeiten. Obwohl dieser Schlag die gesamte Bewegung der »christlichen Demokratie« traf, erschütterte er verständlicherweise doch vor allem die christlichen Gewerkschaften. Ihre Aktionsmöglichkeiten waren fortan fühlbar eingeengt.

Die Sehnsucht nach einer echten Verbindung von Christentum und Demokratie lebte im französischen Katholizismus nichtsdestoweniger weiter. Insbesondere einzelne Jugendgruppen zeigten sich davon berührt. Dazu gehörte in gewisser Weise auch der »Katholische Verband der französischen Jugend« (Association Catholique de la Jeunesse Française). Albert de Mun hatte ihn 1886 als eine streng katholische Organisation unter der Leitung der Bischöfe gegründet. Im Laufe der Jahre wuchs der Verband jedoch auch geistig und wandte sich damit zahlreichen neuen Themen zu. Einen geradezu exemplarischen Ausdruck aber fand die erstrebte Vereinigung von Demokratie und Christentum in der »Furche«. »Die Furche« (Le Sillon), 1894 als literarisches Blatt mit religiösen, kulturellen und pädagogischen Interessen gegründet, wurde ab 1898 unter Marc Sangnier (1873–1950) nicht nur zu einer zunehmend sozial interessierten und politisch kämpferischen Zeitschrift, sondern zum Sammelpunkt einer lebendigen, begeisterungsfähigen katholischen Jugend. Viel von der Faszination, die diese Bewegung ausstrahlte, verdankte sie Sangnier. Er war eine geborene Führergestalt, klug und mitreißend, reich an immer neuen Einfällen, dabei tief gläubig und von einer seltenen Fähigkeit zur Unabhängigkeit. Sein großes Anliegen war die Verwirklichung der Demokratie, der wahren Demokratie, wie er unentwegt betonte. Davon sah er die Gesellschaft, in der er lebte, allerdings noch weit entfernt. Denn dazu gehörten nach seiner Überzeugung wirkliche Gleichheit, echte Brüderlichkeit und eine umfassende Humanität: Sie aber ließen sich nur realisieren aus dem Geist und der Kraft des christlichen Glaubens. Sangnier konnte alle Arbeit für mehr Demokratie in der Gesellschaft und jedes Eintreten für Menschlichkeit als im Einklang mit dem Willen Gottes bezeichnen. Vor allem aber ging es ihm darum, jungen Christen deutlich zu machen, daß der christliche Glaube *hier* gelebt und in Aktionen umgesetzt werden müsse, wenn er nicht verfallen sollte. »Diejenigen, die die Zukunft fühlen, die fähig sind, der Sorge um die wirtschaftliche und moralische Reform, der Sorge um die menschliche Reform den Vorrang zu geben vor ihrem bürgerlichen Interesse – alle die haben die Einstellung, die auch die der Furche ist.« (zit. Caron, 362)

Konkret bedeutete das, daß Sangnier und seine Freunde sowohl den Klerikalismus als auch den Antiklerikalismus angriffen. Zunehmend schärfer wurde im Laufe der Jahre die Frontstellung gegen die herrschende katholische Symbiose aus rechter Reaktion und traditioneller Kirchlichkeit. Aber ebenso deutlich attackierte die »Furche« einen ideologisch überhöhten Antiklerikalismus, der Freiheit und Demokratie lediglich als Vorrechte der eigenen Gruppe begriff. Wieder war Sangnier der Überzeugung, daß der christliche Glaube in einer offenen und freien geistigen Auseinandersetzung nicht nur seine Macht erweisen würde, sondern auch andere, die jetzt noch abseits standen, zu gewinnen vermöchte. »Wenn die moralische Einheit Frankreichs jemals wiedererstehen sollte, dann kann sie nur durch die freie Konkurrenz unter den verschiedenen Weltanschauungen wiedererstehen.« (zit. ebd., 469)

Unter solchen Voraussetzungen kam dem Gedanken der Erziehung im Konzept der »Furche« eine besondere Bedeutung zu. Man wollte nicht Neues organisieren, auch die bereits vorhandenen katholischen Gruppen, Zirkel und Kreise nicht geistig majorisieren – noch weniger natürlich die Arbeiterschaft –, vielmehr sie alle anregen, begleiten, bereichern. Die Folge davon war ein außerordentlicher Reichtum an Veranstaltungsformen. Es gab Vorträge und Kongresse, Freizeiten, Schulungskurse, Diskussionsabende, Arbeitstreffen, Ausstellungen. Arbeiter agierten zusammen mit Studenten, junge Handwerker standen neben Intellektuellen. Das Ziel jedoch war stets dasselbe: Anstöße zu vermitteln und Menschen in Bewegung zu setzen für die wahre Demokratie. Politisch rückte der Kreis um die »Furche« dabei mehr und mehr nach links. Dazu erklärte Sangnier: »Solange wir die Monarchie in der Fabrik haben, können wir in der Gesellschaft nicht die Republik haben.« (zit. Rollet, 140) Zugleich wuchs ein Netz von Kontakten und

Verbindungen zu denen, die ebenfalls für die Demokratisierung der Gesellschaft kämpften, ohne dabei entschiedene Katholiken zu sein: Protestanten, Gewerkschaftler, sogar Sozialisten gehörten dann mindestens in einem weiteren Sinn zur Bewegung der »Furche«.

Es liegt nach allem Gesagten auf der Hand, wie gründlich diese Entwicklung der Amtskirche mißfallen mußte. Bis zum Jahre 1903 waren die Beziehungen allerdings gut. So konservative Blätter wie »Das Universum« (L'Univers) oder »Das Kreuz« (La Croix) lobten die Bewegung, die Betonung der Demokratie hielt man für eine besonders geschickte Tarnung. Mit Sympathie begleitete der konservative Katholizismus auch den Aufbau der »Jungen Garde«, einer Eliteformation mit eigener Uniform, die sich zu besonderem Einsatz bei den Veranstaltungen der »Furche« verpflichtet hatte und die sich ebenso bereitwillig der Pflege einer persönlichen Frömmigkeit unterzog. Um noch einmal Sangnier selbst zu Wort kommen zu lassen: »Sein Leben dem Kommen der Demokratie zu weihen, es als ein christliches Leben persönlich und innerlich zu führen – das ist die ganze Furche.« (zit. Caron, 162) Zu Spannungen und einem bald immer schrofferen Gegensatz zur offiziellen Kirche kam es, als deutlich wurde, daß Sangnier und der Kreis um die »Furche« nicht bereit waren, bedingungslos dem kirchlichen Kurs zu folgen. Daß sie eine nichtkonfessionelle Jugendgruppe sein und bleiben wollte, von Laien geführt, dazu politisch links orientiert: das waren für den Episkopat ebenso viele Steine des Anstoßes und des Ärgernisses. 1906 verboten die Bischöfe dem Klerus die Teilnahme an den Veranstaltungen der Bewegung und untersagten die Benutzung kirchlicher Räume. Die Begründung war einfach: Da es für einen Katholiken keinen Bereich gebe, der nicht der kirchlichen Leitung unterstellt sei, Sangnier und seine Freunde sich jedoch weigerten, voll und ganz den Weisungen der Kirche zu gehorchen, könne diese sie auch nicht unterstützen. Noch schwieriger wurde die Situation nach 1907, als die »Furche« des Modernismus verdächtigt wurde. Am 25. 8. 1910 wies Pius X. schließlich die französischen Bischöfe an, für die Auflösung der Bewegung Sorge zu tragen. Sangnier gehorchte sofort: Damit war einer der kühnsten und faszinierendsten Aufbrüche im französischen Katholizismus endgültig gescheitert.

Der französische Modernismus

Die vielfältigen Neusansätze seit den neunziger Jahren in der »christlichen Demokratie«, im christlichen Gewerkschaftswesen und nicht zuletzt in den Jugendorganisationen stimmten darin überein, daß sie alle als Christen die Wirklichkeit einzuholen versuchten. Den eigenen Weltverlust aufzuheben, die Sektenmentalität aufzubrechen und wirksamer gegen die Kirchenfeindschaft und die Entchristlichung des Landes anzugehen: das war das Ziel. Mit alledem wurde die Kirche selbst zumindest tendenziell verändert. Denn sogar da, wo man sich nur pragmatisch um soziale Belange kümmerte, führte das Ernstnehmen der Verhältnisse unmerklich zur Veränderung des traditionellen Bildes von der Kirche. Natürlich blieb auch die akademische Theologie davon nicht verschont. 1902 schrieb Alfred Loisy (1857–1940), die Gegenwart erfordere »eine Anstrengung, um den theoretischen Katholizismus an die Fakten der Geschichte anzupassen und den praktischen Katholizismus an die Wirklichkeiten des zeitgenössischen Lebens« (zit. Poulat, Histoire, 115). Damit war der Kern dessen umrissen, was die Gegner dieser Bemühungen als »Modernismus« brandmarkten und bekämpften.

Im Vordergrund dieser Auseinandersetzungen stand der Theologe und Exeget Loisy. Zwar gab es außer der Exegese noch andere Kampffelder, und diese lagen keineswegs nur in Frankreich! Aber hier führte die nüchterne Vorführung exegetischer Ergebnisse aufgrund der historisch-kritischen Methode in besonderem Maße zu Unruhe, Verunsicherung, ja Erregung. Über den in der Regel theologisch wenig gebildeten französischen Klerus brachen diese Informationen wie ein Unwetter herein. Nicht allein die Selbstverständlichkeit, mit der man gewohnt war, dogmatische Sätze als die Wahrheit selbst zu nehmen, geriet da ins Wanken, sondern ebenso die von einem absoluten Prinzip aus deduzierende Methode der Scholastik überhaupt. Konnte es dann aber ein dogmatisches System im Sinne der allem Erkennen und Erleben vorgeordneten göttlichen Wahrheit noch geben? Schon diese Anfragen waren grundstürzend. Aber Loisy ging noch einen Schritt weiter. Er zog ausdrücklich auch die Institution der Kirche mit in diese Problematik ein. Die Ekklesiologie der Neuscholastik hatte allen Nachdruck auf den übernatürlichen, von Gott gestifteten Charakter der Kirche gelegt und ihre Zusammenfassung im päpstlichen Primat. Loisy dagegen schrieb in »Das Evangelium und die Kirche« (L'évangile et l' église, 1902), seiner glänzenden Erwiderung auf Adolf von Harnacks »Wesen des Christentums«: »Jesus verkündigte das Kommen des Reiches Gottes – und gekommen ist die Kirche.« (zit. Poulat, Histoire, 66) Gemeint war damit von Loisy, daß der Grundirrtum der Protestanten allgemein und derjenige Harnacks im besonderen darin bestünde, die Geschichte zu ignorieren und deshalb zu wähnen, direkt und ohne Vermittlung auf die biblischen Texte zurückgreifen zu können. Indem Loisy jedoch gegenüber einem solchen Subjektivismus an die historische und theologische Realität der Kirche erinnerte, stellte er diese gleichzeitig betont und grundsätzlich in den Prozeß des historischen Wandels hinein: Evangelium und Kirche waren eben nicht identisch! Daß Loisy diesen Gedanken 1903 festzuhalten wagte in seiner Verteidigungsschrift »Um ein kleines Buch« (Autour d' un petit livre), das die vorangegangene Veröffentlichung zu erläutern versuchte, führte zu seiner Verurteilung. Zunächst unterwarf sich Loisy. Die Frage blieb allerdings offen, sowohl grundsätzlich als auch praktisch, worauf der Glaube sich nun konkret beziehen sollte: auf die Durchsetzung von Humanität, die Verwirklichung von Demokratie – oder auf die Sakramente, die Kirche? Für den integralen Katholizismus, der die Welt in die Kirche zu integrieren versuchte, war die Antwort klar. Wie eh und je sollte da die Kirche die Gesellschaft regieren und das Volk zum ewigen Heil leiten. Alles andere wurde als Abfall von der Offenbarung und Vergötzung vergänglicher Werte verdammt. Dagegen setzte der liberale Katholizismus seine Feststellung, daß die Kirche nicht mehr die Welt durchdrang, sondern abseits, in einem Ghetto, existierte; daß sie, unfähig zum Gespräch, die Mentalität einer Sekte pries und produzierte. Weltlichkeit des Glaubens, Diesseitigkeit des Christentums wurde infolgedessen zum Programm. Vor die Frage nach dem ewigen Heil trat die Bemühung um die heilsame Veränderung der Erde. Statt des Dogmas dominierte die Ethik. Nicht mehr die in Sätzen vorgegebene göttliche Wahrheit sollte zählen, sondern die im Leben des einzelnen und der Gruppe erfahrbare. Nicht der Typ der Sekte wurde realisiert, sondern derjenige der Denomination, des offenen Werbens und Konkurrierens also mit anderen weltanschaulichen Organisationen auf dem Boden einer zumindest faktisch vorausgesetzten Übereinstimmung über wesentliche Werte. Kurz: in Frankreich standen sich in seltener Klarheit zwei grundsätzlich verschiedene, ja gegeneinander gerichtete Konzepte von Katholizismus gegenüber. Deshalb wurde hier die Auseinandersetzung um »Modernismus« oder »Antimodernismus« auch mit besonderer Leidenschaft geführt.

Politische, gesellschaftliche und theologische Elemente griffen dabei unübersehbar ineinander. Mochte Loisy zu Recht auf die langsame Durchsetzung seiner Gedanken hoffen, insbesondere auf Anerkennung im jüngeren Klerus, so übersah er doch, daß der politisch, sozial und religiös konservativen Mehrheit im französischen Katholizismus – und dazu gehörte dann auch der junge Klerus –, an irgendeiner Erschütterung ihrer Position nicht das geringste gelegen sein konnte. Leos XIII. Politik der »Verbindung« (Ralliement) der Kirche mit der Republik hatte sich im wesentlichen als Fehlschlag erwiesen.

Viele Republikaner mißtrauten der katholischen Annäherung zutiefst. Überzeugt von der grundsätzlichen Feindschaft der Kirche gegenüber Freiheit, Menschenrechten und Demokratie sahen sie in der neuen Politik lediglich den Versuch, ein trojanisches Pferd in ihre Mauern zu bringen. Umgekehrt wuchs in dem Maße, in dem das Fiasko der Versöhnungspolitik offenkundig wurde, die Verärgerung und sogar Verbitterung im katholischen Lager über diejenigen, die mit den Gegnern zusammenzuarbeiten schienen. Konservative Politiker forderten ebenso wie der Episkopat angesichts des zunehmenden Antiklerikalismus in der Öffentlichkeit die Schließung der eigenen Reihen gegenüber allen Abweichlern in Theorie und Praxis. Erschrocken über das radikale Denken und ungestüme Handeln des liberalen Katholizismus folgte dann auch die Kurie diesem Kurs.

Rückzug und Reaktion

Die fortschreitende Polarisierung zwischen der militanten katholischen Rechten und den antiklerikalen Republikanern erhielt dann neue Nahrung durch die Affaire Dreyfus. Der Offizier Alfred Dreyfus (1859–1935) war 1894 als angeblicher Spion verhaftet und verurteilt worden. Daß er Jude war, erregte die Rechte außerordentlich. Wilde Verschwörertheorien gingen um, alle Enttäuschungen und Erschütterungen der letzten Jahrzehnte schienen mit einem Mal plausibel. So, wie Jahre zuvor in Deutschland die Wirtschaftskrise mit ihren Folgeerscheinungen in einem verunsicherten Bürgertum den Antisemitismus steil hatte emporschießen lassen, ging es jetzt auch in Frankreich. Und hier wie da versuchten starke kirchliche Kreise, mit einer Mischung aus Nationalgefühl, Judenhaß und christlich-konservativen Elementen die Massen neu zu mobilisieren. Der Antisemitismus war auch vorher schon den französischen Katholiken alles andere als fremd gewesen. Nicht weniger als ein Drittel aller antisemitischen Schriften, die in Frankreich zwischen 1870 und 1894 erschienen, hatten Priester als Verfasser! Aber nun wucherte dieser Haß hemmungslos. Am 22. 11. 1897 schrieb z. B. das angesehene katholische Blatt »Das Kreuz« (La Croix): »Ah, wohin ist die Zeit entschwunden, wo diese stolzen Franken diese Inschrift an das Tor ihrer öffentlichen Gärten hefteten: Für Schweine und Juden verboten?« (zit. Montuclard, 137)
Viele liberale Katholiken wurden von dieser Flut mitgerissen. Begeisterte sie nicht die Beschwörung konservativer Werte oder die Verherrlichung des echten, nationalgesinnten Frankreich in Gestalt seiner Armee, so waren sie doch hilflos gegenüber dem Sog des Antisemitismus, an dessen Entstehen sie selbst so lange und hingebungsvoll mitgewirkt hatten. Zu den Ursachen des Scheiterns dieses Katholizismus zählte jedenfalls nicht nur seine mangelhafte Verwurzelung in den Gemeinden, sondern ebenso die Tatsache, daß er an diesem entscheidenden Punkte alternativenlos war. Die Verteidiger der Republik und der Unschuld von Dreyfuß konnten dementsprechend im wesentlichen zu Recht Katholizismus und Antisemitismus in eins setzen – und beidem den erbitterten Kampf ansagen. Am 11. 1. 1898 schrieb Emile Zola seinen offenen Brief an den Präsidenten der Republik, der durch die Zeitungsveröffentlichung vom 13. 1. unter der Überschrift »Ich klage an« (J'accuse) weltberühmt wurde. Ebenso charakteristisch war freilich, daß kein geringerer als Albert de Mun daraufhin Zola in der Deputiertenkammer leidenschaftlich attackierte, weil er sich genötigt fühlte, dem Schriftsteller gegenüber die Ehre der Armee zu verteidigen. – Im übrigen wurde Zola wegen dieses Artikels in erster Instanz zu einem Jahr Gefängnis und 3000 Francs Geldstrafe verurteilt!
Die Affaire Dreyfus hatte den Antiklerikalismus und die innenpolitische Polarisierung in Frankreich derart gesteigert, daß nach dem Wahlsieg der Linken alle Voraussetzungen für die Trennung von Staat und Kirche in einem bewußt feindlichen Geist gegeben waren. Am 11. 12. 1905 wurde das entsprechende Gesetz veröffentlicht. Papst Pius X. verurteilte

diesen Schritt aufs schärfste und verbot den französischen Katholiken alle Verhandlungen mit dem kirchenfeindlichen Staat. Gleichzeitig setzte er die bereits unter Leo XIII. begonnene Politik der »Eindämmung« des »Modernismus« fort. Schon 1893 hatte die Enzyklika »Providentissimus« die moderne Bibelexegese verworfen. 1901 war, wie erwähnt, mit »Graves de communi« der Gedanke des Klassenkampfes sowie die Zusammenarbeit mit Sozialisten abgelehnt worden. Am 8. 9. 1907 erschien nun die Enzyklika »Pascendi gregis«, die Verurteilung des »Modernismus«, den Rom als eine gefährlich weit verzweigte einheitliche Bewegung verstand. Loisy wurde am 7. 3. 1908 exkommuniziert. Er vertrat fortan einen allgemeinen, bald völlig vom Christentum losgelösten Humanismus. So weit wollten die meisten seiner Anhänger nicht gehen. Jedoch die Möglichkeiten einer geistigen Bewegung innerhalb dieses Katholizismus schrumpften schnell. 1910 führte Pius X. den Antimodernismuseid ein, den in Frankreich jeder Priester schwören mußte. Darin war das meiste von dem, was die Zeit bewegte, verdammt. In einer beklemmenden Atmosphäre der Verdächtigungen und Denunziationen zerbrach Rom nach Kräften die Entwicklung des »anderen« Katholizismus. Und willfährige Kreaturen mühten sich im Lande selbst, alles zu unterdrücken, was über das verordnete Mittelmaß hinausragte. Daß der Vatikan im gleichen Atemzug Marc Sangiers Bewegung verurteilte und die unverhüllt reaktionäre »Französische Aktion« (Action Française) pries, kennzeichnete treffender als viele Worte die Situation.

Entkirchlichung und religiöser Wandel

Tiefer und umfassender als in England zeigte sich in Frankreich die Entfremdung zwischen der Kirche und einer schnell sich wandelnden Wirklichkeit. Viel umstrittener war hier zugleich die Notwendigkeit, Zeitgenossenschaft und christlichen Glauben miteinander zu versöhnen. Faktisch erwies sich freilich auch der französische Katholizismus als sehr viel breiter gefächert, als die Kurie und der Episkopat zu akzeptieren gewillt waren. Politische und soziale Realitäten führten dementsprechend auch hier zu einem religiösen Pluralismus, der wohl unterdrückt oder zerbrochen, aber mitsamt seinen Voraussetzungen nicht mehr ausgeräumt werden konnte.

Auch das kirchliche Leben zeigte eine erhebliche Vielfalt. Einerseits gab es nach wie vor die entschieden kirchlichen Gebiete. Die Bretagne und die Normandie gehörten dazu, Maine, Anjou und Elsaß-Lothringen, die Vendée, die Franche-Comté und das Zentralmassiv. Hier bildete das katholische kirchliche Gefüge noch die weithin selbstverständliche Ordnung. In anderen Räumen dagegen, vor allem in industriellen Zentren und insbesondere in Paris, dominierte dagegen neben religiöser und kirchlicher Gleichgültigkeit oft ein militanter Antiklerikalismus mit ausgesprochen religiösen Zügen, der sich dann mit sozialistischen Elementen zu einer eigenen Weltanschauung verband. Charakteristisch war also, jedenfalls aufs Ganze gesehen, auch für Frankreich in dieser Epoche eine Umschichtung und Akzentverlagerung im Bereich der Religiosität und Frömmigkeit. Selbst auf dem Land wuchs die Entkirchlichung. Denn früher und stärker als in England wirkte sich hier das Nachlassen oder Schwinden des sozialen Drucks im Sinne einer selbstverständlichen Kirchlichkeit aus. Die leidenschaftlichen politischen Auseinandersetzungen, in die die Kirche sich verwickelt hatte, förderten natürlich die Distanzierung, wenn nicht sogar die Gleichgültigkeit. Trotzdem blieben Kirchenaustritte selten. Man gewöhnte sich daran, vor allem in der Jugend, die Pflichten der Kirche gegenüber als einen Teil des allgemeinen Sozialverhaltens anzusehen und danach, je nach dem in der Umwelt verbreiteten Brauch, zu handeln. Dementsprechend sanken in den Jahren der schärfsten Konfrontation zwischen Kirche und Staat die Zahlen bei den Kommunikanten und Priesterweihen. Ebenso gingen die übrigen Amtshandlungen zurück. Im Bistum

Limoges etwa stieg in den Jahren 1901 bis 1907 der Anteil Ungetaufter bei den Neugeborenen von 8 % auf 25 %. Nicht mehr kirchlich beerdigt wurden im gleichen Zeitraum 22,9 % der Verstorbenen gegenüber 6,8 % zuvor und der Anteil der Ziviltrauungen erhöhte sich sogar von 18,5 % auf 48,5 %. (McManners, 169)
Nichtsdestoweniger wäre es auch hier falsch, Entkirchlichung und sogar Antiklerikalismus einfach mit Entchristlichung gleichzusetzen. Obwohl die Entwicklung bei einzelnen und ganzen Gruppen faktisch oft genug dahin führte, war dieser Weg alles andere als zwangsläufig. Nicht wenige stieß die militant reaktionäre Politik ihrer Kirche so sehr ab, daß sie anderswo die Erfüllung ihrer religiösen Bedürfnisse suchten. Dabei verband sich eine andersartige politische Auffassung oft mit der Bewußtwerdung des eigenen Sozialstatus, den man im Leben und in der Verkündigung dieser Kirche kaum oder überhaupt nicht integriert fand. So schrieb 1877 der ehemalige Arbeiter Corbon in einer an die Adresse der katholischen Kirche gerichteten Broschüre »Warum wir euch verlassen«: »Ja, wir können euch versichern, obwohl die moderne Gesellschaft nicht auf eure Weise religiös ist, ist sie doch viel tiefer und viel umfassender christlich als diejenige, die vom Geist des Ultramontanismus und der Jesuiten erfüllt ist. Ohne uns um das zu sorgen, was in der anderen Welt sein wird, verschiebt die moderne Gesellschaft die Erlösung nicht auf den Tag des jüngsten Gerichts. Sie gibt sich vielmehr alle Mühe, sie ohne Verzug wie auch ohne Bedingungen zu verwirklichen. Darum ist sie republikanisch und demokratisch. Wahrhaftig, nicht sie verläßt die befreienden und barmherzigen Prinzipien des Evangeliums!« (zit. Isambert, 243) Differenzierter gewiß, aber in mancher Hinsicht ähnlich konnte auch das gebildete und entkirchlichte französische Bürgertum argumentieren. Wieder formulierte Renan (1890), was viele damals dachten: »Die Religion der Zukunft wird der reine Humanismus sein... Unser Prinzip ist, daß das gegenwärtige Leben so gestaltet werden muß, als ob das zukünftige Leben nicht existierte; und daß es niemals erlaubt ist, mit dem Hinweis darauf einen Zustand oder eine soziale Handlung zu rechtfertigen.« (zit. Ternois, 104)
Diese unverkennbar mit christlichen Elementen angereicherte Religiosität hatte jedoch, nachdem die offizielle Kirche sie abgedrängt und verdammt hatte, kaum noch Möglichkeiten, sich zu entfalten. Stärker noch als in England mangelte es in Frankreich an der kirchlichen Aufnahme und theologischen Durchdringung dieser Versuche, Reste und Bruchstücke christlichen Glaubens in einer sozial zutiefst veränderten Welt zu leben. Im französischen Katholizismus wurden die Versuche der von ihr nicht mehr integrierbaren sozialen Schichten schroff abgelehnt, innerhalb der eigenen soziokulturellen Welt etwas wie eine neue eigene »Volksreligion« zu etablieren: während die gleiche Kirche dasselbe da, wo ihr Herrschaftsanspruch akzeptiert wurde, nicht nur bejahte, sondern vollauf unterstützte. Die Orthodoxie zu leben, war rundum problematisch geworden, selbst im traditionellen Katholizismus. Das kirchliche Leben breiter katholischer Kreise speiste sich denn auch hier keineswegs aus dem Dogma, sondern aus einer eigenen, überaus bunten und vielgestaltigen Volksreligiosität. Begriff sich der offizielle französische Katholizismus – wie gezeigt – als Bollwerk gegenüber sämtlichen Tendenzen der Moderne, so traten nun innerhalb der religiösen Subkultur, die daraus erwuchs, die Verehrung Mariens und andere emotionale Frömmigkeitsformen massiv in den Vordergrund, bis hin zu einer so zuvor nicht bekannten Wendung hin zum religiösen Kitsch. Darin fand eine andere, klar zu umreißende soziale Schicht die ihr gemäße Ausprägung der katholischen Frömmigkeit: In dem Binnenraum eines nicht länger gesellschaftlich abgestützten katholischen Glaubens wucherte die Religiosität, die den Bedürfnissen der streng katholischen Bauern und Kleinbürger vorzüglich entsprach. Kirchlich vermittelt war diese Frömmigkeit dann sehr viel weniger über die Lehre und das Dogma als vielmehr über das Amt und vor allem über die Person des Papstes.

So sehr dieser Katholizismus sich jedoch auch abzuschotten versuchte gegenüber der ihn umgebenden Welt: Diese drang trotzdem in ihn ein und veränderte ihn – wenngleich langsam und zunächst unmerklich. Sangniers Ziel war es gewesen, die Menschen um ihn herum möchten als Christen da, wo sie standen und lebten, die Welt neu gestalten. Etwas davon wurde dann Wirklichkeit bei Schriftstellern wie Paul Claudel, Charles Péguy oder Léon Bloy, die in eigener Weise begannen, die Fremdheit, das Geheimnis und die Tiefe des Christentums zu entdecken und davon in einer neuen Sprache zu reden.

Der französische Protestantismus

Wie verhielt sich in der gleichen Zeit der französische Protestantismus? Die Tatsache, daß er nur eine schwache Minderheit von ca. 850 000 Menschen bildete (1872 = ca. 600 000, Baubérot, 24), die außerdem über das ganze Land verteilt war, schwächte seine Position ebenso wie die scharfen inneren Gegensätze zwischen Orthodoxen und Liberalen. Die erste offizielle Nationalsynode seit dem 17. Jahrhundert fand am 10. 7. 1872 statt. Sie machte das Auseinandergehen der Protestanten in zwei kirchliche Lager offenkundig. Zu diesen Schwierigkeiten kamen in den neunziger Jahren ein lauter und aggressiver Antiprotestantismus in der Öffentlichkeit hinzu und nach dem Trennungsgesetz erhebliche organisatorische sowie vor allem finanzielle Probleme. Die meisten Protestanten waren dadurch voll und ganz in Atem gehalten, so sehr, daß ihnen alle anderen Themen als peripher erschienen. Auf diese Weise fiel dem im französischen Protestantismus ohnehin stark vertretenen mittleren und oberen Bürgertum, das in Liberalismus und Kapitalismus zugleich den für die Minderheit so wesentlichen Garanten eines religiösen und weltanschaulichen Pluralismus fand, praktisch aller Einfluß zu. Das schloß einzelne Bemühungen um soziale Verbesserungen nicht aus, sondern ausdrücklich ein. Aber es hemmte von vornherein alle Bestrebungen, die über den eigenen konfessionellen Rahmen mit mehr als bescheidenen sozialreformerischen Initiativen hinauszugehen trachteten.
Zwei Faktoren verdeckten dem französischen Protestantismus zunächst die gefährliche Enge dieses sozialen Konservatismus. Das war einmal das Faktum, daß er in der breiten Öffentlichkeit aufgrund seines klaren Gegensatzes zum Katholizismus als modern, fortschrittlich und republikanisch galt. Das war andererseits die weit verbreitete Überzeugung, daß der Katholizismus und eine liberale demokratische Gesellschaftsordnung unüberbrückbare Gegensätze bildeten, so daß die Zeit für den Protestantismus arbeitete. Darin wurzelte auch die Hoffnung, nach der Trennung von Staat und Kirche durch Evangelisationen größere Mengen von Katholiken für die reformierten Kirchen zu gewinnen.
Gewiß war der scharfe Antiprotestantismus rechtsgerichteter katholischer Kreise am Ende des Jahrhunderts von der Sehnsucht erfüllt, die alte, vorkapitalistische und einheitlich christlich-katholisch geprägte Gesellschaftsordnung Frankreichs gegen Juden, Freimaurer und Protestanten, ihre angeblichen Zerstörer, zu verteidigen. Aber in der gleichen Zeit sah sich der Protestantismus in einer tiefen inneren Krise. Seine kirchenpolitischen Erwartungen gingen nicht in Erfüllung. Die Mitgliederzahlen stagnierten, die Entkirchlichung wuchs. Auch protestantische Arbeiter wurden Sozialisten! Es bedurfte offenkundig neuer Wege oder der entschlossenen Rückkehr zu den alten Pfaden. Darüber ging der grundsätzliche Streit zwischen den zersplitterten liberalen und orthodoxen Gruppen. Infolgedessen lag es auf der Hand, daß alle Bemühungen um eine neue protestantische Einwirkung auf die Gesellschaft zugleich Anstrengungen für die Einigung dieses Protestantismus sein mußten.
Im Oktober 1888 gründete Tommy Fallot (1844–1904), eine der entscheidenden Gestalten unter den Christlich-Sozialen im französischen Protestantismus, zusammen mit

Freunden die »Protestantische Vereinigung zum praktischen Studium sozialer Fragen« (Association protestante pour l'étude pratique des questions sociales). Diese Organisation stellte nicht nur den ersten entschlossenen protestantischen Versuch dar, die soziale Wirklichkeit der Arbeiterschaft zu erforschen, sondern sie war gleichzeitig als Mittel gedacht, durch die praktische Zusammenarbeit von Orthodoxen und Liberalen die theologischen Gegensätze zu entschärfen. Die innerkirchliche Wirkung und erst recht die Ausstrahlung auf die Arbeiterschaft blieben allerdings gering. Daraufhin entschloß sich eine Gruppe jüngerer Theologen, aktiver für die Verkündigung der christlichen Botschaft in der modernen Gesellschaft und insbesondere in den unteren Bevölkerungsschichten einzutreten. Ihr Ziel war ein lebendiges Christentum, das als Macht und Energie den einzelnen und die gesamte Gesellschaft durchdrang und auf diese Weise einen dritten Weg zwischen dem antisozialistischen Katholizismus und dem antireligiösen Sozialismus verwirklichen sollte. Das Organ dieses Kreises wurde die 1899 gegründete Zeitschrift »Die Vorhut« (L'Avant-Garde). Zu ihren führenden Gestalten gehörten Wilfred Monod (1867–1943) und Elie Gounelle (1865–1950). Man müsse, erklärten sie, das Christentum in sozialer, den Sozialismus dagegen in geistlicher Hinsicht bekehren, damit beide in einem dialektischen Zusammenspiel für das Reich Gottes wirkten, für eine neue Erde, auf der die Gerechtigkeit wohnte. Klar erkannten sie und ihre Freunde, daß die Sprache der Theologie und Frömmigkeit nicht mehr griff und daß diese Abnutzung in einem Verlust von Wirklichkeit, von Profanität wurzelte. Monod galt weithin als der Theologe dieser Christlich-Sozialen, doch hatte die Betonung der Praxis bei Gounelle einen sehr bewußt reflektierten Hintergrund: Gerade weil die religiöse Sprache ihre Glaubwürdigkeit nach außen verloren hatte, sollten nach Möglichkeit Taten an ihre Stelle treten. Aus dieser Überlegung hatte er 1898 nordöstlich von Lille, in Roubaix, also im hochindustrialisierten Norden, ein Haus mit dem programmatischen Namen »Die Solidarität« (La Solidarité) eröffnet. Weitere »Solidaritäten« in anderen Industriestädten folgten. Hier wurde, anders als bei den traditionellen Evangelisationen, jedoch angelehnt an das Beispiel der Settlements, nicht gepredigt, sondern mit den verschiedenen Richtungen der Arbeiterbewegung diskutiert und zusammen gelebt. Man feierte gemeinsame Feste, unterschiedliche Gruppen und Interessengemeinschaften fanden sich, es gab einen Ausschank alkoholfreier Getränke ebenso wie Gebetsvereinigungen. Auch freiwillige Unterstützungskassen und allerlei finanzielle Patenschaften gehörten zu diesen offenen Gemeindezentren. Man wollte kleine Gegengesellschaften bilden und dadurch mithelfen an der Heranbildung eines moralisch, religiös und sozial neuen Menschen, der dann in und mit solchen Gruppen schon jetzt einen Anhaltspunkt für das Kommen des Reiches Gottes in dieser Welt darstellte.
Alle diese Gedanken trafen bei der Mehrheit des französischen Protestantismus auf Unverständnis und Kritik. Mannigfache Zurückhaltungen und Kompromisse waren im Kreis um Monod und Gounelle die Folge. Auch hier sah man sich schnell mit dem Problem konfrontiert, entweder die kirchliche Basis zu verlieren – oder jede Möglichkeit des Gesprächs mit Kirchenfremden. Umgekehrt fühlten sich angesichts dieser Wirklichkeit alle die bestätigt, die nichts von der Evolution, aber alles vom radikalen Umbruch erwarteten. Im Frühjahr 1901 erschien, herausgegeben u. a. von Emile Armand, »Die neue Ära« (L'Ere Nouvelle), eine Monatsschrift, die für ein christliches Proletariat und einen »freien« Sozialismus mit kommunistischen Tendenzen eintrat. Dementsprechend wollte man gegen die herrschenden Strukturen zu leben und zu handeln versuchen, als sei das Reich Gottes bereits Gegenwart. Die Ablehnung des Militärdienstes und erst recht die Relativierung der Ehe steigerten den kirchlichen Widerspruch schnell zur bedingungslosen Verwerfung. Von 1903 an dominierten in dem Blatt dann auch anarchisch-kommunistische Gedanken anstatt der christlichen.

Weniger spektakulär, aber ebenfalls nur von einer Minderheit in den evangelischen Kirchen Frankreichs unterstützt, waren schließlich die Aktivitäten einiger Pastoren innerhalb der seit 1908 existierenden »Union christlicher Sozialisten« (Union des Socialistes chrétiens). Am auffälligsten erschien den Zeitgenossen die 1909 von Paul Passy gegründete landwirtschaftliche Kommune Liéfra (eine Abkürzung aus *Li*berté, *E*galité, *Fra*ternité). Sie bestand jedoch nur kurze Zeit. Zukunftsträchtiger war die Mitarbeit einzelner Personen aus diesen Gruppen in der sozialistischen Bewegung Frankreichs seit 1905.

Den großen, wegweisenden Beitrag zur Lösung der Probleme des Industriezeitalters hat der französische Protestantismus mit alledem nicht geleistet. Aber seine sozial und sozialistisch engagierten Vertreter legten doch, über ihre humanitären Aktionen und die innerkirchliche Beunruhigung hinaus, den Finger auf ein grundlegendes Problem des Christentums im Industriezeitalter: Wieviel Glaubwürdigkeit besaß diese Verkündigung und vermochte sie auszustrahlen, wenn sie sich gleichzeitig von den politischen, ökonomischen und gesellschaftlichen Realitäten mehr und mehr entfernte?

Bibliographische Hinweise zu IV.3.

Die unter III.3 genannten Titel sind im folgenden ebenfalls vorausgesetzt.

Baubérot, J.: Un Christianisme profane? Royaume de Dieu, Socialisme et Modernité culturelle dans le périodique 'chrétien-social' L'Avant-Garde (1899–1911). Paris 1978.

Bée, M. u. a.: Mentalités religieuses dans la France de l'ouest aux XIXe et XXe siècles. Caen 1976.

Bruhat, J.: Anticlericalisme et mouvement ouvrier en France avant 1914. In: Le Mouvement social. Paris 1966, 61–100.

Caron, J.: Le Sillon et la Démocratie Chrétienne, 1894–1910. Paris 1967.

Isambert, F.-A.: Christianisme et Classe ouvrière. Tournai 1961.

Maurras, Ch.: La démocratie religieuse. Le dilemme de Marc Sangnier. La politique religieuse. L'Action Française et la religion catholique. Paris 1978.

McManners, J.: Church and State in France, 1870–1914. New York-London 1973.

Montuclard, M.: Conscience religieuse et démocratie. La deuxième démocratie chrétienne en France, 1891–1902. Paris 1965.

Moody, J. N.: The Dechristianization of the French Working Class. In: Review of Politics 20 (1958), 46–69.

Poulat, E.: Histoire, dogme et critique dans la crise moderniste. Paris 1962.

Ders. u. a. [Hg.]: Alfred Loisy. Sa vie, son ouevre. Paris 1960.

Rollet, H.: Sur le chantier social. L'action sociale des Catholiques en France (1870–1940). Lyon 1955.

Sorgenfrei, H.: Die geistesgeschichtlichen Hintergründe der Sozialenzyklika »Rerum novarum«. Heidelberg-Löwen 1970.

Talmy, R.: Le syndicalisme chrétien en France (1871–1930). Difficultés et controverses. Paris 1965.

Ternois, R.: Zola et son temps. Lourdes-Rome-Paris. Paris 1961.

Trimouille, P.: Léon Harmel et l'usine chrétienne du Val des Bois (1840–1914). Lyon 1974.

Weinzierl, E. [Hg.]: Der Modernismus. Beiträge zu seiner Erforschung. Graz–Wien 1974.

4. Der deutsche Katholizismus

Die Lage im neuen Deutschen Reich

Die Situation der Katholiken im neuen Deutschen Reich sah wenig verheißungsvoll aus. Sie begriffen sich, in gewisser Hinsicht zu Recht, als die Verlierer der kleindeutschen Einigung unter Preußens Führung: Der territoriale Zusammenhang mit dem österreichischen Katholizismus im Südosten war jetzt unterbrochen, die geistige Orientierung nach

Wien riß fortan ab. Als eine Minderheit von rund 37 % der reichsdeutschen Bevölkerung (1871), dabei ohne ein anerkanntes geographisches, geschweige denn geistiges Zentrum, mußte sich der deutsche Katholizismus in einer neuen Umwelt zu behaupten suchen. Noch ungünstiger waren die wirtschaftlichen und sozialen Voraussetzungen. Die Mehrzahl der Katholiken lebte in vorindustriellen und vorkapitalistischen Wirtschaftsräumen ländlichen Gepräges. Nach der statistischen Erhebung des Deutschen Reiches von 1907 waren 36,5 % aller in der Landwirtschaft und im Kleingewerbe Tätigen Katholiken (Schwer, 53). Lag diese Zahl bereits einige Punkte über dem Reichsdurchschnitt, so wurde sie durch den Anteil katholischer Kräfte speziell in der Landwirtschaft noch erheblich überboten: Im gleichen Jahr 1907 waren unter 100 Personen, die dort ihren Lebensunterhalt verdienten, 44,2 Katholiken (Schwer, 54). Somit war kennzeichnend für diesen Katholizismus die Prägung durch ein kleines und mittleres Bauerntum. Hier, im Dorf ebenso wie in der Kleinstadt, erwies sich die ständische Gliederung noch als eine sinnfällige und insofern weithin selbstverständliche Realität. Auf der anderen Seite bedeutete diese Fixierung des Katholizismus auf den unteren Mittelstand freilich eine folgenschwere Einengung: Die Zahl der katholischen Unternehmer in den industriellen Zonen blieb klein, die der ungelernten katholischen Arbeiter dagegen schnellte überproportional in die Höhe. Insofern erlitt die katholische Bevölkerung die Hochindustrialisierung in der Tat in einem stärkeren Maße als die evangelische. Vor allem in Preußen war die Anzahl der Katholiken umso geringer, je höher die Lohnskala stieg. Das hatte allerdings keineswegs nur politische Gründe! Technische Berufe und Studiengänge lagen Katholiken offensichtlich bewußtseinsmäßig fern; noch im Jahre 1932 waren lediglich 20,4 % aller Studierenden an Technischen Universitäten und Hochschulen Katholiken (Schwer, 60).
Es fällt nicht schwer, sich auf diesem Hintergrund die Gefühle der Verunsicherung und auch des Bedrohtseins zu vergegenwärtigen, die diesen Katholizismus bestimmten. Er fand sich nicht nur subjektiv, sondern oft genug schlicht objektiv an den Rand gedrängt. Aus dieser Erfahrung der Inferiorität wuchs dann leicht eine Mentalität, die die harte sachliche Auseinandersetzung scheute, stattdessen die Bestätigung im Kreise Gleichgesinnter suchte, und die eher zum religiös-kirchlichen Engagement neigte als zum Kampf um die Durchsetzung wirtschaftlicher oder sozialer Ziele. Ein Ghettobewußtsein und dementsprechend eine eigene religiöse Subkultur charakterisierten mithin von Anfang an die Lage des Katholizismus im neuen Deutschen Reich.
Der Kulturkampf vertiefte in folgenschwerer Weise alle diese Gegebenheiten. Der äußere Anlaß für diese Auseinandersetzung war auch in anderen Staaten gegeben: die Unfehlbarkeitserklärung des Papstes vom 18. 7. 1870 sowie die Bildung einer Altkatholischen Kirche, die sich als der wahre Katholizismus begriff. Aber Bismarck wollte die katholische Zentrumspartei vernichten, die ihm in ihrer antipreußischen und antiprotestantischen, föderalistischen, ja partikularistischen Ausrichtung als das Sammelbecken aller Reichsfeinde erschien. Und die regierende Partei der Nationalliberalen suchte diese Situation für sich auszunutzen, um an die Stelle des herrschenden christlichen Konservatismus in Preußen die eigenen liberalen Werte zu rücken. In diesem Sinn sprach Virchow von einem »Kulturkampf«. Die Auseinandersetzung traf die Kirche hart, vor allem in den Jahren 1872–1878. Schließlich war rund die Hälfte der preußischen Bischofssitze vakant, weil die Amtsinhaber verstorben, suspendiert oder sogar inhaftiert waren. In den Pfarreien sah es keineswegs besser aus. Dennoch fand sich der Staat auf dem Höhepunkt seiner Machtentfaltung von einem Sieg weiter denn je entfernt. Der Papst stand jetzt ebenso entschieden hinter dem Zentrum wie der Episkopat, der 1873 auf der Fuldaer Bischofskonferenz beschlossen hatte, passiven Widerstand gegen die Kulturkampfgesetze zu üben. Bismarck hatte nicht nur die innerkatholischen Gegensätze maßlos überschätzt: er hatte ebensosehr die Bindung der katholischen Bevölkerung an ihre Kirche unterschätzt.

Nicht nur in Westpreußen und Oberschlesien, sondern auch im Rheinland und in Westfalen stand die katholische Mehrheit unbeirrbar hinter ihren Pfarrern und Bischöfen und zögerte nicht, das auch zu demonstrieren. Als beispielsweise das Mobiliar des Bischofs von Münster unter militärischer Bewachung zwangsversteigert wurde, weil er sich mehrfach geweigert hatte, verschiedene Geldstrafen zu bezahlen, erwarben die Bürger der Stadt die Gegenstände: um sie dem Bischof am Tage darauf im Rahmen einer großen Zusammenkunft auf dem Domplatz feierlich zu schenken!
Der Kulturkampf schweißte den preußischen und deutschen Katholizismus unter der geistlichen und kirchlichen Führung des Episkopats und der politischen des Zentrums mithin fest zusammen und band ihn womöglich noch enger an Rom. Im gleichen Maße wuchsen die Macht und der Einfluß dieses Katholizismus. Bereits in dem Jahrzehnt von 1878 bis 1887, in dem Bismarck den Kulturkampf zunächst verschleppte, um ihn dann feierlich als beendet zu erklären, sahen sich die Zeitgenossen mit einem zunehmend selbstbewußten und agilen Katholizismus konfrontiert. Hatte er 1870 etwa über 126 Zeitungen im Reich verfügt, so waren es 1880 bereits 221. In Preußen stieg diese Zahl sogar von 56 auf 109 (Schmidt-Volkmar, 187). In den neunziger Jahren schließlich übte der Katholizismus den innenpolitisch entscheidenden Einfluß durch das Zentrum im Reichstag aus.
Überhaupt gehörte diese Zentrumspartei zu den großen Gewinnern des Kulturkampfes. 1870 war sie in Soest neu gegründet worden als eine Art Fortsetzung auf Reichsebene des seit 1852 bestehenden Zusammenschlusses katholischer Abgeordneter im preußischen Landtag. So wenig diese ein gemeinsames, fest umrissenes Programm besessen hatten – außer in Kirchenfragen – besaßen es auch 1871 die 67 Mitglieder der neuen Partei. Man kam aus unterschiedlichen geographischen, kulturellen und sozialen Bereichen, vertrat ausgesprochen disparate Zielsetzungen und war sich im wesentlichen nur einig im Mißtrauen gegenüber Preußen, in der Ablehnung alles Protestantischen sowie im Haß auf den Liberalismus, in dem viele Katholiken ebenso wie Ketteler eine gefährliche »freimaurerisch-jüdische Verschwörung« (Birke, 92) gegen die Kirche erblickten. Daß aus dieser heterogenen Gruppe schnell eine schlagkräftige Partei mit einem gemeinsamen Programm wurde, war das Werk des Kulturkampfes. Er nötigte zum inneren Zusammenhalt, zur Kompromißbereitschaft um der äußeren Geschlossenheit willen, freilich auch zur ständigen Beschwörung des äußeren, die Kirche und den christlichen Glauben bedrohenden Feindes, weil sich nur so die internen Spannungen – vor allem sozialer Art – überbrücken ließen, die im Laufe der Jahre zu regelrechten Gegensätzen anwuchsen.

Soziale und sozialpolitische Aktivitäten

Seit 1876 unternahm die Partei einzelne sozialpolitische Vorstöße. Der berühmteste war der Antrag Galen am 23. 3. 1877, in dem ein Gesetz gegen die grenzenlose Gewerbefreiheit sowie für den Schutz des Arbeiters gefordert wurde. Man wird diese frühen Aktivitäten des Zentrums allerdings nicht überschätzen dürfen. Denn zum einen waren diesem Antrag Galen vielfältige Initiativen anderer vorangegangen –, darunter diejenige des evangelischen Pfarrers Mühe und einer »Gesellschaft für Arbeiterfreunde« (Schwer, 193), zum andern handelte es sich bei diesem Vorstoß keineswegs um die Verfolgung eines klaren sozialen Programms seitens des Zentrums, sondern vielmehr um die Demonstration eines sozialen Verantwortungsbewußtseins der Partei nach außen und insbesondere nach innen.
Denn das war der Preis jener nahezu monolithischen Geschlossenheit des Zentrums in diesen Jahren: Es durfte keine katholische politische Aktion geben, die unabhängig von dieser Partei war –, und es konnte von ihr keine Stellungnahme kommen, die einseitig die

Interessen einer einzelnen sozialen Schicht vertrat. Um dieses politische Alleinvertretungsrecht im Katholizismus durchzusetzen, hatte das Zentrum mit Hilfe der Bischöfe – wie bereits früher berichtet – die christlich-sozialen Arbeitervereine Cronenbergs und seiner Freunde rücksichtslos zerschlagen. Die inneren Schwierigkeiten hörten damit freilich keineswegs auf. 1877 kam es in Essen zu einem spektakulären Wahlkampf mit abschließender Stichwahl zwischen dem Abgeordneten der Zentrumspartei und dem Kandidaten des christlich-sozialen Arbeitervereins, dem Dreher Gerhard Stötzel, der schließlich Sieger blieb. Er schloß sich nach seiner Wahl, wie vorher versprochen, dem Zentrum an. Insofern handelte es sich bei diesen Auseinandersetzungen in einem hohen Maße um Bemühungen der Basis um die stärkere Berücksichtigung ihrer Belange innerhalb der Partei. Die Forderung der strikten Unterordnung aller Einzelinteressen unter die Zielsetzung der Verteidigung des katholischen Glaubens und der Kirche ließ sich jedoch bestenfalls auf dem Höhepunkt des Kulturkampfes realisieren. Seit dessen Nachlassen wurde eine intensivere Auseinandersetzung innerhalb des Katholizismus und vor allem innerhalb des Zentrums mit der sozialen Thematik immer unabwendbarer.
Brennend wurde diese Aufgabe schließlich durch das Anwachsen der Sozialdemokratie in den hochindustrialisierten Westprovinzen Preußens. Denn diese Partei attackierte die Basis des Zentrums und des politischen Katholizismus überhaupt: die Masse der katholischen Arbeiterschaft. Im Unterschied zum preußisch-deutschen Protestantismus war dieser Katholizismus ja nicht in der Lage, von oben her, also über die staatlichen Organe, Einfluß auszuüben. Er bedurfte zur Durchsetzung seiner Ziele der Mobilisierung der katholischen Bevölkerung. Genau dieses Element aber, dem nicht zuletzt der katholische Erfolg im Kulturkampf zu danken war, drohte jetzt von der Sozialdemokratie aufgelöst zu werden. Dagegen bot der Katholizismus alle Kräfte auf: angefangen bei der Sammlung und Stärkung christlicher, kirchlicher und katholischer Überzeugungen wie auch Empfindungen gegenüber der gottlosen und gesellschaftszerstörenden Sozialdemokratie – bis hin zur eigenen Zuwendung zur sozialen Thematik.
Wie leicht sozialdemokratische und katholische Arbeiter bei dem Versuch der Durchsetzung ihrer gemeinsamen Interessen noch immer zueinander finden konnten, belegte 1878 die Gründung des »Deutschen Bergarbeiterverbandes« in Essen. Hierin sollten nach dem Willen katholischer Bergleute um Anton Rosenkranz, der dann auch zum Vorsitzenden gewählt wurde (daher Rosenkranz-Verband), Bergarbeiter der verschiedenen Weltanschauungen zusammenarbeiten. Bezeichnenderweise wurde dieser Schritt gegen den entschiedenen Widerstand des Kaplans Laaf getan, der doch zu der Gruppe christlicher Sozialisten um Cronenberg gehört hatte. Obwohl der Verband einen außergewöhnlich großen Zulauf fand, scheiterte er schnell unter dem Druck der Unternehmer und des Sozialistengesetzes. Den Verantwortlichen im Katholizismus aber war nun vollends klar, daß die auf dem Höhepunkt des Kulturkampfes zurückgedrängten sozialen Fragen nicht länger ausgeklammert bleiben konnten. Das Ergebnis dieser Einsicht war die Gründung des Verbandes »Arbeiterwohl« am 20. 5. 1880 in Aachen.
Verschiedene unternehmerische Initiativen hatten die Voraussetzungen dafür geschaffen, darunter eine niederrheinische Gruppe um die Fabrikanten Franz Brandts und Clemens Straeter, die mehr und mehr dominierte. Ihr Vorbild war der erwähnte französische katholische Arbeitgeberverein Léon Harmels, in dem sich strenge Kirchlichkeit mit eifriger paternalistischer Fürsorge verband. Diesem Modell konnten die Bischöfe ebenso überzeugt zustimmen wie der Aachener Katholikentag (1879). In der Tat bedeutete die Schaffung einer katholischen Organisation, die sich der sozialen Thematik in umfassender Weise annehmen wollte, einen wichtigen Fortschritt. Auch erschien die Zielsetzung grundsätzlich und konkret genug, um innerhalb der Kirche Menschen für die Mitarbeit zu gewinnen, hatte man bei der Gründung des Verbandes doch proklamiert: »Aufgabe

des Verbandes wird es sein, allen auf die religiöse, sittliche und wirtschaftliche Hebung des Arbeiterstandes bezüglichen Einrichtungen Unterstützung und Förderung angedeihen zu lassen... Auf diese Weise hoffen wir, die vorhandenen zerstreuten Glieder der katholischen sozialen Tätigkeit zu einem organischen Verbande zu sammeln, die Kenntnis erprobter Wohlfahrtseinrichtungen in den Kreisen der Industriellen selbst zu verbreiten, rüstige Kräfte, die dem Wohle des Arbeiterstandes sich widmen wollen, zu wecken und zu unterstützen, und allen unseren Verbandszielen entsprechenden Bestrebungen zum Stütz- und Mittelpunkt zu dienen.« (zit. Ritter, 131) Sehr viel problematischer mutet freilich der Geist an, in dem dieses große Unternehmen durchgeführt werden sollte – und zunächst auch tatsächlich geführt wurde. Geradezu klasssisch kam dieser in den Erläuterungen zu den Statuten des Verbandes zum Ausdruck, die im Juli 1880 in den Christlichsozialen Blättern veröffentlicht wurden. Dort hieß es: »Wir erwarten aus der christlich liebreichen Herablassung der Industriellen zu ihren mehr unglücklichen als verkommenen Arbeitern das Beste. Auf diese Weise bekommen die Leute wieder Selbstvertrauen und Selbstachtung, Ehrgefühl und Liebe in ihr ödes, verdüstertes Herz; sie vergelten jede aufrichtige Zuneigung mit inniger Dankbarkeit und verrichten dann gern und aus innerem Triebe ihre Pflichten, und zwar tausendmal genauer als unter der sorglichsten Aufsicht. So wird eine wahre Umwälzung zum Besseren eintreten: die Wunder der christlichen Liebe, an Stelle der liberalen Herzlosigkeit, werden den Haß, wo er sich etwa festgesetzt hat, beschwören und in sein Gegenteil umwandeln; sie werden den Arbeiter fleißig, gewissenhaft und akkurat machen; eine innere Reform, die den katholischen Etablissements gerade die besten Arbeiter zuführen und auch in finanzieller Hinsicht ungeheuren Vorschub leisten wird.«

Die Mönchengladbacher Richtung

Solche Töne mochten einzelne Unternehmer vom Nutzen der Religion für ihre Untergebenen überzeugen: für die Mehrheit der Arbeiterschaft war eine derartige Zielsetzung längst unattraktiv geworden. Trotzdem spielte der Verband als Interessenvertretung katholischer Unternehmer eine gewisse Rolle. Folgenschwerer allerdings war die theoretische und praktische Ausweitung dieses Ansatzes in den folgenden Jahren. Hierbei kam dem Präsidenten des Verbandes »Arbeiterwohl«, dem Tuchfabrikanten Franz Brandts (1834–1914) aus Mönchengladbach, sowie dessen Generalsekretär, dem Geistlichen Franz Hitze (1851–1921), eine zentrale Bedeutung zu.

Brandts Fabrik zeichnete sich durch vielfältige soziale Einrichtungen zugunsten der Arbeiter aus. Dazu gehörte auch ein Vermittlungsausschuß, der ihnen in innerbetrieblichen Schwierigkeiten Gehör verschaffen sollte. Aufgrund dieser praktischen Erfahrungen gewann Brandts dann die Überzeugung, daß die Arbeiter zusammengefaßt, belehrt und erzogen werden müßten, kurz: daß es gelte, katholische Arbeitervereine unter der Leitung von Geistlichen zu bilden. Er traf sich in dieser Auffassung mit Franz Hitze, der im wesentlichen aufgrund theoretischer Überlegungen zu demselben Ergebnis gekommen war. 1877 hatte Hitze in seinem Buch »Die soziale Frage und die Bestrebungen zu ihrer Lösung, mit besonderer Berücksichtigung der verschiedenen sozialen Parteien in Deutschland« noch in einer ausgesprochen traditionellen Form den Kapitalismus attackiert und zur Lösung der sozialen Frage nachdrücklich die Wiederherstellung der mittelalterlichen Zunftverfassung aus dem Geist des katholischen Glaubens und in der Bindung an die Kirche gefordert. Diese Grundlagen waren 1880 in seinem neuen Buch »Kapital und Arbeit« zwar nicht einfach preisgegeben, aber doch in wesentlicher Hinsicht modifiziert worden. Einerseits betonte Hitze nun, daß das gesellschaftliche Leitbild der Zünfte niemals deren Repristination bedeuten dürfe; vielmehr: »wir wollen sie auf erweiterter wirtschaftlicher und demokratischer Grundlage. Wir plädieren dafür, uns vollständig auf modernen Standpunkt stellend, nicht bloß methodisch, sondern in vollem Ernst« (zit. Ritter, 59). Damit war grundsätzlich den katholischen Arbeitervereinen, aber auch der katholischen Sozialpolitik insgesamt ein erheblich weiterer Spielraum als bislang eröffnet. Noch gewichtiger erscheint die andere Änderung Hitzes: Im Unterschied zur älteren katholischen Tradition verwarf er nicht mehr den Kapitalismus überhaupt, sondern lediglich dessen üble Folgen. Waren diese nach dem Urteil Hitzes gewiß schlimm genug, so bestand doch prinzipiell die Möglichkeit, sie zu beseitigen – nicht zuletzt natürlich durch das Wirken der Kirche! Damit war für diesen Katholizismus grundsätzlich der Weg freigelegt für eine soziale Reformpolitik im Rahmen der bestehenden kapitalistischen Wirtschaftsordnung. Mit beiden, faktisch natürlich eng zusammengehörenden Zielsetzungen hat Hitze Wesentliches für die Heranführung des Katholizismus an die Wirklichkeit und damit auch an die vielfältigen Probleme des Industriezeitalters geleistet. Nicht zufällig wuchs er deshalb in der Folgezeit mehr und mehr in die Rolle nicht allein des sozialpolitischen Sprechers des Zentrums, sondern des deutschen Katholizismus überhaupt hinein. Unangefochten ging diese Entwicklung allerdings nicht vonstatten. Vor allem die Gruppe restaurativ gesonnener Sozialethiker um Karl von Vogelsang (1818–1890), die in Österreich, aber auch in Teilen Süddeutschlands relativ stark war, wurde nicht müde, die schlimme Bedrohung durch das »Gift des Gladbachismus« (zit. Focke, 46) zu beschwören.

Die katholischen Arbeitervereine

Der Aufbau katholischer Arbeitervereine kam, insbesondere in den preußischen Westprovinzen, trotzdem gut voran. Zwar waren die meisten Organisationen während des Kulturkampfes zusammengebrochen. Aber die rührige Aktivität vieler Kapläne im Gefolge der Enzyklika »Humani generis« von 1884, die die Gründung rein katholischer Arbeitervereine empfahl, ließ die Zahl solcher Zusammenschlüsse schnell ansteigen. 1889 waren es bereits 168 (Ritter, 281), 1906 sogar 656 mit insgesamt 114 613 Mitgliedern (Erdmann, 229). Interessant sind die geographischen Zentren: Drei von vier katholischen Arbeitervereinen bestanden in dieser Zeit in den preußischen Westprovinzen, nämlich 221 in der Diözese Köln, 144 in der Diözese Paderborn und 129 in der Diözese Münster (Erdmann, 230).
Organisatorisch begegnete überall dieselbe Struktur: An der Spitze jedes Vereins stand ein Geistlicher; Laien waren von einer verantwortlichen Mitarbeit faktisch ausgeschlossen. In den letzten Jahren vor dem Ersten Weltkrieg wurden zwar allerlei Anstrengungen unternommen, um Eigeninitiativen und ein Gefühl der Selbstverantwortung innerhalb dieser katholischen Arbeiterschaft zu wecken. Dennoch blieb die Leitung weitgehend in den Händen sozial engagierter Kapläne. Die kirchliche Einbindung dieser Vereine war insofern stets gewährleistet und nie wirklich gefährdet. Das bedeutete gleichzeitig: Immer dominierte die religiöse oder schlicht die moralische Zielsetzung. Es ging darum, die katholische Arbeiterschaft zu einem eigenen Standesbewußtsein zu erziehen – und dabei jeden Gedanken an den Klassenkampf auszuschalten. Natürlich war dieser Weg nicht problemlos. Viele, auch katholische Unternehmer waren überzeugt, daß jede Organisation innerhalb der Arbeiterschaft letztlich nur der Sozialdemokratie Vorschub leiste. Trotzdem setzten sich die Arbeitervereine mit kirchlicher Unterstützung durch. Aus den Diözesanverbänden wurden Landesverbände: 1893 entstand ein süddeutscher, 1897 ein ostdeutscher mit Sitz in Berlin, 1904 schließlich auch ein westdeutscher. Eine eigene Vereinspresse entwickelte sich. Besonders erfolgreich war die Westdeutsche Arbeiterzeitung, die der Arbeiter und Zentrumspolitiker Johannes Giesberts (1865–1938) redigierte, weil hier wirklich ein Arbeiter zu Arbeitern sprach.

Trotzdem erfüllten diese Arbeitervereine die Hoffnungen, die kirchlicherseits in sie gesetzt worden waren, nicht. Die Mitglieder blieben weithin passiv, die Zusammenkünfte und Veranstaltungen wenig attraktiv. Mithin konnte das Bestreben, die katholische Arbeiterschaft an die Kirche zu binden und sie für diese zu mobilisieren, nur begrenzt als geglückt bezeichnet werden. Sorge bereitete den Verantwortlichen vor allem der sich abzeichnende Wegfall des Sozialistengesetzes im Herbst 1890. Würden die katholischen Arbeiter dann in der Lage sein, dem voraussehbaren verstärkten Werben und Drängen der Sozialdemokratie standzuhalten? Auf diesem Hintergrund entstand der »Volksverein für das katholische Deutschland«.

Der »Volksverein«

Die neue Gründung war bewußt als Massenorganisation konzipiert. In dieser Hinsicht setzte der »Volksverein« die Tradition des »Vereins deutscher Katholiken« fort, den Felix von Loë am 21. 5. 1872 ins Leben gerufen hatte und der nach schnellen Anfangserfolgen – ca. 88 000 Mitglieder besaß er bereits im Gründungsjahr, davon etwa 70 000 im Rheinland und in Westfalen (Ritter, 138) –, im Kulturkampf zerschlagen worden war. Aber der neue Verein zeigte sich von Anfang an demokratischer strukturiert als der alte und selbständiger gegenüber einer allzu engen kirchlichen Anbindung. Die Laien waren im Verlauf des Kulturkampfes selbstbewußter geworden, der Einfluß des Adels gesunken. Den Vorteil davon hatte das Zentrum. Seine Einwirkungen und insbesondere die seines Vorsitzenden Ludwig Windthorst (1812–1891) auf den entstehenden Volksverein waren erheblich. Windthorst wehrte sich erfolgreich gegen eine ausschließliche Festlegung der Organisation auf die konfessionelle Polemik, wie sie auf der anderen Seite vor allem der Evangelische Bund betrieb. Sein Ziel war stattdessen die Schaffung einer konservativen katholischen Volksbewegung, die geschlossen gegen die Sozialdemokratie stand und pragmatisch für Sozialreformen im Geist der katholischen Soziallehre eintrat. Natürlich erhielt dieser Kurs dann durch die Enzyklika »Rerum novarum« (1891) einen zusätzlichen mächtigen Auftrieb.
Die andere Tradition, die der »Volksverein« in sich aufnahm und die er ebenfalls in charakteristischer Weise abwandelte, war die des Verbandes »Arbeiterwohl«. Als die neue Organisation am 22. 11. 1890 erstmals an die Öffentlichkeit trat – in Mainz, weil das hessische Vereinsrecht freier war als das preußische –, begegneten mit dem Vorsitzenden Brandts und dem Schriftführer Hitze dieselben Persönlichkeiten, die den katholischen Unternehmerverband trugen. Seit 1892, dem Jahr der offiziellen Übersiedlung nach Mönchengladbach, war auch der Sitz beider Zusammenschlüsse identisch. Vorherrschend wurde jedoch schnell der offenere Geist und Stil des »Volksvereins«. Für diese Richtung des sozialen Katholizismus stand fortan der Name Mönchengladbach. Vor allem Hitze hatte erkannt, daß es jetzt darauf ankam, möglichst Massen von Menschen zu mobilisieren, wenn man in der Öffentlichkeit Einfluß gewinnen oder nur behaupten wollte. Dazu aber bedurfte es der Anerkennung und Verwendung wesentlicher demokratischer Elemente. Ebenso begriffen die Generalsekretäre ihre Aufgabe – zunächst Karl Trimborn (1854–1921), danach August Pieper (1866–1942). Gewiß bestand die alte Form des paternalistischen Vereins mit seiner strengen Beschränkung auf religiöse und moralische Themen weiterhin, gerade in solchen Gebieten, die von der Industrialisierung noch kaum oder überhaupt nicht berührt waren. Da »betrieben die meisten Geistlichen die Volksvereinsarbeit nach dem alten pastoralcaritativen Muster der Zeit, da man die göttliche Ordnung der Gesellschaft sah in der Scheidung in die wenigen Bevormundenden und Beherrschenden und in die vielen Bevormundeten und Beherrschten« (Ritter, 253). Aber es entstände ein falsches Bild, wollte man diese Züge verabsolutieren.

Die Sammlung der katholischen Bevölkerung, ihre Befestigung im katholischen Leben und Glauben durch Propaganda und Schulung war das große Ziel des »Volksvereins«. In dieser Hinsicht leistete er Außerordentliches. Die Breitenwirkung, die diese Organisation erzielte, wurde zu Recht schon von den Zeitgenossen innerhalb und außerhalb des Katholizismus bewundert, freilich auch beargwöhnt und gefürchtet. 1891 zählte der Verein bereits 108 889 Mitglieder (Ritter, 182). Im folgenden Jahrzehnt wuchs er zwar verhältnismäßig langsam, doch breitete er sich danach geradezu unaufhaltsam aus. 1901 gehörten rund 184 000 Menschen zu ihm, 1914 waren es etwa 805 000 (Ritter, 231). Das Zentrum lag nach wie vor im Rheinland und in Westfalen, also in den preußischen Westprovinzen. Mit erheblichem Abstand folgten Württemberg, Baden und Hannover, während die Entwicklung in Elsaß-Lothringen und in Bayern früh stagnierte. In den süddeutschen Territorien stellten häufig Bauern und Handwerker neben Vertretern des Kleinhandels das Hauptkontingent der Mitglieder im »Volksverein«. Nichtsdestoweniger blieb die Ausrichtung auf die Arbeiterschaft stark und in den preußischen Westprovinzen auch durchaus erfolgreich. Dagegen gelang es nicht, die Polen im Osten zu gewinnen. Eindrücklich war jedoch der hohe Prozentsatz erwachsener Männer in dieser Organisation: Im Reich gehörten 13,6 % aller männlichen Katholiken über 21 Jahren zum »Volksverein«, in Preußen sogar 14 % (Ritter, 231).
Seit der ersten öffentlichen Werbeversammlung in Köln am 14. 2. 1891 hatte der Verein eine umfangreiche und stetig wachsende Propaganda entfaltet. Man verteilte Flugblätter zu aktuellen Themen, vertrieb und verschenkte Bücher und Broschüren zu Tagesfragen sowie zu übergreifenden sozialen und politischen Sachverhalten, nahm nach Kräften Einfluß auf die katholische Presse und baute schließlich umfassende Volksbibliotheken auf. Alle diese Erzeugnisse erreichten Auflagen in Millionenhöhe. Seit 1891 erschien »Der Volksverein« als Organ des Unternehmens; wegen seines rötlichen Umschlags nannte man das Blatt bald die »Roten Hefte«. Schnell entstand auch ein eigener Verlag.
Neben das gedruckte Wort trat das gesprochene. Der »Volksverein« vermittelte Redner zu speziellen Sachfragen, lieferte Informationen für gezielte Vortragsabende und verbreitete wichtige Reden von Zentrumsabgeordneten durch seine weitgespannte Organisation. Noch wichtiger war vielleicht die direkte Werbearbeit durch geschulte Vertrauensmänner in einem Wohngebiet. 1907 führte der Verein etwa 18 000 solcher Mitarbeiter, die auf jeweils 20 bis 40 katholische Familien angesetzt waren (Erdmann, 161). Auch ihre Zahl wuchs stetig. Koordiniert wurde diese Arbeit durch das Ortskomitee, zu dem der Bezirksvorsteher sowie ein geistlicher Beirat gehörten. Darüber, auf Diözesanebene, stand ein Geschäftsführer des Vereins. Vor allem nach 1900 wurden daneben besondere Sekretariate eingerichtet, die als Stützpunkte der Werbung dienen sollten. In der Zentrale in Mönchengladbach schließlich war neben dem Generalsekretär ein ansehnlicher Stab von Geistlichen tätig. Mehrere von ihnen hatten neben dem Theologiestudium noch ein anderes absolviert.
Zu den mancherlei Anregungen und Anstößen, die von Mönchengladbach ausgingen, gehörten dann vor allem sozialethische Schulungskurse. Der erste fand vom 20.–30. 9. 1892 statt und wurde von mehreren hundert Personen besucht. Seitdem bildeten die »Praktisch-sozialen Kurse des Volksvereins« einen festen Bestandteil der Schulungsarbeit Mönchengladbachs. Besondere soziale Konferenzen für die Information des Klerus kamen hinzu sowie Seminare von mehreren Monaten zur Heranbildung katholischer Arbeiterführer, aber auch eines Stammes von Mitarbeitern überhaupt. Bis in die Zeit der Weimarer Republik hatte die Mehrzahl der Katholiken, die sozial oder sozialpolitisch tätig war, hier ihre Ausbildung und Prägung erhalten.
Die Leistungen dieser Organisation, die sich stolz als die größte innerhalb der katholischen Welt bezeichnete, waren ohne Frage enorm. Angesichts dieser Realität verstumm-

ten mehr und mehr auch die katholischen Kritiker des »Volksvereins«, die ihm zunächst eine allzu lasche Einstellung gegenüber der konfessionellen Polemik vorgeworfen hatten, das Abrücken von der ausschließlichen Beschäftigung mit religiösen und kirchlichen Themen sowie insgesamt ein zu bereitwilliges Eingehen auf soziale und politische Fragen. Mindestens ebenso sehr wie die Leistungen des »Volksvereins« dürften zu diesem Ergebnis allerdings die Wahlerfolge der Sozialdemokratie beigetragen haben, die die Partei seit 1896 auch in betont katholischen Gebieten errang. Nun wurde vollends deutlich, daß eine ausschließlich religiöse Ausrichtung der Bevölkerung nicht mehr genügte. Daß diese gleichwohl Kern und Stern aller kirchlichen Bemühungen zu sein habe, blieb eine weit verbreitete katholische Überzeugung. Geradezu klassisch formulierte sie 1891 der Jesuit Thill in der Theologisch-praktischen Quartalschrift: »Lösung der socialen Frage, das ist das große Räthsel, das die Sphinx unseres Jahrhunderts immer von neuem uns aufgibt, und noch immer soll sich kein Ödipus gefunden haben, der dasselbe genügend gelöst hätte. Es gibt in der That keine Lösung außer auf dem Boden des gläubigen Christenthums. Polizeistock und Bajonette, Invaliden- und Altersversicherung, Ausnahmegesetze, internationale Congresse und Schulgesetze usw. werden uns kaum einen Schritt weiterbringen, wenn die Kirche nicht helfend eingreift. Der Unglaube hat die sociale Noth heraufbeschworen, nur im Bunde mit dem Glauben kann man ihr erfolgreich steuern. Soll die sociale Frage eine Lösung finden, so muß dem Volke die Religion erhalten, beziehungsweise wiedergegeben werden, und das ist hauptsächlich Sache der katholischen Kirche, des katholischen Clerus.« (814)

Demgegenüber stellte der Pragmatismus des »Volksvereins für das katholische Deutschland« einen entscheidenden Fortschritt dar. Es bedeutete eine ebenso umfassende wie tiefgreifende neue Zuwendung zur Wirklichkeit, wenn der Generalsekretär August Pieper 1907 über die Arbeit des Vereins schreiben konnte: »Er tritt mit beiden Füßen auf den Boden der neuzeitlichen Entwicklung. Er sucht zuerst die Dinge zu verstehen, wie sie sind und wie sie in naturgemäßer Entwicklung geworden sind. Er ist überzeugt, daß er nur aus dieser Entwicklung heraus auch die künftige Entwicklung zu beherrschen, zu leiten und sie mit der großen christlichen Gedankenwelt des Katholizismus in lebensvolle Verbindung zu bringen vermag. Das erste, was der Volksverein aus dieser realpolitischen Anschauung dem katholischen Volke zu vermitteln sucht, ist die Einsicht, daß wir nicht in einem Zeitalter ruhiger Beharrung des Wirtschafts- und Gesellschaftslebens stehen, das seine Aufgabe darin sieht, ein überliefertes Besitztum von Kulturgütern behaglich zu genießen und als ungeschmälertes Erbgut der folgenden Generation weiterzugeben. Ganz im Gegenteil prägt er die Erkenntnis ein, daß wir uns in einem Zeitabschnitt der gewaltigsten wirtschaftlichen, gesellschaftlichen, politischen und religiösen Umwälzungen befinden.« (zit. Ritter, 256)

Die Offenheit für die sich verändernde Welt ringsum statt der traditionellen Haltung der Abkehr vom Neuen, das Ernstnehmen der gewandelten Verhältnisse, um auf diesem Boden die Wirklichkeit des Deutschen Kaiserreiches effektiv mitgestalten zu können: Diesen Gesichtspunkt hämmerte der »Volksverein« seinen Mitgliedern unermüdlich ein. Hierin lag dementsprechend eine der wichtigsten Funktionen dieser Organisation. Sie stabilisierte nicht nur das Selbstbewußtsein des deutschen Katholizismus und stärkte seinen Zusammenhalt, sondern trug wesentlich dazu bei, den katholischen Bevölkerungsteil an die moderne industrielle Welt mit ihren Möglichkeiten und Problemen heranzuführen. Vornehmlich gelang das dem »Volksverein« bei den Handwerkern und kleinen Gewerbetreibenden, weniger bei der Mehrzahl der Bauern. Durchweg sensibilisierte er jedoch die katholischen Christen für soziale Fragen, weckte ein Gefühl der Verantwortung und prägte insbesondere dem Klerus seine Verpflichtung für diese Aufgaben tief und dauerhaft ein.

Komplizierter lagen die Dinge bei der Arbeiterschaft. Trotz aller großangelegten Organisationen gelang es dem »Volksverein« nämlich nicht, eine eigenständige Laienbewegung ins Leben zu rufen. Infolgedessen dominierte bei allen Aktivitäten des Vereins die auf Ausgleich bedachte Konzeption der Zentrale und mithin eine Tendenz der Entpolitisierung und insbesondere der Einebnung der Klassengegensätze. Diese Linie setzte sich eindeutig innerhalb der katholischen Arbeitervereine fort. So wesentlich darum die Arbeit des »Volksvereins« für die Gründung und Erhaltung von Arbeitervereinen auch war und so Entscheidendes auf diesem Wege für die Bindung der katholischen Arbeiterschaft an die Kirche geleistet wurde: Für einen wachsenden Kreis dieser Menschen wurde die Frage immer brennender, wie denn von daher die konkreten sozialen und politischen Alltagsprobleme zu meistern wären.

Die christlichen Gewerkschaften

Das von Franz Hitze als Antwort auf diese Herausforderung entworfene Konzept des »Volksvereins« lief auf die Einrichtung von sog. »Fachabteilungen« hinaus, d. h. auf die Schaffung von Gremien innerhalb der Arbeitervereine, die für diese mit im wesentlichen den gleichen Mitteln wie die sozialdemokratisch beherrschten Freien Gewerkschaften das Los der katholischen Arbeiterschaft zu bessern versuchen sollten. Daß dieses Projekt trotz der lebhaften Zustimmung der Bischöfe dann im wesentlichen scheiterte, lag entscheidend an der Aktivität einiger christlicher, in erster Linie katholischer Arbeiter im Ruhrgebiet, die unabhängig vom »Volksverein« und zunächst auch gegen dessen Vorstellungen sich für den Aufbau eines interkonfessionellen Verbandes einsetzten: für eine christliche Gewerkschaft nämlich, in der evangelische und katholische Arbeiter zusammen ihre Belange und Interessen sollten vertreten können.
Am 3. 5. 1889 hatte der erste große Bergarbeiterstreik im Ruhrgebiet begonnen, dem sich bald auch die Bergleute in Oberschlesien, im Aachener Raum und im Saargebiet anschlossen. Das Scheitern dieses Arbeitskampfes verstärkte die Überzeugung, daß die Arbeiterschaft nur dann eine Chance besäße, ihre Forderungen durchzusetzen, wenn sie über eine geschlossene Organisation verfügte. So wurde am 18. 8. 1889 der »Verband zur Wahrung und Förderung der bergmännischen Interessen in Rheinland und Westfalen« gegründet, der sog. »Alte Verband«. Weltanschauliche Positionen spielten zunächst keine Rolle. Es ging um den Aufbau einer Gewerkschaft, die nach englischem Vorbild in erster Linie helfen sollte, die Arbeitsbedingungen und Löhne der Bergleute zu verbessern. Sehr bald allerdings wurde deutlich, daß Sozialdemokraten die aktivsten und schnell auch die beherrschenden Kräfte im Verband stellten. Nach vergeblichen Versuchen, diese Entwicklung im Sinne der Durchsetzung der eigenen Überzeugung aufzuhalten, gründeten katholische Bergarbeiter am 21. 9. 1890 ihre eigene Gewerkschaft, den »Verband Glückauf«. Erfolg war ihm freilich nicht beschieden. Er kümmerte dahin und löste sich 1891 wieder auf. *Ein* wichtiges Ergebnis jedoch hatte diese Episode gebracht: Die Einsicht, daß der katholische Teil der Arbeiterschaft allein zu schwach war, um die Vorherrschaft der Sozialdemokratie in der Gewerkschaftsarbeit zu brechen und daß das allenfalls der Zusammenschluß von Arbeitern aus beiden Konfessionen vermöchte, von Katholiken und Protestanten also. Es war der katholische Bergmann August Brust, der schließlich in dieser Weise aktiv wurde. Auf einer Delegiertenversammlung, an der 424 Abgeordnete aus 182 Arbeitervereinen beider Konfessionen teilnahmen, entstand am 26. 8. 1894 in Essen unter Brusts Führung der »Gewerkverein christlicher Arbeiter« (Erdmann, 401). Die Anwesenheit evangelischer und katholischer Geistlicher sowie von Vertretern der Bergbehörde bestimmte die neue Gewerkschaft eindeutig mit. Sie begriff sich als überkonfessionell und entschieden antisozialistisch, als national, kaisertreu und im wesentlichen konserva-

tiv. Nichtsdestoweniger handelte es sich um eine echte Gewerkschaft, in der nicht nur Laien, sondern sogar Arbeiter die Entscheidungen fällten. Die schweren Konflikte, die diese Organisation in der Folgezeit mit der Kirche, den Unternehmern sowie dem sozialdemokratisch bestimmten Gewerkschaftsverband zu bestehen hatte, waren insofern bereits alle in dieser Gründung angelegt.

Aber die christlichen Gewerkschaften florierten. Zwar entstanden auch rein katholische Gewerkschaften wie die der Textilarbeiter am Niederrhein. Doch die interkonfessionellen Organisationen behielten die Oberhand, gerade im Westen. Mit dem 1. Kongreß der christlichen Gewerkschaften, der am 21.–22. 5. 1899 in Mainz tagte, setzte diese Richtung sich vollends durch. Dabei wurden große Hoffnungen laut. Noch schien es vorstellbar, eine Einheitsgewerkschaft aufzubauen. Im Jahr darauf diskutierte man in Frankfurt (3.–4. 6. 1900) ausführlich über die Möglichkeit der Zusammenarbeit mit Sozialdemokraten und das Recht zum Streik. Inzwischen unterstützte auch die Zentrale des »Volksvereins« voll das Konzept der christlichen Gewerkschaften. Hitze vor allem setzte sich für sie ein, indem er die Notwendigkeit dieser Organisation neben den katholischen Arbeitervereinen unterstrich. Im übrigen förderte Mönchengladbach die christlichen Gewerkschaften durch Schriften, Kurse und Schulungswochen nach Kräften. Die Zentrale des »Volksvereins« war eindeutig auch das geistige Zentrum dieser Gewerkschaften und ihr fester Rückhalt in allen Schwierigkeiten und Kämpfen.

Der Gewerkschaftsstreit

Die erbittertsten Auseinandersetzungen hatten die christlichen Gewerkschaften allerdings nicht mit Sozialdemokraten oder Unternehmern auszufechten, sondern innerhalb des eigenen Lagers. 1900 bestritt der Berliner Assessor Franz v. Savigny in seinem Buch »Arbeitervereine und gewerkschaftliche Organisation im Lichte der Enzyklika Rerum novarum« den christlichen Gewerkschaften entschieden die Existenzberechtigung. Im katholischen Sinne möglich seien allein Arbeitervereine mit besonderen Fachabteilungen, erklärte er. Vollends verwerflich erschien ihm die interkonfessionelle Ausrichtung der Gewerkschaften. Das war der Beginn des sog. »Gewerkschaftsstreites«, der bis zum Ausbruch des Ersten Weltkrieges andauerte und den deutschen Katholizismus in einer kaum zu überschätzenden Weise erschütterte. Kein geringerer als Oswald v. Nell-Breuning hat geurteilt, dieses Zerwürfnis habe »der Kirche einen Verlust an Anhängerschaft und an Vertrauen eingetragen..., der nie wiedergutzumachen ist« (zit. Focke, 54). In einer Atmosphäre voller Verdächtigungen und Verleumdungen schien den Gegnern der christlichen Gewerkschaften nahezu jedes Mittel recht, um diese zusammen mit dem dahinter stehenden Konzept einer geistigen und politischen Öffnung – wofür der Name Mönchengladbach zunehmend stand –, zu vernichten. Nicht allein Interkonfessionalismus, sondern Liberalismus, Laizismus und Modernismus warfen die Vertreter des integralen Katholizismus, deren Zentrum Berlin war, der progressiven Richtung vor. Im Episkopat standen so einflußreiche Gestalten wie Fürstbischof Kopp von Breslau und Bischof Korum von Trier auf der Seite der Gegner der Gewerkschaften. Am 23. 8. 1900 hatte sich die Fuldaer Bischofskonferenz für Arbeitervereine mit Fachabteilungen ausgesprochen; folgerichtig waren allein sie in Oberschlesien und im Saargebiet zugelassen. Im Oktober 1900 erklärte sich Erzbischof Nörber von Freiburg ausdrücklich gegen christliche Gewerkschaften und verbot gleichzeitig seinem Klerus, in ihnen mitzuarbeiten. Die Wogen der Erregung gingen hoch; gleichzeitig breiteten sich Unsicherheit und sogar Angst aus. Während beide Parteien in der Folgezeit eine Entscheidung der Kurie in ihrem Sinn herbeizuführen trachteten, schwelte der Streit weiter. Zu einem neuen Aufflammen kam es 1906 im Zusammenhang mit einem Artikel von Julius Bachem in den »Historisch-politischen Blättern«, der den programmatischen Titel trug »Wir müssen aus dem Turm heraus!« und in dem für eine Öffnung des Zentrums in Richtung auf die kirchliche evangelische Bevölkerung geworben wurde. Erreichte dieser »Zentrumsstreit« auch nicht die Schärfe und Erbitterung, die den »Gewerkschaftsstreit« inzwischen charakterisierte, so sahen die Intransigenten doch sehr genau, daß sie in beiden Fällen mit den gleichen Gedanken und Gegnern konfrontiert waren. Trotzdem gelang es allen Anstrengungen dieser Partei nicht, Rom zur Verdammung der christlichen Gewerkschaften zu bewegen. Die Kurie machte zwar kein Hehl daraus, daß ihr katholische Arbeitervereine mit Fachabteilungen sehr viel sympathischer waren als jede andere Lösung. Aber weiter ging sie nicht. Zu dieser Zurückhaltung trug einerseits sicher die Tatsache bei, daß die christlichen Gewerkschaften inzwischen die Fachabteilungen eindeutig weit überflügelt hatten. Andererseits wirkte sich darin fraglos auch das in den folgenden Jahren immer noch zunehmende Mahnen und Drängen der verschiedensten deutschen Politiker in Rom aus, doch auf keinen Fall diese Gewerkschaften zu vernichten, da gerade sie in der Lage seien, »die Flut der sozialdemokratischen Bewegung von unten herauf einzudämmen« – wie der Regierungspräsident von Münster an den Oberpräsidenten der Provinz Westfalen schrieb (zit. Focke, 57).

Seit 1906 steuerten die christlichen Gewerkschaften verstärkt einen nationalen Kurs. Ein erster Deutscher Arbeiterkongreß, der alle christlichen und nationalen Arbeitnehmer zusammenschließen sollte, hatte bereis vom 26.–28. 10. 1903 in Frankfurt getagt. Entsprechend seiner weitgespannten Zielsetzung waren hier nicht nur Arbeiter vertreten, sondern auch der antisemitische Deutschnationale Handlungsgehilfenverband, ferner Kellner, Kutscher, Gruben- und Eisenbahnbeamte. Die Hirsch-Dunckerschen Gewerkschaften dagegen hatten ihre Teilnahme verweigert. Das eigentlich Verbindende in dieser Koalition bildete die Feindschaft gegenüber der Sozialdemokratie. Sie trat noch deutlicher auf dem 2. Deutschen Arbeiterkongreß in Berlin hervor (20.–22. 10. 1907), wo die Delegierten sich durch diesen Kurs der Regierung empfahlen – nicht zuletzt freilich deshalb, um diese zu Fortschritten in der Sozialpolitik zu bewegen. Stegerwald und Hitze gehörten auf katholischer Seite, Behrens, Mumm und Ludwig Weber auf der evangelischen zu den entscheidenden Gestalten dieser Bewegung. Größere Erfolge waren ihr allerdings nicht beschieden. Dazu war die Gefolgschaft zu bunt, die Interessenlage zu vielfältig. Erwies es sich schon für die christlichen Gewerkschaften als äußerst schwierig, einen Weg zu finden, der die Forderungen der Arbeiterschaft ernstnahm, ohne darum den Erwartungen der Kirche, der katholischen Unternehmer und des Zentrums allzu direkt entgegenzuhandeln, so mußte diese Verbreiterung der Basis die Aktionsmöglichkeiten erst recht einengen.

Hinzu kam als Lähmung der »Gewerkschaftsstreit«. Zwar stärkte die betont nationale Ausrichtung der christlichen Gewerkschaften und ihre scharfe Frontstellung gegen die Sozialdemokratie ihre äußere Position. Aber die innerkirchlichen Schwierigkeiten wurden dadurch keineswegs geringer. Rücksichtslos verleumdeten und denunzierten die Vertreter der »Berliner Richtung« die »Mönchengladbacher«. Roms Spruch beendete die Feindseligkeiten nicht, sondern heizte sie nur weiter an. Die Enzyklika »Singulari quadam« vom 24. 9. 1912 hielt zwar erneut mit einer Verurteilung der christlichen Gewerkschaften zurück; aber ebensowenig ließ sie einen Zweifel daran aufkommen, daß die Kurie den Fachabteilungen innerhalb rein katholischer Arbeitervereine den unbedingten Vorrang gab.

Ansätze eines katholischen Pluralismus

Das Bild, das die Integralen – und mit ihnen die Mehrheit im deutschen Katholizismus – nach wie vor von der idealen Arbeitswelt hatten, war nicht zuletzt geprägt von der Vorstellung des gehorsamen Arbeiters, der sich im Betrieb durch strenge Pflichterfüllung auszeichnete und im übrigen seiner Kirche unbedingt ergeben war. Ganz in diesem Sinn funktionierten die Fachabteilungen. Sie waren dem Klerus unterstellt und insofern völlig kirchlich integriert. Mit Vorliebe wurden religiöse und moralische Themen behandelt. Daß diese Arbeiter den Streik ablehnten und infolgedessen auch als Streikbrecher auftraten, machte sie in offiziellen kirchlichen Kreisen beliebt, bei der übrigen Arbeiterschaft freilich nur verächtlich oder verhaßt.

Die Alternative, die die »Mönchengladbacher« demgegenüber zu realisieren versuchten, war der innerhalb bestimmter Grenzen selbständige und selbstbewußte Arbeiter, der sein Schicksal und insbesondere die Bedingungen seiner Arbeitswelt möglichst in eigener Verantwortung zu verbessern versuchen sollte. Hierin konkretisierte sich die grundsätzliche Zustimmung dieser Richtung zur kapitalistischen Welt und zu den sozialen und politischen Gegebenheiten im Deutschen Reich. Umgekehrt wird die Leidenschaft und Erbitterung, mit der die »Berliner Richtung« sich dieser Entwicklung entgegenstemmte, erst dann voll verständlich, wenn man sieht, daß dadurch einer ebenso umfassenden wie tiefgreifenden Veränderung im Wesen und Selbstverständnis des Katholizismus Einhalt geboten werden sollte. Der deutsche Katholizismus begriff seine Enge und geistige Abgeschlossenheit inzwischen weithin als eine wesentliche Grundlage seiner Stärke. Die Neuscholastik herrschte theologisch ebenso unangefochten, wie kirchenpolitisch die ultramontane Ausrichtung der Kirche und ihre hierarchische Gliederung unbestritten waren. Bezeichnenderweise fanden sich innerhalb des deutschen Katholizismus für den Vorwurf des Modernismus keine nennenswerten Anhaltspunkte: wohl aber pflichtete die große Mehrheit dieser Katholiken der Verdammung jener Richtung entschieden bei. Unbedingte Rechtgläubigkeit und bedingungsloser Gehorsam gegenüber der Kirche galten überhaupt als das wichtigste Wesensmerkmal des katholischen Glaubens. Gefüllt wurde diese Einstellung auch hier durch eine religiöse Subkultur, die durch zahllose individuelle, oft süßliche und nicht selten kitschige Frömmigkeitsformen die unmittelbaren Sehnsüchte und Erwartungen einfacher Menschen befriedigte. Auch in Deutschland blühte die Verehrung des Herzens Jesu, der Mutter Gottes, der hl. Therese v. Lisieux und der Eucharistie. Madonnen und Heilige unter dem Glassturz, bunte Bildchen Mariens oder erbaulicher biblischer Szenen gehörten ebenso zur alltäglichen Frömmigkeit wie liturgische Feste, Weiheakte, Bruderschaften zur Ewigen Anbetung und anderes. Hier existierte eine eigene farbige Welt, eingegrenzt und gesichert von der Kirche – und fernab von dem rasanten sozialen und mentalen Wandel in der Gesellschaft ringsum.

Die Wärme und Geborgenheit dieses Ghettos wurde nun jedoch von innen heraus bedroht. Das war die Bedeutung »Mönchengladbachs«. Über Wilhelm Hohoffs (1843–1923) Bemühungen, sich mit dem Denken von Karl Marx im Rahmen des Neuthomismus kritisch auseinanderzusetzen, hatte man mit Stillschweigen hinweggehen können. Schwieriger wurde das angesichts der nun zunehmenden Politisierung innerhalb der katholischen Arbeiterschaft und ihrem wachsenden Drängen auf mehr Demokratie und soziales Verantwortungsbewußtsein innerhalb der Kirche. Die Spannungen und Schwierigkeiten nahmen insbesondere seit 1900 sprunghaft zu. Auch die Verluste wuchsen jetzt. 1912 fiel der Wahlkreis Köln an die Sozialdemokratie. Gleichzeitig schrumpfte die Integrationskraft des Zentrums. Hatten 1903 noch 68,3 % aller Katholiken diese Partei gewählt, so waren es 1912 nur noch 54,6 % (Ross, 134). 1913 klagte der Erzbischof von Köln, Kardinal Felix von Hartmann, die Kirche habe in der unmittelbaren Vergangenheit 800 000 Katholiken an die Sozialdemokratie verloren (Ross, 135), vor allem natürlich in den preußischen Westprovinzen. Nichtsdestoweniger gelang es dem Katholizismus in dieser Zeit im wesentlichen, seine Arbeiter bei der Kirche zu halten. Mutige Schritte nach vorn, die Verteufelung der Sozialdemokratie sowie die hingebungsvolle Pflege eines eigenen religiösen Binnenraums erreichten zusammen, daß die aufgebrochenen Probleme zwar nicht als gelöst, aber für den Katholiken doch im Zusammenhang mit seiner Kirche als lösbar erschienen.

Bibliographische Hinweise zu IV.4

Auch die unter III.4 aufgeführte Literatur ist hier zu berücksichtigen.

Bornkamm, H.: Die Staatsidee im Kulturkampf. 2. Aufl. Darmstadt 1969.

Brack, R.: Deutscher Episkopat und Gewerkschaftsstreit, 1900–1914. Köln 1976.

Focke, F.: Sozialismus aus christlicher Verantwortung. Die Idee eines christlichen Sozialismus in der katholisch-sozialen Bewegung und in der CDU. Wuppertal 1978.

Heitzer, H. W.: Der Volksverein für das katholische Deutschland im Kaiserreich 1890–1918. Mainz 1979.

Lill, L.: Die Wende im Kulturkampf. Leo XIII., Bismarck und die Zentrumspartei, 1878–1880. Tübingen 1973.

Maron, G.: Die römisch-katholische Kirche von 1870–1970. In: K. D. Schmidt-E. Wolf [Hg.], Die Kirche in ihrer Geschichte. Bd. 4, Lfg. N 2. Göttingen 1972.

Morsey, R. [Hg.]: Zeitgeschichte in Lebensbildern. Aus dem deutschen Katholizismus des 20. Jahrhunderts. Bd. 1, Mainz 1973.

Ross, R. J.: Beleaguered Tower. The Dilemma of Political Catholicisme in Wilhelmine Germany. Notre Dame-London 1976.

Schmidt-Volkmar, E.: Der Kulturkampf in Deutschland, 1871–1890. Berlin 1962.

Schoelen, G.: Der Volksverein für das katholische Deutschland. Eine Bibliographie. Mönchengladbach 1974.

Schwaiger, G. [Hg.]: Aufbruch ins 20. Jahrhundert. Zum Streit um Reformkatholizismus und Modernismus. Göttingen 1976.

Schwer, W.-Müller, F.: Der deutsche Katholizismus im Zeitalter des Kapitalismus. Augsburg 1932.

5. Der deutsche Protestantismus

Die kirchliche Situation

Die politischen Erfolge Bismarcks vom Sieg über Österreich (1866) bis zur kleindeutschen Einigung mit der Gründung eines neuen preußisch-deutschen Kaiserreiches (1871) bedeuteten für das Selbstbewußtsein des Protestantismus Außerordentliches. Weit über die kirchlichen Kreise hinaus wucherte nun, insbesondere im Bürgertum, ein massiver preußisch-protestantischer Sendungsglaube – was immer dieser im einzelnen implizieren mochte! Auch der Liberalismus zeigte sich davon berührt. »Die gleichsam providentielle Zuordnung von Protestantismus, Liberalismus und Nation, das ist es, was jene Menschen . . . als eine beglückende Entdeckung erlebten.« (Bammel, Kirche 9)
Die evangelischen Kirchen empfanden vor allem den deutsch-französischen Krieg als eine große Zeit. Mit viel Gefühl und wenig kritischer Reflektion interpretierten die Prediger und Kirchenzeitungen die Ereignisse nach dem bereits idealisierten Modell der Freiheitskriege am Anfang des Jahrhunderts und fanden dementsprechend in den deutschen militärischen Erfolgen den Sieg von Zucht und Ordnung, von Sittlichkeit und insbesondere echter christlicher Frömmigkeit über die umfassende französische Verderbnis. So schrieb etwa die Evangelische Kirchenzeitung: »Wenn wir die Kräfte ins Auge fassen, welche in diesem Kriege miteinander gerungen, so stellt er sich dar als ein Sieg der Untertanentreue über die Revolution, der göttlichen Ordnung über die Anarchie, der sittlichen Mächte

über die Zuchtlosigkeit des Fleisches, des Regiments von oben über das souveräne Volkstum, des Christentums über das moderne Heidentum.« (1871, 15 f.) Beispiele dieser Art ließen sich in beliebiger Zahl beibringen. Grundlegend war dabei stets die Überzeugung, daß der deutsche Sieg eine Art Gottesurteil darstellte. Weil im Leben des deutschen Volkes die christlichen Fundamente sich als intakt erwiesen hatten, weil viele Menschen in der Heimat und an den Fronten unter dem Eindruck des Krieges zum Glauben zurückgekehrt waren, blieb Deutschland das Schicksal Frankreichs erspart. Von daher konnte man dann nicht nur triumphieren, sondern dem eigenen Volk auch sehr beredt Buße predigen und es zu einer umfassenden sittlichen und religiösen Erneuerung aufrufen. Unter dieser Voraussetzung war es natürlich ebenso selbstverständlich, daß das neugegründete deutsche Reich als ein entschieden christlicher, ja protestantischer Staat gestaltet werden müßte – weshalb der Kirche eine zentrale Stellung in der Öffentlichkeit einzuräumen war: Basierten doch alle Erfolge der Gegenwart und alle berechtigten Erwartungen an die Zukunft darauf, daß das deutsche Volk in umfassender Weise vom Geist des evangelischen Christentums durchdrungen und gestaltet würde.

Weil diese Vorstellung so selbstverständlich war, traf die tatsächliche Entwicklung breite kirchliche Kreise umso härter. Zunächst einmal scheiterte der Versuch, im Zuge der nationalen Einigung zu einer wenigstens partiellen Einheit der zahlreichen deutschen evangelischen Landeskirchen zu finden. Die zu diesem Zweck im Oktober 1871 (10.–12. 10.) in Berlin tagende Konferenz, auf der die Abendmahlsgemeinschaft aller Evangelischen sowie die Einrichtung eines gesamtkirchlichen Gremiums diskutiert und möglichst auch schon eingeleitet werden sollte, endete mit einem schrillen Mißklang. Fortan bestimmten erst recht theologische, kirchliche und besonders kirchenpolitische Auseinandersetzungen zwischen Unierten und konfessionellen Lutheranern, zwischen orthodoxen, liberalen und vermittelnden evangelischen Gruppen das Bild dieses Protestantismus. Hierauf konzentrierte sich nicht nur das Interesse, hierfür wurden auch die wichtigsten vorhandenen Kräfte und Energien eingesetzt.

Die zweite bittere Erfahrung, die man machen mußte, betraf das Ausbleiben der erwarteten religiösen Erneuerung der Bevölkerung. Symptomatisch für diese Enttäuschung war das Schreiben der preußischen Generalsuperintendenten vom 5. 5. 1872. Darin beklagten sie, daß »die großen Thaten, welche Gott gethan, auf dem Gebiet der evangelischen Kirche bis jetzt nicht die Früchte hervorgebracht haben, welche denen entsprechen, die auf anderen Gebieten des Volkslebens in so reichem Maße reifen ... Religion und Sittlichkeit, diese heiligsten Güter der deutschen Nation, sind, wir sagen es mit tiefem Schmerz, durch die ungeheuren Opfer des Krieges und die gewaltigen Siege verhältnismäßig am wenigsten gefördert worden.« (Allgem. Evgl.-Luth. Kirchenzeitung 1872, 380 f.) Deshalb wurde die überkommene Vorstellung von der Rolle der evangelischen Kirche im Staat keineswegs in Frage gestellt oder revidiert. Aber statt auf dem erhofften Vormarsch fand man sich mehr und mehr in die Defensive gedrängt.

Das wurde vollends zur unübersehbaren Wirklichkeit durch die innenpolitische Entwicklung in Preußen-Deutschland nach der Reichsgründung. Weder Bismarck noch erst recht die Nationalliberalen zeigten die geringste Neigung, mit einer Kirche, die sich als das geistige Rückgrat der Nation verstand, in diesem Sinn zusammenzuarbeiten. Noch grundsätzlicher traf der Kulturkampf die alte Überzeugung von der wesenhaften Zusammengehörigkeit der evangelischen Kirche und des preußischen Staates. Gefangen in dieser Vorstellung hatten Theologen und Kirchenleute die Kulturkampfgesetze zunächst als die berechtigte Verteidigung, ja Notwehr des Staates gegenüber den anmaßenden Übergriffen eines feindseligen ultramontanen Katholizismus interpretiert und dabei lediglich bedauert, daß Bismarck so wenig gewillt war, auf die geistigen Kräfte des Protestantismus in dieser Auseinandersetzung zurückzugreifen. Gleichzeitig tröstete man sich

damit, daß die neuen Gesetze sicherlich nicht auch auf die evangelische Kirche angewendet würden. Umso größer waren dann die Enttäuschung und Verbitterung, als die Auswirkungen der Kulturkampfgesetze die eigene Kirche mit voller Wucht trafen. Empörung über das ohnmächtige Taktieren der kirchenleitenden Persönlichkeiten breitete sich aus, aber mehr noch Resignation und Apathie. Dabei sah man sich gleichzeitig scharfen Attacken des politischen Liberalismus ausgesetzt. Diese Presse machte bald keinen Unterschied mehr zwischen ultramontanen Katholiken und orthodoxen Protestanten, sondern prangerte beide an: einmal als versteinerte Relikte aus einer längst überwundenen dunklen Vergangenheit; ein andermal als bösartige und gemeingefährliche Monstren, die die Freiheit vernichteten und den Fortschritt verhinderten. Dieser Liberalismus fand seine religiösen Erwartungen und Bedürfnisse jetzt vollends außerhalb der Kirche und weithin überhaupt losgelöst vom Christentum erfüllt. Von hierher erwartete man kaum noch etwas. Selbst hochgebildete Persönlichkeiten aus dem Bürgertum neigten dazu, die Kirche und ihre Verkündigung nur noch als »erstorbene Fabelwesen« (zit. Jochmann, 397, Anm. 23) zu betrachten.
Hinter diesem kulturkämpferischen Angriff des Liberalismus auf die Kirchen stand bei aller Polemik und Verzerrung ein klares eigenes Konzept. Es zielte darauf, die eigenen liberalen Werte und Ideale an die Stelle der herrschenden preußisch-konservativen mitsamt ihrer christlich-protestantischen Legitimierung und Überhöhung zu setzen. In diesem grundsätzlichen Gegensatz wurzelte letztlich die Leidenschaft und Erbitterung, mit der der Kulturkampf zunehmend geführt wurde. »Die Absicht der Liberalen ging dahin, eine soziale Stützmacht (Kirche) durch eine andere (liberales Bürgertum) zu ersetzen. Die Härte des Kulturkampfes ist nur zu verstehen, wenn man in ihm den Zusammenprall von formal gleichen, inhaltlich aber konträren Prinzipien sieht, und sich ins Gedächtnis ruft, daß die Liberalen dem Staat zu den von den Kirchen in der ›Reaktionszeit‹ usurpierten Rechten zurückhelfen wollten.« (G. Schmidt, 213)

Adolf Stoeckers Aktionsprogramm

Erst auf diesem kirchlichen und politischen Hintergrund werden Stoeckers Programm und seine vielfältigen Aktionen voll verständlich. Adolf Stoecker (1835–1909) war kein schöpferischer Geist. Aber er vermochte zu formulieren, was die Menschen um ihn herum bewegte; und er war vor allem in der Lage, sie dafür zu mobilisieren. Auch sein Ziel war die Rechristianisierung der Gesellschaft. Dazu bedurfte es nach Stoecker einerseits einer starken, in Lehre und Leben eindeutigen evangelischen Kirche, die dem Staat gegenüber weitgehend unabhängig war. Hierzu gehörte für ihn andererseits ein festes Bündnis mit dem politischen Konservatismus, um durch eine christlich-konservative Politik die religiöse und sittliche Erneuerung des Volkes umfassend voranzutreiben und den Liberalismus in allen seinen Erscheinungsformen bekämpfen zu können. Dazu genügten im Zeitalter der Massen nicht mehr allein Predigten und Proklamationen, sondern es mußten möglichst viele Menschen mobilisiert werden. Folgerichtig wirkte Stoecker bei seinen Bemühungen um eine Rechristianisierung der Gesellschaft gleichzeitig als Kirchenmann, Parteipolitiker und Agitator.
Im Herbst 1874, auf dem Höhepunkt des Kulturkampfes, war er als vierter Hof- und Domprediger nach Berlin gekommen. Seit dem 1. Oktober dieses Jahres galt der Zivilstand. Die unmittelbare Folge davon war ein erhebliches Nachlassen der Inanspruchnahme kirchlicher Handlungen, insbesondere bei der evangelischen Industriearbeiterschaft. Die tiefsten Einbrüche in die kirchliche Sitte wurden in Berlin, der größten Industriestadt des Deutschen Reiches, registriert: 1875 erhielten dort nur noch 65,8 % der Kinder evangelischer Eltern die Taufe und lediglich 24,6 % aller beiderseits evangelischen

Paare ließen sich kirchlich trauen (Allgem. Evgl.-Luth. Kirchenztg. 1876, 1030 ff.). Zutiefst irritiert erlebte Stoecker hier zum erstenmal die Abwendung breiter Bevölkerungsteile von der Kirche. Noch sein später Rückblick läßt das Erschrecken, aber auch die Verständnislosigkeit erkennen, die diese Vorgänge in ihm auslösten. Ein solcher Abfall von der Kirche erschien Stoecker »rätselhaft«, setzte ihn »in Verwunderung und Erstaunen« und dünkte ihm umso »unbegreiflicher«, als auch nach seiner Überzeugung sich der christliche Geist der deutschen Nation soeben im Krieg gegen Frankreich derart machtvoll erwiesen hatte. (v. Oertzen I, 108) Folglich konnte es nur ein fremder Geist sein, der den gut christlichen Sinn des Volkes gewaltsam unterdrückte. Dagegen kämpfte Stoecker dann sein Leben lang an: Mit der Aktivierung der Berliner Stadtmission und der Gründung der Christlich-Sozialen Partei, durch die Organisation zahlreicher christlicher Verbände und Kongresse, erhebliche volksmissionarische Anstrengungen und nicht zuletzt durch seine antisemitischen Agitationen. Ein menschenwürdiges Dasein konnte sich Stoecker nur im Rahmen einer christlichen Gesellschaftsordnung vorstellen. Dementsprechend erklärte er 1882 im Reichstag: »Es ist meine politische Überzeugung, daß durch unsere Zeit hindurch im Grunde ein einziger großer Konflikt geht: entweder christliche Weltanschauung oder nicht. Und ich glaube, daß unsere politischen wie unsere sozialen Nöte ohne die Wiederbefestigung der christlichen Weltanschauung nicht geheilt werden.« (Mumm, 34)

Getragen von dieser Überzeugung hatte Stoecker die Berliner Arbeiterschaft am 3. Januar 1878 in die Gaststätte »Eiskeller« eingeladen, um eine christliche Arbeiterpartei zu gründen. Diese Veranstaltung mitsamt den daran sich anschließenden Aufregungen und mannigfachen Aktivitäten machten nicht nur den Hofprediger mit einem Schlage bekannt und berühmt, sondern leiteten auch in breiteren evangelischen Kreisen die Bewußtseinsbildung ein für die grundsätzliche Herausforderung, die das Phänomen der Hochindustrialisierung für die evangelischen Landeskirchen und für den Protestantismus insgesamt bedeutete.

Indem Stoecker sich auf diese Weise der Arbeiterschaft zuwandte, machte er natürlich gleichzeitig Front gegenüber der Sozialdemokratie. In seiner Stegreifrede im »Eiskeller« warf er der Partei denn auch in politischer Hinsicht Phantasterei vor, im Blick auf Religion und Kirche verurteilte er ihren militanten Atheismus und zuletzt attackierte er ihren Haß auf die bestehende Gesellschaftsordnung und insbesondere auf das Vaterland. In diesen Verdammungen waren umgekehrt alle die Werte und Ideale beschworen, die Stoecker ebenso wie seine Freunde und Anhänger lebenslang bestimmt haben: Ihre feste Verwurzelung in einer konservativen Gesellschaftsordnung mit monarchischer Spitze und christlicher Legitimation, die darin gegründete Überzeugung von der sozialen Verantwortung des Staates gegenüber den Notleidenden und Schwachen und nun insbesondere gegenuber der Arbeiterschaft, die Gewißheit endlich, daß von alledem nur sinnhaft im Zusammenhang mit einer starken und einflußreichen evangelischen Kirche geredet werden konnte, die als das Gewissen der Nation wirkte und die für Sittlichkeit, Zucht und Ordnung in der Öffentlichkeit eintrat.

Die sozialen und sozialpolitischen Vorstellungen, die Stoecker bei alledem leiteten, unterschieden sich freilich nur in Nuancen von denjenigen, die in einflußreichen industriellen Kreisen herrschten. 1877 hatte der als ausgesprochen sozial geltende Fabrikbesitzer Alfred Krupp in Essen in einer grundsätzlichen Rede vor seinen Betriebsangehörigen erklärt: »Genießet, was Euch beschieden ist. Nach getaner Arbeit verbleibt im Kreise der Eurigen, bei den Eltern, bei der Familie und den Kindern, und sinnt über Haushalt und Erziehung. Das sei Eure Politik. Dabei werdet Ihr frohe Stunden erleben. Aber für die große Landespolitik erspart Euch die Aufregung. Höhere Politik treiben erfordert mehr freie Zeit und Einblick in die Verhältnisse, als dem Arbeiter verliehen ist. Ihr tut Eure

Schuldigkeit, wenn Ihr durch Vertrauenspersonen empfohlene Leute erwählt. Ihr erreicht aber sicher nichts als Schaden, wenn Ihr eingreifen wollt in das Ruder der gesetzlichen Ordnung. Das Politisieren in der Kneipe ist nebenbei sehr teuer, dafür kann man im Hause Besseres haben.« (zit. Grebing, 73) Dasselbe paternalistische Leitbild aus sozialem Verantwortungsbewußtsein und traditionellem politischem Herrschaftsanspruch hat auch Stoecker bestimmt. Dementsprechend erschienen ihm die sozialen Probleme im wesentlichen gelöst, sobald der Arbeiter wirtschaftlich gesichert und als Mitglied einer Berufsgenossenschaft in die bestehende Gesellschaftsordnung eingegliedert wäre. »Die beiden Punkte sind die wichtigsten«, erklärte Stoecker 1880: »Daß die Arbeiter wieder zu Korporationen zusammengefaßt werden, nicht isoliert dastehen, sondern unter der Zucht des Korpsgeistes in brüderlichem Verkehr untereinander stehen und, anstatt falschen Projekten nachzujagen, sich um ihre Sache kümmern und die Arbeit lieb gewinnen: das ist das Nötigste. Und daß der Arbeiter, wenn er invalide ist, versorgt werde, daß, wenn er krank wird, ihm Unterstützung zuteil wird, wenn er stirbt, seine Witwe und Waisen Brot haben, das ist das Zweitnötigste.« (Seeberg, 190) Irgendein Verständnis für die weitergehenden sozialen und politischen Ziele jener Arbeiter, die sich in der gleichen Zeit (1875) in Gotha in der »Sozialistischen Arbeiterpartei Deutschlands« organisierten, fehlte in diesem Lager.

Trotzdem gab es einen wichtigen Unterschied zwischen Stoecker und der in der offiziellen Gesellschaft und auch in der Kirche gängigen Mentalität hinsichtlich der Sozialdemokratie – wonach diese der Inbegriff alles Bösen war. Stoecker hat gewiß aus seiner dezidierten Ablehnung dieser Partei und ihrer Ideologie nie ein Hehl gemacht. Aber er hat nichtsdestoweniger in der Sozialdemokratie stets nur ein Symptom, nie die Wurzel des Übels selbst gesehen. Mit dieser Einschätzung und erst recht aufgrund der daraus von ihm abgeleiteten Aktivitäten konnte Stoecker die bis dahin im deutschen Protestantismus und gerade auch in den Kreisen der Inneren Mission vorherrschende Berührungsangst vor der Sozialdemokratie wirksam durchbrechen. In dieser Hinsicht standen auch die Protestanten, die noch zu Stoeckers Lebzeiten diese Partei sehr viel positiver beurteilten als er, auf seinen Schultern.

Der eigentliche und entscheidende Gegner war für Stoecker der Liberalismus – und zwar sowohl in seiner wirtschaftlichen wie in seiner politischen und selbstverständlich erst recht in seiner kirchlich-theologischen Ausprägung. Seine Kapitalismuskritik, die an Schärfe nichts zu wünschen ließ, galt jener Haltung, die lauthals von Freiheit sprach – und dabei die Freiheit zu verhungern gelassen mit einschloß. Seine Attacken gegen den politischen Liberalismus zielten auf ein rein diesseitiges Selbstverständnis, wo Menschen durch die Verdrängung der Kirche aus der Öffentlichkeit die Voraussetzungen schaffen wollten, um nach eigenen Wünschen ihr Leben zu gestalten. Wo dieser Liberalismus herrschte, war wirklich alles bedroht, was Stoecker als grundlegend ansah: Der starke autoritäre Staat ebenso wie die ständisch-korporative Gesellschaftsordnung, die traditionellen Normen des Zusammenlebens und nicht zuletzt die Kooperation von Staat und Kirche bei der Erziehung und Leitung der Untertanen. »Liberalismus« stand dementsprechend bei Stoecker für alle negativen Erscheinungen seiner Zeit: für Opportunismus, Sittenlosigkeit und Glaubensverfall ebenso wie für Kommerzialisierung oder Verstädterung und nicht zuletzt für die Macht des Judentums. Der gesamte Prozeß der Veränderung aller Lebensbereiche, der jetzt in der Phase der Hochindustrialisierung in Deutschland unübersehbar war, wurde somit von Stoecker unter den Begriff des Liberalismus subsumiert und verdammt.

Unter solchen Voraussetzungen mußte Stoecker 1878/79 die konservative Kehre Bismarcks in der Innenpolitik ebenso begrüßen wie das Sozialistengesetz. Allerdings konnte er in beiden Maßnahmen nur erste Schritte in die richtige Richtung sehen. Die eigentliche

Gefahr blieb bestehen, jener Liberalismus, der insbesondere in Gestalt der »jüdisch infiltrierten Presse« nach wie vor gegen Kirche und Staat, Vaterland und Ordnung, deutsche Sitte und christlichen Geist hetzte und wühlte. Erst wenn man diesen Zusammenhang sieht, wird verständlich, warum die vernichtende Niederlage seiner Christlich-sozialen Arbeiterpartei bei den Reichstagswahlen im Juli 1878 nicht das Ende der politischen Aktivitäten Stoeckers bedeutete. Hier scheiterte er, weil sein politisches und soziales Konzept für die große Mehrheit der Arbeiterschaft inzwischen schlicht belanglos war. Aber weil für Stoecker das Ziel der erneuten und vertieften Durchdringung der Gesellschaft mit christlichem und konservativem Gedankengut so unwandelbar feststand, konnte die politische Aktion für ihn keine Episode bleiben. Wie die Verwendung *eines* Mittels für die Verchristlichung des Volkes die Benutzung anderer nicht ausschloß – so daß die Arbeit in der Berliner Stadtmission und in anderen kirchlichen Organisationen neben derjenigen in der Christlich-sozialen Partei stehen konnte –, ließen sich auch neue Mittel finden. War die Arbeiterschaft nicht zu gewinnen und im Sinne jener christlich-konservativen Zielsetzung zu mobilisieren, mußte der Hebel eben bei einer anderen Bevölkerungsschicht angesetzt werden. War das Proletariat im wesentlichen an die Sozialdemokratie verloren, ließ sich immerhin der weitere Zustrom zu dieser Partei aus den Kreisen des Handwerks und des übrigen Kleinbürgertums unterbinden. Als das wichtigste Instrument hierfür benutzte Stoecker den Antisemitismus: »die Judenfrage war eben die soziale Frage des Berliner Kleinbürgertums« (Heffter, 20). Am 19. 9. 1879 sprach Stoecker auf einer öffentlichen Veranstaltung seiner Partei über »Unsere Forderungen an das moderne Judentum«. Unter dem brausenden Beifall seiner Zuhörer, der ihn unverkennbar vorantrieb, hatte Stoecker damit den folgenschweren Schritt zum antisemitischen Agitator getan.

Der Boden einer Arbeiterpartei war mit alledem eindeutig verlassen. Stoecker hatte einen wirksameren Hebel für die Durchsetzung seiner Ziele gefunden, eben jenen bürgerlichen und vor allem kleinbürgerlichen Mittelstand, der angesichts der Wirtschaftskrise und der innenpolitischen Neuorientierung des Reiches sich vom Liberalismus weg zu einem neuen Konservatismus hin zu bewegen begann. Stoecker setzte auf diesen Trend, weil er hoffte, die Deutsch-Konservative Partei könnte dadurch zu einer wirklichen Volkspartei werden: und diese würde dann der evangelischen Kirche die Hand reichen und sie zu einer freien und starken Größe in der Öffentlichkeit machen.

Daß die Selbständigkeit der Kirche sowie die Erweiterung und Vertiefung ihres Wirkens in der Gesellschaft jedenfalls sein Hauptanliegen war, hat Stoecker immer wieder hervorgehoben. Noch in einem späten Rückblick (1906) betonte er: »Sie werden sagen, die Gründung der Christlich-sozialen Arbeiterpartei sei eine politische Gründung gewesen und als solche erfolglos. Dagegen bemerke ich, daß nicht eine Parteigründung, sondern die Belebung des christlichen Volkes und die Erfüllung der sozialen Pflichten der Kirche mir von Anfang bis heute als Ziel vor Augen gestanden haben.« (Seeberg, 138 f.) Weil Stoecker stets und überall nach Ansätzen suchte, um die christlich-konservative Gesinnung in der Bevölkerung durch die konkrete Zuspitzung der kirchlichen Verkündigung in die jeweilige soziale Situation hinein anzufachen, konnte er innerhalb kurzer Zeit von der Leitung der Berliner Stadtmission (April 1877) weitergehen zur Gründung des »Vereins für Sozialreform auf religiöser und konstitutionell-monarchischer Grundlage« (5. 12. 1877), weiter zur christlich-sozialen Arbeiterpartei, zur antisemitischen Agitation und zu vielerlei anderen Aktivitäten.

Wie alle Programme zur Rechristianisierung der Gesellschaft ging auch das stoeckersche von der Voraussetzung aus, daß die überwältigende Mehrheit des deutschen Volkes nach wie vor christlich gesinnt sei. Also mußte es ein fremder Geist sein, eben der liberale und jüdische, der die Öffentlichkeit beherrschte und das im Grunde christliche Wollen der

Bevölkerung unterdrückte. Aus dieser Sicht wird sowohl Stoeckers Hochschätzung des politischen Handelns als auch sein Vertrauen in gesetzgeberische Maßnahmen verständlich.

Die Frage, ob sich eine derartige Anschauung angesichts der gerade in Berlin unübersehbaren Säkularisierungstendenzen aufrecht erhalten ließ, bejahte Stoecker stets auf das entschiedenste. Allerdings übernahm er dann die Unterscheidung zwischen einem inneren und äußeren Kreis der Volkskirche. Während der innere Kreis diejenigen umfaßte, die treu zur Kirche standen und sich aktiv in ihr betätigten, zählte Stoecker die kirchlich Fernerstehenden zum äußeren Kreis. Beide Kreise waren insofern aufeinander bezogen, als die Kerngemeinde die Randsiedler zurückholen sollte, so daß schließlich die Trennung in einen inneren und äußeren Kreis in der Kirche aufgehoben und eine möglichst weitreichende Deckung von Kirche und Volk erreicht wäre.

Auch dieses volkskirchliche Konzept Stoeckers hat eine Fülle von Aktivitäten freigesetzt. Allerdings mußte er selbst schon die Erfahrung machen, daß sich wesentliche Züge seines Programms nicht verwirklichen ließen. Zunächst einmal existierte der innere kirchliche Kreis nicht so, wie es Stoeckers Voraussetzungen entsprach. Er mußte erst geschaffen werden. Dafür hat sich Stoecker im kirchenpolitischen Kampf gegen den liberalen Protestantismus und insbesondere gegen die kirchliche »Mittelpartei« unter dem Hallenser Theologen Willibald Beyschlag (1823–1900) mit Leidenschaft und journalistischem Geschick eingesetzt. Die von Stoecker propagierte orthodoxe »Positive Union« unter der Führung seines Kollegen, des Hofpredigers Rudolf Kögel (1829–1896), wurde von beiden nicht als eine kirchliche Partei, sondern als die evangelische Kirche Preußens schlechthin ausgegeben. Da die kirchliche Einheit eine Grundvoraussetzung von Stoeckers Rechristianisierungsprogramm bildete, mußte er sie mit allen Mitteln betreiben. Faktisch hat Stoecker dadurch nicht nur Entscheidendes für die innerkirchliche Durchsetzung jener restaurativen Kirchenpartei geleistet, sondern er hat auf diese Weise auch Wesentliches zu der bewußtseinsmäßigen Stabilisierung der traditionell kirchentragenden Schichten in Preußen beigetragen, die nach wie vor aus Adeligen und abhängigen Bauern, Hofkreisen und höheren Beamten, ein wenig Bildungsbürgertum und vielen Kleinbürgern bestanden. Durch Stoeckers Agitation entwickelte sich in diesen Kreisen etwas wie ein kirchliches Selbstbewußtsein. Verunsichert durch die voranschreitende Erosion der Kirchlichkeit in den Industriegebieten sowie durch die Erfahrung des Kulturkampfes fielen die Parolen Stoeckers, mit denen er für die innere Geschlossenheit der Kirche und ihre ebenso freie wie machtvolle Stellung in der Öffentlichkeit warb, hier auf einen überaus fruchtbaren Boden.

In dem Maße allerdings, in dem diese Stabilisierung des inneren Kreises der Kirche gelang, wurde gleichzeitig die missionarische Aktivität nach außen blockiert. Zu Caritas und Seelsorge, diesen seit langem von der Inneren Mission planierten Wegen zu den der Kirche Entfremdeten, verstand die Kerngemeinde sich selbstverständlich. Aber mehr erreichte auch Stoecker nicht. Vielmehr mußte er schnell die Erfahrung machen, daß kein geringerer als Rudolf Kögel, sein Kollege und engster Mitarbeiter in der Positiven Union, sofort alles daransetzte, um die Ausbreitung der Christlich-sozialen Arbeiterpartei in den Gemeinden und insbesondere in der Pfarrerschaft zu unterbinden. Natürlich war das ausschlaggebende Moment dafür nicht die vielzitierte Notwendigkeit, die Politik von der Kirche fernzuhalten. Kögel selbst war eine ausgesprochen politische Persönlichkeit. Aber eben deshalb sah er sehr realistisch die Gefahren, die sofort aufbrechen mußten – und die in den neunziger Jahren, nach seiner Zeit, in der Tat auch aufgebrochen sind –, wenn man in dieser Kirche, die auf den politisch und gesellschaftlich herrschenden Kräften basierte, die Frage nach der sozialen Gerechtigkeit aufwarf. Insofern war Stoeckers kirchliches Konzept und mit ihm seine Arbeiterpartei bereits an dieser Wirklichkeit der

evangelischen Kirche in Preußen zu Fall gekommen, bevor sie an der Arbeiterschaft und an den Konservativen scheiterte. Die indirekte, aber nichtsdestoweniger eindeutige Verurteilung der sozialpolitischen Bemühungen Stoeckers durch den Evangelischen Oberkirchenrat in Berlin (20. 2. 1879) besiegelte dann lediglich dieses Faktum.
Die Konsequenz, die Stoecker daraus zog, war ebenso wirksam wie folgenschwer: Ließ sich der innere Kreis der Kirche nicht bewegen, mußte man versuchen, den äußeren zu mobilisieren. Dazu diente Stoecker die antisemitische Agitation. Sie stellte sich ihm als eine Art Volksmission dar, wobei die der Kirche entfremdeten Menschen durch das Aufgreifen und Ausschlachten wirtschaftlicher und sozialer Notstände und Ängste zusammen mit der Beschwörung christlicher Traditionen und konservativer Werte in neuer Weise konkret angesprochen und zurückgewonnen werden sollten. Als »Seelsorge« für das Volk hat Stoecker dementsprechend nicht nur die Gründung seiner Arbeiterpartei, sondern auch seine antisemitischen Aktionen bezeichnet und letztere im Ergebnis als »ein Stück deutscher Erweckung« interpretiert. Seine Begründung dafür lautete: »Eben daß wir die Verkündigung des Evangeliums in großen Volksversammlungen mit der Besprechung der sozialen und vaterländischen Dinge nach dem Vorbilde der alttestamentlichen Propheten verbanden, hat eine große Menge von Berliner Mitchristen zu einer anderen Lebens- und Weltanschauung gebracht.« (Seeberg, 131)
Mit alledem war eine folgenschwere Wende eingeleitet. Die von Stoecker durchgängig vorausgesetzte Christlichkeit des deutschen Volkes verband sich nun nicht mehr allein mit konservativem Gedankengut, sondern ebenso mit nationalen und antisemitischen Inhalten. Um den breiten Rand der Kirche anzusprechen, genügten offensichtlich theologische oder religiöse Themen allein nicht mehr. Dazu bedurfte es des Appells an massivere Interessen. Stoecker hatte mit seiner auf den Antisemitismus abhebenden Agitation Erfolg, weil er damit auf ein wirtschaftlich und weltanschaulich verunsichertes Kleinbürgertum traf, dem die traditionelle evangelische Lehre und Verkündigung als Sinngebung nicht mehr ausreichte, bei dem die Prägung durch diese Tradition jedoch noch so stark war, daß die Übernahme antikirchlicher und erst recht antichristlicher Weltanschauungen als Möglichkeit ausschied. In dieser Situation konnte die von Stoecker propagierte Einheit von Antiliberalismus und Antisemitismus, von evangelischer Kirchlichkeit, monarchischem Konservatismus und deutschem Nationalgefühl sich ungemein fruchtbar entfalten. Fraglos ist ein nicht geringer Teil des Protestantismus gerade aufgrund dieser äußeren Stützungsmechanismen zunächst noch in einer mehr oder weniger engen Verbindung mit der Kirche geblieben.
Im Leben und Wirken Adolf Stoeckers findet man so in markanter Weise wesentliche Tendenzen des deutschen Protestantismus in der Zeit des zweiten Kaiserreiches repräsentiert. »Niemand hat so nachhaltig wie er den theologischen Nachwuchs beeinflußt und auf Jahrzehnte hinaus geprägt«, urteilte unmittelbar nach Stoeckers Tod der Greifswalder Theologe Johannes Haußleiter (zit. Jochmann, 432). Man trifft sowohl im Umkreis der traditionellen kirchlichen Beharrung auf die Spuren seiner Persönlichkeit als auch bei mannigfaltigen Innovationsversuchen. Aus den von ihm innerhalb und außerhalb der Kirche in Gang gesetzten Prozessen sind schließlich auch jene Persönlichkeiten und Organisationen herausgewachsen, die dann Wege einschlugen, die Stoecker selbst nicht mehr gehen und teilweise sogar nur noch bekämpfen konnte. Seine Anstrengungen allerdings, die evangelische Kirche um nahezu jeden Preis wieder zur herrschenden geistigen Größe in einer christlich-konservativ geordneten Gesellschaft zu machen, mußten scheitern, weil sie die Realitäten dieser Industriegesellschaft nie wirklich ernstgenommen haben.

Dagegen hatte Stoecker klar erkannt, daß man politische Macht brauchte und besser noch staatlichen Einfluß, um die gewünschte Sozialpolitik durchzusetzen. Insofern waren die parteipolitischen Aktivitäten des Hofpredigers nicht nur der Ausdruck seiner persönlichen Ambitionen, sondern sie zeugten gleichzeitig von einer nüchternen Einsicht in die realen Machtverhältnisse. Im Unterschied zu Frankreich und erst recht zu Großbritannien war in Preußen-Deutschland der Staat eine ausgesprochen starke, wenn nicht sogar beherrschende Größe. Entsprechend gering blieb mithin hier der Spielraum für erfolgversprechend soziale und politische Aktionen einzelner oder spontan sich bildender Vereinigungen. Eine lange protestantische Tradition korrespondierte dieser Wirklichkeit. Danach war es einerseits die Pflicht des Untertanen, sich an seinem Platz, im Beruf, mit allen Kräften für das Wohl des Ganzen einzusetzen. Andererseits hatte er die Aufgabe, auf konkrete Fehler und Mißstände hinzuweisen – freilich allein in der Weise einer begründeten Appellation an die höhere Instanz, der selbstverständlich sowohl der umfassende Überblick als zusammen damit auch die vollgültige letzte Entscheidungsgewalt zugestanden wurde.

Sehr klar läßt sich diese Einstellung auch an Rudolf Todt (1839–1887) veranschaulichen. 1877 erschien sein Aufsehen erregendes Werk »Der radikale deutsche Socialismus und die christliche Gesellschaft«, das auf eine Anregung Stoeckers zurückging. Todt begegnet hierin als der erste protestantische Theologe, der die sozialistische Literatur seiner Zeit nicht nur gelesen hatte, sondern auch beherrschte. Er stimmte der sozialdemokratischen Gesellschaftskritik zu und vertrat darüber hinaus die Überzeugung, daß die Intentionen dieser Partei und des Neuen Testaments – abgesehen vom Atheismus, den er jedoch als nicht wesenhaft zum Sozialismus gehörend ansah –, im Grunde übereinstimmten. Im Blick auf die Kirche zog Todt daraus den Schluß, die Christen müßten die Sozialdemokratie als einen Bußruf zu echtem Glauben und tätiger Liebe begreifen: »Das ist unsere Taktik gegenüber dem Sozialismus.« (453) Im Blick auf die Gesellschaft dagegen wiederholte er ein ausgesprochen konservatives Sozialprogramm, das im Sinne Wicherns um die Bedeutung der öffentlichen Verkündigung und der Wohltätigkeit der Gemeinden kreiste – um schließlich im Vertrauen auf die christlichen Hohenzollern zu gipfeln! Todt ging es entschieden um die intellektuelle theologische Auseinandersetzung mit den bedrängenden sozialen Problemen seiner Zeit. Aber die entscheidende Lösung dieser Schwierigkeiten mußte von oben kommen! Deshalb konnte Todt auch – bruchlos, trotz dieses Buches – die letzten zehn Jahre seines Lebens als königlich-preußischer Superintendent in Brandenburg verbringen.

Sozialpolitisch aktiv geworden ist Todt lediglich im Dezember 1877, in der Weise, daß er zusammen mit Stoecker, Rudolf Meyer und Adolph Wagner den »Zentralverein für Sozialreform auf religiöser und konstitutionell-monarchischer Grundlage« gründete. Die Arbeit dieses Vereins war betont theoretisch, die große Hoffnung galt der staatlichen Initiative. Der Wille, über diesen engen Intellektualismus hinauszukommen, erklärt manches von den Aktivitäten und Erfolgen Stoeckers.

Tiefgreifender in der Analyse, auch differenzierter in der Argumentation, zeigte sich eine Gruppe von Nationalökonomen, zu denen neben Meyer und Wagner auch Lujo Brentano und Gustav Schmoller gehörten. Ihre Bezeichnung als »Kathedersozialisten« oder »Staatssozialisten« hob einerseits auf das Eintreten dieser Gelehrten für eine bessere und gerechtere Gesellschaftsordnung ab und markierte andererseits ihr Vertrauen in die Macht der Wissenschaft sowie in eine Staatsführung, die sich von rationalen Urteilen bestimmen ließ. Der öffentliche Einfluß dieser Männer, die teilweise aus persönlicher christlicher Überzeugung die soziale Verantwortung der Gesellschaft und des Staates betonten, war nicht gering. Faktisch suchten sie nach einem dritten Weg zwischen Liberalismus und Sozialismus, wobei freilich die herausgehobene Betonung sozialer Maßnahmen anstelle von deren Einbindung in ein umfassendes wirtschaftliches oder gar gesellschaftspolitisches Konzept die klare Grenze dieser Bemühungen darstellte.

In einem weiteren Sinn kann auch Bismarck diesem Kreis der Staatssozialisten zugerechnet werden, unterstrich die von ihm initiierte Sozialgesetzgebung doch ebenso sehr die entscheidende Verantwortung des Staates auf diesem Sektor wie dabei umgekehrt jede Berücksichtigung der politischen Interessen der Betroffenen fehlte. Nachdrücklich hatte die kaiserliche Botschaft vom 17. 11. 1881 von einer auch christlich motivierten staatlichen Fürsorgepflicht gesprochen: »Daß der Staat sich in höherem Maße als bisher seiner hilfsbedürftigen Mitglieder annehme, ist nicht bloß eine Pflicht der Humanität und des Christentums, von welchem die staatlichen Einrichtungen durchdrungen sein sollen, sondern auch eine Aufgabe staatserhaltender Politik, welche das Ziel zu verfolgen hat, auch in den besitzlosen Klassen der Bevölkerung, welche zugleich die zahlreichsten und am wenigsten unterrichteten sind, die Anschauungen zu pflegen, daß der Staat nicht bloß eine notwendige, sondern auch eine wohltätige Einrichtung sei.« (zit. Schick, 59, Anm. 206) Aber wieder gerieten nur notleidende und hilflose Untertanen in den Blick. Arbeiterschutzgesetze kamen nicht zustande. Insofern gelang es Bismarck auch nicht, die Arbeiterschaft durch die Kranken- und Unfallversicherungsgesetze (1883/84) – denen erst 1889 die Invaliditäts- und Altersversicherung folgte –, für den Staat zu gewinnen: obwohl dieses Gesetzeswerk dem Arbeiter ein Minimum an sozialer Sicherheit verlieh und in seinen Leistungen in der damaligen Welt ohne Beispiel war.

Zu den wichtigsten Mitarbeitern Bismarcks bei der Vorbereitung der Sozialgesetzgebung gehörte Theodor Lohmann (1831–1905). An seinem Lebenswerk läßt sich die grundsätzliche Problematik jener bewußt evangelischen Laien verdeutlichen, die im Rahmen ihres Berufs sozialreformerisch tätig sein wollten. Als vorzüglicher Kenner der Materie wurde Lohmann von Bismarck herangezogen. Aber aus der Zusammenarbeit wurde Gegnerschaft, weil Lohmann sich nicht zum Aufbau einer Sozialversicherung in der Hand des Staates bei gleichzeitiger Ausblendung gesellschaftlicher Sicherungen verstehen konnte. Erst 1890, unter Wilhelm II., fand er mit seinen Vorstellungen vorübergehend wieder ein gewisses Gehör. Lohmann war ein konservativer evangelischer Christ. Gleichwohl gehörte für ihn zur christlichen Verantwortung die Weckung der Eigenverantwortung des Notleidenden und damit die Respektierung seiner Freiheit. Betrieblicher Arbeitsschutz und überhaupt die rechtlichen Forderungen der Arbeiterschaft gewannen für Lohmann von daher an Bedeutung. So konnte er erklären: »Befriedigung kann für die unzufriedenen Arbeiterkreise nur geschaffen werden, wenn man ihnen das Gefühl wirklicher Gleichberechtigung mit den besitzenden Klassen (z. B. auf dem Gebiet des Vereins- und Versammlungsrechts) und durch Ermöglichung eines geordneten Familienlebens (Regelung der Frauen-, Nacht- und Sonntagsarbeit, Maximalarbeitstag) den Zugang zu einem höheren sittlichen Lebensgenuß verschaffen kann.« (zit. Rothfels, 74) Aber es war nun überaus bezeichnend für die Gesamtsituation des deutschen Protestantismus und ebenso für sein Selbstverständnis, daß selbst dieser Gegner des Staatssozialismus auf die paternalistische Intervention des Staates hoffte. Lohmanns große und ausgesprochen erfolgreiche Denkschrift »Die Aufgabe der Kirche und ihrer inneren Mission gegenüber den wirtschaftlichen und gesellschaftlichen Kämpfen der Gegenwart« aus dem Jahre 1884, die er aufgrund einer Anregung Stoeckers für die Innere Mission verfaßt hatte, schloß zwar mit dem programmatischen Satz: »Daß die Kirche wieder werde das Gewissen der Völker auch für ihr wirtschaftliches und gesellschaftliches Leben, das ist das höchste Ziel der Inneren Mission.« (zit. Gerhardt II, 78) Aber daneben stand doch der Appell an den Staat, mit dessen Hilfe allein dieses umfassende Programm »der sozialen Reform, Erziehung zur Verantwortung, zur Achtung der Rechtsgleichheit und Menschenwürde, Ausbildung der genossenschaftlichen Solidarität, Arbeitsschutz im weitesten Sinn, endlich auch Arbeiterversicherung« realisiert werden konnte (Rothfels, 94). Das 1894 von dem konservativen Theologen Nathusius formulierte Wort, »Deutschlands Christlich-soziale sind im Gegensatz zu England immer Staatssozialisten« (zit. Schick, 47, Anm. 146), galt durchaus in einem umfassenden Sinn. Unabhängig von religiösen und theologischen Gegensätzen baute man im deutschen Protestantismus für die Bewältigung der äußeren Schwierigkeiten auf den Staat und seine Organe. Den von der Gemeinde und vom einzelnen Christen geforderten Beitrag dagegen sah man nach wie vor vornehmlich in der religiösen und karitativen Fürsorge für das Individuum.

Der neue sozialpolitische Kurs Kaiser Wilhelms II. und die Folgen

Dabei schien es 1890 einen Augenblick, als vermöchte diese Politik doch zum Erfolg zu führen. Im Zusammenhang damit eröffnete sich diesem Protestantismus für einen Moment die Möglichkeit, mit offizieller Billigung in einer bis dahin ungewöhnlichen Intensität an die industrielle Wirklichkeit herangeführt zu werden. In seinen Februarerlassen (4. 2. 1890) signalisierte der junge Kaiser einen neuen sozialen Kurs in der Innenpolitik. Vor allem die bis dahin zurückgedrängte Arbeiterschutzbewegung sollte jetzt mit großem Elan in Angriff genommen werden. Als Bismarck widerstrebte, wurde er am 18. 3. 1890 von Wilhelm II. entlassen. Schon am 17. April wies der Oberkirchenrat der Altpreußischen Union in Berlin dann seine Pfarrer an, sich intensiver als bisher mit sozialen Fragen zu befassen. Andere Landeskirchen folgten alsbald mit ähnlichen Verlautbarungen. Das Echo darauf war außerordentlich, vor allem in den Kreisen der jüngeren Theologenschaft. Hier erlebte man die kaiserlichen Worte und die sie aufnehmenden kirchlichen Voten als eine echte Befreiung aus zunehmend bedrückend empfundenen Verhältnissen. Damals vollzog sich im deutschen Protestantismus ein Aufbruch, der sich in manchem mit der gleichzeitigen Bewegung des »Ralliement« in Frankreich vergleichen läßt. Etwas von der damit verbundenen Begeisterung wird noch in den Worten Friedrich Naumanns deutlich, der Anfang 1893 in der »Christlichen Welt« schrieb: »Der christlich-soziale Geist ist nicht ein mattes Gemisch von Glaubenssätzen und Wirtschaftslehren, eine Wassersuppe, in der etliche Brocken Kirchlichkeit und etliche Rinden Sozialreform unvermittelt nebeneinander schwimmen, nein, er ist eine einheitliche, große, gottgegebene Weltanschauung, er ist etwas, das, so Gott will, die Zeit ebenso bewegen kann, wie etwa seinerzeit der neue Glaube der Reformation oder der Wind des älteren englischen und deutschen Pietismus.« (zit. Rathje, 78)
Das erste und sogleich bedeutende Ergebnis dieser kirchlichen Öffnung zur modernen industriellen Welt war der im Mai 1890 in Berlin stattfindende Evangelisch-Soziale Kongreß. Vom 27.–19. 5. tagten im Haus der stoeckerschen Stadtmission rund 800 Teilnehmer, meist Theologen. Die Zeitgenossen empfanden es als kleine Sensation, daß hier Vertreter der unterschiedlichen theologischen und kirchenpolitischen Richtungen, die sich sonst nur erbittert befehdeten, zusammentreten konnten. Unter dem Banner des sozialen Engagements öffneten sich nun offenbar sogar Möglichkeiten der Zusammenarbeit von orthodox-konservativen Theologen im Gefolge Stoeckers mit solchen der modernen theologischen Richtung Albrecht Ritschls, repräsentiert durch Adolf Harnack und seine Freunde. Freilich stand dahinter auch die gemeinsame Sorge um die Zukunft. Am 1. Oktober 1890 lief das Sozialistengesetz ab. Daß die Sozialdemokratie durch dieses Ausnahmegesetz keineswegs vernichtet worden war, bezweifelte inzwischen niemand mehr. Unübersehbar – und Besorgnis erregend – waren aber auch die Erfolge des Katholizismus auf dem sozialen Sektor. So fanden sich in einer Mischung aus Befürchtung und Begeisterung sehr unterschiedliche evangelische Christen in der Aufbruchstimmung dieser

Monate bereit, die Beschäftigung mit den sozialen Problemen zu ihrer eigenen Sache zu machen, statt sie wie bisher allein einigen Experten und Aktivisten anzuvertrauen.
Die Ziele der im Evangelisch-Sozialen Kongreß zusammenarbeitenden Gruppen waren dementsprechend heterogen. Auch fehlten die theologischen Spannungen und Reibereien nicht. Vor allem seit 1892 mehrten sie sich, als es zu einem durch die kritische Theologie ausgelösten Streit um die Geltung des apostolischen Glaubensbekenntnisses kam. Aber aufs Ganze gesehen ließen sich diese Gegensätze relativ leicht überbrücken. Schwerwiegender waren die sozialpolitischen Differenzen. Stoecker ging es, seinem volkskirchlichen Leitbild entsprechend, um die Sammlung und Mobilisierung aller derjenigen, die bewußt evangelische und entschieden konservative Deutsche sein wollten. Daß Wilhelm II. ihn gerade jetzt als Hofprediger entließ, steigerte nur Stoeckers Eifer für den Aufbau eines neuen Konservatismus sowie für eine möglichst weitgehende Loslösung der evangelischen Kirche in Preußen von den staatlichen Fesseln. Harnack und seinen Freunden dagegen war in erster Linie an der wissenschaftlichen Untersuchung der sozialen Gegebenheiten gelegen. Diese akademische Form hat sich dann durchgesetzt. Dementsprechend wurden in Artikel 1 der Satzung von 1891 die Aufgaben des Kongresses dahingehend bestimmt, »die sozialen Zustände unseres Volkes vorurteilslos zu untersuchen, sie an dem Maßstab der sittlichen und religiösen Forderungen des Evangeliums zu messen und diese selbst für das heutige Wirtschaftsleben fruchtbarer und wirksamer zu machen als bisher« (Evgl. Soz. Kongreß, Bd. 2, 126).
In der Arbeit des Kongresses wurde in vorbildlicher Weise realisiert, was der Zentralverein für Sozialreform einst beabsichtigt hatte. Die Vorträge, Diskussionen und Veröffentlichungen dieses Gremiums bewegten sich auf höchstem Niveau. Sie erregten durchweg Interesse, bisweilen sogar Aufsehen in der Öffentlichkeit, und vermittelten insofern mancherlei Anregungen und Anstöße. Im übrigen gab es kaum ein soziales Thema, das vor diesem Forum nicht verhandelt worden wäre. Man erörterte Grundsatzfragen ebenso wie inhaltliche Konzepte. Die Palette der Themen reichte von den Gewerkschaften über Wirtschaftsprobleme bis hin zur Frauenfrage, zur Arbeiterbildung, Wohnungsfrage, dem Siedlungswesen sowie den Genossenschaften, zu Kapitalismus, Liberalismus, Marxismus und manchem anderen noch. Zu Recht urteilte Ernst Troeltsch über den Evangelisch-Sozialen Kongreß, er sei »die einzige Leistung der Ethik des modernen Protestantismus, die auf das Ganze der modernen Verhältnisse eingeht« (Kultur der Gegenwart, 1909, 719). Die selbst gesteckte Grenze allerdings war: Man wollte argumentieren, anregen – und zwar die Gemeinden ebenso wie die staatlichen Organe. Aber man wollte nicht selbst sozialpolitisch tätig werden.
Eben diese selbstgewählte Beschränkung jedoch ließ sich nicht durchhalten. Das hatte mancherlei Gründe, nicht zuletzt den des tieferen Eindringens in die Sachfragen. Hinzu kam das Vorwärtsdrängen eines Kreises jüngerer Theologen um Friedrich Naumann (1860–1919) und Paul Göhre (1864–1928). Naumann war nach einem gründlichen Studium der sozialistischen Literatur zu der Überzeugung gekommen, daß die ursprünglichen Anliegen der Inneren Mission und des Sozialismus zur Deckung gebracht werden könnten. Konkret bedeutete das für ihn, daß beide sich treffen und sich dabei verändern müßten: »Beide Erscheinungen waren, historisch angesehen, notwendig; beide können nichts anderes sein als Übergangserscheinungen zu einer gesellschaftlichen Neuordnung.« (Werke I, 99; 1888) Dabei vertrat Naumann seit Beginn der neunziger Jahre zunehmend die Auffassung, die christlich-soziale Bewegung stelle die Macht der Zukunft dar und werde deshalb auch die Sozialdemokratie beerben. Geradezu emphatisch setzte er die ursprüngliche Kraft des Christentums gegen die Realität der Sozialdemokratischen Partei: »Wir haben nicht vor, Schutzwächter einer zerbröckelnden Vergangenheit zu sein. Wie das Christentum in seinen ersten Jahrhunderten eine Kraft der Erneuerung war,

so allein können wir uns heute lebendiges Christentum vorstellen. Wir kennen in der ganzen Welt nichts Fortschrittlicheres, Zukunftsvolleres, Umgestaltenderes und Hinreißenderes als wirkliches Christentum. Ein Glaube, der nur Efeu für alte Mauern und Türme ist, ist uns innerlich ganz unverständlich. Das Evangelium ist uns wie schmelzende Glut, Kraft einer neuen Epoche. Wie die Sozialdemokratie an den bürgerlichen Liberalismus anknüpfte und doch im Kern ihn negierte, so wird das Verhältnis von christlich-sozial und sozialdemokratisch sein müssen.« (ebd., 343; 1894)
Hellsichtig erkannte Naumann, daß in der Situation der Hochindustrialisierung zur Konkretisierung des Christentums die Aufnahme und Vertiefung des Sozialismus gehörte. Nur dann konnte die christliche Verkündigung den wirklichen Menschen erreichen, wenn sie die Wirklichkeit der Sozialdemokratie akzeptierte, dabei freilich auch überbot. Vor allem in zwei Hinsichten sah Naumann dazu die Möglichkeit und Notwendigkeit: wirtschaftlich und religiös. Das Bauen auf die Revolution und die Errichtung der klassenlosen Gesellschaft führte nach seiner Überzeugung zu einer zunehmenden Enttäuschung der gegenwärtig lebenden Arbeiterschaft. Hier drängte Naumann auf Pragmatismus und setzte gleichzeitig große Hoffnungen auf den Revisionismus innerhalb der Sozialdemokratie. Selbstverständlich bedeutete das für ihn nicht die Anerkennung der bestehenden sozialen Verhältnisse. Mit Nachdruck trat Naumann für soziale Gerechtigkeit ein und für mehr, nämlich für eine wahre menschliche Brüderlichkeit. An dieser Stelle verband sich in seiner Vorstellung das wirtschaftliche Defizit des Sozialismus mit dem religiösen. Die Proklamation des Atheismus betrachtete er als eine verhängnisvolle Reduktion des Humanum. Für Naumann war der Mensch wesenhaft religiös und konnte deshalb ohne Religion nicht existieren. Die Religiosität, auf die es ihm ankam, war allerdings nicht einfach identisch mit der kirchlichen Verkündigung. Sie zielte auf Praxis und religiöses Leben, auf Ethik also statt auf Dogmatik, auf Brüderlichkeit statt auf Kirchlichkeit. Alles das fand Naumann in dem »Volksmann Jesus« verwirklicht, den er deshalb auch mit beredten Worten verkündete.
Intensiv rang Naumann in diesen Jahren um die Frage der Bedeutung des Christentums für die industrialisierte Welt und dementsprechend um das Problem einer neuen Erfassung des Wesens des Christentums. Daß er alles das freilich nur zu proklamieren und zu beschwören statt argumentativ zu entfalten vermochte, kennzeichnet die Grenze seiner Bemühungen. Daran allerdings zweifelte er nicht, daß dieses Neue in erster Linie gelebt werden müßte. Die evangelischen Arbeitervereine betrachtete Naumann insofern als die Kristallisationskerne einer neuen, der Wirklichkeit zugewandten christlichen Gemeinschaft. Sie sollten »unter allen Umständen die Grundlage des christlichen Sozialismus bilden« (ebd., 368).
Ähnlich argumentierte Paul Göhre. Seit 1891 war er Generalsekretär des Evangelisch-Sozialen Kongresses, im gleichen Jahr erschien sein Erfahrungsbericht »Drei Monate Fabrikarbeiter und Handwerksbursche«. Dieses Buch, in dem Göhre aus dem persönlichen Erleben heraus die industrielle Arbeitswelt sowie die religiösen Vorstellungen und Erwartungen der Arbeiterschaft geschildert hatte, machte ihn mit einem Schlage berühmt. Auch Göhre proklamierte eine neue Ausprägung des Christentums, in der die Gestalt Jesu und die Botschaft der Liebe wirklichkeitsnah und glaubwürdig dargestellt wären. Auch er unterstrich, daß man bei solchen Bemühungen die Sozialdemokratie nicht ausklammern könnte. Sein Buch gipfelte in dem Satz: »Es muß der Grundsatz durch uns zur Thatsache gemacht werden, daß auch ein Socialdemokrat Christ und ein Christ Socialdemokrat sein kann.« (216)
Naumann, Göhre und ihre Freunde versuchten, die Christlich-sozialen in diesem Sinn zu beeinflussen. Zugleich bemühten sie sich um eine stärkere Ausrichtung des Evangelisch-Sozialen Kongresses an diesen Fragen und setzten schließlich ihre Kraft daran, die evan-

gelischen Arbeitervereine für ihre Vorstellungen zu mobilisieren. Mit dieser Hinwendung zum Proletariat und der Abkehr vom politischen und kirchlichen Konservatismus gerieten die »Jungen« Christlich-Sozialen allerdings schnell in einen zunehmend sich vertiefenden Gegensatz zu den Zielvorstellungen Stoeckers und seines Anhangs.
Einen Höhepunkt brachte das Jahr 1894. Auf der Grundlage einer Enquête von Max Weber über die Lage der Landarbeiter im Osten Deutschlands, die Göhre durch statistische Angaben von rund 1000 Pfarrern aus diesem Raum ergänzt hatte, behandelte der Kongreß das brisante Thema. Es kam zu scharfen Angriffen auf die Großgrundbesitzer wegen ihrer schamlosen Ausbeutung der Landarbeiter. Radikale Äußerungen im Kreise der »Jungen« und in der Öffentlichkeit machten auch außerhalb des Kongresses von sich reden. So erklärte etwa 1895 der Pfarrer Hermann Kötzschke: »Wir stehen jetzt an dem Punkte, eine reine Arbeiterpartei zu werden, die die Interessen der Arbeiter mit derselben Unerschrockenheit vertritt wie die Sozialdemokratie. Wir werden aus Schleppenträgern der Herren von Bildung und Besitz zu ihren Gegnern. Ja, wir werden bald schlimmere Gegner sein als die Sozialdemokratie.« (zit. Pollmann, 181)
Mit wachsender Sorge verfolgte der Evangelische Oberkirchenrat in Berlin diesen Aufbruch und die damit verbundene Erregung. Die innenpolitische Szenerie hatte sich inzwischen gegenüber der Situation im Frühjahr 1890 gründlich verändert. Wilhelm II. war von seiner arbeiterfreundlichen Einstellung abgekommen und stand nun unter dem Einfluß des saarländischen Großindustriellen Karl Freiherr von Stumm-Halberg (1836–1901), der für einen autoritären Paternalismus eintrat und dem die Christlich-sozialen als mindestens so gefährlich erschienen wie die Sozialdemokraten. Vorangegangen war diesen Attacken der Druck des 1893 gegründeten einflußreichen Bundes der Landwirte auf staatliche und kirchliche Stellen wegen der »Jungen« sowie die laute Verleumdung der Christlich-sozialen durch die konservative Presse. Aber seit der öffentlichen Diskussion, die durch die Untersuchung zur Lage der Landarbeiter in Gang gekommen war, nötigten auch staatskirchliche Gesichtspunkte die Kirchenleitung zum Eingreifen. Die eigenen Interessen der evangelischen Kirche in Preußen waren viel zu sehr mit denen der herrschenden Schicht verflochten, als daß der Oberkirchenrat zu diesen Vorgängen hätte schweigen können. So kam es zu dem berüchtigten Erlaß vom 16. 12. 1895, in dem den Pfarrern und Theologen in Preußen alle sozialpolitischen Aktivitäten verboten wurden. Die Kirchenleitung erklärte: »Den hervorgetretenen irrigen Anschauungen gegenüber kann nicht nachdrücklich genug betont werden, daß alle Versuche, die evangelische Kirche zum maßgebend mitwirkenden Faktor in den politischen und sozialen Tagesstreitigkeiten zu machen, die Kirche selbst von dem ihr von dem Herrn der Kirche gestellten Ziele: Schaffung der Seelen Seligkeit ablenken müsse ... Aufgabe der Kirche und der einzelnen Diener derselben ist es, durch eindringliche Verkündigung des göttlichen Worts, durch treue Verwaltung ihrer Gnadenschätze, durch hingebende Seelsorge an den anvertrauten Seelen, alle Angehörigen der Kirche ohne Unterschied des Standes so mit dem Geiste christlicher Liebe und Zucht zu erfüllen, daß die Normen des christlichen Sittengesetzes in Fleisch und Blut des Volkes übergehen und damit die christlichen Tugenden erzeugt werden, welche die Grundlagen unseres Gemeinwesens bilden: Gottesfurcht, Königstreue, Nächstenliebe.« (Brakelmann, Kirche, 192).
Aus der Symbiose von Adel und Großgrundbesitz, protestantischem Staatsbewußtsein und evangelischer Kirchlichkeit resultierte mindestens in Preußen nicht nur die offizielle Ideologie, sondern darin wurzelte auch das Staatskirchentum. Hellsichtig hatten die »Jungen« unter den Christlich-sozialen die Fesselung der evangelischen Kirche durch diese Strukturen erkannt. Sie begriffen allerdings nicht mit der gleichen Klarheit, daß die offizielle Kirche jeden Angriff auf diesen neuralgischen Punkt allein aus Gründen ihrer Selbsterhaltung unerbittlich zurückschlagen mußte. Da dem Kreis um Naumann schließ-

lich ein eigenes klares und überzeugendes Programm fehlte, konnte sich trotz vieler Sympathien für diese Männer und ihre Gedanken auch keine innerkirchliche Front des Widerstands formieren. So fiel es der Kirchenleitung relativ leicht, die unliebsamen Gestalten einzuengen und ihre Vorstellungen zu unterdrücken – falls sie es nicht vorzogen, selbst aus dem Amt zu scheiden.

Stoecker, den die »Jungen« leidenschaftlich umwarben, damit er auf ihre Seite trete, distanzierte sich. Dem Scherbengericht der Konservativen entging er trotzdem nicht. 1896 forderte die Deutschkonservative Partei von ihm brüsk den Verzicht auf seine sozialpolitischen Aktivitäten. Den Parteiaustritt Stoeckers quittierte der Kaiser mit der Feststellung, ein derartiges politisches Ende Stoeckers sei zu erwarten gewesen, denn »christlich-sozial ist Unsinn und führt zu Selbstüberhebung und Unduldsamkeit, beides dem Christentum schnurstracks zuwiderlaufend. Die Herren Pastoren sollen sich um die Seelen ihrer Gemeinden kümmern, die Nächstenliebe pflegen, aber die Politik aus dem Spiele lassen, dieweil sie das gar nichts angeht.« (zit. Frank, 275 f.) Deutlicher ließ sich kaum noch ausdrücken, daß zumindest in Preußen die evangelische Kirche von der sie gesellschaftlich tragenden adelig-konservativen Schicht ebenso wie von ihrem obersten Bischof lediglich als die kritiklose Garantin der bestehenden sozialen Verhältnisse erwünscht war.

Wohl verteidigte sich die evangelische Pfarrerschaft des Saarlandes in einer öffentlichen Stellungnahme gegen die maßlosen Anwürfe des Freiherrn von Stumm-Halberg. Sie betonte dabei freilich, daß sie stets für ein friedliches Einvernehmen zwischen Unternehmern und Arbeitern gewirkt hätte, daß die Arbeitervereine in ihren Bezirken völlig unpolitisch seien und daß man mit Naumann und den Seinen nie etwas zu tun haben wollte. Danach erst gaben die Pfarrer zu bedenken, »daß das Evangelium nicht nur eine seelenrettende, sondern auch eine welterneuernde Kraft hat und als ein Sauerteig mit seiner Gerechtigkeit, Wahrheit und Liebe alle Lebensverhältnisse durchdringen und erneuern, sowie daß die Kirche als Botin des Herrn das Gewissen der Völker auch für ihr wirtschaftliches und gesellschaftliches Leben sein und immer mehr werden soll« (Evgl. Geistliche, 68). Natürlich richtete sich diese Erklärung auch gegen den Erlaß des Oberkirchenrats. Jedoch die Möglichkeit, die in diesen Worten formulierte Einsicht innerhalb der Kirche als evangelische Pfarrer und Christen zu verwirklichen, war äußerst minimal. Der offizielle Kurs von Staat und Kirche ging, vorerst wenigstens, entschieden gegen alles, was christlich-sozial heißen konnte.

Verengungen und Trennungen

Rückzüge waren die Folge. Der Evangelisch-Soziale Kongreß konzentrierte sich nun erst recht auf rein akademische Verhandlungen. Stoecker und seine Freunde fanden sich aus dieser Arbeit herausgedrängt. Da sie jedoch auch ihrerseits nicht gewillt waren, diesen Kurs des Kongresses mit zu verantworten, riefen sie im Juli 1896 zur Gründung einer »Freien kirchlich-sozialen Konferenz« auf. Unterzeichnet war dieser Text von Stoecker, von dem konservativen Greifswalder Theologen Martin v. Nathusius (1843–1906), der längst in Opposition zur Entwicklung des Evangelisch-Sozialen Kongresses gestanden hatte, sowie von dem agilen Lic. Ludwig Weber (1846–1922), der seit 1888 Pfarrer in Mönchengladbach war, dem Zentrum des sozialen Katholizismus. Der katholische Volksverein hat bei dem Konzept der Kirchlich-sozialen Konferenz dann auch unübersehbar Pate gestanden. Den Initiatoren des evangelischen Unternehmens ging es darum, die traditionelle soziale Aktivität der Gemeinden und vor allem einzelner karitativer Einrichtungen mit Informationen sowie der Ausbildung von möglichst vielen sozial verantwortungsbewußten Christen vertiefend zu verbinden.

Was vom Evangelisch-Sozialen Kongreß ebenso wie von der Freien Kirchlich-sozialen Konferenz geleistet wurde, darf sicherlich nicht unterschätzt werden. Nicht zuletzt durch diese Arbeit wuchs in den Industriezentren in der Stille eine entschieden sozial gesinnte Pfarrerschaft heran, die sich bei dem Streik in Crimmitschau an der Jahreswende 1903/04 oder 1905 bei dem großen Bergarbeiterstreik im Ruhrgebiet auch nicht scheute, öffentlich für die Forderungen der Arbeiterschaft einzutreten. Aber trotz solcher Erklärungen und trotz mannigfacher persönlicher Beziehungen zwischen Arbeitern und Pfarrern in den Industriegebieten war die Grundfrage nach dem Verhältnis der evangelischen Kirche zu den Problemen, Fragen und Nöten der industriellen Arbeitswelt allein auf diesem Wege doch nicht mehr zu beantworten.

Dieselbe Feststellung muß hinsichtlich mancher Zusammenschlüsse und vieler kirchlicher Einzelaktivitäten gelten. Stellvertretend dafür sei die sächsische evangelisch-soziale Vereinigung genannt. Sie wurde 1903, im Jahr des großen Wahlsieges der Sozialdemokratie im Königreich Sachsen, von den Pfarrern Bemmann, Friedrich und Liebster gegründet. Als Aufgabe hatten sie sich gestellt, durch Gespräche und Diskussionsabende mit Sozialdemokraten die tiefe Kluft zwischen Kirche und Partei zuschütten zu helfen. Man sparte seitens der Pfarrer nicht mit Kritik, auch nicht mit Selbstkritik. Dennoch dürften sie selbst den größten Gewinn von diesen Bemühungen gehabt haben, wurden sie hier doch in einer sonst ungewöhnlichen Intensität mit dem Denken der Arbeiterschaft konfrontiert. Das hohe Ziel, diese sozialdemokratischen Arbeiter durch einen volksmissionarischen Aufbruch für die Kirche zurückzugewinnen, ließ sich freilich auch nicht ansatzweise erreichen.

Die andere Konsequenz der offiziellen kirchlichen Verengung war der Auszug der »Jungen« Christlich-sozialen: zuerst aus dem Amt, bisweilen auch schon aus der Kirche. Ihr neuer Sammelpunkt wurde der 1896 unter der Führung von Friedrich Naumann gegründete »Nationalsoziale Verein«, in dem die Diskussion um politische und sozialpolitische Themen im Vordergrund stand. Naumann selbst orientierte sich unter dem Einfluß von Max Weber mehr und mehr am Konzept des nationalen Machtstaates. Sozialpolitik erschien hier nötig, um Deutschland innenpolitisch zu stabilisieren und dadurch zu rüsten für den unvermeidlichen Kampf mit den konkurrierenden Großmächten. Der Glaube bot hierbei dem einzelnen bestenfalls eine zusätzliche Motivation. Es gelte einzusehen, schrieb Naumann später in seinen »Briefen über Religion« (1903), daß Jesus einer vergangenenen Zeit und Welt angehöre: »und daß wir Spätgeborene sind, die ihn in seiner Zeit begreifen lernen müssen, um uns dann, gestärkt durch seine persönliche Inhaltsfülle, selbständig und ohne Angst der Wortsklaverei in unserer Zeit unseren Weg zu bahnen« (Werke I, 608).

Diese Linie Naumanns setzte sich im Verein nach langwierigen Richtungskämpfen durch. Ausgeschaltet wurden dabei vor allem die Vorstellungen Göhres, der für die Umwandlung des Vereins in eine nationale demokratische Arbeiterpartei gekämpft hatte. Göhre zog die Konsequenzen und trat an der Wende zum Jahr 1900 der Sozialdemokratischen Partei bei. Aber auch dem Nationalsozialen Verein blieb der politische Erfolg versagt. Nach der Niederlage bei den Reichstagswahlen löste er sich 1903 in die Freisinnige Vereinigung hinein auf. Das Ziel war jetzt die Sammlung des Linksliberalismus und seine Ausrichtung auf eine ebenso nationale wie soziale Politik.

Naumann, Göhre und ihre Freunde gingen in die Politik, weil sie innerhalb der Kirche keine Möglichkeit mehr sahen, ihre Anliegen zu verwirklichen. Sie trennten sich von der Kirche, weil diese sich weder bereit noch fähig zeigte, an einer ernsthaften Veränderung der sozialen Verhältnisse mitzuarbeiten. In der politischen Auseinandersetzung jedoch erwies sich, daß ihre theologischen Voraussetzungen der Wirklichkeit nicht gewachsen waren. Ihre Theologie zerfiel im wahrsten Sinne des Wortes in der Konfrontation damit.

So konnten andere Sinndeutungen an deren Stelle treten: die Theorie des nationalen Machtstaates oder die marxistische Ideologie. Pointiert tritt an dieser Entwicklung zutage, wie hilflos letztlich führende Gestalten des Protestantismus den Realitäten der Industriegesellschaft gegenüberstanden.

Themen der Theologie

Damit drängt sich die Frage auf, ob in diesen Persönlichkeiten vielleicht nur besonders klar zum Ausdruck kam, was für die Theologie des Protestantismus in dieser Zeit insgesamt charakteristisch war. Ein Trend zur Betonung der Diesseitigkeit und somit der Ethik charakterisierte zumindest die liberale Theologie schon seit langem. Ähnlich wie in England wuchs aber nun auch hier in anderen theologischen Richtungen die Überzeugung, daß die Theologie von der Anthropologie aus entfaltet werden müsse. Zustimmend notierte darum der »positive« Theologe Reinhold Seeberg am Ende des Jahrhunderts: »Das ist schließlich die Geschichte der systematischen Theologie des Jahrhunderts, daß Schleiermachers Ideen sich durchgesetzt haben... Sie sind allen – auch denen, die von Schleiermacher wenig wissen wollen – etwas geworden.« (351)
Mit dieser Konzentration auf die Anthropologie war allerdings eine grundsätzliche Schwierigkeit eng verbunden. Sie wurzelte nicht wie im gleichzeitigen französischen Katholizismus in dem spannungsvollen Gegenüber von Exegese und Dogmatik, von kirchlich legitimierter Lehrwahrheit und selbstverantworteter wissenschaftlicher Erkenntnis, sondern griff erheblich tiefer. Hier, in der deutschen protestantischen Theologie, ging es wesentlich um das Problem, wo und inwiefern in einer von Sachzwängen beherrschten, von Kausalitäten determinierten Welt überhaupt noch die Möglichkeit bestand, legitim, d. h. wissenschaftlich verantwortbar, insofern vom Menschen als Individuum, als Person zu reden, daß er sowohl als ein der Religion bedürftiges als auch des persönlichen Verkehrs mit Gott fähiges Wesen beschrieben werden konnte.
Die außerordentliche Bedeutung der Theologie Albrecht Ritschls (1822–1889) und die Wirkung seiner Gedanken weit über den Kreis seiner unmittelbaren Schüler hinaus bis in das Lager der Positiven hinein beruhte darauf, daß er sich dieser Problematik und damit den konkreten intellektuellen Schwierigkeiten, mit denen sich der tradierte christliche Glaube im Industriezeitalter konfrontiert sah, zu stellen suchte. Grob zusammengefaßt lautete Ritschls Antwort: Im Unterschied zu den Naturwissenschaften und anderen positivistischen Wissenschaften, die nach dem Objektiven fragen und mit Gesetzmäßigkeiten rechnen, orientiert die Religion sich an Werturteilen, d. h. an dem Maß der Sittlichkeit und dem Grad der Entfaltung des Individuums nach sittlichen Gesichtspunkten. Unter solchen Voraussetzungen kam dem Christentum nach der Überzeugung Ritschls dann deshalb die höchste Wertigkeit zu, weil es qualitativ am meisten für die Entwicklung der sittlichen Persönlichkeit zu leisten vermochte. Denn hier wurde Gott als Liebe begriffen, wodurch Vertrauen ermöglicht war – woraus wiederum wahre menschliche Gemeinschaft erwachsen konnte.
Diese Gemeinschaft setzte Ritschls nun in Verbindung mit dem Reich Gottes. In der Sittlichkeit des einzelnen im Rahmen der Gemeinschaft beginnt das Reich Gottes sich zu verwirklichen. Hier leuchtet auf, was in seiner ganzen Fülle dann am Ende der Geschichte Gestalt gewinnen würde. Indem diese Entwicklung jedoch gleichzeitig als Erziehung zum Fortschritt der Menschheit interpretiert wurde, war dem einzelnen ebenso wie der Gemeinde auch bereits ein konkreter Platz angewiesen. Die sittliche Verwirklichung des Menschen vollzog sich – wie Ritschl zu betonen nicht müde wurde – allein durch die Pflichterfüllung im Beruf: und dadurch brachte der einzelne zugleich die Durchsetzung des Reiches Gottes voran. Hier gab es also weder eine besondere christli-

che Ethik neben der weltlichen noch eine Eigenständigkeit der Gemeinde über ihre Aufgabe hinaus, zuzurüsten für den »Gottesdienst im Alltag der Welt«.

Ritschls Theologie ist immer wieder und zu Recht mit einer Ellipse mit zwei Brennpunkten verglichen worden: dem Reich Gottes und der sittlichen Persönlichkeit. Freilich verlagerte sich das Schwergewicht dann mindestens in den Wirkungen dieser Theologie entschieden zugunsten der letzteren. Die Einzigartigkeit des Individuums und seine Pflichterfüllung traten in den Vordergrund, die Rede vom Reich Gottes stützte dann weithin nur noch dieses Konzept, indem dadurch der Sinn des Ganzen verbürgt schien als der stete Prozeß des kulturellen und sittlichen Fortschritts. Noch schärfer zeichnete sich diese Entwicklung bei Wilhelm Herrmann (1846–1922) ab, dem bedeutendsten Systematiker der Ritschlschen Schule. Aber auch die berühmten Vorlesungen über das Wesen des Christentums von Adolf v. Harnack kreisten allein um die sittliche Persönlichkeit des einzelnen und sein Gottesverhältnis. Über das Reich Gottes dagegen hieß es am Ende der dritten Vorlesung: »Das Reich Gottes kommt, indem es zu den *einzelnen* kommt, Einzug in ihre *Seele* hält, und sie es ergreifen. Das Reich Gottes ist Gottes*herrschaft*, gewiß – aber es ist die Herrschaft des heiligen Gottes in den einzelnen Herzen, *es ist Gott selbst mit seiner Kraft*... Er selbst ist das Reich, und nicht um Engel und Teufel, nicht um Throne und Fürstentümer handelt es sich, sondern um Gott und die Seele, um die Seele und ihren Gott.«

In einer sich zunehmend spezialisierenden Welt mit immer stärker auseinanderstrebenden Lebensbereichen schien diese Theologie den archimedischen Punkt zu bieten, von wo aus der einzelne trotz allem wähnen konnte, das Ganze im Griff zu haben. Die Erfahrung einer offenkundigen Eigengesetzlichkeit der modernen Wissenschaft und Technik, Wirtschaft und Industrie vermochte nun nicht mehr zu schrecken, handelte es sich dabei doch nur um ebenso viele Herausforderungen an die Bewährung und Ausbildung der sittlichen Persönlichkeit. Der christlichen Religion schien mit alledem ein fester und unzerstörbarer Platz oberhalb der Veränderungen der industriellen Gesellschaft gesichert. Nur zögernd begann hier und da die Einsicht zu dämmern, daß der vorausgesetzte Persönlichkeitsbegriff keine von den wirtschaftlichen und gesellschaftlichen Verhältnissen unabhängige Größe war. Gerade an dieser Stelle tritt der wesenhaft bürgerliche Charakter der ritschlschen Theologie am klarsten zutage. Pflichterfüllung und Bildung, Sittlichkeit und Persönlichkeit, diese zentralen Tugenden des Bürgertums waren hier aufgenommen, überhöht und befestigt. Mindestens im Umkreis dieser Theologie wurde dadurch die von der voranschreitenden Industrialisierung längst in Frage gestellte geistige Führerrolle des gebildeten Bürgertums und die gesellschaftliche Vorherrschaft seiner Werte noch einmal ideologisch abgesichert. Nicht zuletzt daraus erklärt sich der breite Erfolg dieser Theologie bis in weite kirchliche Kreise hinein.

Denn auch hier begriff man die Verwirklichung von Sittlichkeit als den Kern des Christentums und mithin als die zentrale Aufgabe der Kirche. Unbeschadet erheblicher theologischer Differenzen und recht unterschiedlicher Entfaltungen dieses Gedankens im einzelnen konnte die Mehrheit der Pfarrer und Kirchenführer dem Satz Wilhelm Herrmanns zustimmen: »In seinem religiösen Erlebnis erreicht also der Christ die Lösung des sittlichen Problems, das auf der Menschheit liegt.« (Ethik, 140) Wie leicht sich von da aus Brücken schlagen ließen zu jenem volkskirchlichen Konzept, wonach der Aufbau und die Erhaltung einer menschenwürdigen Gesellschaft notwendig der Versittlichung und Verchristlichung durch die Kirche bedurfte, liegt auf der Hand. Unberücksichtigt blieb dabei allerdings die Realität, daß ein erheblicher Teil der Bevölkerung sich längst nicht allein von der Kirche, sondern von christlichen Sinndeutungen überhaupt abgewandt hatte.

Evangelische Arbeitervereine und christliche Gewerkschaften

Auch der Aktivität evangelischer Laien gelang es an keiner Stelle, wirklich über die eigenen Kreise hinauszukommen. Ihre Organisationen glichen weithin friedlichen Inseln inmitten einer stürmischen See. Das galt zunächst einmal eindeutig für die zahlreichen Werke und Fachverbände im Rahmen der Inneren Mission, bis hin zu den großartigen Leistungen eines Friedrich v. Bodelschwingh (1831–1910) in Bethel und andernorts. Aber die gleiche Feststellung drängt sich im Blick auf die evangelischen Arbeitervereine auf. Das Warten auf den Staat und die Weisung von oben hatten weder die soziale Verantwortung der Pfarrerschaft noch die Bereitschaft zur Eigeninitiative in der kirchlich gebundenen Arbeiterschaft gefördert. So entstand auch der erste evangelische Arbeiterverein in Gelsenkirchen bezeichnenderweise nicht aus sozialen Interessen: Zu dieser Gründung kam es vielmehr aufgrund des konfessionellen Gegensatzes. Einige Bergleute um Ludwig Fischer waren nicht länger bereit, die katholische Indoktrination des christlich-sozialen Arbeitervereins widerspruchslos hinzunehmen und schlossen sich deshalb zu einem eigenen evangelischen Verein zusammen. Das Programm formulierte der Lehrer Bischof (1882); es blieb in sozialpolitischer Hinsicht nichtssagend. Mit Nachdruck wurde stattdessen die Förderung und Stärkung des evangelischen Glaubens proklamiert, »sittliche Hebung und allgemeine Bildung« sowie gegenseitige Hilfeleistungen. Ausdrücklich verpflichtete das Programm die Vereinsmitglieder schließlich, sich in allen Fragen um eine friedliche Übereinkunft mit den Arbeitgebern zu bemühen.
Von dieser Seite wurden die evangelischen Arbeitervereine in der Regel auch gefördert, einzelne Wohltäter gaben sogar erhebliche finanzielle Zuschüsse. Insgesamt zeigte sich hier das gleiche Bild wie in den katholischen französischen Arbeiterklubs von de Mun: Es waren entschieden paternalistische Organisationen, denen es in erster Linie um die Betreuung der Arbeiter ging. An der Spitze stand hier wie da der Pfarrer. Die Zahl der wirklichen Arbeiter blieb gering, das Erscheinungsbild der Vereine war dementsprechend auch nicht proletarisch, sondern kleinbürgerlich. In Deutschland wurde diese Tendenz noch dadurch unterstrichen, daß manche Pfarrer dazu neigten, die Arbeiter in die örtlichen Männer- und Jünglingsvereine zu integrieren.
Wichtig war in allen evangelischen Arbeitervereinen die Pflege der Geselligkeit. Sie prägte den Charakter der Zusammenkünfte stärker als die regelmäßigen Vorträge, bei denen zudem wirtschafts- und sozialpolitische Themen nach Möglichkeit ausgeklammert blieben. Diese Linie setzte sich im wesentlichen auch innerhalb des 1890 gegründeten Gesamtverbands der evangelischen Arbeitervereine durch, obwohl hier härtere und stärker der Realität zugewandte Einstellungen nicht fehlten. Vor allem in Baden, Württemberg und Mitteldeutschland war diese Ausrichtung zu finden. Aber im Grunde blieben die Vereine doch Zufluchtsträume für jene, die mit der zunehmenden Schärfe der Auseinandersetzungen zwischen Unternehmern und Arbeitern nicht mithalten konnten. Obwohl sie an der Basis entstanden waren, entwickelten sich die evangelischen Arbeitervereine aufs Ganze gesehen nicht zu Kristallisationskernen eines neu gelebten evangelischen Glaubens innerhalb der Industriearbeiterschaft. Sie gerieten stattdessen an den Rand der Ereignisse – wo sie Geborgenheit im Winkel vermittelten.
Zu einem äußeren Aufschwung dieser Arbeitervereine kam es dann durch den bereits erwähnten Pfarrer Weber aus Mönchengladbach. Weber, ein entschieden national und monarchistisch-konservativ gesinnter Mann, suchte die Unruhe, die Naumanns politische Agitation in die Arbeitervereine hineingetragen hatte, aufzunehmen und im Sinn einer betont kirchlichen Aktivierung der Vereine zu kanalisieren: in enger Zusammenarbeit mit Stoecker, aber auch mit dem schroff antikatholischen Evangelischen Bund. Es kam über dieser Frage des politischen Engagements zu erheblichen Spannungen innerhalb der evangelischen Arbeitervereine, auch zu Abspaltungen. Trotzdem gelang es Weber, die

Mehrzahl der Vereine neben die Katholiken in die Front gegen die Sozialdemokratie zu führen. Die schnell wachsende Macht dieser Partei und vor allem ihr beherrschender Einfluß auf die Gewerkschaften halfen, zumindest in praktischen Fragen die scharfen konfessionellen Gegensätze einzuebnen. 1894 kam es zu der erwähnten Gründung einer christlichen Bergarbeitergewerkschaft, woran Weber als Vertreter der evangelischen Arbeitervereine entscheidend beteiligt war. Nichtsdestoweniger blieben die christlichen Gewerkschaften eine Domäne des Katholizismus. Wirklichen Einfluß vermochten die evangelischen Mitglieder nie auszuüben. Ihre Zahl blieb gering, die meisten evangelischen Arbeitervereine hielten sich nach wie vor abseits.

1900 wurden 95 solcher Vereine gezählt, davon 73 im Ruhrgebiet. Ihre gesamte Mitgliederzahl betrug 1914 rund 168 000 – das war ungefähr ein Drittel der Mitglieder der katholischen Arbeitervereine. Auch der Aufschwung der evangelischen Arbeitervereine zu Beginn des neuen Jahrhunderts lag mehr in der allgemeinen politischen Situation begründet als in eigener Stärke. Denn in dem Klima einer bedingungslosen offiziellen Gegnerschaft gegen die Sozialdemokratie fanden alle Gruppen und Organisationen öffentlichen Beifall und staatliche Unterstützung, die den Kampf gegen diese Partei auf ihre Fahnen geschrieben hatten. Die ebenfalls schon erwähnte Christlich-nationale Arbeiterbewegung, in deren Führungsspitze einflußreiche Anhänger Stoeckers saßen, vermochte deshalb zwar eine ansehnliche Anhängerschaft aufzubieten, doch erwies sich diese für die Durchsetzung sozialer Belange schnell als viel zu heterogen. Weil man im Grunde nur in der Ablehnung der Sozialdemokratie einig war, konnte auch hier von einer echten Vermittlung zwischen industrieller Arbeitswelt und gelebtem christlichem Glauben kaum die Rede sein.

Protestantische Tendenzen

Im deutschen Protestantismus zeigte die traditionelle Kirchlichkeit – wie berichtet – bereits vor dem hier behandelten Zeitraum in vielen Gebieten erhebliche Erosionserscheinungen. Doch bedarf diese Feststellung sogleich der Differenzierung. Die Zahl der evangelischen Taufen und der Konfirmationen blieb nämlich bei beiderseits evangelischen Eltern mit rund 90 % im wesentlichen konstant, diejenige der kirchlichen Trauungen ebenfalls, während die Zahl der kirchlichen Beerdigungen zwischen 1880 und 1914 sogar anstieg: von 79 auf 94 % in Württemberg, von 64 auf 86 % in Preußen (Aubin-Zorn II, 668). Der vor allem nach der Jahrhundertwende in kirchlichen Kreisen oftmals anzutreffende vorsichtige Optimismus hinsichtlich der Entwicklung der evangelischen Kirche gründete sich vor allem auf solche Beobachtungen.

Dem stand ein eindeutiger Rückgang der Teilnahme am Abendmahl sowie vermutlich auch des Kirchgangs gegenüber. Die Zahl der Kommunikanten ging unter den Evangelischen der Rheinprovinz am stärksten zurück, sie sank hier zwischen 1866 und 1910 von 41 auf 21 %. Am geringsten waren die Einbußen in Bayern, aber auch hier verringerte sich der Abendmahlsbesuch im gleichen Zeitraum um etwa 20 %, nämlich von 77 auf 59 % (ebd., 667). Sehr viel schwieriger ist es, einen entsprechenden Überblick über den Gottesdienstbesuch zu gewinnen. Regionale und sogar lokale Unterschiede spielten hier eine derart große Rolle, daß die Annahme eines Mittelwertes von knapp 20 % im Reichsdurchschnitt relativ wenig aussagt. Im Königreich Sachsen etwa lag der Besuch in manchen bäuerlichen Gegenden zwischen 20 und 40 %, in Industriezentren zwischen 2,5 und 8 % und in den neuen Vorstädten bei 1 % und darunter (Drews, Sachsen, 90 f.). Insgesamt läßt sich jedoch feststellen, daß die Zahl der regelmäßigen Kirchgänger in Großstädten und industriellen Ballungszentren außerordentlich gering war. Natürlich ist es unmöglich, allein aufgrund dieser Daten die Frage der religiösen oder christlichen Bindung entscheiden zu wollen. Denn der Gottesdienstbesuch bzw. der Gang zum Abendmahl gehörten offenkundig in bestimmten Gegenden schlicht zum selbstverständlich geübten Brauch. Auf der anderen Seite konnte die Loslösung aus dieser Tradition mit echten Erwartungen einer religiösen Sinndeutung an den Lebensübergängen verbunden sein, so daß die Inanspruchnahme der entsprechenden kirchlichen Handlungen zunahm. Dieses Phänomen beschrieb bereits ein Zeitgenosse: »Deutlich bahnt sich ein Umschwung in der kirchlichen Sitte insofern an, als diejenigen kirchlichen Bräuche, die auf einem stark entwickelten kirchlichen Empfinden beruhen und geschichtlichen Charakter tragen, in Abnahme begriffen sind, während alle diejenigen Bräuche, mit denen sich ein unmittelbar menschlich-natürliches Empfinden verbindet, oder die sich auf die Wechselfälle des Lebens beziehen, sich großer, ja steigender Beliebtheit erfreuen.« (Drews, ebd. 100) Traditionsabbruch und gleichzeitig die Suche nach religiöser Orientierung in der konkreten Alltagswelt waren somit auch für den deutschen Protestantismus in hohem Maße charakteristisch.

Nicht nur die kirchliche Sitte, auch ein bestimmtes Rollenverhalten band schließlich hier wie anderswo einzelne soziale Schichten stärker als andere an die Kirche. In der Oberschicht gehörte die Betonung des evangelischen Glaubens oftmals ebenso zur Hervorhebung des eigenen Status hinzu wie im Kleinbürgertum, wo man sich auf diese Weise demonstrativ vom Proletariat abgrenzen konnte. Natürlich läßt sich das Faktum einer aktiven Teilnahme am kirchlichen Leben nirgends einfach auf diesen Nenner bringen. Das Erscheinungsbild der evangelischen Kirchlichkeit war auch in diesem Zeitraum äußerst komplex und ließ bei genauerem Hinsehen selbst in scheinbar eindeutig kirchlich-konservativen Regionen eine Fülle landsmannschaftlicher, frömmigkeitsgeschichtlicher sowie sozialer Unterschiede erkennen.

Faktisch freilich war es nur ein relativ begrenzter Teil der Bevölkerung, der aktiv am kirchlichen Leben teilnahm. Zu offenkundig traten auf den verschiedensten Ebenen die Defizite des Staatskirchentums hervor. Doch brachten seit 1890 erweckliche Aufbrüche zumindest am Rande der Kirche neue Farben und Elemente ins Bild. In dieser Gemeinschaftsbewegung, die auf Bekehrung, persönliche Heilung und missionarische Aktivität gegenüber der Umwelt abhob, sammelten und organisierten sich Laien, kleine Leute vor allem. Ihre Gebetsvereine, die besonders in Ost- und Westpreußen stark waren, wanderten mit den Arbeitssuchenden in die Industriezentren, insbesondere in das Ruhrgebiet, und boten diesen Menschen dort eine landsmannschaftliche und religiöse Geborgenheit. Beachtlich war auch die Anziehungskraft dieser Frömmigkeitsform auf Teile der evangelischen Jugend. Schülerbibelkreise und die »Deutsche christliche Studentenvereinigung« (DCSV), der »Bund für entschiedenes Christentum« (EC) sowie der »Christliche Verein junger Männer« (CVJM) faßten in dieser Zeit in Deutschland Fuß. In die gleiche Richtung wies die Attraktivität von Freikirchen und Sekten. Von den 4703 Personen, die zwischen 1899 und 1903 die evangelische Kirche verließen, traten nicht weniger als 3098 dahin über (Kirchl. Jahrbuch 1951, 366). »Als Motiv wird fast stets angegeben«, notierte ein kirchlicher Beobachter, »daß die großen Gemeinden der Landeskirche eben keine Gemeinden im christlichen Sinne seien. Seelsorge und brüderliche Gemeinschaft ist es, was die Ausgetretenen begehren; ihr Dissensus ist im Grunde viel weniger dogmatischer als vielmehr praktischer Art.« (ebd. 1909, 329) Mochte in der Tat vieles an dieser Frömmigkeit in erster Linie ein Rückzug in die Innerlichkeit sein angesichts der nicht zu bewältigenden industriellen Wirklichkeit, die diese Menschen plötzlich umgab, so mahnen diese Fakten andererseits mindestens zur Vorsicht gegenüber dem gängigen Vorurteil, im deutschen Protestantismus sei das Voranschreiten der Industrialisierung schlicht identisch gewesen mit dem Verfall des christlichen Glaubens.

Elemente des Protestantismus lebten jedoch auch da weiter, wo man in der Regel in gro-

ßer Distanz oder sogar im Gegensatz zur evangelischen Kirche stand, also vor allem im Bürgertum und in der Arbeiterschaft. Natürlich erschien das protestantische Erbe hier transponiert, den eigenen Bedürfnissen angepaßt. Nichtsdestoweniger blieb es auch in solchen Umsetzungen erkennbar.
Das protestantische Bürgertum hatte sich – wie skizziert – seit der Mitte des 19. Jahrhunderts weitgehend von der Kirche gelöst. Inzwischen stand es ihr fremd oder mit einem unendlichen Überlegenheitsgefühl gegenüber. Kirche, Theologie, sogar das Christentum waren hier nur noch Überreste einer versunkenen Welt. Dem entsprach z. B. die Beurteilung bedeutender Theologen: ihre Werke wurden lediglich insofern geschätzt, als sie Beiträge zu »wirklichen« Wissenschaften boten, also etwa zur Geschichte, Philosophie oder Religionswissenschaft. Aber hinter allem Positivismus, Materialismus und Sozialdarwinismus dieses Bürgertums leuchteten doch immer wieder Ideale auf, die eigentümlich absolut, im Sinn letzter Wahrheiten verstanden wurden. Der unendliche Wert der Persönlichkeit gehörte dazu, die Gewissensentscheidung des einzelnen, die sittliche Verantwortung oder auch schlicht das Pflichtbewußtsein. Daraus kristallisierte sich nicht selten die Betonung und Pflege einer religiös besetzten Innerlichkeit heraus, die manchmal stärker ästhetische oder bildungsbürgerliche Züge trug, bisweilen eher deistische oder moralische. Protestantische Prägungen freilich schimmerten hier wie da hindurch. Dasselbe gilt vom Nationalismus. Die Hingabe an Deutschland, die Opferbereitschaft für das Vaterland und die Begeisterung für die Erfolge der Nation – diese und ähnliche Vorstellungen trugen im Bürgertum eindeutig religiöse Züge. Wieder ließ sich diese Weltanschauung gut mit protestantischen Tendenzen verknüpfen: Antikatholische Ressentiments, der deutsche Luther, eine preußisch-protestantische Staatsmetaphysik und nicht zuletzt militaristische Elemente bildeten dann ein Ganzes, dem auch jene Bürger beipflichten konnten, die mit der Kirche und ihrer Verkündigung längst nichts mehr anzufangen wußten. Das wachsende Eindringen dieses Nationalismus in das Leben und die Verkündigung der evangelischen Kirche machte dann vollends deutlich, wie mächtig diese vagen, stark von Emotionen aufgeladenen protestantischen Tendenzen inzwischen geworden waren.

Anders verlief die Entwicklung in der deutschen Arbeiterschaft. Hier bildete die Sozialdemokratie – wie erwähnt – eine eigene Subkultur aus, die sich von der Gesellschaft und den Kirchen scharf, oft sogar mit schroffer Feindseligkeit abgrenzte. In der Anhängerschaft der Partei war allerdings die Gleichgültigkeit gegenüber Christentum und Kirche verbreiteter als militanter Atheismus oder wütender Haß. Versuche, alle Mitglieder der sozialdemokratischen Partei zum Kirchenaustritt zu bewegen, wurden schon bald wieder aufgegeben: einerseits wegen der erheblichen Vorbehalte gegen diesen Schritt in den eigenen Reihen, andererseits aufgrund der zunehmenden Rezeption der marxistischen Theorie, wonach der Religion, als zum Überbau gehörig, keine eigenständige Bedeutung zukam. Immerhin ist es in den Jahren der verschärften Konfrontation zwischen Staat und Sozialdemokratie zum erstenmal zu einer für die evangelische Kirche spürbaren Kirchenaustrittsbewegung gekommen: 1908 verließen 27 150 Menschen ihre Kirche, 1912 waren es 21 805, 1913 sogar 29 255 (Stat. Beilage 4, Amtsblatt EKD 1952).
Auf der anderen Seite war die religiöse Note in dieser Arbeiterbewegung so unübersehbar, daß man sie oft geradezu als »dritte Konfession« bezeichnet hat. Es waren wieder protestantische und speziell biblische Tendenzen, die der Sozialdemokratie in dieser Hinsicht das Gepräge gaben. Die Hoffnung auf den unmittelbar bevorstehenden Zusammenbruch des Kapitalismus und die Vision einer idealen, klassenlosen Gesellschaft – wie sie etwa August Bebel in seinem Bestseller »Die Frau und der Sozialismus« (1879, 50. Auflage 1909!) wortreich beschwor – haben bereits Zeitgenossen als die Neufassung der christlichen Eschatologie verstanden. Nicht zuletzt darin sah Naumann die Anziehungs-

kraft des Sozialismus, »weil diese Lehre eine Stimmung zu erzeugen imstande ist, die der Stimmung mancher religiösen Sekten ähnlich ist, welche alle Hoffnung auf einen großen Tag des Zorns und der Wonne setzen und sich mutig durch die Alltäglichkeit winden, da ja schon die Morgensterne des tausendjährigen Reiches am Himmel stehen« (Werke I, 361; 1894). Aber auch der hohe moralische Anspruch an die Genossen und Genossinnen, der feste Glaube an die Wahrheit der marxistisch-sozialistischen Lehre, die bedingungslose Hingabe an die Partei und nicht zuletzt die Bedeutung hervorragender Lehrer- und Predigergestalten erinnerte nicht nur an christliche Vorbilder, sondern trug oft genug einen eindeutig religiösen Charakter. Selbstverständlich war die Sozialdemokratie darum keine Variante des Christentums bzw. des Protestantismus. Aber in wie hohem Maße sie fähig war, protestantische Tendenzen aufzunehmen, belegt die Tatsache, daß es vorwiegend die evangelischen Gebiete waren, in denen die Sozialdemokratische Partei beispielsweise bei den Reichstagswahlen von 1912 ihre größten Erfolge erringen konnte: im Königreich Sachsen (55 %), in Schleswig-Holstein (40,4 %) oder auch in Brandenburg (49,1 %). In den preußischen Westprovinzen schließlich siegte die Sozialdemokratie fast überall da, wo die evangelische Bevölkerung überwog (Ross, 177 f). Was die evangelische Kirche dem Arbeiter an Zuwendung zu seinen konkreten Arbeits- und Lebensproblemen, an menschlicher Nähe, Geborgenheit und religiöser Sinndeutung kaum oder überhaupt nicht zu bieten vermochte, begegnete ihm hier. Darum mußten auch die apologetischen und volksmissionarischen Bemühungen, mit denen diese Kirche die Arbeiterschaft zurückzugewinnen versuchte, aufs Ganze gesehen so wirkungslos verharren. Eine evangelische Kirche, die der Sozialdemokratie statt mit Worten mit dem gelebten Zeugnis ihrer Verkündigung entgegen trat, fand sich nicht. Ebensowenig fanden sich die Theologen, die ernsthaft von dem Gedanken auszugehen wagten, daß in der Theorie und Praxis dieses Sozialismus entscheidende Voraussetzungen auch für die christliche und kirchliche Bewältigung der Probleme des Industriezeitalters angelegt sein könnten. Christoph Blumhardts (1842–1919) Eintritt in die Sozialdemokratische Partei (1899) erregte zwar die Gemüter, hatte darüber hinaus jedoch keine Folgen. Gleichwohl wies sein Bekenntnis in die vom Protestantismus und überhaupt vom Christentum zu bewältigende Zukunft: »Ich bin religiös erzogen worden und stand unter dem Einfluß meines streng religiösen Vaters. Aber schon frühe fand ich, daß für mich eine Religion keinen Wert hat, wenn sie nicht die Gesellschaft umändert, wenn sie mir nicht schon das Glück auf Erden verschafft. So habe ich meine Bibel, so habe ich meinen Christus verstanden.« (zit. Vorländer, 468)

Bibliographische Hinweise zu IV. 5.

Auch für diesen Abschnitt wichtige Titel sind bereits unter III. 4 verzeichnet.

Apel, K.: Die soziale Frage im Lichte der Verhandlungen des Evangelisch-sozialen Kongresses. Kirchhain 1940.

Bammel, E.: Die evangelische Kirche in der Kulturkampfära. Bonn 1949 (Masch.).

Ders.: Die Reichsgründung und der deutsche Protestantismus. Erlangen 1973.

Brakelmann, G.: Der Krieg 1870/71 und die Reichsgründung im Urteil des Protestantismus. In: W. Huber-J. Schwerdtfeger [Hg.], Zwischen Krieg und Frieden. Stuttgart 1976, 293–320.

Ders. [Hg.]: Kirche, soziale Frage und Sozialismus. Gütersloh 1977.

Drews, P. [Hg.]: Evangelische Kirchenkunde. 7 Bde. Tübingen 1902–1919.

Düding, D.: Der Nationalsoziale Verein 1896–1903. Der gescheiterte Versuch einer parteipolitischen Synthese von Nationalismus, Sozialismus und Liberalismus. München 1972.

Engel, J.: Gottesverständnis und sozialpolitisches Handeln. Eine Untersuchung zu Friedrich Naumann. Göttingen 1972.

Frank, W.: Hofprediger Adolf Stoecker und die christlich-soziale Bewegung. 2. Aufl. Hamburg 1935.

Freiherr v. Stumm-Halberg und die evangelischen Geistlichen im Saargebiet. 2. Aufl. Göttingen 1896.
Göhre, P.: Die evangelisch-soziale Bewegung, ihre Geschichte und ihre Ziele. Leipzig 1896.
Grote, H.: Sozialdemokratie und Protestantismus zur Zeit der Reichsgründung. In: Festschrift E. Steinbach, Tübingen 1976, 35–55.
Heffter, H.: Die Kreuzzeitungspartei und die Kartellpolitik Bismarcks. Leipzig 1927.
Heuß, Th.: Friedrich Naumann. Der Mann, das Werk, die Zeit. 3. Aufl. München-Hamburg 1968.
Lewek, G.: Kirche und soziale Frage um die Jahrhundertwende. Dargestellt am Wirken Ludwig Webers. Neukirchen 1963.
Lindt, A.: Friedrich Naumann und Max Weber. München 1973.
Marbach, R.: Säkularisierung und sozialer Wandel im 19. Jahrhundert. Die Stellung von Geistlichen zu Entkirchlichung und Entchristlichung in einem Bezirk der hannoverschen Landeskirche. Göttingen 1978.
Mumm, R. [Hg.]: D. Adolf Stoecker. Reden im Reichstag. Schwerin 1914.
Oertzen, D. v.: Adolf Stoecker. Zeitgeschichte und Lebensbild. 2 Bde. Berlin 1910.
Piechowski, P.: Die Kriegspredigt von 1870/71. Leipzig 1917.
Pollmann, K. E.: Landesherrliches Kirchenregiment und soziale Frage. Der evangelische Oberkirchenrat der altpreußischen Landeskirche und die sozialpolitische Bewegung der Geistlichen nach 1890. Berlin 1973.
Rathje, J.: Die Welt des freien Protestantismus. Ein Beitrag zur deutsch-evangelischen Geistesgeschichte, dargestellt an Leben und Werk von Martin Rade. Stuttgart 1952.
Rothfels, H.: Theodor Lohmann und die Kampfjahre der staatlichen Sozialpolitik (1871–1905). Berlin 1927.
Schick, M.: Kulturprotestantismus und soziale Frage. Tübingen 1970.
Seeberg, R.: Die Kirche Deutschlands im neunzehnten Jahrhundert. Eine Einführung in die religiösen, theologischen und kirchlichen Fragen der Gegenwart. 3. Aufl. Leipzig 1910.
Ders. [Hg.]: Reden und Aufsätze von Adolf Stoecker. Leipzig 1913.
Timm, H.: Friedrich Naumanns theologischer Widerruf. München 1967.
Vorländer, K.: Sozialdemokratische Pfarrer. In: Archiv für Sozialwiss. und Sozialpolitik 30 (1910), 462–482.
Ward, W. R.: Theology, Sociology and Politics. The German Protestant Social Conscience, 1890–1933. Bern 1979.
Wolf, G.: Rudolf Kögels Kirchenpolitik und sein Einfluß auf den Kulturkampf. Bonn 1968.

V. Das Christentum vor der Moderne

Nicht nur in Deutschland wurde der Kriegsausbruch im August 1914 von der Mehrheit der Bevölkerung mit einer geradezu religiös anmutenden Begeisterung begrüßt. Angesichts der unterschiedlichen Gruppen, Schichten und Interessen, die sich überall in Europa in diesem Jubel zusammenfanden, bewies der Nationalismus seine außerordentliche Stärke. Er schien die sozialen Gegensätze wirksamer einen und die divergierenden Weltanschauungen umfassender integrieren zu können als jede andere Macht. Darum zollten ihm auch die Kirchen ihren Tribut – oder ließen sich schlicht mitreißen von diesem Rausch.

Selten in der Geschichte jedoch hat sich eine Sinnkonstruktion so schnell als verhängnisvoll und wahrhaft mörderisch entlarvt, wie es hier der Fall war. Die schweren gesellschaftlichen Probleme der europäischen Industriestaaten traten, je länger der Krieg dauerte, nur um so schärfer hervor. Mehr noch: der Krieg setzte alsbald neue tiefgreifende Veränderungen in Gang, die die folgenden Jahrzehnte erschütterten. Davon ist hier nicht mehr zu reden. Aber daran ist zu erinnern, daß im Gang dieser Ereignisse immer wieder die unerledigten Probleme der Vergangenheit die Gegenwart mitbestimmten. Das gilt nicht zuletzt für die Kirchen.

Überall in den europäischen Industriestaaten waren im Verlauf des 19. Jahrhunderts tiefgreifende Umformungsprozesse zu beobachten gewesen, in die die Kirchen in einem erheblichen Ausmaß hineingezogen worden waren. Dieser Wandel war nicht allein durch die Industrialisierung bedingt, sondern hatte vielfältige Gründe, die außerdem noch einmal von Land zu Land variierten. Nichtsdestoweniger bedeutete dann die Industrialisierung ein zunehmend mächtiges Element der Veränderung. In immer größeren geographischen Räumen und mit wachsender Intensität wurden jetzt in allen Gesellschaftsbereichen Traditionen entmachtet, überlieferte Sinnvorstellungen hinfällig, seit Generationen eingeübte Lebensgewohnheiten zerbrochen. Angesichts der durch diesen Prozeß freigesetzten Dynamik blieben sämtliche Zähmungsversuche wirtschaftlicher, sozialer und auch politischer Art im Grunde unvollständig, wenn nicht sogar wirkungslos. Unruhe, Spannungen, Brüche, schroffe Gegensätze und immer wieder eine schnell emporschießende Aggressivität charakterisierten dementsprechend die Gesellschaft in allen diesen Industrieländern.

Weil die Kirchen überall von alledem betroffen und getroffen waren, legt sich die Frage nahe, ob sie auch in gleicher oder doch ähnlicher Weise reagierten, d. h. ob sich hier Länder und Konfessionsgrenzen übergreifende Konzepte zur Bewältigung der Probleme erkennen und beschreiben lassen.

Das ist eindeutig der Fall bei allen jenen Aktionen, die der traditionellen Übung christlicher Nächstenliebe zuzurechnen sind. Von dem Reichtum und der Vielfalt solcher Bemühungen ließ sich Erhebliches berichten. Obwohl diese unmittelbare Zuwendung zum Nächsten und seiner Not fraglos untrennbar zum christlichen Glauben hinzugehört, kann doch nicht übersehen werden, wie sehr diese Weise des Helfens an eine relativ stabile Gesellschaftsordnung, an die damit verbundene Übersichtlichkeit der Verhältnisse und nicht zuletzt an ein Weltverständnis gebunden ist, das im Grunde keine Veränderungen kennt. Alle diese Voraussetzungen jedoch schwanden jetzt eindeutig im Zusammenhang mit der voranschreitenden Industrialisierung dahin.

Die Assoziation wurde dann überall das Mittel, um angesichts der neuen Situation die christlichen Grundanliegen gleichwohl auszurichten. Die Formen dieser Zusammenschlüsse variierten erheblich, nicht nur von Land zu Land, sondern auch im Zuge der Entwicklung – wie etwa am Nebeneinander von Kongregationen und Vereinen im Katholizismus zu sehen war. Nichtsdestoweniger existierte das Grundmodell solcher Assoziationen – der Zusammenschluß Gleichgesinnter zum Zweck der Behebung oder wenigstens Linderung bestimmter sozialer, aber auch sozialpolitischer Nöte –, in den Kirchen aller Industriestaaten. In besonderer Vielfalt begegnete es in Großbritannien, stärker reglementiert und kirchlich integriert im Katholizismus Frankreichs, Belgiens und insbesondere Deutschlands, betont angeglichen an die Struktur des Vereins schließlich im protestantischen Deutschland. Entsprechend der zeitgenössischen politischen Vorstellungen – zumindest auf dem Kontinent, aber durchaus auch in Großbritannien –, wonach es im wesentlichen um die Wiederherstellung der alten Gesellschaftsordnung ging und wo dementsprechend Assoziationen vor allem die Funktion hatten, ausgewanderte oder ausgeschlossene Gruppen und Interessen durch die Selbstorganisation wieder an einen festen Platz in jener ständischen Gesellschaftsordnung zu stellen, lebten unverkennbar auch die kirchlichen Assoziationen von dieser Vorstellung. Obwohl die Anstöße, sich in solcher Weise um die Nöte des Nächsten zu kümmern, durchweg nicht von den Kirchenführern ausgingen, von hierher vielmehr eher Hemmnisse als Förderungen erfahren wurden, begriffen sich die führenden Gestalten solcher kirchlichen Assoziationen, Kongregationen, Vereine und Verbände immer wieder in erster Linie als Botschafter ihrer Kirche, deren helfende Wirklichkeit sie in einer gewandelten Welt konkret darzustellen versuchten.

Das Assoziationsmodell zog also Konsequenzen aus den durch die Industrialisierung geschaffenen Fakten und war der Versuch, mit der Tatsache Ernst zu machen, daß die Verhältnisse sich auch für die Kirche gewandelt hatten. Die eindeutige Grenze dieses Entwurfs bildete jedoch in der Regel die hinter diesem Assoziationsmodell stehende Ekklesiologie. Danach konnte sich zwar alles in der Welt ändern und schließlich sogar die Welt selbst: unwandelbar und unberührt von allem Wechsel in Zeit und Geschichte aber blieb nach diesem Selbstverständnis die von der Kirche vertretene und bezeugte Wahrheit. Natürlich sollten dadurch Reformen in der geschichtlichen Erscheinungsform der Kirche keineswegs ausgeschlossen sein. Aber sie betrafen nach dieser Überzeugung lediglich die Außenseite, niemals die Sache selbst. Dementsprechend herrschte in allen Kirchen und Konfessionen Übereinstimmung darüber, daß es lediglich neuer Mittel und Formen bedürfe, um die alte Wahrheit treffender und wirksamer zu vermitteln.

In dem Maße freilich, in dem dieses Christentum sich der sozialen Wirklichkeit stellte und die christliche Botschaft direkt und konkret in sie hineinzusprechen sich mühte, geriet die vorausgesetzte Ekklesiologie ins Wanken. Überall wuchsen darum im Verlauf des 19. Jahrhunderts die innerkirchlichen Spannungen und Gegensätze. Selbst da, wo volle Übereinstimmung auf der Ebene der Lehraussagen innerhalb der eigenen Kirche und Konfession bestand, herrschte allein darum noch keineswegs innerkirchliche Einheit. Kirche war mithin offenkundig nicht mehr eindeutig im Kontext klarer und insofern klärender theologischer Sachaussagen zu definieren.

Damit aber tritt die eigentliche Problematik der Kirchen im Industriezeitalter zutage, die sie in allen ihren Dimensionen, in der Theorie sowohl als auch in der Praxis, nun unerbittlich erfaßte. Nicht nur die Kirche, sondern die christliche Verkündigung insgesamt wurde in diesem Zusammenhang parteiisch und endlich zur Partei. Natürlich hatte die Kirche im Laufe ihrer Geschichte unaufhörlich politisch Partei genommen und dabei politisch geredet und gehandelt. Aber sie tat das bis dahin doch im wesentlichen als die eine Kirche bzw. als eine in sich geschlossene Konfession. Gerade diese innere theologische, politische und soziale Einheit aber brach jetzt auseinander. Daß die Kirche Partei wurde,

meint demnach: Das Auseinanderbrechen der Gesellschaft erwies sich seit den ersten Jahrzehnten des 19. Jahrhunderts als derart fundamental, daß sich entsprechend diesen tektonischen Linien auch das Verständnis dessen veränderte, was nun das Wesen des Christentums, die Eigenart des Evangeliums und die Wirklichkeit des Glaubens bedeuteten. Und alle Versuche, diese unterschiedlichen, häufig sogar gegensätzlichen Interpretationen des Wesens des Christentums auf einer höheren Ebene aufzuheben, offenbarten in der Regel nur allzu deutlich die gesellschaftliche Befangenheit derartiger Versuche – im Katholizismus ebenso wie im Protestantismus.
Der mit der Industrialisierung West- und Mitteleuropas zutage tretende gesellschaftliche Umbruch bedeutete deshalb durchweg einen Integrationsverlust für die einzelnen Kirchentümer. Sie erlebten den Industrialisierungsprozeß vornehmlich als einen Prozeß der fortschreitenden inneren Aufspaltung und der zunehmenden Erosion ihres Bestandes an den Rändern. Überall verlor sich im Laufe des Jahrhunderts mit der Auflösung der überkommenen Sozialstruktur jene Selbstverständlichkeit, mit der man bis dahin im Schatten der Kirche zu leben und zu sterben gewohnt gewesen war. Aber diese Veränderungen waren darum keineswegs identisch mit einem Funktionsverlust des Christentums. Vielmehr blühten in der gleichen Zeit überall die gesellschafts- und gruppenbezogenen Interpretationen eines »wahren« Christentums auf. Charakteristisch hierfür war durchweg das Bemühen um eine möglichst konkrete Zuwendung zur Diesseitigkeit. Diese Intention konnte sehr viele und dementsprechend auch sehr unterschiedliche Gesichter haben. Immer jedoch ging es – und zwar bis in die theologische Reflexion hinein –, um eine möglichst genaue und umfassende Annahme der so schnell sich verändernden Welt.
Wo das geschah, wurde allerdings grundsätzlich – wie gebrochen und andeutungsweise das im einzelnen auch vor sich gehen mochte –, ein Pluralismus frömmigkeitsmäßiger und auch theologischer Werte und Normen mindestens grundsätzlich unabdingbar. Weil die Wirklichkeit der Gesellschaft nicht länger eindeutig, sondern vielfältig war, weil die theologische Interpretation dieser Faktizität dementsprechend ebensowenig einstimmig sein konnte, variierten folgerichtig auch die Überzeugungen, wie den Verhältnissen am heilsamsten aufzuhelfen sei. Darum bedeutete faktisch das Ernstnehmen der gesellschaftlichen Wirklichkeit für alle Kirchen und Konfessionen zugleich die Konfrontation mit jenem Pluralismus.
Natürlich implizierte ein derartiger realer Wandel in der Ekklesiologie erhebliche Probleme. Das Auseinanderfallen in eine Unzahl von Gruppen und Grüppchen mit nicht nur unterschiedlichen, sondern u. U. einander ausschließenden Vorstellungen sowohl von dem, was als Wirklichkeit zu gelten habe als auch von dem, was das Wesen des Evangeliums ausmachte, ließ sich durchaus als Prozeß der Auflösung der Kirche beschreiben. Von den theologischen Problemen dieses Auseinanderbrechens der Gesellschaft in klassenspezifische Teilgesellschaften mit jeweils eigenen religiös-kirchlichen Sinnsystemen, war andeutungsweise die Rede. Auf der anderen Seite zeigte sich jedoch gerade darin die Kraft nicht nur der religiösen Sehnsucht, sondern durchaus auch des christlichen Glaubens, daß er angesichts jener neuen gesellschaftlichen Wirklichkeit immer wieder zu einem neuen, umgestaltenden Erfassen der traditionellen Glaubensinhalte durchdrang.

In allen Schichten dieser auseinandergebrochenen Gesellschaft lebten – wie wir sahen – starke religiöse Kräfte, deren Herkunft aus dem Christentum durchweg deutlich zu erkennen war. In allen Lagern, also keineswegs allein in den Unterschichten, bei den Opfern des Industrialisierungsprozesses, hatten sich diese Glaubensüberzeugungen mit elementaren diesseitigen Zielsetzungen verbunden. Bildung und Nationalismus, ein ethischer Humanismus oder die revolutionäre Befreiung der Unterdrückten waren etwa solche religiösen Sinngebungen. Daß sie in der Regel akirchlich oder auch antichristlich entfaltet wurden, lag nicht zuletzt daran, daß die offizielle Kirche als Partei in diesen Gesellschaftsschichten nicht nur nicht gegenwärtig war, sondern auch im offenen Widerstand gegen die in derartigen Zielsetzungen sich aussprechende Weltanschauung und ihre Hoffnungen stand. Denn wie wenig die Anhängerschaft dieser offiziellen Kirchentümer in allen Konfessionen ihrerseits auf zusätzliche Stützen für ihren Glauben verzichten konnte oder wollte, belegt der außerordentliche Einfluß bürgerlicher Moralvorstellungen, des Nationalismus oder anderer Formen einer Volksreligion gerade in diesen kirchentragenden Schichten. Daß für diese Ideologien hier – anders als in den anderen Schichten – rechtfertigende Theologien und Theologen zur Hand waren, ändert am Sachverhalt selbst wohl kaum etwas.

Die Konsequenzen, die die führenden Gestalten der offiziellen Kirche dann überall aus diesen verwirrenden Gegebenheiten zogen, zielten im wesentlichen in die gleiche Richtung. Sie alle versuchten noch einmal, mit verstärktem Nachdruck und mit gesteigerter Hingabe, die moderne Gesellschaft in die alte, sowohl christlich als auch kirchlich legitimierte Sozialstruktur zu reintegrieren. In welchem Ausmaß damit außertheologische und sogar außerkirchliche Wertvorstellungen und Interessen verbunden waren, dürfte deutlich geworden sein. Die faktische Erfolglosigkeit eines derartigen Bemühens wurde gewiß immer wieder an vielerlei Einzelpunkten erkannt. Aber die grundsätzliche Unmöglichkeit eines solchen Unterfangens wurde nie wirklich begriffen. Programme zur Rechristianisierung der Gesellschaft konnten darum auch in der Folgezeit stets aufs neue vorgetragen werden. Und sie konnten noch auf lange Zeit auf eine erhebliche innerkirchliche Zustimmung rechnen. Mühsam nur und sehr zögernd wuchs dagegen die Einsicht, daß dieser Weg eine Sackgasse war.

Dieser Tatbestand hängt ganz unmittelbar mit jener kirchlichen Wirklichkeit zusammen, die sich im Zuge der Industrialisierung überall in Europa verfestigt und offiziell durchgesetzt hat. Denn wo immer in unserem Zeitraum und speziell im letzten Drittel des Jahrhunderts Neuanfänge und geistige Aufbrüche in den verschiedenen Kirchentümern zu beobachten waren, war auch zu konstatieren, daß diese alsbald von den Kirchenleitungen gehemmt und nach Kräften unterdrückt wurden. Die Gründe dafür waren sehr unterschiedlicher Art. Jedoch das Anliegen war stets dasselbe: die kirchliche Einheit und Geschlossenheit nach Möglichkeit zu verteidigen.

Das hier propagierte offizielle kirchliche Rechristianisierungsprogramm wurde freilich stets insofern von den unbewältigten Realitäten der industriellen Welt bedroht, als diese Realität von anderen Gruppen innerhalb der gleichen Kirche anders wahrgenommen und reflektiert wurde. Die starke und einheitliche Kirche, die nach den Vorstellungen der Kirchenführer prägend und gestaltend auf die Welt einwirken sollte, mußte folgerichtig immer erst einmal geschaffen werden. Der Weg dahin führte in unserem Zeitraum in sämtlichen Kirchen und Konfessionen über die Ausgrenzung anderer Auffassungen oder über die Relativierung theologischer Grundsatzfragen – auf jeden Fall aber zur Verwerfung des vielstimmigen Redens zugunsten der einen Position. Natürlich waren die abgelehnten Positionen stets sowohl theologischer als auch sozialer Art. Immer wurde in ihnen also auch ein Stück der vielfältig aufgespaltenen Wirklichkeit zurückgewiesen. Damit aber bedeutete der Verzicht auf die reale Vielfalt zugunsten einer verbalen Einheit stets auch einen entscheidenden Wirklichkeitsverlust für die Kirchen in dem Sinn, daß sie den Kontakt mit wichtigen Bereichen der Gesellschaft verloren. Und weiter: Diese für die Kirchen nach ihrem traditionellen ekklesiologischen Selbstverständnis als entscheidend angesehene Abgrenzung gegenüber dem innerkirchlichen Gegner mußte die theologische Auseinandersetzung im Innern sowie das Bemühen um eine möglichst geschlossene Selbstdarstellung nach Außen zu ihrer Hauptaufgabe machen, die Kraft und Interesse in hohem Maße in Anspruch nehmen durfte. Die offiziellen Kirchentümer igelten sich fol-

gerichtig ein. Was um sie herum vor sich ging, wurde häufig nur insoweit zur Kenntnis genommen, als es zur Stabilisierung der eigenen Reihen dienen konnte.
Dieser theoretische und faktische Gegenentwurf gegen die Moderne, der in umfassender Weise vom Katholizismus entfaltet und in pragmatischer Hinsicht ebenso vom Protestantismus getragen und mitverantwortet wurde, beharrte also im wesentlichen darauf, daß die Kirche bei sich selbst bleiben müsse, daß sie sich auf ihr in der Offenbarung gegründetes Wesen zu konzentrieren habe: um von diesem Ursprung her die Gesellschaft mit ihrem Geist zu durchdringen und zu leiten. Diese aus der Tradition erwachsene Vorstellung, wonach die Gesellschaft sich in ihrem Wesen von der Kirche her bestimmen lassen müsse, durchzog auch in unserem Zeitraum im wesentlichen die offiziellen Verlautbarungen aller Kirchen und Konfessionen. Das bedeutete: die Kirchen akzeptierten im Grunde höchstens partiell, niemals grundsätzlich die Realität des gesellschaftlichen Wandels, also die moderne Welt. Sie sahen wohl die ganze Welt davon betroffen, aber nicht sich selbst. Diese Abständigkeit von der Wirklichkeit gab den Kirchen auf der einen Seite überall den Mut und das gute Gewissen, sich weiterhin als über den Parteien, über allen Gegensätzen stehend zu begreifen. Die gleiche Tatsache begründete dann freilich auch in einem erheblichen Ausmaß die wachsende Wirkungslosigkeit dieser Theologie und dieses Mutes innerhalb der modernen europäischen Industriegesellschaft.

Personenregister

Sachregister

Kirchengeschichte / Theologiegeschichte

Valentin Weigel
Ausgewählte Werke

Hrsg. u. eingel. von Siegfried Wollgast
1978. 592 Seiten m. 11 Abb.
Leinen. DM 48,–
ISBN 3-17-004599-7

Carl Andresen
Die Kirchen der alten Christenheit
1971. XII, 764 Seiten. Ln. Subskriptionspreis DM 98,–, Teilsubskriptionspreis (Christentum) DM 102,–,
Einzelpreis DM 110,–
ISBN 3-17-071198-9
Die Religionen der Menschheit, Bd. 29. 1/2

Peter Kawerau
Das Christentum des Ostens
1972. 298 Seiten. Leinen. Subskriptionspreis DM 54,–, Teilsubskriptionspreis (Christentum) DM 56,–,
Einzelpreis DM 60,–
ISBN 3-17-216011-4
Die Religionen der Menschheit, Bd. 30

Martin Schmidt
Pietismus
2. Auflage 1978. DM 12,–
ISBN 3-17-004935-6
Urban-Taschenbücher, Bd. 145

L. Schottroff / W. Stegemann
Jesus von Nazareth – Hoffnung der Armen
1978. DM 12,–
ISBN 3-17-004895-3
Urban-Taschenbücher T-Reihe, Bd. 639

Günther Bornkamm
Jesus von Nazareth
12. Auflage 1980. DM 12,–
ISBN 3-17-005930-0
Urban-Taschenbücher, Bd. 19

Günther Bornkamm
Paulus
4., durchgesehene Auflage 1979. DM 14,–
ISBN 3-17-005637-9
Urban-Taschenbücher, Bd. 119

Hans von Campenhausen
Griechische Kirchenväter
5. Auflage 1977. DM 10,–
ISBN 3-17-004290-4
Urban-Taschenbücher, Bd. 14

Hans von Campenhausen
Lateinische Kirchenväter
4. Auflage 1978. DM 14,–
ISBN 3-17-004795-7
Urban-Taschenbücher, Bd. 50

Karl Kupisch
Kirchengeschichte
In 5 Bänden. Zusammen DM 40,–
Band I: Von den Anfängen bis zu Karl dem Großen
1973. ISBN 3-17-001502-8
Band II: Das christliche Europa. Größe und Verfall des Sacrum Imperium
1974: ISBN 3-17-001781-0
Band III: Politik und Konfession. Die Reformation in Deutschland
1974. ISBN 3-17-002061-7
Band IV: Das Zeitalter der Aufklärung
1975. ISBN 3-17-002126-5
Band V: Das Zeitalter der Revolutionen und Weltkriege
1975. ISBN 3-17-002127-3
Urban-Taschenbücher, Bd. 168/169/170/171/172

Martin Greschat (Hrsg.)
Theologen des Protestantismus im 19. und 20. Jahrhundert I/II
1978. Je DM 14,–
GW in Schuber DM 28,–
ISBN 3-17-004899-6
Urban-Taschenbücher, Bd. 284/285

Bitte Gesamtverzeichnis ,,Theologie/Religionswissenschaften" anfordern.

wk Verlag W. Kohlhammer
Heßbrühlstr. 69 · Postfach 80 04 30 · 7 Stuttgart 80